Anna Katharina Emmerick

Das bittere Leiden unsers Herrn Jesus Christus

Denn Gott hat die Welt so sehr geliebt, dass er seinen einzigen Sohn dahingab, damit jeder, der an ihn glaubt, nicht zugrunde geht, sondern das ewige Leben hat (Joh 3,16).

Musste nicht der Messias all das erleiden, um so in seine Herrlichkeit zu gelangen? Und er legte ihnen dar, ausgehend von Mose und allen Propheten, was in der gesamten Schrift über ihn geschrieben steht (Lk 24,26-27).

Anna Katharina Emmerick (1774 -1824)

(Ölgemälde von Otolia Kraszewska, Privatbesitz)

ANNA KATHARINA EMMERICK

Das bittere Leiden unseres Herrn Jesus Christus

Nach den Betrachtungen der Augustinerin von Dülmen

Aufgeschrieben und mit einem Lebensabriss der Begnadeten versehen

von Clemens Brentano

CHRISTIANA-VERLAG
im Fe-Medienverlag

Anna Katharina Emmerick

Gesammelte Werke in sechs Bänden

Eine Augenzeugin berichtet

Aufgeschrieben von Clemens Brentano

Band 1: Das Leben der heiligen Jungfrau Maria
Band 2: Das erste Lehrjahr Jesu
Band 3: Das zweite Lehrjahr Jesu
Band 4: Das dritte Lehrjahr Jesu
Band 5: Das bittere Leiden unseres Herrn Jesus Christus
Band 6: Geheimnisse des Alten und des Neuen Bundes

Herausgeber: Arnold Guillet †

Imprimatur: Würzburg, Dr. Fuchs, Generalvikar, 10. Juni 1950

Neuausgabe 2018
3. Auflage 2026

VIA·VERITAS·VITA

im Fe-Medienverlag • Hauptstr. 22, D-88353 Kisslegg-Immenried
www.fe-medien.de

Satz und Layout: CHRISTIANA-VERLAG im Fe-Medienverlag

Druck: orth-druk, Bialystok (Polen) – Printed in EU

ISBN 978-3-7171-1296-9

Inhaltsverzeichnis

Pone me ut signaculum super cor tuum, ut signaculum super brachium tuum.

Drücke mich wie ein Siegel auf dein Herz, wie ein Siegel auf deinen Arm.
Hld 8, 6.

EINLEITUNG UND LEBENSUMRISS

der Anna Katharina Emmerick

Augustinerin des Klosters Agnetenberg zu Dülmen in Westfalen

(8. September 1774, † 9. Februar 1824)*

Von Clemens Brentano

Sollten die folgenden Betrachtungen unter vielen ähnlichen Früchten der kontemplativen Jesusliebe sich irgend auszeichnen, so protestieren sie doch feierlich auch gegen den mindesten Anspruch auf den Charakter historischer Wahrheit. Sie wollen nichts, als sich demütig den unzählig verschiedenen Darstellungen des bitteren Leidens durch bildende Künstler und fromme Schriftsteller anschließen und höchstens für vielleicht ebenso unvollkommen aufgefasste und erzählte, als ungeschickt niedergeschriebene Fastenbetrachtungen einer frommen Klosterfrau gelten, welche solchen Vorstellungen nie einen höheren als einen menschlich gebrechlichen Wert beilegte und daher einer fortwährenden inneren Mahnung zur Mitteilung nur aus Gehorsam gegen den wiederholten Befehl ehrwürdiger Gewissensführer mit Selbstüberwindung Folge leistete.

Graf Fr. Leopold von Stolberg veranlasste die erste Bekanntschaft des Schreibers mit ihr; Dechant Bernhard Overberg, ihr außerordentlicher Gewissensführer, und Bischof J. M. Sailer, mehrfach ihr Berater und Tröster, forderten sie zu fleißiger Mitteilung an den Schreiber auf, und der letzte, der sie überlebte, vernahm einen Teil seiner Ausbeute mit großer Teilnahme.

Diese ehrwürdigen Verstorbenen gesegneten Andenkens waren in steter Gebetsfreudigkeit mit dieser frommen Person, in welcher sie ein von Gottes Gnade ausgezeichnetes Wesen lieb und wert hielten, und ihre Würdigung der Bemühung des Schreibers ward für denselben durch die Aufforderung des jüngst verewigten Bischofs von Regensburg G. M. Wittmann noch ermutigender. In den Gnadenführungen solcher in Jesus verborgenen Seelen durch eigene Erfahrung und gründliche Forschung erleuchteter als viele auf der Heerstraße der Welt begriffene Zeitgenossen, hatte dieser bis in die Todesstunde anstaunenswürdige Seelenhirt von je alle Nachrichten von jener Begnadeten mit großer Teilnahme vernommen und, von der Arbeit des Schreibers später unterrichtet, diesen mündlich dringend mit den Worten ermahnt:

«Diese Dinge sind Ihnen nicht umsonst gegeben, Gott hat seine Absichten damit, machen Sie einiges davon bekannt, es wird manchen Seelen in unserer Zeit ersprießlich sein» usw. Diesen Worten fügte er die Erwähnung ähnlicher Schriften hinzu, die ihm und anderen während seiner Laufbahn Nutzen gebracht hätten. Um dieser Erfahrung willen liebte er, nach dem Worte des hl. Chrysostomus: medulla enim hujus mundi sunt homines sancti, solche begnadete Seelen das Mark in den Gebeinen der Kirche zu nennen, und veranlasste die Herausgabe von deren Leben und Schriften.

An das Sterbelager dieses gerechten Mannes von einem wohlwollenden Freund geführt, konnte der Schreiber nicht erwarten, von ihm, der ihn vor längerer Zeit nur wenige Minuten gesprochen hatte, erkannt zu werden, aber er begrüßte ihn freundlich und beschloss eine kurze liebreich ernste Ermahnung, seine

Arbeit zu Ehren des Herrn fortzusetzen, mit seinem Segen. Im Vertrauen auf Würdigung, Ermahnung und Segen so ehrwürdiger Autoritäten entspricht der Schreiber den Bitten vieler gottesfürchtiger Freunde durch die Herausgabe folgender Passionsbetrachtungen jener frommen Klosterfrau, deren kleinste Gnade es nicht war, nach Gottes schützender Fügung, wie es Not tat, jetzt einfältig, kindlich, wehrlos und unbedeutend, dann aber wieder ganz erleuchtet, scharfsinnig, heldenmütig und überwiegend, beides aber bewusst- und absichtslos, in Jesus Christus allein stark, in aller Demut, nicht zu scheinen, sondern immer zu sein.

Indem wir uns eine umfassendere Biographie der Verstorbenen vorbehalten, fügen wir uns dem Raume dieser Blätter in folgendem kurzen Lebensumriss der Betrachtenden.

Lebensumriss der Betrachtenden

Anna Katharina Emmerick, die Tochter des Bernard Emmerick und der Anna Hillers, armer und frommer Bauersleute, wurde im Bistum Münster in der Bauerschaft Flamske, eine halbe Stunde von dem Städtchen Coesfeld, am 8. September 1774 geboren und in der Jakobipfarrei zu Coesfeld getauft.

Ihr Jugendleben hatte eine reiche Ähnlichkeit mit der Kindheit der ehrwürdigen Anna Garzias a St. Bartholomäo und Dominica del Paradiso und ähnlicher kontemplativer Seelen aus dem Bauernstande, welche die Herablassung Gottes zu den Menschenkindern an sich als wahr erfunden haben. Sie genoss, soweit sie zurückdenken konnte, stets eine höhere, ihr jedoch sehr vertrauliche Führung bis zu ihrem Ende.

Ihr Schutzengel war ihr sichtbar; der Bräutigam ihrer Seele spielte mit ihr in Gestalt seiner Kindheit auf der Wiese und im Garten, der Gute Hirt half als ein himmlischer Hirtenknabe dem frommen Hirtenmädchen hüten. Sie genoss des Unterrichts der heiligen Geschichte von Kindheit an in Anschauungen das ganze Jahr hindurch, und zwar auf verschiedene Weise, in historischen Ebenbildern und in symbolischen Festbildern.

Die Mutter Gottes, die Königin des Himmels, war ihr eine heiligste, schönste, majestätische, gütigste Frau, welche zu ihr auf Feld und Wiese kam, ihr Liebe, Huld, Lehre und Weisung erwies und ihr ihr göttliches Kind als Gespielen zuführte. Die lieben Heiligen taten ebenso und holten freundlich die Kränze ab, welche sie ihnen an ihren Festtagen flocht. Das Kind wunderte sich weniger darüber, als wenn ihm dieses alles von einer herablassenden Fürstin und deren Hofhaltung geschehen wäre. Auch später verwunderte sie sich nicht hierüber, denn die Unschuld hatte für sie ein viel innigeres Verhältnis zu Jesus Christus, seiner Mutter und den Heiligen als zu den herablassendsten Personen des Weltadels; Vater, Mutter, Bruder, Bräutigam erschienen ihr so wesentliche Beziehungen zwischen Gott und dem Menschen, dass sich das ewige Wort, um unser Bruder zu werden, selbst seine Mutter auf Erden erwählte, und jene Würden waren ihr daher zwischen Gott und Mensch keine leeren Titel.

Weil sie als Kind manchmal von solchen Erfahrungen ganz unbefangen sprach und auch ihre Erzählungen von der heiligen Geschichte ihre einfältige Umgebung in große Verwunderung setzten und sie sich durch Fragen und Zurechtweisungen in ihrem Wege gestört fühlte, begann sie zu schweigen und glaubte einfältig, es schicke sich nicht, von etwas zu reden, die anderen Leute schwiegen ja auch stille davon, man müsse nichts aus dem Hause und von sich und anderen reden, ja und nein, gelobt sei Jesus Christus, das rede man; denn alles, was ihr geschah, war so klar und wahr und führte so zum Heil, dass sie nicht anders glaubte, als das geschehe allen Christenkindern so, die anderen aber, welche nicht davon erzählten, seien nur bescheidener und besser gesittet als sie, und daher strebte sie ihnen zu gleichen und schwieg.

Eine Gabe, welche uns in den Geschichten der S. Sybillina von Pavia, Ida von Löwen, Ursula Benincasa und mehrerer anderen frommen und heiligen Seelen einzeln begegnet, war bei ihr von früher Jugend an beinahe permanent, nämlich die Gabe, das Gute und Böse, Heilige und Unheilige, Geweihte und Ungesegnete im Geistigen und Körperlichen zu unterscheiden. Sie trug als Kind nur ihr bekannte Heilkräuter weit aus dem Felde und pflanzte sie in die Nähe ihrer Wohnung oder ihrer Aufenthalts-, Arbeits- und Gebetsorte im Garten und Feld; im Gegenteil vertilgte sie weit umher die Giftpflanzen und vorzüglich jene, welche in dem Gebrauche des Aberglaubens und der Magie officinell sind. Sie floh oder fühlte sich zu sühnendem Gebet an Orten hingezogen, wo sie vor langen Zeiten schwere Schuld geschehen sah, die sie erkannte und dafür büßte, ebenso dankte sie Gott und fühlte sich beseligt an Orten des Segens.

Wenn in bedeutender Entfernung ihrer einsamen Hütte oder der Gegend, wo sie das Vieh hütete, ein Priester zur Kinderlehre oder mit dem Heiligen Sakrament zu einem Kranken vorüberkam, fühlte sie sich fortgerissen, eilte zur Stelle, wo er vorüberging, und kniete am Wege, ehe er kam, und flehte um den Segen oder betete das hochwürdigste Gut an. Sie unterschied geweihte und ungeweihte Gegenstände, fühlte sich an Orten, wo Heidengräber waren, unheimlich und zurückgestoßen und zu den Gebeinen der Seligen auf eine wunderbare Weise, wie das Eisen zum Magnet, hingezogen.

Sie erkannte die Reliquien der Heiligen in dem Maße, dass sie nicht nur viele einzelne ganz unbekannte Züge aus dem Leben der Heiligen erzählte, sondern auch öfters die ganze Überlieferungsgeschichte dieses oder jenes heiligen Gebeins und alle Verwechslungen derselben bestimmte. Den innigsten, mitleidigsten Verkehr hatte sie ihr ganzes Leben hindurch mit den Armen Seelen, sie tat und opferte alles für dieselben, fühlte sich von ihnen zur Hilfe angefleht und, so sie es vergaß, auf die rührendste Weise ermahnt. Oft fühlte sie als junges Mädchen sich von Scharen von Seelen aus dem Schlaf geweckt und ging mit ihnen in strenger Winternacht barfuß durch den Schnee den wohl ein paar Stunden langen Kreuzweg bei Coesfeld.

Sie tröstete, versöhnte, pflegte, heilte und saugte Wunden und Geschwüre aus, gab alles den Armen hin von Kind auf bis zu ihrem Ende. Sie war von großer Gewissenhaftigkeit, die kleinste Verschuldung betrübte sie bis zur Krankheit. Sie schien zu sterben durch Sünde und erstand durch die Absolution gleichsam vom Tode. Alle diese Gaben, Eigenschaften, Richtungen und Tugenden hinderten sie nicht, an allen, selbst den schwersten Feldarbeiten eines Bauernmädchens ihrer Gegend, teilzunehmen, ohne besonders aufzufallen. Hierzu mochte wohl beitragen, dass in ihrem Vaterlande ein gewisser Grad prophetischer Sehergabe nicht selten ist. Es gibt dort hin und wieder sogenannte Kiecker, d.h. Seher (Gucker, plattdeutsch Gicker), die Sterbefälle, Hochzeiten, Truppenzüge u. dgl. in Bildern, sogenannten Vorgesichten, voraussehen, für deren Richtigkeit manches Eintreffen zeugt.

Ihre eigentliche innere Schule war Abtötung und Abbruch. Sie erlaubte sich von frühester Jugend nur das Allernotwendigste an Schlaf und Nahrung, sie wachte viele Stunden der Nacht im Gebet und selbst im Winter auf freiem Feld im Schnee kniend. Sie lag auf hartem, unbequemen Lager, auf der Erde, auf kreuzweis gelegtem Holz. Sie aß und trank, was die anderen nicht mochten, weil es ungenießbar schien, und gab die besseren Bissen den Armen und Kranken, und wenn sie niemand wusste, dem sie es geben sollte, so schenkte sie es mit kindlichem Glauben Gott, mit der Bitte, es jemand zu schenken, der es nötiger habe als sie. War irgendwo etwas zu sehen oder zu hören, was nicht Gott und Religion betraf, so mied sie den Ort, wo alle hinliefen, unter einem bescheidenen Vorwand oder wendete, so es in ihrer Nähe war, ihre Augen und Ohren ab. Sie pflegte zu sagen, das Überflüssige sei die Sünde, und was man von dergleichen den äußeren Sinnen abbreche, erhalte man tausendfältig im Innern wieder. Das Schneiden der Reben und Fruchtbäume mache sie fruchtbarer, und ohne dieses würden sie wild ins Holz schießen.

Besonders merkwürdig ist in der Geschichte ihrer inneren Führung ein fortwährendes zusammenhängendes Traumbild, welches sie von Jugend auf begleitete. Es wurden ihr alle Ziele ihres Lebens, alle Wege dazu, alle Mühen und Gefahren und Kämpfe auf der Bahn, sinnbildlich wie in einer höchst sinnreichen allegorischen Parabel, vorwarnend und anleitend vor den Ereignissen selbst vorgebildet. Als sie in ihrem 16. Jahr mit ihren Eltern und Geschwistern auf dem Feld arbeitete, erwachte durch den Klang des Glöckchens des Annunziaten-Klosters in Coesfeld ihre geheime Sehnsucht, ins Kloster zu gehen, so heftig, dass sie ohnmächtig ward und, nach Hause gebracht, längere Zeit in ein heimwehartiges verschmachtendes Siechtum fiel.

Im 18. Jahr kam sie nach Coesfeld zu einer frommen Näherin, um Nähen zu lernen, war ein paar Jahre dort und hierauf wieder einige Jahre in Flamske bei den Eltern. Sie bemühte sich bei den Augustinerinnen in Borken, bei den Trappistinnen in Darfeld, bei den Klarissen in Münster um Aufnahme, aber teils ihre, teils der Klöster Armut ließ es nicht zu.

Um ihr zwanzigstes Lebensjahr hatte sie sich durch ihren großen Fleiß etwa 20 Taler mit ihrer Näharbeit erspart und zog mit diesem für ein armes Bauernmädchen großen Vermögen wieder nach Coesfeld zu einem dortigen frommen Organisten, dessen Tochter sie von ihrem früheren Aufenthalt her kannte. Sie hoffte durch Erlernen des Orgelspielens Aufnahme in irgendeinem Kloster zu finden.

Jedoch ihre unabweisliche Begierde, den Armen zu dienen und alles hinzugeben, ließ ihr keine Muße, die Musik zu erlernen, und sie war bald so sehr von allem entblößt, dass ihre sehr barmherzige Mutter sich ihrer erbarmte und ihr und denen sie mitteilte, Brot, Butter, Milch und Eier zutrug. Da sprach die Mutter: «Du hast zwar dem Vater und mir ein großes Herzeleid angetan, dass du von uns mit aller Gewalt ins Kloster willst, aber du bist doch noch mein liebes Kind, und wenn ich den Platz zu Haus ansehe, wo du gesessen hast, so bricht mir das Herz, dass du all dein Erspartes ausgeteilt und nun selbst große Not hast, ach du bist doch mein liebes Kind, sieh, da bringe ich einige Lebensmittel»; und Anna Katharina antwortete dann: «Gott vergelt's, liebe Mutter, ja, ich habe selbst nichts mehr, es ist der heilige Wille Gottes gewesen, andere durch mich zu erhalten, Er muss nun sorgen, ich habe ihm alles gegeben, Er wird wohl wissen, wie Er uns allen hilft.»

Sie blieb einige Jahre in Coesfeld in Arbeit, guten Werken und Gebet, ihre innere Führung währte ununterbrochen fort. Sie war ein folgsames verschwiegenes Kind an der Hand ihres Schutzengels.

Indem wir in diesem Umriss ihres Lebens viele Gnaden, Arbeiten und Erlebnisse übergehen und nur die bedeutendsten

Hauptzüge zusammenstellen, müssen wir erwähnen, dass sie in dieser Periode ihres Lebens, etwa in ihrem 24. Jahr, einer Gnade teilhaftig wurde, welche der Herr mehreren mitleidigen Verehrern seines bitteren Leidens auf ihrer irdischen Laufbahn verliehen hat, nämlich das sinnliche, körperliche und sichtbare Mitleiden der Schmerzen seines heiligen Hauptes in der Dornenkrönung.

Wir führen hier ihre Worte an: «Etwa vier Jahre, ehe ich ins Kloster ging, welches am 18. Dezember 1802 geschah, also etwa 1798, in meinem 24. Jahre, war ich einmal um die Mittagszeit in der Jesuitenkirche in Coesfeld und kniete auf der Orgelbühne vor einem Kruzifix in lebhaftem Gebet. Ich war ganz in Betrachtung versunken, da wurde mir so sachte und so heiß, und ich sah von dem Altar der Kirche her, aus dem Tabernakel, wo das Heilige Sakrament stand, meinen himmlischen Bräutigam in Gestalt eines leuchtenden Jünglings vor mich hintreten. Seine Linke hielt einen Blumenkranz, seine Rechte eine Dornenkrone, Er bot sie mir zur Wahl dar. Ich griff nach der Dornenkrone, Er setzte sie mir auf, und ich drückte sie mir mit beiden Händen auf den Kopf, worauf Er verschwand und ich mit einem heftigen Schmerz rings um das Haupt wieder zur Besinnung kam. Ich musste gleich darauf die Kirche verlassen, der Messdiener rasselte schon lange mit den Schlüsseln.

Eine Freundin von mir, welche mit mir auf der Orgel gekniet, muss etwas von meinem Zustand gemerkt haben. Ich fragte sie zu Hause, ob sie keine Verwundung an meiner Stirn bemerke, und sprach mit ihr im allgemeinen von meinem Traum und dem heftigen Schmerz seitdem. Sie bemerkte damals nichts, wurde auch nicht weiter von meiner Mitteilung verwundert, denn sie kannte schon dergleichen Zustände an mir, ohne dass ihr jedoch ihre innere Bedeutung ganz klar gewesen wäre.

Am folgenden Tag war mir der Kopf über den Augen und an den Schläfen bis zu den Wangen nieder stark geschwollen, und ich hatte furchtbare Schmerzen. Diese Schmerzen und die Geschwulst kehrten oft wieder und währten oft ganze Nächte und Tage. Das Bluten um meinen Kopf merkte ich nicht eher, als da mich meine Gefährtinnen mahnten, eine andere Kopfbinde anzulegen, die ich aufhabe, sei voller Rostflecken. Ich ließ sie auf ihren Gedanken und richtete meine Kopfbinde so ein, dass ich das Kopfbluten glücklich bis im Kloster verbarg, wo es auch nur eine Person entdeckt und redlich verschwiegen hat.»

Von mehreren kontemplativen Verehrern des bitteren Leidens, welchen die Gnade der Schmerzensteilnahme der Dornenkrönung unter derselben Vision zweier zur Wahl dargebotenen Kronen geworden ist, nennen wir allein die hl. Katharina von Siena und Pasithea de Crogis, Klarissin desselben Ortes, † 1617. In allen solchen Erfahrungen kehren mit angemessenen Abweichungen dieselben Formen wieder. Der Schreiber dieses hat übrigens diese Affektion ihres Hauptes und das Niederströmen des Blutes über die Stirn und das Antlitz bei hellem Tage und in vollkommener Nähe vor seinen Augen mehrmals in solchem Maße gesehen, dass das Blut ihr Halstuch reichlich überrann. Ja, er ist desselben nicht weniger gewiss, als dass ihm selbst der Schweiß je über die Stirn niedergeronnen ist.

Endlich ward ihre Sehnsucht nach dem Kloster erfüllt. Die Eltern einer Jungfrau, welche die Augustinerinnen zu Dülmen gern aufgenommen hätten, erklärten, ihre Tochter nur hingeben zu wollen, wenn Anna Katharina zugleich aufgenommen werde, und das arme Kloster gestand dieses, wiewohl ungern, zu, da Anna Katharina ohne Mittel war.

Am 13. November 1802, acht Tage vor Maria Opferung, wurde sie als Novizin eingekleidet. Was den Klöstern in unseren Tagen an alter Strenge und Ordnung fehlte, um den Beruf der Novizen durch mancherlei Abtötungen zu prüfen, ersetzte ihr die Vorsehung durch andere Prüfungen, für deren Strenge sie nie genug danken konnte. Mühe, Entsagung und Pein, die man einsam oder mit anderen im Einverständnis sich zur Ehre Gottes auflegt, sind leicht zu ertragen, aber es ist das dem Kreuz Christi ähnlichste Kreuz, ungerechte Beschuldigung, Verschmähung und Strafe ohne Murren und in steter Liebe hinzunehmen. Auf diese Weise hat Gott gefügt, dass alle jene Zucht im Jahre ihres Noviziats unwillkürlich über sie erging, welche eine weise Novizenmeisterin in früherer strengerer Ordenszeit über sie verhängt haben würde, und sie lernte, ihren Genossinnen, als Werkzeug

Gottes zu ihrem Heile, auch noch später vieles in dieser Hinsicht zu verdanken.

Weil aber ihrer lebhaften Gemütsart keine Kreuzschule nötiger sein konnte als diese, so hat sie Gott ihr ganzes Leben lang fleißig in dieselbe geschickt, ja sie endlich, damit sie nie neben diese Schule laufen möge, mit dem Zeichen seiner heiligen fünf Wunden in derselben festgenagelt und mit ihrer Unfähigkeit, natürliche Nahrungsmittel zu nehmen, wie ein fastendes Schulkind darin sitzen lassen, damit sie, so bezeichnet, vielen ein Ärgernis, von vielen beschuldigt, verdächtigt und verhöhnt sei bis an ihr Ende und vielleicht noch bis über ihr Grab. Gott sei für alles gedankt!

Ihre Lage im Kloster war mannigfach mühselig. Keine ihrer Mitschwestern, kein Priester, kein Arzt hatte einen Begriff von ihrem Zustand; denn, hatte sie zwar ihre wunderbaren Gaben und Seelenzustände früher unter einfältigen Landleuten zu verhüllen gelernt, so wird dieses doch in abgeschlossener Berührung mit einer Schar zwar frommer und gutmütiger, aber doch immer neugieriger und wohl auch geistlich eifersüchtiger Mitschwestern unmöglich, und bei dem damals höchst beschränkten Klostergeist in ihrer Umgebung musste die große Unbekanntschaft mit den Erscheinungsformen des inneren geistlichen Lebens um so bedrängender für sie werden, als alle jene Erscheinungen in ihren seltsamsten Formen in größter Fülle an ihr hervortraten.

Alle Reden, allen Verdacht gegen sie sah und empfand sie wie scharfe Pfeile in ihr Herz fliegen, wenn auch diese Äußerungen am anderen Ende des Klosters geschahen. Ihr Herz fühlte sich tausendfältig durchbohrt. Sie ertrug alles, ohne ihr Mitwissen merken zu lassen, mit Geduld und Liebe.

Aber manchmal trieb sie in einem erhöhten Zustand die Liebe, sich vor einer gegen sie Misswilligen niederzuwerfen und sie unter Tränen um Verzeihung zu bitten. Daraus entstand Verdacht des Behorchens, irgendein versteckter Groll sah sich veroffenbart, man konnte sich das nicht erklären und fühlte sich durch das unwillkürliche Offenliegen seines versteckten Innern vor ihr unheimlich.

Da die Ordensregel ihr ein heiliges Gesetz, im Kloster aber in manchen kleinen Beobachtungen vernachlässigt war, so sah sie im Geist alle die Übertretungen und erschien wohl manchmal, von innerem Geist getrieben, da oder dort plötzlich, wo durch Plauderei oder Fehler gegen die Armut die Regel verletzt wurde, und sprach unvorsätzlich die verletzten Stellen der Regel aus. Solche Ereignisse aber mussten ihr in den Augen der Sorgloseren einen geisterhaften, unheimlichen Charakter geben. Gott schenkte ihr die Gabe der Tränen in hohem Maße, sie musste vor ihm reichlich alle Sünden und Undankbarkeiten der Menschen, alle Mängel und Leiden der Kirche, alle Unvollkommenheiten ihrer Umgebung und ihre eigene Armut an Tugend, oft mehrere Stunden lang, in der Kirche beweinen.

Diese Tränen des höheren Mitleids, wer hätte sie verstanden als der, vor dem sie weinte? Den Menschen erschienen sie Eigensinn, Unzufriedenheit usw. Sie musste auf Befehl ihres Beichtvaters öfter als die anderen das Heilige Sakrament empfangen, weil sie häufig aus Sehnsucht nach dieser Seelenspeise zu sterben drohte. Diese Seelenstimmung erregte Eifersucht und wohl auch den Vorwurf der Heuchelei.

So musste sie vielen Kummer und auch wohl den Vorwurf ertragen, dass man sie als ein ungeschicktes, blutarmes Bauernmädchen aufgenommen habe. Der Gedanke, dass auf diese Weise ihretwegen Sünde geschehe, war ihr am schmerzhaftesten, und sie hörte nicht auf, zu Gott zu beten, Er möge doch sie die Strafe für diese Verletzung der Nächstenliebe tragen lassen. Bald hierauf fiel sie in eine schwere Krankheit, welche um Weihnachten 1802 mit heftigem Schmerz um das Herz begann. Dieser Schmerz verließ sie auch nach der Genesung nicht, und sie erduldete ihn schweigend mehrere Jahre, bis sie im Jahre 1812 in einer Ekstase an dieser Stelle die äußere Signatur eines Kreuzes empfing, wie weiter unten bemerkt werden wird.

Die Ansicht, dass sie als schwach und krank dem Kloster mehr lästig als nützlich sein werde, konnte den guten Willen zu ihr nicht mehren, aber sie arbeitete und diente unermüdlich und liebte alle und war nie in ihrem Leben so selig wie hier in Armut und Mühseligkeit aller Art.

Am 13. November 1803 legte sie in ihrem 28. Jahr ihre feierlichen Gelübde ab und war nun eine verlobte Braut Christi im Kloster Agnetenberg der Augustinerinnen zu Dülmen. «Nach meiner Gelübdeablegung sind mir auch meine lieben Eltern wieder gut geworden. Mein Vater und mein ältester Bruder brachten mir zwei Stück Linnen zum Geschenk. Mein frommer, aber strenger Vater, der mit meiner ganzen Familie mich ungern ins Kloster ließ, hatte mir beim Abschied gesagt, mein Begräbnis wolle er gern bezahlen, aber zum Kloster gebe er mir nichts. Er hielt Wort, das Linnentuch war das Leichentuch zu meinem Begräbnis im Kloster.»

So sehr sie auch den vollen Strom der Gnade, den Gott über ihr Inneres ergoss, zu verhüllen strebte, gab dennoch die Freudenseligkeit einer von heiliger Liebe trunkenen geweihten Braut Jesu Christi ihrem ganzen Wesen einen Adel, welchen keine Demütigung ihr rauben konnte. Sie selbst sagt: «Ich wusste nichts von mir, ich dachte nur an Jesus und meine heiligen Gelübde, meine Mitschwestern verstanden mich nicht. Ich konnte ihnen meine Zustände nicht erklären. Ich war mitten darin. Jedoch hat Gott noch viele Gnaden, die Er mir erwies, vor ihnen verborgen, sonst würden sie ganz irr an mir geworden sein. Bei allen Schmerzen und Leiden war ich nie in meinem Innern so reich, ich war überglücklich. Ich hatte einen Stuhl ohne Sitz und einen Stuhl ohne Lehne in meiner Zelle, und sie war doch so voll und prächtig, dass mir oft der ganze Himmel darin zu sein schien.

Wenn ich aber manchmal nachts in meiner Zelle, von der Liebe und Barmherzigkeit des Herrn hingerissen, in trunkener vertraulicher Rede gegen ihn ausbrach, wie ich es von Kind auf getan habe, und ich wohl belauert wurde, ward ich großer Keckheit und Vermessenheit gegen Gott beschuldigt, und da ich einmal unwillkürlich erwiderte, es scheine mir eine größere Vermessenheit, den Leib des Herrn zu empfangen, ohne so vertraut mit ihm gesprochen zu haben, ach, da wurde ich sehr ausgeschmäht.

Bei all dem lebte ich mit Gott und allen seinen Geschöpfen in seligem Frieden. Wenn ich im Garten arbeitete, kamen die

Vögel zu mir, setzten sich mir auf den Kopf und die Schultern, und wir lobsangen Gott zusammen. Ich sah meinen Schutzengel immer an meiner Seite, und soviel auch der böse Feind gegen mich hetzte, ja mich selbst mit Poltern, Schlagen und Werfen misshandelte, konnte er mir doch keinen großen Schaden tun, ich hatte immer Schutz und Hilfe und Verwahrung.

Meine Sehnsucht nach dem Heiligen Sakrament war so unwiderstehlich, dass ich oft nachts, im Schlaf zu ihm hingezogen, meine Zelle verließ und in der Kirche, so sie offen war, oder an der verschlossenen Kirchentür oder an der Kirchenmauer selbst im strengen Winter mit ausgebreiteten Armen in Erstarrung kniete oder lag und so von dem Priester des Klosters, der barmherzig früher kam, mir die heilige Kommunion zu reichen, gefunden wurde. Wie er aber nahte und die Kirche öffnete, erwachte ich und eilte an die Kommunionbank und fand meinen Herrn und Gott.

In meinen Verrichtungen als Küsterin wurde meine Seele oft plötzlich wie weggerissen, und ich kletterte, stieg und stand in der Kirche, auf hohen Stellen, an Fensterblenden, Vorsprüngen und Bildwerk, wo es menschlicherweise hinzugelangen unmöglich schien. Da reinigte und zierte ich dann alles.

Immer war mir, als seien gütige Geister und Wesen um mich, die mich hoben, hielten und mir halfen. Ich hatte kein Arg darüber, ich war es von Kind auf gewohnt, ich war nie lang allein, wir taten alles so schön und lieblich mitsammen. Nur unter manchen Menschen war ich so allein, dass ich weinen musste wie ein Kind, das heim will.»

Viele merkwürdige Erscheinungen des ekstatischen Lebens an dieser Jungfrau übergehend, verweisen wir den Leser auf das Leben der hl. Magdalena a Pazzis, mit deren Zuständen die ihrigen in dieser Zeit viele Ähnlichkeit darboten, und sprechen von ihren Krankheiten. Von zartem, behendem, keineswegs robustem Körperbau, hatte sie sich von Kind auf, trotz steter Kasteiungen, Fasten, Wachen, nächtlichem Gebet im Freien, dennoch in jeder Jahreszeit den schwersten, angestrengtesten Feldarbeiten hingegeben und dabei alle Last ihrer ununterbrochenen Seelenzustände ertragen. Kein Wunder daher, dass sie unter fortgesetzter schwerer Garten- und Hausarbeit und der Steigerung aller ihrer seelischen Arbeiten und Leiden mehrmals im Kloster erkrankte.

Aber ihre Krankheiten hatten eine andere Veranlassung. Wir wissen nämlich durch vierjährige tägliche, angestrengte Beobachtung neben ihr und selbst durch eigene Erfahrung wie auch durch ihr schüchternes Eingeständnis, dass ein großer Teil ihrer Krankheiten und Schmerzen ihr ganzes Leben hindurch, und vorzüglich im Kloster als dem reichsten Mittelpunkt ihres Lebens, aus übernommenem Leiden für andere entsprang. Entweder, dass sie die Krankheit eines anderen, der nicht mit Geduld zu leiden vermochte, mitleidig auf sich herüberflehte und, ihn zu erleichtern, ganz oder teilweise auslitt oder dass sie sich, irgendeine Schuld oder Not zu tilgen, Gott hingab und dass der Herr, ihr Opfer annehmend, sie jene Schuld in irgendeiner entsprechenden Krankheitsform, als Sühnung derselben, in Vereinigung mit den Verdiensten seines bitteren Leidens tilgen ließ.

Es waren also in ihr eigene Krankheiten, übernommene Krankheiten anderer und in Krankheitsformen auf sie übertragene Verschuldungen und Mängel anderer, ja Gebrechen und Versäumnisse ganzer Teile der christlichen Gemeinde und sehr häufig die mannigfaltigsten Genugtuungsleiden für die Armen Seelen. Alle diese Leiden stellten sich, unter dem schnellsten Wechsel sich entgegengesetzter Krankheitssymptome, an ihr als ihre Krankheit dar und waren als diese dem Arzt und dessen zeitlicher Wissenschaft preisgegeben, der das zu heilen strebte, was sie zu leiden lebte.

Sie selbst sagte darüber: «Ruhig leiden zu können ist immer als der beneidenswerteste Zustand des Menschen erschienen, ja, wäre der Neid keine Unvollkommenheit, die Engel würden uns um das Leidensvermögen beneiden. Das ersprießliche Leiden muss aber auch den verkehrten Trost und die verkehrten Heilmittel und alle anderen Gewichte auf das zu tragende Kreuz geduldig und dankbar hinnehmen. Ich kannte meine Zustände selbst nicht in ihrer ganzen Bedeutung und Verbindung. Von jenseits erhielt ich die Aufgabe im Geist und musste sie diesseits leiblich ausfechten. Ich hatte mich meinem himmlischen

Bräutigam ganz als ein Opfer hingegeben, Er ließ an mir seinen heiligsten Willen geschehen; übrigens war ich in der Welt und musste der Welt Ordnung und Weisheit über mich ohne Murren ergehen lassen. Hätte ich meine Zustände ganz überschaut und Zeit und Gabe gehabt, sie zu erklären, so wäre doch niemand da gewesen, der mich verstanden haben würde. Vor allem aber würde ein Arzt mich wohl gar für wahnsinnig gehalten und darum seine teuren und peinlichen Arzneien noch vermehrt haben. So habe ich denn durch Arzneimittel zur Unzeit mein ganzes Leben hindurch und besonders im Kloster unendlich gelitten. Oft, wenn ich dadurch dem Tode nahe war, erbarmte sich Gott meiner auf übernatürliche Weise und sendete mir wunderbare Heilmittel, die mich herstellten.»

Vier Jahre vor Aufhebung des Klosters besuchte sie ihre Eltern auf ein paar Tage in Flamske. Zu dieser Zeit kniete sie einmal während mehrerer Stunden vor dem wundertätigen Kreuz hinter dem Altar der Lambertus-Kirche zu Coesfeld in Gebet und Betrachtung. Sie bat Gott um den Frieden und die Einigkeit ihres Klosters, opferte ihm das bittere Leiden Jesu Christi, ihres himmlischen Bräutigams, zu diesem Zweck auf und flehte in zärtlichem Mitleiden mit den Schmerzen Jesu am Kreuz, einen Teil seiner Marter mitfühlen zu können.

Seit diesem Gebet fühlte sie ein stetes Brennen und Schmerzen in den Händen und Füßen und war wie in einem ununterbrochenen Fieber, für dessen Folge sie jene Schmerzen hielt; an die Erhörung ihres Gebetes wagte sie nicht zu glauben. Oft vermochte sie wegen der Schmerzen in den Füßen nicht zu gehen, und der Schmerz in den Händen erlaubte ihr manche Arbeit, z.B. das Graben im Garten, nicht mehr.

Sie sagte: «Als ich in diesen Schmerzen kurz vor der Aufhebung des Klosters mehrmals um Erkenntnis unserer Fehler und Linderung meiner inneren Leiden flehte, erhielt ich verschiedene Male die deutliche Antwort vor dem Heiligen Sakrament: ‹Meine Gnade sei dir genug, ach, bin ich dir denn nicht genug?›» – Am 3. Dezember 1811 wurde das Kloster aufgehoben und die Kirche geschlossen. Die Klosterfrauen zogen nach und nach aus. Anna Katharina blieb krank und arm zurück. Eine mitleidige Magd des Klosters diente ihr aus Barmherzigkeit. Auch ein alter, frommer, emigrierter Priester, der im Kloster die Messe las, blieb noch in seiner Wohnung. Er, sie und die Magd, als die Ärmsten, verließen das Kloster erst im Frühjahr 1812. Sie war noch so krank, dass sie sich mühselig musste herausführen lassen.

Der Priester bezog eine kleine Wohnung bei einer armen Witwe des Ortes; sie ein armes Kämmerchen zu ebener Erde desselben Hauses, ihre Fenster sahen auf die Straße. Hier lebte sie bis gegen Herbst dieses Jahres 1812 in fortwährender Kränklichkeit, ein Gott innigvertrautes, der Welt unbekanntes Leben. Ihre Gebetsentzückungen und der stete Verkehr ihrer Seele mit einer anderen Welt hatten sich verdoppelt. Sie nahte einem schweren Beruf, den sie wohl selbst nicht kannte und zu welchem sie nichts beitrug als sich, wie eine Magd des Herrn, dem Willen Gottes gehorsam, hinzugeben, dem es um diese Zeit gefallen hat, ihren kranken, jungfräulichen Leib mit dem Zeichen seines Kreuzes und seiner Kreuzigung – den Juden ein Ärgernis, den Heiden eine Torheit und manchen sogenannten Christen beides – zu bezeichnen.

Sie hatte von Jugend auf gebetet, der Herr möge ihr sein heiliges Kreuz fest in die Brust eindrücken, damit sie doch keinen Augenblick seiner unendlichen Liebe vergesse.

Sie hatte hierbei aber nie an ein äußeres Zeichen gedacht. Sie betete nun, wieder in die Welt zurückgestoßen, eifriger als je in diesem Sinne, und als sie den 28. August, dem Fest ihres hl. Ordenspatrons Augustinus, krank zu Bett liegend, in solchem Gebet in Entzückung mit ausgebreiteten Armen erstarrt war, sah sie, als nahe ihr, aus der Höhe von der rechten Seite kommend, ein leuchtender Jüngling, wie sie immer die Erscheinung ihres himmlischen Bräutigams zu sehen pflegte, und es machte ihr derselbe mit seiner Rechten das Zeichen eines gewöhnlichen Kreuzes über ihren Leib. Wirklich empfing sie damals das einem Muttermal ähnliche Malzeichen eines Kreuzes auf der Magengegend. Es bestand aus zwei gekreuzten, etwa zwei Zoll langen, einen halben Zoll breiten Streifen. Dieses Malzeichen bedeckte sich später öfters wie mit einer Brandblase, welche, sich öffnend, besonders abends, eine brennende, farblose Feuchtigkeit in solchem Maße ergoss, dass mehrfach gefaltete Tücher davon durchnässt wurden. Sie wusste längere Zeit nichts davon und glaubte heftig zu schwitzen. Die eigentliche Bedeutung dieses Zeichens ist nie erforscht worden.

Einige Wochen später kniete sie mit ausgebreiteten Armen in ekstatischer Erstarrung in ähnlichem Gebet, da sah sie sich dieselbe Erscheinung nahen, die ihr mit der rechten Hand ein kleines, etwa drei Zoll hohes Kreuz von der Gestalt eines Y, so wie sie das Kreuz Christi zu beschreiben pflegt, darreichte, welches sie mit heftiger Inbrunst gegen die Mitte ihrer Brust an das Brustbein drückte und zurückgab. Dies Kreuz beschrieb sie weich und weiß gleich Wachs.

Sie wusste nicht, dass sie hierdurch ein äußeres Zeichen empfangen habe, und als sie bald hierauf, um sich zu erholen, mit dem Töchterchen ihrer Hausfrau den Garten eines alten ehemaligen Eremiten bei Dülmen besuchte, sank sie daselbst in ekstatische Bewusstlosigkeit und wurde, nachdem sie sich erholt, von einer Bäuerin nach Hause geführt. Da nun in diesen Tagen die heftige Glut auf ihrer Brust immer zunahm, sah sie das Mal eines rot durch die Haut schimmernden, drei Zoll hohen Gabelkreuzes auf ihrem Brustbein. Durch ihre Mitteilung dieser Erscheinung an eine ihr vertraute Mitschwester wurde ihr seltsamer Zustand nach und nach ruchbar.

Am Allerseelenfest, 2. November 1812, ging sie zum letztenmal aus. Sie schleppte sich mühselig zur Kirche. Von nun an war sie bis Ende des Jahres scheinbar in steter Todesnähe und ward mit den Heiligen Sakramenten versehen.

Um Weihnachten erschien an der Höhe des Kreuzmales auf ihrem Brustbein ein kleiner Fortsatz in gleicher Kreuzgestalt, so dass dieses Brustkreuz nun ein doppeltes Gabelkreuz bildete.

Dieses Kreuz schwitzte anfangs jeden Mittwoch mit wenigen Abweichungen Blut in dichter Reihe von Schweißpunkten über seiner ganzen Linie aus, so dass man vollkommene Abdrücke desselben auf aufgelegten Papierblättern empfangen konnte. Später versetzte sich diese Blutung auf den Freitag. 1814 ward diese Blutung seltener, und es zeigte sich das Kreuz an den normalen Tagen nur mit einer Feuerröte. Jedoch schwitzte dieses Kreuz auch noch später und namentlich an den Karfreitagen. Man achtete jedoch nicht mehr darauf.

Am 30. März 1821 beobachtete es der Schreiber in hoher Röte und auf seiner ganzen Linie Blut ausschwitzend. In gewöhnlichem Zustand war sein Umriss nur bei genauem Anschauen etwa zwei Linien breit, durch kleine Hautsprünge, wie sie bei starkem Frost das Bersten der Haut zu bilden pflegt, farblos bemerkbar. Der Blutung ging große Hitze in dieser Gegend der Brust voraus, es erschien unter der Haut ein roter, beinah zollbreiter Hof von andringendem Blut um seine ganze Gestalt, welcher mit dem Ausbluten erlosch. Ähnliche Signaturen mit Kreuzen kommen bei mehreren Personen gleicher Richtung vor, unter anderen bei Katharina de Raconisio, Marina de Escobar, Emilia Bichieri, Juliana Falconieri usw.

In den letzten Tagen des Jahres 1812 trat ihre Stigmatisation ein. Drei Tage vor Neujahr (29. Dezember 1812), ungefähr um drei Uhr nachmittags, lag sie sehr krank in ihrem Stübchen mit ausgebreiteten Armen in ekstatischer Erstarrung auf ihrem Bett. Sie betrachtete die Leiden des Herrn und flehte, von heftigem Mitleid bewegt, mit ihm zu leiden. Sie betete fünf Vaterunser zu Ehren der heiligen fünf Wunden, kam in eine große Innigkeit und fühlte einen heißen Durst nach den Schmerzen des Herrn. Ihr Angesicht war von glühender Röte übergossen.

Da sah sie ein Leuchten von oben zu sich herabkommen und in diesem die Lichtgestalt des gekreuzigten Herrn wie lebendig, seine Wunden leuchteten wie fünf helle Lichtkreise aus dem Bild hervor. Ihr Herz fühlte sich von einem gewaltigen Sturm und von Freude bewegt, ihre Begierde mitzuleiden ward bei dem Anblick der heiligen Wundmale so heftig, dass es schien, als flehe ihr Mitleid aus ihren Händen, ihren Füßen und ihrer rechten Seite nach den Wundmalen der Erscheinung hin. Da schossen zuerst aus den Händen, dann aus den Füßen und endlich aus der Seitenwunde der Kreuzerscheinung, und zwar aus jeder einzelnen Wunde, dreifache blutrote Lichtstrahlen, die sich pfeilförmig endeten, nach ihren Händen und Füßen und ihrer rechten Seite. Die drei Strahlen, welche aus der Seite der Erscheinung kamen, erschienen weiter voneinander getrennt und breiter und endeten lanzenförmig. Im Augenblick der Berührung drangen Blutstropfen an den Malstellen hervor. Sie lag noch lange in bewusstlosem Zustand und wusste erwachend nicht, wer ihr die ausgespannten Arme wieder niedergebeugt hatte. Sie sah mit Staunen das Blut in der Mitte ihrer Hände und empfand heftige Schmerzen an allen Malstellen.

Das Töchterchen ihrer Hausfrau war, nach ihr zu sehen, in die Stube getreten, hatte das Blut an ihren Händen bemerkt und es der Mutter erzählt, diese fragte besorgt, was ihr geschehen, sie bat um Stillschweigen.

Sie fühlte nach der Stigmatisation eine Veränderung in ihrem Körper, es war, als wendete sich ihr Blutumlauf und dringe mit heftigem Ziehen nach den Malstellen hin. Sie sagte selbst: «Es ist dieses unaussprechlich!»

Die obige Erzählung der Umstände, unter welchen sie alle diese Zeichen empfangen, verdankt der Schreiber einem eigentümlichen Ereignis. Sie hatte nämlich am 15. Dezember 1819 eine umständliche Vision von allem, was bis jetzt an ihr ergangen, und zwar der Art, dass sie glaubte, es sei dieses alles einer anderen Klosterfrau, die nicht weit von ihr wohnen müsse, gerade so wie ihr geschehen, und sie erzählte alle die Umstände mit großem Mitleiden und Teilnahme und einer tiefen Demütigung, ohne es zu wissen, gegen sich selbst.

Es war höchst rührend, sie sprechen zu hören. «Ich darf nicht mehr klagen, ich habe die Leiden dieser armen Klosterfrau gesehen, ihr Herz ist von einem Kranz stechender Dornen umgeben, sie trägt so stille und lächelt noch. Ich muss mich schämen zu klagen, sie hat eine viel größere Last als ich» usw. Aus solchen Selbstgesichten, die sich mehrmals übereinstimmend wiederholten und die später von ihr als ihre eigene Geschichte anerkannt wurden, sind die Umstände ihrer Stigmatisationen mitgeteilt, welche man nur auf diese Weise so detailliert erhalten konnte; denn sie selbst sprach aus Demut nie von diesen Ereignissen, und von ihrer geistlichen Obrigkeit gefragt, woher diese Wunden rührten, sagt sie höchstens: «Ich hoffe, dass sie von Gott herrühren.»

Der Raum verbietet hier, von der Stigmatisation überhaupt zu reden. Die Anzahl der bekannt gewordenen frommen Personen, welche in der katholischen Kirche, seit Franz von Assisi, diesen den Theologen unter dem Namen *Vulnus divinum, Plaga amoris viva* bekannten Grad der betrachtenden Jesusliebe, als die höchste Signatur des mit Jesus leidenden Mitleidens, erlangt haben, ist keineswegs gering. Es sind ihrer wenigstens an 50 bekannt geworden, darüber an anderer Stelle.

Die Kapuzinerin Veronika Giuliani, † 1727 in Città di Castello, ist die letzte Heiliggesprochene (26. Mai 1831) aus dieser Zahl. Ihre 1810 bei Schmitz in Köln erschienene Biographie bietet ein Bild des Zustandes solcher Personen und auch in vieler Hinsicht unserer Anna Katharina dar. Die bekannteren Zeitgenossen, welche vor der letzteren so bezeichnet waren, sind die Dominikanerinnen Columba Schanolt zu Bamberg, † 1787, und Magdalena Lorger zu Hadamar, † 1806, die Kapuzinerin Rosa Serra zu Ozieri in Sardinien, stigmatisiert 8. Mai 1801 (†?). Josepha Kümi aus Wollerau in der Schweiz im Kloster Weesen am Wallensee, welche 1815 noch lebte, gehörte auch zu diesem Kreis.

Seit Anna Katharina nicht mehr zu gehen vermochte und bettlägerig wurde, begann auch ihre Nahrungslosigkeit, sie konnte bald nichts mehr als Wasser mit wenig Wein vermischt, dann allein Wasser und selten etwas aus einer Kirsche oder Pflaume ausgesaugten Saft zu sich nehmen, alle andere konsistente Nahrung auch im kleinsten Maße brach sie mit Würgen von sich. Diese Unfähigkeit, Nahrung zu nehmen, oder auch diese Fähigkeit, ohne andere Nahrung als Wasser während längerer Zeit zu leben, ist gelehrten Ärzten als merkwürdiger Krankheitsfall keineswegs unerhört, und umsichtige Theologen werden im Leben kontemplativer Asketen und namentlich der Ekstatischen und Stigmatisierten der Ansicht, dass mehrere, die außer dem Heiligen Sakrament lange keine Speise zu sich nehmen, häufig begegnen. Wir erwähnen unter vielen anderen Nikolaus von der Flüe, Lidwina von Schiedam, Katharina von Siena, Angela von Foligno, Ludovica de Ascensione.

Alle diese Erscheinungen an Anna Katharina blieben bis zum 25. Februar 1813 in ihrer nächsten Umgebung verschwiegen, wurden dann durch Zufall einer ehemaligen Klostergenossin der Kranken bekannt und Ende März Stadtgespräch.

Am 23. März unterwarf sie der Physikus des Ortes einer Untersuchung, ward gegen alle seine Erwartung von der Wahrheit überzeugt, nahm ein Protokoll über sie auf, ward und blieb ihr Arzt und Freund bis zu ihrem Tode (1824).

Am 28. März sandte die geistliche Obrigkeit von Münster eine Untersuchungskommission zu ihr. Die Kranke erwarb sich dabei das Wohlwollen ihrer Obrigkeit und die Freundschaft des gottseligen Dechants Overberg, der fortan jährlich mehrere Tage zu ihr reiste und ihr Gewissensrat und Tröster blieb. Die Achtung des Arztes bei dieser Untersuchung, Obermedizinalrats von Druffel, ward ihr, soviel bekannt, nie wieder entzogen. Er gab in der medizinischen Zeitung, Salzburg 1814, 1. Band S. 145 und zweiter Band S. 17, über alle Erscheinungen an der Kranken in ärztlicher Hinsicht eine ausführliche Nachricht, worauf wir hier hinweisen. Am 4. April 1813 kam der k. französische Generalpolizeikommissar Garnier von Münster zu ihr, beobachtete und ließ sich berichten, und belehrt, sie prophezeie nicht, noch rede sie von politischen Dingen, erklärte er sie außer dem Bereich der Polizei. Er sprach 1826 noch mit großer Achtung und Rührung in Paris von ihr.

Am 22. Juli 1813 kam Overberg mit Graf von Stolberg und dessen Familie von Münster zu ihr. Sie blieben bis 24. Juli. Stolberg bezeugte in einem mehrfach abgedruckten Brief an die Gräfin S. die Wahrheit aller Erscheinungen an der Kranken und seine herzliche Verehrung für sie. Er blieb ihr Freund bis zu seinem Tode, und seine Familie hörte nicht auf, sich bis zu ihrem Ende in ihr Gebet zu empfehlen.

Am 9. September 1813 kam Overberg mit der frommen und geistreichen Fürstin Gallitzin zu ihr, sie blieben bis zum 11. September und waren Augenzeugen der zahlreichen Blutungen aller ihrer Wundmale. Diese ausgezeichnete Frau wiederholte ihre Besuche, und nach ihrem Tode blieb ihre Tochter, die Fürstin Salm, und deren Familie in stetem Gebetsverein mit Anna Katharina; ebenso fanden andere edle Familien und Trostsuchende jeden Standes Erbauung an ihrem Krankenlager.

Am 23. Oktober 1813 brachte man sie in eine andere Wohnung, die auf einen Garten sah. Man stieg über eine Wendeltreppe zu ihr, und die armselige Klosterfrau ging von Tag zu Tag in ein mühseligeres Dasein über. Die Zeichen, welche sie durch Gottes Willen trug, wurden für sie bis zum Tode eine Quelle unsäglicher Leiden; ohne daran zu denken, wie sehr sie unaustilgbare Gnadenzeugnisse der heiligsten Weihestunden ihres Lebens seien, trug sie dieselben zu ihrer Demütigung als ein ihr für ihre Sünden aufgelegtes schweres Kreuz. Ihr armer Leib selbst musste Christus, den Gekreuzigten, predigen. Es war ein schwerer Beruf, allen ein Rätsel, den meisten eine Verdächtige, vielen ein Gegenstand scheuer Verehrung zu sein, ohne in Ungeduld, Hass oder Stolz zu fallen. So gern sie sich von der Welt verschlossen hätte, nötigte sie bald der Gehorsam, unzähligen Neugierigen ein Gegenstand der verschiedenartigsten Beurteilung zu werden.

Die heftigsten Schmerzen leidend, hatte sie gewissermaßen auch noch ihr Eigentumsrecht an sich selbst verloren und war ohne irgendeinen Vorteil zum Nachteil ihres Leidens und ihrer Seele durch Mangel an Ruhe und Sammlung gleichsam zu einer Sache geworden, welche zu beschauen und zu beurteilen jedermann das Recht zu haben glaubte. Die Anmaßung ging weit, ein stark beleibter Fremder, dem die enge Wendeltreppe beschwerlich ward, klagte, dass diese Person, welche eigentlich an der Heerstraße liegen müsste, so unbequem hoch gelegt sei.

Ähnlich Bezeichnete in früherer Zeit bestanden in Abgeschlossenheit die Prüfung der geistlichen Obrigkeit und vollendeten ihre schwere Aufgabe von heiligen Mauern geschützt; unsere arme Freundin aber aus einer Klostergemeinde, welcher sie selbst ein Rätsel war, in einer übermütigen, seichten und ungläubigen Zeit in die eitle Welt gestoßen und mit dem Ordenszeichen der Passion Christi belehnt, musste das blutige Gewand des Keltertreters am lichten Tage vor vielen Menschen tragen, welche kaum an Jesu eigene Wunden, viel weniger an deren Ebenbild glaubten.

So war sie, die so viele Stunden ihrer Jugend bei Tag und Nacht vor den Stationsbildern des Leidensweges Christi und vor den Kreuzen am Wege gebetet hatte, nun selbst wie ein Kreuz am Wege geworden, von dem einen misshandelt, von dem anderen mit Tränen der Buße begrüßt, von dem dritten als Gegenstand der Kunst und Wissenschaft betrachtet und von den Unschuldigen mit Blumen geschmückt.

Im Jahre 1817 zog ihre fromme alte Mutter vom Lande auf ihre Stube, um bei ihr zu sterben. Sie erwies ihr Kindesliebe durch Trost und Gebet und drückte ihr am 13. März mit ihren so ehrwürdig bezeichneten Händen die Augen dankbar zu, welche ihre Jugend so treu bewacht und so viele Tränen der Mutterliebe ihrethalben geweint hatten. Mit dem reichen Erbschatz, den ihr die Mutter hinterließ, reichte Anna Katharina überflüssig bis zum Tode aus und hinterließ ihn ungehindert allen Freunden zu ewiger Nutznießung. Es bestand dieses Erbe in den drei Sprichworten: Herr! wie *Du* willst und nicht wie *ich* will. – Herr! gib Geduld, und dann schlage tüchtig zu! – Taugt es nicht in den Topf, so taugt es doch darunter. – Dieses letzte Sprichwort aber hatte den Sinn: kann dieses nicht zur Speise dienen, so kann man doch es verbrennen und die Speise dabei kochen; erquicket dieses Leid mein Herz nicht, so kann ich doch, es geduldig ertragend, das Feuer der Liebe damit mehren, durch welches dieses Leben allein genießbar wird. Sie gebrauchte diese Sprichworte oft und gedachte immer der Mutter mit Dank dabei. Der Vater war früher gestorben.

Der Schreiber dieser Blätter erhielt zuerst durch eine Abschrift des oben erwähnten Briefes Stolbergs und später durch einen Freund, der mehrere Wochen bei der Kranken gelebt, eine umfassende Kenntnis ihres Zustandes. Im September 1818 eingeladen, mit J. M. Sailer, nach langer Trennung, auf dessen Reise zu dem Gr. Fr. L. v. Stolberg in Westfalen zusammenzutreffen, begab er sich nach Sondermühlen zu letzterem, der ihn nach Münster an Overberg empfahl, und dieser führte ihn durch seinen Brief an den Arzt der A. K. Emmerick bei derselben ein. Gütig aufgenommen, besuchte er sie am 17. September 1818 zum erstenmal. Sie erlaubte ihm bis zu Sailers Ankunft, täglich mehrere Stunden bei ihr zuzubringen und bewies ihm mit rührender Arglosigkeit ein so kindliches Vertrauen, als er es nie von irgendeinem Menschen genossen. Sie mochte wohl erkennen, dass sie in hohem Grade ein geistliches Almosen an ihm übte, indem sie alle ihre Führungen, Erfahrungen, Freuden und Leiden von Kind auf bis heute ohne irgendeine Scheu vor ihm aussprach, und sie tat dies bis zur freudigen Gastfreiheit, ohne alle Sorge, da sie sich von ihm nicht durch übertriebene Bewunderung in ihrer Demut gestört fühlte.

Sie gab ihr Inneres mit der freudigen Barmherzigkeit hin, mit welcher ein gottseliger Einsiedler jeden Morgen die Blumen und Früchte seines Gartens, die ihm über Nacht wieder wachsen, einem mühseligen Wanderer zur Erquickung reicht, der, in der Wüste der Welt verirrt, sich bei seiner Klause zurechtgefunden hat. Gott auf Leben und Tod hingegeben, tat sie alles wie ein Kind Gottes, arglos und absichtslos so hin. Gott vergelte es!

Der Schreiber schrieb täglich alles nieder, was er an ihr bemerkte oder was sie ihm aus ihrem inneren und äußern Leben erzählte. Alles, bald durch die kindliche Naivität, bald durch die eigentümlichste Tiefsinnigkeit überraschend, ließ den großartigen Zusammenhang ahnen, der später hervortrat, da es sich entdeckte, dass die heiligende Vorwelt, die entheiligende Mitwelt und die richtende Nachwelt sich fortwährend als ein historisches und zugleich allegorisches Drama nach den Motiven und der Szenenfolge des Kirchenjahres vor, in und mit ihr abspielten, denn alles dieses war der Leitfaden ihrer Gebets- und Leidensopfer für die Streitende Kirche in zeitlicher Bedrängnis.

Am 22. Oktober 1818 kam Sailer zu ihr; als er, unten im Hause durchwandelnd, bemerkte, dass sie im Hinterhaus einer Schenke wohnte und unter ihrem Fenster eine Kegelbahn rasselte, sagte er in seiner scherzhaften und doch tiefen Weise: «Schau, schau, so ist es gerade recht, so muss es sein, die kranke Nonne, die Braut unseres Herrn, wohnt in einer Schenke über der Kegelbahn, gerade wie die Seele des Menschen in seinem Leibe.» Sein Zusammenkommen mit der Kranken war sehr rührend und innig, zwei von Jesu Liebe brennende Herzen, auf den verschiedensten Wegen von der Gnade geführt, begegneten sich bei dem Kreuz, mit welchem das eine sichtbar bezeichnet war. Freitag, den 23. Oktober, war Sailer den ganzen Tag meist allein bei ihr, er überzeugte sich von den Blutungen ihres Hauptes, ihrer Hände und Füße, und sie fand den mannigfachsten Trost in bezug auf ihre inneren Erfahrungen bei ihm. Auf ihre Anfrage empfahl er ihr dringend die unbefangenste Mitteilung an den Schreiber, worüber er auch mit diesem und ihrem gewöhnlichen Seelsorger sprach. Mit großer Rührung überzeugte er sich von ihren ekstatischen Zuständen, ihrem Gehorsam gegen geistlichen Befehl und ihrer überraschenden Anregung durch Segen, Geweihtes und Reliquien. Sie beichtete ihm, wozu er die Erlaubnis von der geistlichen Behörde als Fremder begehrt und empfangen hatte. Samstag, den 24., reichte er ihr das Heilige Sakrament und reiste weiter zu Stolberg.

Auf der Heimreise blieb er im Anfang des Novembers abermals einen Tag bei ihr. Er war ihr bis zu ihrem Tode ein Freund, hat für sie gebetet und in ernsten Angelegenheiten ihr Gebet verlangt. Der Schreiber blieb bis zum Januar und kehrte im Mai 1819 zu ihr zurück, wo er mit weniger Unterbrechung bis zu ihrem Tode seine Beobachtungen fortsetzte. Ihr stetes Gebet, Gott möge ihr die äußerlichen Wundmale nehmen, damit sie der Beunruhigung nicht erliege, ward nach sieben Jahren erhört.

Gegen Ende 1819 wurden die wöchentlichen Blutungen seltener und blieben endlich ganz aus, am 25. Dezember fielen auch die Wundrinden an den Händen und Füßen ab, und es erschienen durch die Hauterneuerung weißschimmernde Narben, welche jedoch an allen bezüglichen Tagen sich röteten, wie denn überhaupt die Schmerzen dieselben blieben. Auch die Kreuzmale und die Wunde der rechten Seite äußerten sich noch oft wie früher, doch an abweichenden Tagen.

Die Empfindung, unter furchtbarer Peinigung eine breite Dornenkrone um das Haupt zu tragen, trat an den normalen Tagen fortwährend mehr oder weniger heftig ein. Sie konnte dann das Haupt nirgends an- oder auflehnen, ja, ihm nicht mit der Hand nahen und saß viele Stunden, ja ganze Nächte wie ein erschütterndes bleiches Jammerbild mit schwankendem Haupt, um den Leib durch stützende Kissen aufrecht gehalten, wimmernd im Bett. Dieser Zustand löste sich immer mit minderen oder stärkeren Blutergüssen rund um das Haupt, die manchmal nur die

Kopfbedeckung durchdrangen, manchmal auch über das Antlitz nieder auf ihr Halstuch rannen.

Am 19. April, Karfreitag 1819, brachen von neuem alle ihre Wunden blutend auf und schlossen sich wieder an den folgenden Tagen.

Eine strenge Untersuchung ihres Zustandes durch Ärzte und Naturforscher, welcher sie, abgesondert in einem fremden Haus, vom 7. bis 29. August 1819 unterworfen wurde, scheint auf ihrem Werte beruhen geblieben zu sein. Man brachte sie am 29. August in ihre Wohnung unter alle ihre früheren Verhältnisse zurück. Außer einigen Privatquälereien und öffentlichen Schmähungen ließ man sie bis zu ihrem Tode fortan in Ruhe.

Overberg schrieb ihr in diesem Leiden folgende Worte: «Was ist Ihnen denn auch, Ihnen persönlich, Übles geschehen, worüber Sie zu klagen hätten? Ich tue diese Fragen an eine Seele, die nichts so sehr wünschet, als ihrem himmlischen Bräutigam immer ähnlicher zu werden. Hat man Sie nicht viel sanfter behandelt, als es Ihrem Bräutigam geschehen? Muss es Ihnen, *dem Geiste nach*, nicht Freude sein, dass man Ihnen behilflich ist, Ihrem Bräutigam ähnlicher und also auch wohlgefälliger zu werden? Schmerzen hatten Sie vorher schon viele mit Christus gelitten, aber der Schmach noch vergleichsweise wenig. Bei der Dornenkrone fehlte noch immer der Purpurmantel und das Spottkleid. Noch immer fehlte das Geschrei: Weg mit dieser, weg zum Kreuz. Ich zweifle nicht, dass diese Gesinnungen die Ihrigen sind. Gelobt sei J. C.»

Karfreitag, den 30. März 1820, ergossen ihr Haupt, ihre Hände und Füße, ihre Brust und Seite Blut zur gewöhnlichen Zeit. Jemand aus ihrer Umgebung, welcher wusste, dass die Annäherung von Reliquien ihr erquicklich war, hatte ihr während ihrer Ohnmacht ein Tuch, worin Reliquien, an die Fußsohlen gelegt, und es war Blut von den Wundmalen an dies Tuch gekommen. Als man ihr dieses Tuch samt den Reliquien abends auf die Schulter, welche sie besonders schmerzte, und auf die Brust legte, sagte sie plötzlich in ekstatischem Zustand: «Wie wunderbar, dort sehe ich meinen himmlischen Bräutigam im irdischen Jerusalem tot im Grabe ruhen, hier sehe ich ihn im himmlischen

Jerusalem unter vielen Heiligen lebend angebetet, und unter den vielen Heiligen sehe ich eine unheilige Person, eine Klosterfrau, das Blut rinnt ihr vom Haupt, der Seite, den Händen und Füßen, und die Heiligen stehen über diesen Gliedern ihres Leibes.»

Am 9. Februar 1821 ward sie beim Begräbnis eines frommen Priesters ekstatisch, das Blut rann ihr von der Stirne, und auch das Brustkreuz blutete. So fand sie jemand und fragte: «Was geschah Ihnen?» Da sprach sie halb im Traum lächelnd: «Wir waren zur Leiche, ich bin das Singen nicht mehr gewohnt, das *de profundis* hat mich so angestrengt.»

Drei Jahre nachher starb sie am selben Tag. – Sie sagte 1821, mehrere Wochen vorher, es sei im Gebet zu ihr gesprochen worden: «Achte darauf, du wirst am historischen und nicht am kirchlichen Tag blutend mitleiden.»

Wirklich war sie Freitag, den 30. März, morgens um zehn Uhr bewusstlos, aber doch in freudiger Rede. Antlitz und Brust waren von Blut überronnen und ihr Körper voll Streifen gleich Geißelmalen. Am Mittag ward sie in Kreuzform ausgestreckt, ihre zitternden Arme dehnten sich auf eine entsetzliche Weise. Einige Minuten nach zwei Uhr drangen Bluttropfen aus ihren Händen und Füßen. Am Karfreitag, dem 20. April, selbst war sie nur in stiller Betrachtung, welche auffallende Abweichung sich als der Schutz Gottes zeigte, indem sie zur gewöhnlichen Stunde der Blutung von misswilligen Laurern bedrängt ward, welche durch Veröffentlichung ihr neue Störung zuziehen wollten, jetzt aber durch die Aussage, sie blute nicht mehr, zu ihrer Ruhe gegen ihre Absicht beitrugen.

Am 19. Februar 1822 hatte sie dieselbe Mahnung des Mitleidens am letzten Freitag im März und nicht am Karfreitag, wenn sie leben bleibe, denn sie war in schwerer Gebetsarbeit dem Tode nahe. Sie hatte häufig ein Stechen und Ziehen nach den Wundmalen und ergoss Freitag, den 15. und 22., Blut aus dem Brustkreuz und der Seitenwunde, alle Male röteten sich stark. Sie fühlte öfters vor dem 29., als stürze ihr ein heißer Strom vom Herzen zur Seite und durch Arme und Beine zu den Malstellen hin, wo sich Stechen, Röte, Glut und mit dem Gefühle des Ausströmens Schweißtropfen einstellten. Am Donnerstag, dem

28., abends sank sie in die Betrachtung der Passion bis Freitag, den 29. am Abend. Sie ergoss in den betreffenden Stunden Blut an der Brust, dem Haupt und der Seite, alle Adern zu den Händen hin waren geschwollen, die Male gerötet, und in denselben ward der Mittelpunkt wund und feuchtete, doch ohne wirklichen Erguss.

Sie erhielt die Weisung der Blutung für den 3. Mai auf Kreuzauffindung. Sie hatte auch an diesem Tage von der Entdeckung des Kreuzes von St. Helena eine Betrachtung, der ihre Blutung eingeflochten war. Sie glaubte, neben dem Kreuz in der Grube zu liegen, blutete morgens stark am Kopf und der Seite und nach Mittag an Händen und Füßen und hatte ein Gesicht, als werde die Echtheit des Kreuzes Christi an ihr probiert und ihr Bluten gebe ein Zeugnis.

Im Jahre 1823 begleitete ihre Betrachtung die Passion vom Vorabend, den 27., bis Karfreitag, den 28. März, am Abend abermals, sie blutete mäßig an allen Wunden unter großen Leiden. Ein anwesender Freund bedauerte ihre ungehütete Lage; ganz in Geistesabwesenheit, zum Sterben gepeinigt, musste sie in ihrer kleinen Haushaltung über alles Rede und Antwort geben, als sei sie frisch und gesund, und tat es schier sterbend, halb bewusstlos ohne Murren. Es war das letztemal, dass sie mitleidend Zeugnis gab mit ihrem Blute für den, der das Seine für uns alle gegeben.

Die meisten Formen des geistlich ekstatischen Lebens in Gebet, Erkenntnis, Leiden und Wirken, welche uns in den Geschichten und Schriften der Brigitta, Gertrud, Mechtild, Hildegard, Katharina von Siena, von Genua, von Bologna, Columba von Rieti, Lidwina von Schiedam, Katharina Vanini, Theresia a Jesu, Anna a St. Bartholomão, Maria Magdalena von Pazzis, Maria Villana, Maria Bonhomi, Marina von Escobar, Kreszentia von Kaufbeuren und vieler anderer kontemplativer Klosterfrauen begegnen, erschienen auch in der Geschichte des inneren Lebens der Anna Katharina Emmerick.

Womit jedoch allein gesagt sein soll: Es war ihr derselbe Weg von Gott angewiesen; ob sie unter schwierigen Umständen gleich jenen das Ziel erreicht, steht in Gottes Barmherzigkeit;

uns geziemt, darum zu bitten, und ist erlaubt, es zu hoffen. Jene Leser, welche das Wesen solcher Personen nicht aus ihren Schriften kennen, finden sich in bezug auf deren Stellung in der Einleitung von Susos Leben und Schriften (Regensburg 1829) durch Görres orientiert.

Da eifrige Christen, um in ihrem Leben einen steten Gottesdienst darzustellen, in jedem Tagewerk das Sinnbild irgendeiner Gottesverehrung suchen, welche sie in treuer Verrichtung der Werke Gott im Verein mit den Verdiensten Jesus Christus aufopfern, so scheint es nicht befremdlich, dass jenen aus ihnen, welche aus einem werktätigen in einen leidenden, betrachtenden Zustand kommen, ihre Gebetsarbeiten unter der Form ihres früheren Geschäftskreises entgegentreten. Ihr früheres äußeres Werk, nach dessen Sinnbildlichkeit sie ihr inneres Gebet wirkten, wird jetzt die Form ihrer Gebetsarbeit, in der sie nun ihr äußeres Werk wirken.

Sonst wirkten sie ihr Gebet, jetzt beten sie ihr Wirken, die Form blieb dieselbe. In solcher Weise erklärt es sich, dass Anna Katharina in ihrem ekstatischen Leben alle ihre Gebetsaufgaben für die Kirche und mancherlei Not in Traumparabeln von Hauswirtschaft, Viehzucht, Feld- und Gartenbau, Linnenbereitung, Näharbeit und Wäsche verrichten musste. Alle diese Arbeiten schlossen sich nach ihrer Bedeutung der natürlichen und kirchlichen Zeit an und wurden durch Anrufen, Eintreten und Hilfe der Heiligen jedes Tages unter fleißiger Anwendung der speziellen Gnade der einfallenden Kirchenfeste vollzogen. Die Bedeutsamkeit dieses sinnbildlichen Geschäftskreises reichte überflüssig für alle Aufgaben der werktätigen Seite ihres inneren Lebens zu. Ein Beispiel diene hier statt vieler.

Wenn Anna Katharina als Bauernmädchen Unkraut aus dem Feld jätete, flehte sie, das Unkraut möge aus dem Kirchenfeld ausgereutet werden; brannten ihr die Hände vom Nesselraufen, musste sie nachlässigen Abeitern nacharbeiten, so opferte sie Schmerz und Mühe Gott auf und flehte um Jesu willen, dass doch kein Seelenhirt ermüden möge, bei schweren Hindernissen mutig fortzuarbeiten, usw. Auf diese Weise ward ihre Handarbeit zu einem Gebet.

Nun folgt ein paralleler Fall aus ihrem ekstatischen betrachtenden Leben. Als Anna Katharina einst mehrere Tage krank und mühselig seufzend in fast steter Ekstase gelegen, wobei ihre Finger häufig wie pflückend zuckten, klagte sie eines Morgens über Brennen und Zucken an Händen und Armen, welche sich auch bei näherem Anschauen mit Nesselbrandblasen bedeckt fanden. Sie bat hierauf mehrere Bekannte, ihre Gebete in einer gewissen Angelegenheit mit dem ihrigen zu vereinigen. Am folgenden Morgen schmerzten ihre Finger und schienen wie von Arbeit entzündet; um die Ursache gefragt, erwiderte sie:

«Ach, ich hatte so viele Nesseln im Weinberg auszurupfen, und die bestellten Gehilfen rissen nur das Kraut ab, da musste ich die Wurzeln mühselig mit den Fingern aus dem steinigen Grunde herausbohren.» Als der Fragende solche nachlässigen Arbeiter tadelte, fühlte er sich durch ihre Antwort beschämt: «Sie waren auch darunter, es sind die nachlässigen Gebetsgenossen, welche nur das Kraut von den Nesseln rissen und die Wurzeln stecken ließen!»

Es fand sich aber später, dass ihr, welche für mehrere Bistümer betete, diese unter den Sinnbildern von verwilderten Weinbergen zur Bearbeitung angewiesen worden waren. Gab nun der wirkliche Nesselbrand an ihren Händen ein Zeugnis von ihrem sinnbildlichen Ausraufen der Nesseln, so liegt es nicht ferne zu hoffen, dass auch den Kirchengemeinden, welche durch diese sinnbildlichen Weinberge bedeutet wurden, eine Wirkung ihrer Gebetsarbeit zugekommen sein wird; denn wenn den Anpochenden aufgetan wird, so wird wohl auch jenen geöffnet werden, welche so herzhaft anpochen, dass ihnen die Fingerknöchel wehetun.

Ähnliche Rückwirkungen auf den Körper begegnen uns häufig in den Geschichten von Personen gleicher Richtung und sind dem Glauben nicht fremd. Die hl. Paula besuchte, nach der Erzählung des hl. Hieronymus, die heiligen Orte in ihren Gesichten gerade wie persönlich; eben dieses geschah an Columba von Rieti und Lidwina von Schiedam, welche von diesen Reisen im Geiste alle Spuren am Leibe erlitt, als sei sie körperlich gereist; sie ward wegemüd, verwundete sich die Füße, hatte Spuren von Anstoßen, Dornenverletzung, verrenkte, in Traumreisen ausgleitend, den Fußknöchel und litt körperlich lange an dieser Verletzung. Auf diesen Reisen, von ihrem Engel geführt, hörte sie von diesem, die körperliche Verletzung sei ein Zeichen, dass sie mit Leib und Seele entzückt gewesen. Solches Hervortreten von Verletzungen am Körper wenige Augenblicke, nachdem sie im Traume geschehen, ward auch bei Anna Katharina beobachtet.

Wie Lidwinas ekstatische Reise damit begann, dass sie im Geiste ihrem Engel in die Marienkapelle von Schiedam folgte, so eröffneten die ekstatischen Reisen der Anna Katharina sich auch damit, dass sie im Geiste ihrem Engel in die nahe Kapelle vor ihrem Wohnort oder zum Kreuzweg vor Coesfeld oder zu dem Gnadenkreuz daselbst folgte.

Sie erzählte ihre Reisen nach dem Heiligen Lande auf den entgegengesetztesten Wegen, öfters selbst rund um die Erde, nachdem die Aufgabe ihrer Gebetsarbeit es erforderte, und öfters auch den entgegengesetzten Rückweg bis zu ihrer Kammer. Diese Wege waren von ihrer Heimat an bis zu den entferntesten Völkern von den abwechselndsten Hilfstätigkeiten erfüllt, welche, alle aus dem Kreise der leiblichen oder geistlichen Werke der Barmherzigkeit, häufig in Form von Parabeln geübt wurden.

Nach einem Jahre auf gleichem Wege, berührte sie dieselben Persönlichkeiten wieder und erzählte ihr Gedeihen oder ihren Rückfall. Alle diese Arbeit aber bezog sich auf die Kirche, das Reich Gottes auf Erden. Das Ziel dieser täglichen Pilgerträume war immer das Gelobte Land, welches sie nach seinem jetzigen wie nach seinem Zustand in allen Zeiten der heiligen Geschichte in großen Detail betrachtete; denn vor allen Personen ihrer Richtung zeichnete sie die Gnade einer bis jetzt unerhörten objektiven Anschauung der Geschichte des Alten und Neuen Testaments, der Heiligen Familie und aller Heiligen, auf welche sich das Auge ihres Geistes richtete, aus. Sie sah das Wesen aller Festtage des Kirchenjahres in festlicher und in historischer Hinsicht. Sie betrachtete und erzählte die Jahre des Lebenswandels Jesu bis zur Himmelfahrt und die Apostelgeschichte bis mehrere Wochen nach der Sendung des Heiligen Geistes Tag für Tag mit detaillierter Beschreibung und Benennung der Orte, Personen, Feste, Sitten, Lehren und Wunder, oft mit einer Bestimmtheit, welche jede Erwartung übertraf. Einzelne wenige Bezüge dieser Betrachtungen sind in den Noten zu den folgenden Blättern mitgeteilt. Alle diese Anschauungen hielt sie keineswegs für geistliche Erquickungen ihrer Seele, sondern sie nahm sie als Fruchtfelder von Verdiensten Jesu an, welche noch nicht eingetragen seien, und war oft seelisch beschäftigt, diese und jene Mühe des Herrn für die Kirche in ihrer Bedrängnis in Anspruch zu nehmen, indem sie Gott bei den Verdiensten Jesu Christi, welche sie als ein Erbgut seiner Kirche auf eine kindliche Weise für diese in Besitz nahm, um Hilfe beschwor.

Alle diese ihre Schauungen übertrug sie niemals auf das äußere Christenleben und erkannte ihnen nie einen wirklichen historischen Wert zu. Äußerlich wusste und glaubte sie nichts als den Katechismus, die gewöhnliche biblische Geschichte, die sonn- und festtäglichen Evangelien und den Kalender, der ihr als einer Schauenden als das tiefsinnigste Buch erschien, welches ihr auf wenigen Blättern den Leitfaden darbot, Zeit und Natur von einem Mysterium der Erlösung zum anderen mit allen Heiligen feiernd zu durchwandern, um in dieser Wallfahrt mit dem Kirchenjahr alle Gnadenfrüchte der Ewigkeit in der Zeit zu ernten, zu bewahren und wieder auszuteilen, auf dass: «Dein Wille geschehe auf Erden, so wie im Himmel!»

Das Alte oder Neue Testament war nie von ihr gelesen worden, daher, wenn sie ermüdet ungern erzählte, sagte sie wohl: «Lesen Sie es doch in der Bibel» und wunderte sich sehr zu hören, dass dies nicht darin stehe, man höre ja jetzt immer sagen, man solle nur die Bibel lesen, darin stehe ja alles, usw. – Die eigentliche Aufgabe ihres Lebens war Leiden für die Kirche oder einzelne Glieder derselben, deren Not ihr im Geiste gezeigt wurde oder die sie um Gebet anflehten, ohne eben zu wissen, dass diese arme kranke Klosterfrau mehr für diese zu tun hatte, als einige Paternoster zu beten, ja dass sich ihr ganzes Leiden an Leib und Seele auf sie übertrug und dass sie es geduldig unter sehr schwierigen Umständen auskämpfen musste, denn ihr kam nicht gleich ähnlichen Personen einer früheren Zeit

Verständnis und Gebet einer klösterlichen Genossenschaft zu Hilfe, sondern in ihrer Zeit und Welt war ihr Leiden allein an den Arzt gewiesen. In der Arbeit, solche übernommene Leiden auszukämpfen, machte sie, wie in der Feldarbeit ihrer Jugend, eine stete Gebetsanwendung auf entsprechende Beschwerden der Kirche und opferte, für *einen* Kranken leidend, ihre Mühseligkeit für die ganze Kirche auf.

Ein allgemeines Beispiel ihres Mitleidens ist folgendes:

Mehrere Wochen lang stellten sich alle Leiden der äußersten Schwindsucht bei ihr ein. Die höchste Reizbarkeit der Lunge, alle Betten durchdringende Schweiße, erstickender Husten, steter Auswurf, ununterbrochenes, heftiges Fieber, man erwartete täglich ihr Ende, ja man hoffte es, so entsetzlich war ihr Leiden, befremdend erschien ihr Kampf gegen große Reizbarkeit des Gemütes. Fiel sie augenblicklich in Unwill, so zerfloss sie in Tränen, ihr Leiden verdoppelte sich, sie konnte nicht leben, bis sie sich durch das Sakrament der Buße ausgesöhnt hatte. Immer hatte sie mit dem Unwill gegen eine Person zu kämpfen, welche seit Jahren ihr fern stand. Sie jammerte, immer diese Person, die sie doch gar nicht angehe, mit allerlei Verkehrtheiten vor sich zu sehen und weinte wohl in großer Gewissensangst bitterlich, sie wolle sich nicht versündigen, an jenem Tage solle man ihr Leiden sehen usw. Ihre Krankheit nahm zu, man erwartete ihr Ende.

In dieser Zeit erschrak ein Freund nicht wenig, als sie, sich plötzlich aufrichtend, sprach: «Beten Sie die Sterbegebete mit mir!» Er tat dieses, und sie antwortete ganz rüstig in der Litanei. Nach einer Weile ertönte die Sterbeglocke, und es kam jemand zu ihr, um Gebet für seine eben gestorbene Schwester bittend. Anna Katharina fragte unbefangen mit Teilnahme nach ihrem Leiden und Tod, da hörte der Anwesende die umständliche Beschreibung jener Schwindsuchtkrankheit, in welcher Anna Katharina bis heute gelegen und wie die Verstorbene aus Elend und Beängstigung sich gar nicht zum Tode habe bereiten können, aber seit ein paar Wochen sei ihr viel leichter gewesen, und sie habe, den Unwill gegen eine gewisse Person besiegend, sich mit dieser und dann auch mit Gott versöhnt und sei unter dem

Beistand derselben Personen, mit allen Sakramenten versehen, in Frieden gestorben. Anna Katharina reichte ein Almosen zur Beerdigung und Totenfeier. Sie schwitzte, hustete, fieberte nicht mehr, sie glich einem abgehetzten Menschen, der mit frischer Wäsche auf ein kühles Lager gebracht und erquickt worden ist.

Ihr Freund sagte zu ihr: «Als Sie in diese Todeskrankheit fielen, ward die Frau besser und nur durch den Unwill gegen jene Person abgehalten, sich mit Gott auszusöhnen; auf einmal erhalten Sie den Unwill, und die Frau stirbt versöhnt, und nun ist Ihnen wieder ziemlich wohl. Ärgert Sie jene Person noch?» – «Ei, behüte Gott, das kommt mir jetzt recht unvernünftig vor, aber wie ist es möglich, nicht zu leiden, wenn ein Glied meines Fingers leidet, wir sind alle ein Leib in Jesus Christus!» – «Gott sei Dank», sagte der Freund, «nun haben Sie doch wieder Ruhe!» Sie aber lächelte und sprach: «Es wird nicht lange währen, es warten schon andere auf mich!» Hiermit wendete sie sich auf dem Lager um und ruhte.

Wenige Tage nachher fiel sie in heftige Gliederschmerzen und alle Leiden der Brustwassersucht. Wir entdeckten die Kranke, mit welcher sie litt, und stündlich sahen wir deren Leiden plötzlich erleichtert oder zum höchsten Grade gesteigert, nachdem Anna Katharina heftiger litt oder eine Pause des Mitleidens hatte. Jeder wird die Schwierigkeit solcher Zustände einsehen, sie musste aus Liebe fremde Krankheit tragen, ja fremde Versuchung auf sich nehmen, auf dass jene Muße zur Todesbereitung finde.

Sie musste schweigend leiden um fremde Not zu verbergen und selbst nicht für eine Törin gehalten zu werden, ja sie musste auch noch die Arzneimittel für die Krankheit und die Verweise für die fremde Versuchung geduldig hinnehmen und musste es tragen, anderen verkehrt zu erscheinen, damit jene, für die sie litt, vor Gott bekehrt erscheine.

Einst saß ein schwer betrübter Freund in ihrer Nähe, sie lag in Entzückung und flehte plötzlich laut: «O mein süßer Jesus, lass mich den schweren Stein ein wenig tragen.» Der Traurige fragte verwundert, was ihr fehle; sie erwiderte: «Ich bin auf der Reise nach Jerusalem, da liegt ein armer Mensch an meinem Weg, der schleppt einen Stein auf der Brust mit sich, der ihn schier tot drückt»; dann flehte sie wieder: «Gib mir den Stein, du kannst nicht mehr, gib ihn mir!» Und plötzlich sank sie, wie von großer Last erdrückt, ohnmächtig in sich zusammen. Der Anwesende hatte nicht die Zeit, über ihren Zustand zu erschrecken, denn im selben Augenblick war all sein drückender Kummer wie von seiner Brust hinweggeblasen, und er fühlte sich so freudig wie nie in seinem Leben. Als er sie aber so elend sah und fragte, was ihr fehle, blickte sie ihn lächelnd an mit den Worten: «Ich kann mich nicht länger hier aufhalten, armer Mann, du musst deinen Stein wieder selbst aufpacken», und sogleich kam alle Betrübnis wieder auf das Herz dieses Menschen, sie aber setzte in ihrem früheren Zustand ihren geistigen Weg nach Jerusalem fort.

War in ihrem furchtbaren Leiden durch das sie umgebende Nichtverstehen oder störende Besuche ihre Geduld sehr gefährdet, so erhielt sie den Trost einer lieben Gespielin, deren wir (im Kapitel «Unterbrechung der Passionsbilder, März 1823») Erwähnung getan.

Rührend war es zu sehen, wie die unschuldigen Vögel den Frieden der Nähe der mit den Zeichen der Sühnung Bezeichneten anerkannten. Wir sahen einen Vogel, den sie aufgefüttert hatte, in ihrer Stube, er trauerte oder lobsang nach der Art ihres Gebetes. Ward sie ohnmächtig, so fiel er von der Stange, erholte sie sich, so flog er auf und zwitscherte. Man trennte ihn von ihr, um sie abzutöten. Die Abtötung aber traf ihn. Eine noch innigere Teilnahme bezeigte eine zahme Lerche; sie saß, ohne die Kranke je zu stören, häufig auf ihrem Kopfkissen und begrüßte neben ihrem Haupte den erwachenden Tag. Gegen manche Menschen, deren Besuch ihr störend sein konnte, führte dieser wehrlose, schüchterne Vogel eine Art Krieg, lief hinter ihnen her, biss ihnen in die Füße oder flatterte unwillig ihnen ins Gesicht. Solcher Eifer brachte ihm den Tod im Küchenfeuer.

Da wir uns hier gerade eines merkwürdigen Falles ihrer Seelentätigkeit erinnern, führen wir ihn an. Eines Morgens gab sie einem Freunde ein Säckchen, worin Roggenmehl und einige Eier, und beschrieb ihm ein Häuschen des Ortes, worin eine hungernde, schwindsüchtige Frau nebst zwei kleinen Kindern und ihrem Mann wohnte. Dieser Frau möge er sagen, sich Brei davon zu kochen, das wäre gut für die Brust. Der Freund fand alles nach ihrer Beschreibung. Als er eintretend das Säckchen unter dem Mantel hervorzog, reckte die arme Mutter, welche zwischen ihren halbnackten Kindern, von Fieber glühend, mit glänzenden Augen von ihrem Strohlager gegen ihn hinschaute, ihm die bleichen Hände entgegen und sprach mit zitternder Stimme: «O Herr! Sie schickt der liebe Gott oder die Jungfer Emmerick! Sie bringen mir Roggenmehl und Eier!»

Die erschütterte Frau weinte und hustete und winkte ihrem Mann, auf die Frage, woher sie dies wisse, zu antworten. Dieser aber sagte, während sie nebst den hungernden Kindern die Gabe ansah: «Gertraud schlief heute nacht unruhig und stieß mich redend öfters an; als ich sie erweckte, sagte sie: ‹Ich träumte, ich stand mit dir an der Haustür, da kam das fromme Nönnchen den Weg vom nahen Tor her, ich stieß dich an und sagte: Schau her, Mann, wenn du das fromme, arme Nönnchen sehen willst. Indem stand sie vor mir und sprach: Ach, Gertraud! Wie krank siehst du aus, ich will dir Roggenmehl und Eier schicken, das ist gut für die Brust! Da erwachte ich.›»

So erzählte der Mann einfältig, sie dankten tausendmal, der Überbringer der Gabe verließ gerührt das Haus. Er sagte der Anna Katharina nichts hiervon; als sie ihn aber nach einigen Tagen wieder mit gleicher Gabe zu der Armen sendete, weil sie nichts mehr habe, fragte er, woher sie diese Arme kenne, und sie sagte lächelnd: «Sie wissen ja, wenn ich abends für alle Notleidenden bete und so gerne zu ihnen ginge, ihnen zu helfen, so träume ich, als ging ich von einem Haus der Not zum anderen und helfe, wie ich kann. So kam ich auch im Traum von der Pforte her zu der armen Frau, sie stand mit ihrem Mann an der Tür, und ich sagte zu ihr: ‹Ach, Gertraud, wie krank siehst du aus! Ich will dir Roggenmehl und Eier schicken, das ist gut für die Brust!› Das tat ich dann auch durch Sie am folgenden Morgen!»

Beide hatten aber in ihren Betten gelegen und dasselbe geträumt, und die Aufgabe des Traumes war wahr geworden.

(Augustinus, *De Civitate Dei Lib. 18. Cap. 18.*, erzählt einen ähnlichen Fall zwischen zwei träumenden Philosophen, welche sich besuchen und platonische Sätze erklären, während beide zu Hause schlafen.)

Solches Leiden und Wirken war nur ein einzelner Strahl, der durch die Bildersphäre ihres Lebens ununterbrochen fortlief. Unzählig waren die verschiedenen Gebetsarbeiten und Mitleiden, welche von der umgebenden Welt zu ihren in Jesu Mitleid entzündeten Herzen drangen. Auch sie hatte gleich Katharina von Siena und anderen oft das Gefühl bis zur Überzeugung, Jesus nehme ihr das Herz aus der Brust und setze ihr das seine auf eine Zeitlang hinein.

Als ein Beispiel der tiefen Sinnbildlichkeit ihrer inneren Führung diene folgendes Bruchstück: Eine Gebetsarbeit für Kirchengemeinden beschäftigte sie einen Teil des Jahres 1820 unter den Sinnbildern der mühseligsten Winzerarbeiten nach Bedürfnis und Jahreszeit. Das obenerwähnte Nesselraufen gehört auch dahin.

Am 6. September sagte ihr geistiger Führer: «Du hast gehackt, gedüngt, gejätet, aufgebunden, geschnitten usw., du hast das Unkraut in der Mühle zu Staub mahlen lassen, dass es nie mehr aufgehen könne, dann aber bist du froh, wieder gesund zu sein, fortgelaufen und hast dein Gebet liegenlassen, rüste dich von Maria Geburt bis Michaelis tüchtig zu arbeiten, der Wein reift und muss gehütet werden»; dann führte er mich in den Weinberg des hl. Liborius und zeigte mir alle Weingärten, wo ich gearbeitet. Die Arbeit war gediehen, die Trauben röteten sich, und hie und da floss der rote Saft an die Erde.

Mein Führer sagte: «Das ist, wenn in den Frommgewordenen sich das Leben regt, da kämpfen sie, werden gedrückt, leiden Versuchung, werden verfolgt. Zäune ein, damit die reifen Trauben nicht durch Tiere, Diebe, Versuchung oder Verfolgung Schaden leiden.» Dann lehrte er mich, rings von Schutt und Gestein einen Wall aufzuwerfen und einen dichten Zaun von Disteln und Dornen umherzuflechten. Als mir bei der schweren Arbeit die Hände bluteten, ward mir durch die Barmherzigkeit Gottes zur Erleichterung Wesen und Bedeutung des Weinstocks und auch anderer Früchte gezeigt. Ich sah gar vieles vom Weinstock, unter anderem: der wahre Weinstock in uns ist Jesus Christus, der muss wachsen und gedeihen, alles andere überflüssige Holz muss geschnitten werden, damit es den Saft nicht verzehrt, der zu Wein und im Heiligen Sakrament zum Blut Jesu Christi werden muss, welches unser sündiges Blut erlöst hat und fortan aus der Finsternis in das Licht erheben will.

Das Schneiden des Weinstocks geschieht nach gewissen Gesetzen, die mir alle gezeigt worden sind. Es ist geistlicherweise Ablegung des Überflusses, Kasteiung und Abtötung, damit der wahre Weinstock in uns aufgehe und Wein bringe und nicht die verderbte Natur, die lauter Holz und Blätter bringt.

Nach Gesetzen wird geschnitten, denn nur das viele Überflüssige, was im Menschen hervorbringend ist, muss vertilgt werden, ein Mehreres wäre Verstümmelung und sündhaft. Der Stamm selbst wird nie weggeschnitten, er ist in der heiligen Jungfrau der Menschheit eingepflanzt und bleibt ewig, denn er ist mit ihr im Himmel.

Der wahre Weinstock verbindet Himmel und Erde, Gottheit und Menschheit; das Menschliche muss geschnitten werden, damit das Göttliche in ihm allein aufgehe. – Ich sah noch so vieles von allen Formen und Wirkungen des Weinstockes in natürlicher und geistlicher Beziehung, dass ein Buch so dick wie eine Bibel es nicht fassen könnte, denn ich sah den Weinstock.

Als ich in der Arbeit einmal vor Schmerzen in Brust und Wunden jammernd flehte, der Herr möge mich doch nicht mehr leiden lassen, als ich ertragen könne, erschien mein himmlischer Bräutigam in Gestalt eines leuchtenden Jünglings und sprach zu mir: «Ich habe dich auf mein Brautbett der Schmerzen gebettet, mit Gnaden der Leiden, mit Schätzen der Versöhnung und Kleinodien der Wirkung geschmückt, du musst leiden, ich verlasse dich nicht, du bist an den Weinstock gebunden, du sollst nicht verlorengehen.» Hierauf litt ich getröstet weiter. Mir ward auch erklärt, warum ich bei den Festbildern aus der Familie Jesu, z.B. der hl. Anna, Joachim, Joseph, Maria Cleophä usw., immer die Kirche des Festes auf einem Weinstock gewachsen sehe, und warum ich dasselbe bei dem Fest des hl. Franz von Assisi, Katharina von Siena, Ossanna Andreassi und aller heiligen Stigmatisierten auch so sehe.

Die Bedeutung meiner Schmerzen in allen Gliedern und die Aufforderung zu mitleidender Fortarbeit lehrte mich folgendes Bild: Ich sah einen großen menschlichen Leib in schrecklicher Verstümmelung gegen Himmel aufgerichtet. Es waren an Händen und Füßen Glieder abgeschnitten, große Wunden in seinem Leib, darunter noch neue, frisch blutende, andere mit wildem, faulendem Fleisch ausgefüllte, auch verwachsene und verknorpelte. Eine ganze Seite war schwarz, brandig, wie angefressen.

Als ich entsetzt alle diese Leiden an mir selbst fühlte, sagte mein Führer: «Dieses ist der Leib der Kirche, der Leib aller Menschen und auch dein Leib», dann zeigte er bei jeder Wunde nach einer Weltgegend, und ich sah in einem Blick jedesmal von der Kirche getrennte Menschen und Völker, selbst in fernster Ferne nach ihrer Art und Unart, und fühlte ihre Trennung so schmerzlich, als seien sie von meinem Leibe geschnitten; da sagte mein Führer: «Verstehe deine Schmerzen und opfere sie mit Jesu Schmerzen Gott für die Getrennten auf. Soll ein Glied nach dem anderen schreien und Schmerzen um es leiden, dass es heile und sich dem Leib verbinde? Die Nächsten, schmerzlich Getrennten, aber sind um das Herz aus der Brust geschnitten.»

Da dachte ich in meiner Einfalt, das sind wohl die Geschwister, die nicht einig mit uns sind. Der Führer aber sprach: «Wer sind meine Brüder? Die, welche die Gebote meines Vaters halten, sind meine Brüder! Nicht unsere Blutsverwandten sind die Nächsten ums Herz, sondern die Christi-Blutsverwandten, die Kinder der Kirche, welche abgefallen», und er zeigte mir, die schwarze, brandige Seite werde bald heilen, das wilde, faulende, die Wunden füllende Fleisch seien die Ketzer, welche in den Spaltungen wachsen, der kalte Brand seien die geistlich Toten, nicht mehr Mitfühlenden. Die verknorpelten Stellen seien die verhärteten eigensinnigen Irrgläubigen. So aber sah und fühlte ich jede Wunde und ihre Bedeutung. Der Leib reichte bis zum Himmel. Es war der Brautleib Christi. – Das war ein großes Elend, ich weinte bitterlich, aber zugleich zerrissen und geharnischt von Schmerz und Mitleid, arbeitete ich mit allen Kräften weiter.

Wie sich irdische Arbeiter in den Feierstunden durch Erzählungen erheitern und sie selbst sonst in der Feldarbeit ihre Gesellinnen mit heiligen Geschichten erquickt hatte, ward sie in späteren Ruhepunkten ihrer Winzerarbeit noch in Bildern von der Bedeutung vieler Früchte unterrichtet, wovon hier einige Umrisse nach ihrer flüchtigen Mitteilung:

«Ich sah in dem himmlischen Jerusalem einen geistigen Baum von farbigem Licht, nicht unter, sondern vorwärts dem Throne Gottes in einem schwebenden Berg oder Felsen von farbigen Edelsteinen und Kristallformen wurzeln. Der Stamm war ein Strom von gelbem Licht, die Zweige und Ästlein, bis in die Adern der Blätter, waren dickere und feinere Lichtfäden von verschiedener Farbe und Gestalt, die Blätter waren von grünem und gelbem Licht auch in Form und Farbe verschieden. Er hatte drei Chöre von Zweigen, die untere Breite, die mittlere Breite und den Gipfel. Sie waren von drei Engelchören umringt und über dem Wipfel stand ein Seraphim; rings mit Flügeln umgeben, zeigte er mit einem Zepter umher, durch ihn empfing der oberste Engelchor Strahlen, Licht und Kraftergüsse aus Gott, wie Geist des Himmelstaus, Geist des Gedeihens usw. Der Chor um die mittlere Krone des Baumes, welche Blüten aller Fruchtarten trug, stand diesen vor.

Diese beiden Chöre wirkten und webten, ohne ihre Stelle zu verlassen, und befahlen dem untersten Engelchor, der die Fruchtkrone des Baumes umgab. Dieser Chor war allein beweglich und brachte die geistigen Früchte nach unzähligen Gärten ihrer Art, denn jede Frucht hatte ihren Garten. Dieser Baum war der allgemeine Baum aus Gott, und die Gärten enthielten alle Gattungen der Früchte aus diesem Baume, und unten auf der Erde sah ich alle dieselben Früchte in der gefallenen Natur, mehr oder weniger verderbt, indem sie durch die Sünde den Einflüssen der planetarischen Geister unterworfen worden waren.

In jedem einzelnen Garten sah ich wieder in der Mitte einen Baum, der die Früchte aller Gattungen seiner Art hervorbrachte, welche sich wieder in ihren einzelnen Stämmen umher verbreiteten. Um diese Gärten sah ich Bilder der Bedeutung und der Wesenheit dessen, was mit diesen Pflanzen ausgesprochen war, ich sah den Sinn ihres Namens in der allgemeinen Sprache. Wunderbar sah ich den Einfluss der Heiligen auf die Pflanzen, es war, als hätten manche einen bestimmten Bezug auf einzelne Heilige, unter deren Fürbitte sie zu segensreichen Heilmitteln erhoben werden könnten.»

In die einzelnen, himmlischen Gärten geführt, erzählte sie nun mancherlei wunderbare Dinge, z.B. mitten in dem Nussgarten stehe wieder ein Baum aller Nussarten, und alle einzelnen Arten um ihn her. Sie erkannte, die Nuss habe in der allgemeinen Sprache einen Bezug auf Streit, darum sehe sie oft Nusshecken im Garten der Streitenden Kirche. Das im himmlischen Garten gute Geheimnis des Streites in dieser Frucht sei in der gefallenen Natur unter bösen Einflüssen getrübt und umfasse so den Kampf jedes Hasses selbst bis zum Morde. Sie sah neben jeder Gattung der Nüsse das Sinnbild anderen Streites, z.B. bei den Haselnüssen kämpfte ein Kleiner gegen einen Großen und warf ihm Sand in die Augen, was lächerlich erschien.

Sie erfuhr, warum der Schatten dieses Baumes für schädlich gehalten, auch von dem erhöhten Sinn dafür erkannt werde, warum der welsche Nusskern etwas von der Form eines Gehirns habe, warum Brot, in Nussöl gekocht, dieses weniger schädlich mache. Sie sah alle Bedeutung der Nuss in Gestalt und Wirkung, ja bis in die Sprichworte von dieser Frucht: Kopfnüsse geben; eine Nuss mit einem zu knacken haben usw., welche sich, wie die Frucht selbst, auf Streit beziehen, weswegen diese auf Erden auch mit Prügeln vom Baum geschlagen werden, und noch viele historische und allegorische Bilder von dieser Frucht.

Krank geworden im Nussgarten, brachte der Führer sie in ein Gezelt und zeigte ihr, wie das verfinsterte Geheimnis mancher irdischen Frucht durch geistliche Beziehungen und Segnungen und durch Mischung mit anderem in gewissem Maße hergestellt und zum Heilmittel erhoben werden könne. Hier sah sie einen Bezug der Nüsse auf Johannes den Täufer und deren Bereitung in der Unreife an dessen Fest zu einem trefflichen Magenmittel. Sie sah die Bedeutung jeder Verrichtung dabei, auch von wem es zuerst bereitet sei. Von allem, was nach menschlicher Erkenntnis unbegreiflich schien, ward ihr die geistliche Ursache klar.

Ähnliches sah sie in anderen Gärten von dem Apfel, dem Granatapfel, der Pfirsiche, der Feige, und namentlich von der indianischen, einen Bezug auf den Baum der Erkenntnis, auch vieles vom Öl- und Lorbeerbaum. In letzterem sah sie unter anderem eine Kraft gegen den Blitzstrahl, warum auch Tiberius beim Gewitter einen Lorbeerkranz getragen habe. Auch sah sie einen Bezug des Lorbeers auf die heilige Jungfrau usw. In jedem Fruchtgarten befand sich ein Häuschen oder Zelt und hatte seine Bedeutung. Auch die Bienen sah sie im hohen Rang, sehr große und kleinere, alle ihre Glieder geistig, wie von Licht, die Füße wie Strahlen, die Flügel wie Silber. Sie bauten in den Frucht- und Baumgärten in ihren Körben, und alles war durchsichtig. Sie ward über die Bedeutung der Biene und ihres Werks in geistigem und leiblichem Sinn unterrichtet.

Sie sah das Geheimnis der Pflanzen vor dem Fall des Menschen und der Natur mit ihm und darauf die Verfinsterung dieses Geheimnisses durch den Einfluss der Planetengeister auf beide, dem sie nach dem Fall unterworfen waren. Sie sah den Missbrauch vieler Pflanzengeheimnisse unter diesem bösen Einfluss im Heidentum, welches bei unchristlichen Völkern noch wirklich da sei und in zauberischen, abergläubischen Handlungen und geheimnisvollen Heilarten selbst in der Christenheit noch seine Spur habe.

Sie sah auch, wie durch die Menschwerdung Gottes der Kirche die Macht gegeben sei, diese bösen Einflüsse aufzuheben. Namentlich sah sie einzelne Pflanzen durch ihren Bezug auf Segnungen gewisser Heiligen dem Fluch und dem bösen Einfluss entzogen und sozusagen erlöst. Es war, als gehörten sie in den Garten, in den Gnaden- und Wirkungsumfang dieser Heiligen und seien durch sie geweihte Gefäße, bestimmtes Heil aus der Barmherzigkeit Gottes zu schöpfen, und würden, unter religiöser Beziehung, auf die Segnungen dieser Heiligen gebraucht, Heilmittel gegen bestimmte Krankheiten, welche sie von höherem Standpunkt aus als verkörperte Sünde sah, ebenso wie sie die Sünde aus diesem Gesichtspunkt als seelische Krankheit erkannte; auf beide aber hatten jene Früchte einen Bezug usw.

Sie sagte: «Ich sah den Umgang des Menschen mit der Natur, im Heidentum wie im Christentum, nur waren im Christentum alle Formen durch die Segnungen des wahren Gottesdienstes dem Einfluss des Bösen entzogen und zu Gefäßen der Wiederherstellung geheiligt. Ich sah unendliche erfreuliche Wunder Gottes und wusste sie alle klar und deutlich, ehe ich gestört ward.»

Wir teilten aber allein diesen Auszug eines ihrer Betrachtungskreise mit, um das schöne Sinnbild zu beleuchten, in welchem ihr diese Bilder wieder entzogen wurden.

Während dieser wunderbaren Erkenntnisse bedrängten Kummer, Kränkung und Störung vielfacher Art ihre schauende Seele. Als rühre der neidische Versucher manche gefallene Bedeutung des obenerwähnten Nussgarten um sie her auf, wuchs ihr täglich Missverstehen und Verdruss zu Tür und Fenster in die stille Kammer herein. Sie lag weinend und duldend auf dem Kreuz und empfahl alles dem Herrn.

Am 16. September morgens fand sie der Schreiber still und ernst. Sie sprach: «Erschrecken Sie nicht, die schönen Gärten, in welche ich Sie geführt, sind verwelkt. Es ist alles eine wüste dunkle Heide geworden. Heute nacht geleitete mich mein Führer vor einen leuchtenden Tisch, hinter welchem ein Gerüst voll der herrlichsten Blumen und Früchte aufgerichtet war. Auf dem Tisch lag eine Reihe von Münzen, in deren Mitte eine Lücke war, wo keine Münzen lagen. Vor dieser Lücke stand ich, die Blumen waren mein, der Tisch war mein, der Schatz, die Münzen waren mein, aber weil sie fehlten, wo ich jetzt stand, konnte ich nicht zu meinem Tisch, meinem Schatz, meinen Blumen.

Mein Führer aber trat vor mich, er hatte eine sterbende Nachtigall in der Hand und sagte: ‹Gott gibt alles Nützliche der Kirche zu angemessener Zeit nach ihrem Verdienst, du sollst aber diese Blumen, diese Bilder, diesen Schatz jetzt nicht mehr haben, weil man dir die Schonung, die Ruhe, die Mittel nicht lässt, sie auszusprechen, wozu sie dir gegeben sind. Damit sie dir nun genommen seien, so gib der sterbenden Nachtigall das

Leben deines Mundes zurück.› Dann hielt er mir den Vogel an die Lippen, und ich flößte ihm etwas aus meinem Mund in den Schnabel; da ward die Nachtigall gesund und lebendig und sang von ganzem Herzen wunderschön, und der Führer ging mit ihr von dannen. Mir aber verschwand alles, ward alles tot und stumm, ich sah nichts mehr.»

Der Schreiber musste sich damit trösten, dass die Nachtigall das Verlorene nun sang, welche mehr Ruhe und Frieden und einen schöneren Vortrag als sie hatte und von welcher sie in ihrer Jugend wohl vieles gelernt. – Wie rührend erscheint in diesem Sinnbild die Nachtigall als die Verkündigung, als die Stimme des höheren Naturliedes, welches entsiegelt auf den Lippen der Begnadeten lag, während die Nachtigall, seiner beraubt, starb. Sie aber musste es in die Kehle des Vogels zurückgeben, wo es nun wieder in begrifflosen Tönen als Geheimnis versiegelt ist, um in den Menschen eine allgemeine Rührung und Sehnsucht nach der Lösung aller Rätsel zu erwecken usw.

Der Last ihrer Lebensaufgabe erliegend, flehte sie oft dringend zu Gott, aufgelöst zu werden, und ebensooft sah man sie hoffnungslos am Rande des Grabes. Jedesmal aber sprach sie: «Herr! nicht wie ich will, sondern wie du willst; kann ich etwas mit Leiden und Beten erringen, so lasse mich tausend Jahre leben, aber lasse mich sterben, ehe ich dich wieder beleidigen sollte!» Und so sie die Weisung des Fortlebens erhielt, raffte sie sich abermals mit ihrem Kreuz auf und trug es dem Herrn mühselig weiter nach.

Von Zeit zu Zeit wurde ihr ihr Lebensweg den Berg hinauf nach einer schönen, leuchtenden Stadt, dem himmlischen Jerusalem, gezeigt, oft jubelte sie dem Ort des Friedens, der nahe vor ihr lag, schon entgegen, aber plötzlich sah sie sich durch ein Tal noch von ihm getrennt, und sie musste niedersteigen und viele Nebenwege wandern, und überall war zu helfen, zu arbeiten und zu leiden, Irrenden der Weg zu zeigen, Versunkenen herauszuhelfen, ja sie musste Lahme tragen und selbst Widerwillige mit Gewalt schleppen, und immer hängten sich neue Gewichte an das Kreuz, sank sie öfter zu Boden, ging sie gebeugter und mühseliger.

Im Jahre 1823 sagte sie öfter als sonst, sie könne ihre Aufgabe in ihrer Lage nicht lösen, ihre Kräfte reichten nicht zu, ach! wenn sie doch in einem stillen Kloster hätte leben und sterben können. Gott werde sie bald hinwegnehmen, sie habe ihn gebeten, Er möge sie dort erflehen lassen, was sie hier zu tun erliege! (Ähnliches hatte auch Katharina von Siena, als ihr Ende nahte, sich von Gott erbeten). Unsre Anna Katharina hatte selbst einst ein Gesicht von ihren Gebetsaufgaben nach dem Tode unter Beziehungen, welche zu ihren Lebzeiten nicht bestanden.

Das Jahr 1823 als das letzte volle Kirchenjahr, das sie erlebte, brachte ihr unendliche Arbeit.

Sie schien alle ihre unvollendeten Aufgaben erfüllen zu wollen, und so löste sie auch das Versprechen, die ganze Passion zu erzählen, mit ihrer Fastenbetrachtung in diesem Jahr, welche den Inhalt dieses Buches ausmacht. Ebenso lebhaft als an dieser Betrachtung nahm sie an dem kirchlichen Lebensgeheimnis dieser Fastenzeit selbst durch Entsagung und Kampf gegen Versuchung wie am Geheimnis jeder anderen kirchlichen Festzeit teil; wenn anders Teilnahme ihre Beziehung auf alles Kirchliche hinreichend bezeichnen kann, indem das Mysterium jedes Kirchenfestes in ihrem seelischen und körperlichen Leben ein sichtbares Zeugnis empfing. Alle kirchliche Handlung und Feier war ihr mehr als eine Erinnerungsanstalt. Die geschichtliche Grundlage jeder kirchlichen Handlung sah sie als einen Akt Gottes in der Zeit zur Herstellung der gefallenen Menschheit, und da sie die Akte Gottes als ewige sah, so erkannte sie, dass dieselben, um dem Menschen in der endlichen Zeit, die gezählt wird, zugute zu kommen, in fortgesetzten Momenten in Besitz genommen werden und darum nach Anordnung Jesu Christi und des Heiligen Geistes in seiner Kirche in Mysterien wiederholt und erneuert werden müssen.

Alle heiligen Handlungen und Feste waren ihr daher Gnaden der Ewigkeit, welche in jedem Kirchenjahr zu bestimmten Zeiten ebenso wiederkehrten, wie die Früchte des Feldes und der Bäume in dem Naturjahr zu ihrer Zeit kommen, und sie war unermüdet, diese Gnadenfrüchte des Kirchenjahres mit treuem Fleiß und reinen Händen dankbar zu sammeln, zu bewahren, zu bereiten, zu opfern für alle, welche arm an ihnen waren. Indem sie aber Jesus ihr Kreuz in Liebe nachtrug, war all ihr Tun auch ein Leiden und all ihr Leiden, vereinigt mit den Verdiensten seines Leidens, ein Gott gefälliges Opfer.

Ebenso wie ihr Mitleid mit dem gekreuzigten Erlöser vor den Augen desselben solche Gnade gefunden, dass Er sie mit den Siegeln der höchsten mitleidenden Liebe, mit den Malen seiner heiligen fünf Wunden, bezeichnete und mit der Dornenkrone krönte, ebenso prägten sich alle Leiden seiner Kirche und aller Notleidenden in ihren körperlichen und seelischen Zuständen aus. Und all dies, von ihrer Umgebung kaum geahnt und ihr selbst höchstens wie der Biene ihr Werk bewusste Tun und Leiden vermochte sie, während sie wie eine treue, fleißige Gärtnerin den Fruchtgarten des Kirchenjahres baute und verwaltete. Sie lebte und spendete aus von seinen Früchten, sie erquickte sich und andere mit seinen Blumen und Würzkräutern, ja sie war selbst eine Sensitiva, eine Sonnenwende, eine Wunderpflanze in demselben, an der alle Jahres- und Tagzeiten und alle Wetter sich ohne ihren Willen abbildeten.

Am Schluss des Kirchenjahres 1823, vor dem Advent, trat zum letzten Mal das jährliche Bild einer Kirchenabrechnung vor ihre Seele. Es wurden ihr dann alle Versäumnisse der Streitenden Kirche und ihrer Diener in diesem Jahre sinnbildlich gezeigt, wieviele Gnaden nicht gebaut, nicht geerntet, sondern verschleudert oder verkommen seien. Es wurde ihr gezeigt, dass der Erlöser im Festgarten der Kirche für jedes Jahr einen vollkommenen Fruchtschatz seiner Verdienste niedergelegt habe, um allem Bedürfnis, aller Sühnung zu genügen; es wurde ihr gezeigt, dass die versäumten, vernachlässigten und verschleuderten Gnaden der ewigen Barmherzigkeit in der Zeit, und hätte auch nur der niedrigste Mensch, die vergessenste Arme Seele durch sie erquickt werden können, bis auf den letzten Heller ersetzt werden müssen und dass die Streitende Kirche zur Strafe für solche Untreue und Versäumnis ihrer Diener, der Bedrängnis ihrer Feinde hingegeben, zeitlich sinke. Bei solcher Erkenntnis wurde ihre Liebe zur Kirche, ihrer Mutter, auf die herzergreifendste Weise aufgeregt; Tage und Nächte lang rang sie im Gebet für die Kirche, laut jammernd stellte sie Gott die Verdienste Jesus vor und flehte um Erbarmen. Endlich raffte sie allen ihren Mut zusammen und bot sich dar, alle Schuld und Strafe auf sich zu nehmen. Wenn nun ihr liebendes Herz, gleich einem treuen Kinde, das vor dem Thron des Königs sich selbst zur Auslösung seiner straffälligen verurteilten Mutter hinbietet, sich so vordrängte, ein Unterpfand, ein Opfer für die Kirche zu werden, dann wurde ihr gesagt: «Sieh, wie elend du selbst bist, und doch willst du für andere genugtun?» Und sie sah mit Schrecken und Demütigung sich selbst mit unzähligen Mängeln in einem ekelhaften Jammerbild, das für eine unermessliche Schuld gutsagen wollte.

Aber das Ungestüm ihrer Liebe erhob sich noch dringender in den Worten: «Ja, ich bin elend, verworfen und voll Sünde, aber ich bin deine Braut, o mein Herr und Heiland! Und mein Glaube an dich und deine Erlösung bedeckt alle meine Schuld mit dem königlichen Mantel deiner Genugtuung, Herr! Ich lasse dich nicht, du musst mein Opfer annehmen, denn deine überflüssigen Schätze verschließest du keinem, der glaubend bittet», usw. und ward ihr Flehen endlich stürmend, ja, sie schien menschlichen Ohren manchmal in erschütternder Tollkühnheit der Liebe mit Gott zu zanken und zu ringen.

Ward nun ihr Opfer angenommen, so entstand eine Pause ihrer Tätigkeit, sie ward dem Widerwillen der menschlichen Natur gegen das Leiden hingegeben, und hatte sie, auf den Erlöser am Ölberg blickend, diesen Kampf bestanden, so begann ihr Leiden, und sie ertrug furchtbare, unbeschreibliche Schmerzen aller Art mit erschütternder Geduld und Heiterkeit. Wir sahen sie oft in solchen Leiden mehrere Tage lang gleich einem sterbenden Opferlamm halb bewusstlos liegen, und so wir sie fragten, wie es mit ihr stehe, blickte sie mit gebrochenen Augen lächelnd auf und sagte: «Dies sind so gesunde Schmerzen!» So war es auch dieses letzte Mal. Solche Leiden mildernd, traten mit dem Advent liebliche Bilder von der Vorbereitung Marias zur Reise und später tägliche Bilder ihres Weges nach Bethlehem mit Joseph ein. Sie begleitete sie täglich mit lebhafter Teilnahme in ihre Herbergen oder eilte voraus, diese zu bestellen, wobei sie alle Jahre mit großer Mühe und Geschicklichkeit nachts ohne Licht im Schlaf viele Windeln, Wämser, Mützen und Binden für die Kinder armer Wöchnerinnen, deren Stunde nahte, aus vielen Läppchen zusammenflickte, welche sie dann morgens hoch verwundert neben sich im Schränkchen zierlich aufbewahrt fand.

Auch dieses Jahr geschah alles dieses, nur mühseliger mit wenigeren Pausen der Erquickung. Ja selbst in der ihr sonst freudetrunkenen Geburtsstunde des Erlösers schleppte sie sich heuer im Geist mühselig zu dem Jesuskind an die Krippe, gebeugt von fremder Last, und hatte keine Geschenke als Myrrhen, kein Opfer als ihr Kreuz, unter welchem sie gleichsam sterbend zu seinen Füßen sank.

Es war, als schließe sie ihre Rechnung zwischen Gott und dem Leben, sie gab sich zum letzten Male leidend für eine große Menge seelisch und leiblich leidender Menschen hin. Der kleinste uns bekannte Teil dieser verschiedenartigsten Leidensübernahme grenzt schon an das Unbegreifliche. Mit Recht sagte sie: «Das Christkind brachte mir heuer nichts als Kreuz und Marterwerkzeuge.»

Täglich ernster und angestrengter im Leiden, verstummte sie fast ganz und vermochte von Jesu Lehrwandel, den sie fortwährend sah, höchstens noch die Richtung seines Weges mit einzelnen Worten anzugeben. Einst fragte sie plötzlich mit kaum hörbarer Stimme: «Wo sind wir an der Zeit?» und fuhr auf die Antwort: «Am 14. Januar» fort: «Ach, dass ich so gar nichts mehr vermag, noch einige Tage, so hätte ich das Leben Jesus ganz erzählt!» Diese Worte waren um so überraschender, da sie nie zu wissen schien, in welchem Lehrjahr des Herrn ihr Schauen begriffen war. Sie hatte aber 1820, mit dem 28. Juli des dritten Lehrjahres Jesu beginnend, Tag für Tag die Geschichte des Herrn bis zur Himmelfahrt und dann die Apostelgeschichte bis einige Wochen nach Pfingsten erzählt, worauf ihre Betrachtungen sich zu dem ersten Lebensjahr Jesu gewendet hatten und bis zum Zehnten des Monats Ijar des dritten Lehrjahres, am 27. April 1823, fortgeschritten waren, als durch eine Reise des Schreibers eine Unterbrechung bis zum 21. Oktober eintrat, da sie den Faden, wo sie ihn fallen gelassen, wieder aufnahm und bis zu den letzten Wochen ihres Lebens fortführte. Als sie die obigen Worte «von wenigen fehlenden Tagen» sprach, wusste der Schreiber selbst nicht, wie weit die Mitteilung gelangt war. Er hatte nie die Muße gehabt, das Niedergeschriebene durchzumustern. Nach ihrem Tode aber überzeugte er sich, dass, so sie die letzten 14 Tage ihres Lebens hätte sprechen können, die Erzählung, trotz der willkürlichen Unterbrechung von sechs Monaten, gerade wieder bis zum 28. Juli des dritten Lehrjahres, an dem sie 1820 begonnen, hingelangt sein würde.

Ihr Zustand war täglich furchtbarer, die sonst lautlos Leidende wimmerte nun dumpf vor Schmerzen. Am 15. Januar sagte sie: «Weihnachten brachte mir das Jesuskind große Schmerzen, ich war heute wieder in Bethlehem an der Krippe bei ihm, es hatte Wundfieber, es zeigte mir all sein und seiner Mutter Leid, sie waren so arm, sie hatten heute nur ein Ränftchen Brot. Es gab mir noch größere Schmerzen und sagte: ‹Du bist mein, du bist meine Braut, leide, wie ich gelitten, frage mich nicht, warum, es geht auf Leben und Tod!› Ich weiß auch nicht, wie lange, nicht wie noch wo, ich bin in schrecklicher Marter blind hingegeben, ob ich lebe, ob ich sterbe, wie im Gebete steht: ‹Ich bin hingegeben, Gottes verborgener Wille geschehe an mir!›; aber ich bin ruhig und habe auch Trost in der Pein. Heute früh noch war ich sehr glücklich. Gelobt sei der Name des Herrn!»

Ihr Leiden wurde womöglich noch größer, sitzend mit geschlossenen Augen stöhnte sie mit ganz veränderter Stimme und schwankte schlaflos hin und her. Legte man sie hin, so drohte sie zu ersticken, ihr schneller Atem rasselte, alle ihre Nerven und Muskeln zuckten und hüpften vor Schmerz; durch die Anstrengung des Erbrechens im Unterleib beschädigt, litt sie verzweifelte Eingeweideschmerzen, man fürchtete den Brand. Ihre Kehle glühte vor Durst, ihr Mund war geschwollen und ausgeschlagen, ihre Wangen brannten vor Fieberglut, ihre Hände waren bleich wie Elfenbein, die Narben der Wundmale schimmerten wie Silber durch die gespannte Haut. Ihr Puls schlug 160 bis 180mal in der Minute. Von äußerster Marter sprachlos, war alle Pflicht ihr doch gegenwärtig; am 26. abends stöhnte sie mit dumpfer Stimme zu dem Schreiber: «Es ist der neunte Tag, die Kerze und die Andacht an der St. Anna-Kapelle muss vergütet werden.» Sie hatte, was er nicht wusste, eine neuntägige Andacht dort für sich halten lassen und fürchtete, ihre Umgebung möchte aus Bestürzung darauf vergessen.

Am 27. nach Mittag, zwei Uhr, empfing sie die heilige Letzte Ölung zu großer Erquickung ihres Leibes und ihrer Seele. Am Abend betete ihr Freund, der liebevolle Pfarrer von H., bei ihr. Sie saß schwankend und stöhnend aufrecht im Bett und fand großen Trost. Einmal sagte sie: «Wie schön und gut ist alles hier!» und am Schluss: «Tausendmal Gott Lohn und Dank!»

Ihr wunderbares Leben mit der Kirche konnte auch die Todeskrankheit nicht ganz unterbrechen. Ein Freund reichte ihr täglich gegen Abend drei Tropfen St.-Walburgisöl, auch im äußersten Elend war sie begierig, diese geistliche Erquickung zu empfangen, von welcher sie schon in früheren Krankheiten gesagt: «Es durchdringt jedesmal wie ein stärkender Tau alle meine Gebeine.» Zu diesem Zweck besuchte sie der Freund abends am 1. Februar, und als er hinter der Kopfseite ihres Lagers unbemerkt mit großem Mitleid ihr schmerzliches Wimmern, ihr dumpf röchelndes Atmen anhörte, ward sie plötzlich ganz still, und erschrocken glaubte er, dass sie gestorben sei: als er aber nach ihr schauen wollte, ertönte die Abendglocke, es begann die kirchliche Feier des morgigen Festes Maria Lichtmess, zu welchem ihre Seele, in Entzückung entrückt, sich hingewendet hatte.

Obschon ihr Zustand gleich furchtbar blieb, tönten in der Nacht doch einige liebliche Reden über die heilige Jungfrau von ihren Lippen und sprach sie am 2., dem Festtage selbst, gegen Mittag gerührt, aber mit fremdem sterbenden Tone: «Oh! so gut war es lange nicht, ich bin wohl acht Tage krank, nicht wahr? Ich weiß nichts mehr von der trüben, schmutzigen Welt, oh! welche Liebe hat die Mutter Gottes mir erwiesen, sie hat mich mitgenommen, ich wollte bei ihr bleiben.» Hier besann sie sich und sagte, mit dem Finger vor dem Mund: «Aber ich darf um alles nicht davon reden.» Sie warnte jetzt immer vor allem, was ihr rühmlich sein konnte, es verdoppelte ihr Leiden. – An den folgenden Tagen stieg ihr Leiden.

Am 7. abends, ruhiger, sprach sie: «Ach, Herr Jesus! Tausend Dank für mein ganzes Leben lang, Herr, nicht wie ich will, sondern wie du willst», und nach einigen Minuten, mit einem unaussprechlich rührenden Flehen: «Ach dort das schöne Blumenkörbchen, bewahrt es, und auch das junge Lorbeerbäumchen dort, bewahrt es, ich hab' sie lang bewahrt, ich kann nicht mehr!» Wahrscheinlich meinte sie zwei Pfleglinge ihres Gebetes aus ihrer Familie.

Am 8. Februar abends betete ein Priester bei ihrem Lager, sie küsste ihm dankend die Hand, bat ihn, bei ihrem Tode gegenwärtig zu sein, und sprach: «Jesus, dir leb ich, dir sterb ich, Herr, dir sei gedankt, ich höre nicht mehr, ich sehe nicht mehr!» Später kniete ein Freund betend an ihrem Lager, und da er sie ganz dem Tode ähnlich sah, legte er ihr ein Reliquien-Amulett, das sie einen großen Teil ihres Lebens getragen und ihm vor mehreren Jahren geschenkt hatte, in ihre fieberheiße Hand, um zu sehen, ob die Empfindlichkeit für solche Gegenstände sie nicht verlassen habe. Ihre Hand schloss sich mit sichtbarem Erkennen um dasselbe und öffnete sich nach einer Weile wieder. Der Freund nahm das Amulett zurück und verließ sie.

Am anderen Morgen, dem 9., fand er die silberne Fassung des Amuletts zersprungen und die beiden deckenden Gläser in seinem Bett liegen. Sie starb an diesem Tage. Als man sie, die sich schmerzlich aufgelegen hatte, etwas erleichtern wollte, sprach sie: «Ich liege auf dem Kreuz, es ist ja bald aus, lasst mich!» Sie hatte die Sakramente bereits empfangen, aber sie wollte sich nochmals einer ungemeinen Kleinigkeit wegen anklagen, die sie schon sehr oft gebeichtet hatte, wahrscheinlich der Art wie jener Jugendfehler, dessen sie sich oft anklagte, dass sie nämlich als Kind durch den Zaun eines fremden Gartens gekrochen sei und mit Lüsternheit nach vom Baum gefallenen Äpfeln geschaut habe; genommen habe sie, Gott sei Dank, keinen. Dieser Fehler erschien ihr gegen das zehnte Gebot. Der Priester gab ihr die Generalabsolution.

Sie streckte sich, man glaubte, sie vollende. Es trat jemand an ihr Lager, der sie vielfach betrübt zu haben glaubte, und bat um Vergebung. Sie schaute ihn staunend an und sprach mit großem

Ernst und dem Ausdruck der Wahrheit: «Es ist kein Mensch auf Erden, gegen den ich etwas hätte.»

Schon in den letzten Tagen, da man ihren Tod stündlich erwartete, waren mehrmals einzelne Freunde in ihrer Vorstube, und da diese leise Worte von ihrer Geduld, ihrem Glauben usw. zueinander flüsterten, die sie unmöglich hören konnte, klang plötzlich ihre flehende sterbende Stimme aus ihrer Kammer heraus: «Ach! Um Gottes willen, sprecht ein Lob von mir, das hält mich auf, ich muss dann alles doppelt leiden, o beklagt mich nicht, o Herr! Da fallen so viele neue schöne Blumen auf mich nieder!»

Die Blumen sah sie aber immer als das Vorbild der Schmerzen. Die Abweisung des Lobes ging aus ihrer Überzeugung hervor: «Gott allein ist gut, alles muss bezahlt sein bis auf den letzten Heller, ich bin arm und voll Schuld, ich kann Gott dies Lob nicht zahlen als mit Leiden in Vereinigung mit den Leiden Jesu Christi, lobt mich nicht, lasst mich sterben, verschmäht mit Jesus am Kreuz.» (Ähnlichen Widerstand einer bereits gehörlosen Sterbenden gegen Lob in ihrer Nähe erwähnt Boudon in dem Leben des Paters Surin, Teil 1, Kap. 2.)

Auch heute, wenige Stunden vor ihrem Ende, nach welchem sie mit den Worten: «Herr, hilf doch! Komme doch, Jesus!» mehrmals flehte, schien sie das Lob anderer zu hindern, und sie ermannte sich daher nochmals, kräftig mit folgendem Akt der Demut protestierend: «Ich kann nicht sterben, da so viele gute Leute aus Irrtum Gutes von mir denken, sagt doch allen, dass ich eine elende Sünderin bin. Ach! Könnte ich doch so laut rufen, dass alle Menschen es hörten, wie ich eine elende Sünderin bin, tief unter dem frommen Mörder am Kreuz, denn dieser und alle damals hatten nicht so viel zu verantworten als wir, weil wir alle Gnaden der Kirche haben!» Nach dieser Erklärung war sie sehr beruhigt und sagte dem sie tröstenden Priester: «Ich bin jetzt so ruhig und habe ein solches Vertrauen, als hätte ich nie eine Sünde begangen.»

Ihr Blick war sehnsüchtig auf das Kreuz zu Füßen ihres Lagers gerichtet, ihr Atem flog heftig, sie trank oft, und so ihr das kleine Kreuz zum Kusse gereicht wurde, küsste sie immer demütig nur die Füße des Gekreuzigten. Ein Freund, der weinend zu Füßen ihres Lagers kniete, hatte den Trost, ihr öfters Wasser zur Labung zu reichen; da legte sie plötzlich ihre rechte Hand auf die Bettdecke, die vernarbte Stelle des Wundmals schimmerte weißlich, er ergriff ihre Hand, sie war kalt, und da er sich innig nach einem Zeichen des Abschieds sehnte, drückte sie seine Hand leicht. Ihr Anblick war rein, ruhig und friedlich, aber von einem erhabenen Ernst, und hatte den Ausdruck eines mit höchster Anstrengung zum heiligen Ziel Rennenden, der, den Kranz ergreifend, niedersinkt und stirbt.

Jetzt betete der Priester noch die Sterbegebete bei ihr, und sie fühlte sich noch ermahnt, einer frommen jungen Freundin vor Gott in Liebe zu gedenken, deren Namensfest heute war. Es schlug acht Uhr, sie atmete einige Minuten heftiger und rief dann etwa dreimal mit lauterem Stöhnen: «O Herr, hilf, o Herr, komm!» Der Priester klingelte und sprach: «Sie stirbt.» Mehrere Verwandte und vertraute Personen traten aus der Vorstube in die Kammer und knieten betend nieder, sie hatte die brennende Sterbekerze in der Hand, die der Priester unterstützte; sie seufzte einige Male leiser, und nun eilte die reine, bräutlich geschmückte Seele von den keuschen Kinderlippen ihres gekreuzigten Leibes ihrem himmlischen Bräutigam entgegen, voll der Hoffnung, statt des Liedes der Weissagung, das einst aus ihrem Munde die sterbende Nachtigall wieder belebte, das neue Lied im Chor der Jungfrauen zu empfangen, welche dem Lamme folgen, wohin immer es gehe. – Leise sank ihr entseelter Leib nach der Seite auf die Kissen nieder, um halb neun Uhr abends, den 9. Februar 1824.

Jemand, der Anteil an ihr genommen, schrieb: «Nach ihrem Tode nahte ich ihrem Lager. Sie war etwas zur linken Seite in die Kissen gesunken, über ihrem Haupt ragten ein paar Krücken hervor, die gekreuzt im Winkel standen; Freunde hatten sie ihr verfertigt, als sie auf eine Gebetserhörung im September einige Male in der Kammer herumgehen konnte. Neben ihrem Angesicht hing ein kleines Ölgemälde, den Tod Mariä vorstellend, das ihr die Fürstin Salm geschenkt. Der Ausdruck ihres gesenkten

Angesichtes war von erhabenem Ernst, es lag gleichsam die letzte Fußstapfe des geduldigen, entsagenden Opfers bis zum Tode darauf, sie schien in liebender Arbeit für andere um Jesus willen gestorben.

Ihre rechte Hand ruhte auf der Decke, diese wundervolle Hand, an welche Gott die unerhörte Gnade geknüpft hatte, alles Heilige, alles von der Kirche Geweihte durch das Gefühl zu erkennen. Eine Gnade, wie sie vielleicht noch nie in diesem Maße gegeben war, eine bei weiser Beobachtung in ihren Folgen unberechenbare Gnade, wahrhaftig nicht allein zu geistlicher Unterhaltung eines unwissenden Bauernmädchens gegeben, eine Gnade, so folgenreich, dass von ihr, wäre sie nicht erkannt, nicht gewürdigt, nicht angewendet worden, Rechenschaft gefordert werden würde.

Ich ergriff diese mit der ehrwürdigsten Signatur des höchsten Mitleids bezeichnete Hand zum letzten Male, sie war kalt und lebte nicht mehr, dieses geistliche Sinnwerkzeug, welches durch die ganze Natur hindurch alle geheiligte Substanz auch in einem Stäubchen verfolgte, erkannte und verehrte, sie war tot, diese demütige, wohltätige, fleißige Hand, die so viele Hungernde gespeist, so viele Nackte bekleidet hatte. Es war eine große Gnade von der Erde entflohen, der Wille Gottes hatte diese für die Wahrheit zeugende, betende, Schmerzen opfernde Hand seiner Braut von uns abgezogen, und sie schien diese Hand sterbend nicht ohne Bedeutung, gleich dem Symbol einer ihr aus der Gnade Gottes übergebenen Kraft, entsagend auf die Decke niedergelegt zu haben.

Da die unruhige Geschäftigkeit mancher weltlichen Vorsorge um sie her gleich nach ihrem Verscheiden mir den feierlichen Eindruck ihres Anblicks zu trüben drohte, verließ ich ihre Wohnung mit dem Gedanken, hätte sie gleich den Einsiedlerinnen in der Wüste einsam in der selbst gegrabenen Grube sterben können, hätten ihre Freunde, die Vögel, sie mit Blumen und Blättern zugedeckt, oder hätte sie gleich anderen Personen ihres Standes und Wertes unter Gott geweihten Jungfrauen sterben und eine so rührend würdige Beachtung und Pflege bis zum Grabe empfangen können, wie wir dies z.B. von Columba von Rieti lesen, es wäre dem Gefühl erbaulich und beruhigend gewesen, aber ich war zugleich überzeugt, dass alle Pflege und Beachtung, welche sie in und nach dem Tod empfangen, ihrer Liebe zu Jesus betrübend ward, dem sie auch sterbend ähnlicher zu werden sich sehnte.» Später schrieb der nämliche Freund folgendes: «Leider ward von dem Zustand ihres Leibes nach dem Tod, den man im Leben doch so sehr damit beunruhigt hatte, keine offizielle Kenntnis genommen, selbst durch ihre Umgebung nicht. Wahrscheinlich war die Scheu vor irgendeiner auffallenden Erscheinung und daraus möglichen Störungen allein schuld an diesem Versäumnis. Mittwoch, den 11., ward ihre Leiche zu Grabe bereitet. Eine fromme, sinnige Frau, welche sich diesen letzten Liebesdienst nicht nehmen ließ, sagte mir: ‹Ihre ausgestreckten Füße waren gekreuzt wie die Füße eines Kruzifixbildes. Ihre Wundmale waren geröteter als gewöhnlich; da wir ihr Haupt erhoben, floss Blut aus Nase und Mund, alle ihre Glieder waren weich und biegsam bis in den Sarg.›

Freitag, den 13. Februar, ward sie mit großer Teilnahme des ganzen Ortes zu Grabe begleitet. Sie ruht vom Eintritt in den Kirchhof zur linken Seite des Kreuzes gegen den Zaun zu. Im Grabe vor dem ihrigen ruht ein frommer alter Bauer aus Welde, im folgenden eine brave Bäuerin aus Dernekamp.

Am Begräbnistag trat noch folgendes ein: Am Abend kam ein reicher Mann, nicht zu Pilatus, sondern zu dem Pfarrer des Ortes, und bat um den Leichnam der Verstorbenen, nicht um ihn in ein neues Grab zu legen, sondern um ihn gegen eine bedeutende Summe im Auftrag eines holländischen Arztes zu kaufen. Er ward natürlicherweise abgewiesen, aber in dem kleinen Ort entstand nun allerlei Gerede über den Text Mt 28,15, sie hielten die Leiche für gestohlen, auch höre ich, sie sollen auf dem Kirchhof nachgeforscht haben, ob das Grab nicht verletzt sei.»

Soweit der obige Schreiber. Aus einem Bericht über ihren Tod im Dezemberheft der katholischen Litt. Zeitung von Kerz 1824, welcher, von einer uns unbekannten Hand herrührend, dennoch wohl unterrichtet erscheint, setzen wir noch hierher:

«Ungefähr sechs oder sieben Wochen nach ihrem Tode wurden (wegen dem Gerücht, der Leib sei entwendet) das Grab und die Lade auf geheimen höheren Befehl in Gegenwart von sieben Zeugen eröffnet. Mit frohem Erstaunen sahen diese, dass die Verwesung über den Leichnam der Frommen noch keine Macht erhalten hatte. Lieblich waren ihre Gesichtszüge, wie einer Schlafenden unter seligem Traume. Sie war wie eine vor wenigen Augenblicken Begrabene. Nicht der mindeste Leichengeruch ward bemerkt. ‹Des Königs Geheimnis zu wahren›, sagt Jesus Sirach, ‹ist Pflicht; aber Pflicht ist es auch, die Herrlichkeit der Erbarmungen Gottes der Welt zu offenbaren.› – Wie wir vernommen, soll ein Stein auf ihrem Grabe ruhen. Wir legen diese Blätter dankbar auf denselben, mögen sie beitragen, dass die Wohltäterin vieler Armen an Leib und Seele und der Ort, wo sie der Auferstehung harret, nicht vergessen werde!»

DAS LETZTE ABENDMAHL UNSERES HERRN JESUS CHRISTUS

VORWORT

Wer die nachfolgende Betrachtung des heiligen Abendmahles mit der kurzen Geschichte der Evangelien vergleicht, wird vielleicht hie und da sich an einer kleinen Abweichung stoßen. Deswegen hier nur etwas zum Verständnis mit der wiederholten Erklärung, dass durch diese Anschauungsweise der Heiligen Schrift, wie sie von der Kirche verstanden wird, nichts aufgedrungen werden soll.

Der Verlauf des letzten Mahles ward von der Betrachtenden folgendermaßen gesehen: Schlachten und Vorbereiten des Osterlammes im Coenaculum, Reden des Herrn darüber, Anlegen der Reisekleider, eiliges Essen des Lammes und der übrigen gesetzlichen Speisen in stehender Stellung; dabei wird dem Herrn zweimal ein Becher voll Wein gebracht, den Er zum zweiten Male nicht genießt, sondern mit den Worten: ich werde von nun an keinen Wein mehr trinken usw., an die Apostel verteilt; dann legten sie sich eigentlich zu Tisch nieder; Jesus spricht von dem Verräter; Petrus befürchtet, er möge gemeint sein; Judas erhält vom Herrn den Bissen; Vorbereitung zur Fußwaschung; Streit der Apostel über den Vorrang; Jesu Verweis; Fußwaschung; Petrus weigert sich derselben; auch Judas werden die Füße gewaschen; Einsetzung des Heiligen Sakramentes; Judas kommuniziert und verlässt den Saal; Weihung der Öle und Unterricht darüber; die Weihe des Petrus und anderer Apostel; letzte Reden des Herrn; Versicherungen des Petrus; Schluss des Bildes.

In dieser Reihenfolge scheint zuerst die Stellung der Worte: ich werde von nun an keinen Wein mehr trinken, Matthäus 26,29 und Markus 14,25, zu widersprechen, wo sie nach der

Konsekration stehen; aber auch Lukas hat sie nach derselben. Dagegen sind übereinstimmend mit Matthäus und Markus die Reden über den Verräter vor der Konsekration, bei Lukas nachher. Johannes, der die Einsetzung ganz übergeht, bringt das Reichen des Bissens in unmittelbare Verbindung mit dem Wegeilen des Judas. Aus den übrigen Evangelien ist es aber sehr wahrscheinlich, dass Judas die hl. Kommunion (auch den Kelch) genossen, und viele der kirchlichen Väter: Augustinus, Leo der Große, Gregor der Große, sowie die kirchliche Tradition sagen es ausdrücklich (Menard zum Sakrament, Gregor Not. 266). Außerdem geriete die Erzählung bei Johannes, wenn wir sie streng in der Zeitfolge nehmen müssten, nicht bloß in Streit mit Matthäus und Markus, sondern mit sich selbst, denn aus Johannes 13,10 geht hervor, dass auch des Judas Füße gewaschen wurden. Die Fußwaschung geschah aber ihm zufolge nach dem Osterlammessen; es war nun notwendig während desselben, dass Jesus dem Verräter den Bissen reichte.

Aus dem Gesagten ist deutlich, dass die Evangelisten, die anderswo, so auch hier mehr auf die Hauptsache sehend, die Einzelheiten nicht in strenger Reihenfolge erzählen, was den scheinbaren Widerspruch unter ihnen vollkommen erklärt. Die folgende Betrachtung wird sich bei näherer Untersuchung vielmehr als eine einfache und ganz natürliche Evangelienharmonie zeigen, als dass sie im wesentlichen von der Heiligen Schrift abweiche.

Was das schließende Bild von Melchisedek betrifft, so ist sein Erscheinen als Engel ja nicht zu verwechseln mit einer alten Irrlehre, nach welcher Melchisedek Christus selbst oder der Heilige Geist oder ein Äon war. Die Aussprüche des Hebräerbriefes scheinen auf einen Engel zu deuten, und die gewöhnliche Ansicht der theologischen Schule seit dem hl. Hieronymus hält ihn wohl bloß deswegen nicht dafür, um jenem Irrtum auch keine entfernte Veranlassung zu geben.

Gründonnerstag, den 13. Nisan = 29. März, als Jesus 33 Jahre 18 Wochen weniger einen Tag alt war. Sie sieht den historischen Tag seiner Geburt am 25. November.

Gestern abend war die letzte große Mahlzeit des Herrn und seiner Freunde im Hause Simons, des geheilten Aussätzigen in Bethanien, da Maria Magdalena Jesus zum letzten Male salbte; woran Judas sich ärgerte, nach Jerusalem lief und nochmals mit den Hohenpriestern unterhandelte, ihnen Jesus zu überliefern. Nach der Mahlzeit kehrte Jesus zum Hause des Lazarus zurück und die Apostel teils nach der Herberge vor Bethanien. In der Nacht kam Nikodemus noch in das Haus des Lazarus, sprach lange mit dem Herrn und ging vor Tag nach Jerusalem zurück, von Lazarus ein Stück Weg begleitet.

Die Jünger hatten Jesus schon gefragt, wo Er das Osterlamm essen wolle, und heute morgen vor Tagesanbruch rief Jesus den Petrus und Johannes zu sich, sprach vielerlei mit ihnen über alles, was sie in Jerusalem anschaffen und ordnen sollten, und sagte ihnen, wenn sie am Berg Sion hinaufgingen, würden sie den Mann mit dem Wasserkrug finden (sie kannten ihn bereits; denn er war schon am vorigen Osterfest in Bethanien der Hausvater Jesu gewesen; darum sagt auch Matthäus: einen gewissen Mann); diesem sollten sie ins Haus folgen und zu ihm sprechen: «Der Meister lässt dir sagen, seine Zeit rückt heran, Er wolle bei dir Ostern halten»; und sie sollten sich den Speisesaal zeigen lassen, der schon gerichtet sei, und alles Nötige dort vorbereiten. Ich sah die beiden Apostel zu Jerusalem in einer Schlucht mittäglich vom Tempel an die Mitternachtsseite von Sion hinansteigen.

An der Mittagseite des Tempelberges standen noch Häuserreihen; diesen gegenüber gingen sie an der Seite eines in der Tiefe fließenden Baches, der sie von diesen Häusern trennte, einen Weg hinauf. Als sie sich auf Sion höher als der Tempelberg befanden und gegen die Mittagsseite von Sion kamen, fanden sie auf einem freien, etwas aufsteigenden Platz in der Nähe eines alten, mit Höfen umgebenen Gebäudes jenen Mann, folgten ihm nach und sagten ihm nahe bei dem Hause, was Jesus ihnen befohlen hatte. Er freute sich sehr, als er sie sah und ihre Botschaft hörte, und sagte ihnen, es sei eine Mahlzeit schon bei ihm bestellt worden (wahrscheinlich durch Nikodemus), er habe jedoch nicht gewusst, für wen; nun freue er sich sehr, dass es für Jesus sei. Es war aber dieser Mann Heli, der Schwager des Zacharias von Hebron, derselbe, in dessen Haus Jesus voriges Jahr in Hebron nach dem Sabbat der Familie den Tod des Johannes bekanntgemacht hatte. Er hatte nun einen Sohn, der Levit und ein Freund des Lukas war, ehe dieser noch zum Herrn kam, und außerdem fünf unverheiratete Töchter. Er ging jährlich mit seinen Knechten zum Fest, mietete einen Ostersaal und bereitete das Ostermahl für Leute, welche keinen Hausvater hatten. Dieses Jahr aber hatte er ein Coenaculum gemietet, welches dem Nikodemus und Joseph von Arimathäa gehörte; er zeigte beiden Aposteln die Gelegenheit.

Das Coenaculum

An der Südseite des Berges Sion, nicht weit von der nun auch verödeten Burg Davids und dem von der Morgenseite zu dieser Burg aufsteigenden Markt, liegt ein starkes, altes Gebäude zwischen Reihen oben zusammengezogener schattiger Bäume in einem geräumigen Hof, der von dicken Mauern umgeben ist. Zur rechten und linken Seite des Eintrittes sind in diesem Hof noch andere Gebäude und Wohnungen an der Mauer angebaut, und zwar rechts die Wohnung des Speisemeisters und nahe dabei diejenige, wo sich die heilige Jungfrau und die heiligen Frauen nach Jesu Tod öfters aufhielten. Das sonst weitläufigere Coenaculum war einst das Haus, wo die Helden, die tapferen Heerführer Davids wohnten und sich in allerlei Waffenkünsten übten; auch hat vor der Erbauung des Tempels die Bundeslade eine Zeitlang hier gestanden, und es sind noch die Spuren ihres Standortes an einem unterirdischen Ort daselbst. Ich habe auch einst Malachias, den Propheten, in diesen Gewölben verborgen gesehen, wo er Prophezeiungen vom Heiligen Sakrament und dem Opfer des Neuen Bundes schrieb. Auch Salomo hielt dieses Haus in Ehren und hatte etwas Vorbildliches damit zu schaffen, was ich vergessen habe. Als ein großer Teil von Jerusalem durch die Babylonier zerstört wurde, blieb dieses Haus verschont. Ich habe vieles davon gesehen und bis auf dieses wenige vergessen.

In einem verwüsteten Zustand war das Gebäude in den Besitz von Nikodemus und Joseph von Arimathäa gekommen; sie hatten den Hauptbau zu einem Festhaus für Ostergäste sehr bequem eingerichtet und pflegten es auf Ostern zu vermieten, wie sie auch bei dem letzten Passah des Herrn getan. Außerdem diente ihnen die ganze Örtlichkeit das Jahr hindurch zur Niederlage vieler Bau- und Grabsteine und zur Steinhauerwerkstätte; denn Joseph von Arimathäa hatte Steinbrüche von guter Art in seiner Heimat und handelte mit Grabsteinen und allerlei ausgehauenen Gesimsen und Säulen, welche hier unter seiner Aufsicht bearbeitet wurden. Nikodemus hatte auch viel mit Bauwerk zu tun und trieb zu seiner Erholung selbst Bildhauerei. Er arbeitete hier außer den Festzeiten oft an Steinbildern im Saal und auch unter demselben in einem Gewölbe; er war durch diese Kunst mit Joseph von Arimathäa so in Freundschaft gekommen, dass sie mancherlei zusammen unternahmen.

Ich sah heute am Morgen, während Petrus und Johannes, durch Jesus von Bethanien gesendet, mit dem Hausvater sprachen, der das Coenaculum für dieses Jahr gemietet hatte, den Nikodemus in dem Nebengebäude links im Hof herumwandeln, wo man viele Steine aus der Nähe des Speisesaals hingeräumt hatte. Schon vor etwa acht Tagen habe ich viele Leute beschäftigt gesehen, die Steine beiseite zu bringen, den Hof zu reinigen und den Speisesaal zum Osterfest zuzubereiten hatten, und ich meine, es waren sogar Jünger, vielleicht Aram und Themeni, die Vettern Josephs von Arimathäa, dabei.

Das Hauptgebäude, das eigentliche Coenaculum, liegt fast in der Mitte des Hofes, doch mehr am hinteren Ende. Es ist ein längliches Viereck, rings mit einem niedrigeren Säulengang umgeben, welcher bei losgesetzten Eingängen sich mit dem inneren hohen Saal zu einem Ganzen vereinigen lässt; denn das ganze Gebäude ist eigentlich durchsichtig, auf Säulen oder Pfeilern ruhend, nur sind alle Öffnungen gewöhnlich mit Stellwänden zugesetzt. Das Licht fällt durch Öffnungen oben an den Mauern herein. Es hat an der vorderen schmalen Seite ein Vorgemach, zu dem drei Eingänge führen; dann tritt man in den innern, hohen, schöngeplatteten Saal, von dessen Decke mehrere Lampen niederhängen; er wird zum Feste an den Wänden in halber Höhe mit schönen Matten oder Teppichen bekleidet, und in der Decke wird eine Luke geöffnet und wie mit einem durchsichtigen, blauschimmernden Flor überzogen.

Das hintere Ende dieses Saales ist durch einen ähnlichen Vorhang zu einem eigenen Raum abgesondert, und die Einrichtung hat durch die Abteilung in drei Räume eine Ähnlichkeit mit dem Tempel; das Coenaculum hat eine Vorhalle, ein Heiliges und ein Allerheiligstes. Dieser letzte abgeschiedene Raum dient links und rechts zur Niederlage für Kleider und allerlei Gerät; in der Mitte befindet sich eine Art Altar. Es springt aus der Wand über drei Aufgangsstufen eine Steinbank von der Gestalt eines rechtwinkligen Dreiecks hervor, dessen spitze Ecke in der Mitte der beiden Seitenflächen abgestumpft ist. Es muss dies die obere Seite des Osterlammbratofens sein, denn es waren heute beim Mahl die Stufen umher ganz warm. Es ist an der Seite dieses Raumes ein Ausgang hinaus in die Halle hinter diesem Vorsprung; da geht man hinab, wo eingeheizt wird, auch sind dort noch andere Gewölbe und Keller unter dem Saal. An jenem Vorsprung oder Altar sind mancherlei Vorrichtungen, wie Kasten oder Schubladen, die man herausziehen kann; es sind auch Öffnungen wie ein Rost oben und eine Stelle zum Feuer machen sowie eine, es zu löschen.

Ich kann das ganze nicht mehr genau beschreiben; es scheint eine Art Herd für Osterbrote und anderes Backwerk oder auch Räucherwerk, auch um beim Fest gewisse Überbleibsel zu verbrennen; es ist wie eine Osterküche. Über diesem Herd oder Altar ist an der Wand ein sich vorbeugender nischenartiger Kasten von Sparrwerk und oben eine Öffnung, woran eine Klappe, wahrscheinlich um den Rauch hinauszulassen. Vor dieser Nische, oder über ihr herabhängend, sah ich das Bild eines Osterlammes; es steckte ihm ein Messer in der Kehle, und es war, als tröpfle sein Blut auf den Altar; ich weiß nicht mehr ganz genau, wie es gemacht war. In der Nische an der Wand sind drei bunte Schränke, die man wie unsere Tabernakel dreht, sie zu öffnen oder zu schließen; hier sah ich allerlei Ostergefäße und muldenförmige Schalen stehen und später das Heilige Sakrament.

In den Seitenhallen des Coenaculums sind hie und da schräge Lager aufgemauert, worauf zusammengerollte dicke Decken liegen; es sind dies Schlafstellen. Unter dem ganzen Bau gehen schöne Keller durch; der Standort der Bundeslade ist einst hinten gewesen, wo nun der Osterherd darüber errichtet worden ist. Es befinden sich unter dem Hause fünf Abflüsse, die alle Unreinigkeit und Ausgüsse den Berg hinabführen; denn das Haus liegt hoch. Ich habe Jesus hier auch schon früher heilen und lehren sehen; auch herbergten manchmal Jünger in den Seitenhallen.

Bestellungen zum Ostermahl

Als die Apostel mit Heli von Hebron gesprochen hatten, ging dieser durch den Hof ins Haus zurück, sie aber wendeten sich rechts, gingen mitternachtswärts durch Sion hinab über eine Brücke und auf grünen Heckenpfaden nach der anderen Seite der Schlucht vor dem Tempel, zu den Häuserreihen südlich unter dem Tempel. Hier war das Haus des nach Christi Opferung im Tempel verstorbenen alten Simeon, und seine Söhne, die teils schon unter Jesu heimlichen Jüngern waren, wohnten nun da. Die Apostel sprachen in dem Haus mit dem einen Sohn, der am Tempel diente; es war ein langer, schwarzer Mann. Er stieg mit ihnen hinab, und sie gingen östlich vom Tempel durch jenen Teil von Ophel, durch welchen Jesus am Palmtage in Jerusalem eingezogen war; und so wanderten sie an der Mitternachtsseite des Tempels in der Stadt bis zum Viehmarkt. Hier sah ich an der Mittagsseite des Marktes kleine verzäunte Räume, wo schöne Lämmer auf Rasen wie in kleinen Gärtchen herumsprangen.

Beim Einzug Jesu hatte ich gemeint, es sei dies zur Festlichkeit so eingerichtet: es waren aber Osterlämmer, welche man hier verkaufte. Ich sah den Sohn Simeons in einen solchen Raum hineintreten, die Lämmer sprangen auf ihn zu und stießen ihn mit dem Kopf, als kennten sie ihn, und er fing vier unter denselben heraus, welche nach dem Coenaculum gebracht wurden. Ich sah ihn nach Mittag in dem Coenaculum an der Vorbereitung des Osterlammes teilnehmen.

Ich sah Petrus und Johannes noch allerlei Wege in der Stadt machen und manches bestellen; ich sah sie auch vor einem Tor nördlich vom Kalvarienberg, an der Nordseite der Stadt, in einer Herberge, wo sich viele Jünger aufhielten; es war dies die rechte Jüngerherberge vor Jerusalem, die unter der Pflege der Seraphia (so hieß eigentlich die sogenannte Veronika) stand; sie beschieden da wohl einige Jünger nach dem Coenaculum und zu anderen Geschäften, die ich nicht mehr bestimmt weiß.

Sie gingen auch ins Haus der Seraphia, bei der sie manches zu bestellen hatten; ihr Mann, ein Ratsherr, war meistens in seinen Geschäften außer dem Haus, und wenn er auch zu Hause war, nicht in ihrer Nähe. Sie ist eine Frau wohl im Alter der heiligen Jungfrau und ist der Heiligen Familie lange bekannt; denn als Jesus als Knabe am Fest in Jerusalem zurückgeblieben war, empfing Er seine Speise durch sie.

Die beiden Apostel erhielten hier mancherlei Gerät, das in bedeckten Körben teils von Jüngern nach dem Coenaculum getragen wurde. Sie empfingen hier auch den Kelch, dessen sich der Herr bei der Einsetzung des Sakramentes bediente.

Vom Kelch des heiligen Abendmahles

Der Kelch, den die Apostel bei Veronika abholten, ist ein sehr wunderbares, geheimnisvolles Gefäß; seit langen Zeiten war es unter anderen alten Geräten im Tempel gewesen, deren Gebrauch und Ursprung ebenso vergessen waren, wie auch bei uns im Christentum manches altertümliche, heilige Kleinod durch die Schicksale der Zeit in Vergessenheit kommt. Man hat öfter am Tempel veraltete, unbekannte Gefäße und Kleinodien ausgemustert, verkauft oder neu umarbeiten lassen, und so ist durch Gottes Fügung dieses heiligste Gefäß, das man seiner unbekannten Materie wegen nicht zum Einschmelzen brauchen konnte, obschon man öfters damit umging, von den jüngeren Priestern in den Schatzkammern des Tempels nebst anderen Sachen in einem Kasten als vergessenes altes Geschirr gefunden und an Liebhaber von Altertümern veräußert worden. Der Kelch und alles Dazugehörige, von Seraphia erkauft, hatte schon öfter bei Festmahlzeiten Jesu gedient und ist ab heute in den steten Besitz der heiligen Gemeinde Jesu Christi gekommen. In dem jetzigen Zustand ist dieses Gefäß nicht immer gewesen; ich entsinne mich nicht mehr, wann und ob nicht auf Veranlassung des Herrn selbst die Zusammenstellung so gemacht worden ist; es war nämlich jetzt eine ganze tragbare Vorrichtung zur Einsetzung des Heiligen Sakramentes mit dem Kelch verbunden.

Auf einer Fläche, aus der man noch ein Täfelchen herausziehen konnte, von dem ich mich nicht entsinne, ob es ein Heiligtum enthielt, stand das große Trinkgefäß und um dasselbe sechs kleine Becher. In dem großen Kelch befand sich noch ein kleineres Gefäß; auf ihm stand ein Tellerchen und über diesem ein gewölbter Deckel; in dem Fuß des Kelches war ein Löffel bewahrt, den man herausnehmen konnte. Diese Gefäße, mit feinen Tüchlein bedeckt, standen unter einer Kappe, einem Schirm, ich meine von Leder, woran oben ein Kopf war. Der große Kelch selbst besteht aus dem Kelchbecher und dem Fuß, welcher später hinzugefügt worden sein muss; denn der Kelchbecher war von anderem Stoff als der Fuß, nämlich von bräunlicher spiegelglatter Masse in birnförmiger Gestalt. Er ist aber mit Gold überlegt oder gefasst und hat zwei kleine Henkel, an welchen man ihn anfassen kann, denn er ist ziemlich schwer. Der Fuß ist künstlich von dunklem Golderz gearbeitet, unten umher eine Schlange und auch ein Träubchen; auch mit Edelsteinen ist er verziert; im Fuß befindet sich der kleine Löffel.

Der große Kelch ist bei Jakobus dem Jüngeren in der Kirche zu Jerusalem geblieben, und ich sehe ihn noch irgendwo fest bewahrt liegen; er wird auch noch einmal wieder zutage kommen, wie er jetzt hier zutage gekommen ist. In die kleineren ihn umgebenden Becher haben sich andere Kirchen geteilt; es ist einer nach Antiochien, einer nach Ephesus gekommen; die Gefäße sind an sieben Kirchen gelangt. Diese kleineren Becher gehörten Patriarchen; sie tranken das geheimnisvolle Getränk daraus, wenn sie den Segen empfingen und erteilten, wie ich sonst gesehen und erzählt habe.

Der große Kelch war schon bei Abraham; Melchisedek brachte ihn aus dem Lande der Semiramis, wo er verkommen war, mit in das Land Kanaan, als er allerhand Plätze in Jerusalem gründete; er hat ihn bei dem Opfer gebraucht, da er Brot und Wein vor Abraham opferte, und er hat ihn Abraham gelassen. Der Becher ist auch schon bei Noah gewesen; er stand ganz oben in der Arche. «Sieh! da kommen Leute, feine Leute aus einer schönen Stadt; sie ist auf alte Art gebaut; man betet dort an, was einem vorkommt; auch Fische betet man da an.

Der alte Noah steht mit einem Pfahl auf dem Rücken in der Seite der Arche; das Bauholz liegt weit umher ganz geordnet, jedes an seiner Stelle. Nein, das sind keine Leute, sie müssen etwas Vornehmeres sein, sie sind so fein und hell; sie bringen dem Noah den Kelch, er muss irgendwo verkommen gewesen sein; ich weiß nicht, wie der Ort heißt. Es ist etwas darin wie ein Weizenkorn, aber größer als bei uns; es ist wie ein Sonnenblumenkern, und ein kleiner Rebenzweig ist auch darin. Sie sagen Noah: er sei ein ruhmvoller Mann, da sei etwas Geheimnisvolles, er solle es doch mitnehmen. Sieh! er steckt den Kern und das Rebenzweiglein in einen gelben Apfel und legt es in den Kelch. Es ist kein Deckel auf dem Kelch, denn es muss immer herauswachsen. Der Kelch ist nach einer Figur gemacht, welche auf eine wunderbare Art, ich meine irgendwo aus der Erde gekommen ist; es ist ein Geheimnis damit, aber er ist danach gemacht. Das ist der Kelch, den ich in der großen Parabel[1] da stehen sah, wo der brennende Dornbusch war, das Weizenkörnlein ist endlich so klar geworden bis auf Jesus.»

Sie hatte alles Obige von dem Kelch in einem ruhig vor sich hinschauenden Zustand und alles Gesagte vor sich erblickend erzählt; oft kämpfte sie mit der Gegenwart und erschrak auf eine rührende Weise; dann war sie bei den Äußerungen über Noah dem gegenwärtigen Anblick ganz hingegeben und fuhr bei dem Schluss erschreckt zusammen, sah um sich und sagte: «Ach, es ist mir bange, dass ich in das Schiff muss; ich sehe Noah und glaubte, das große Wasser komme nun.» Später, sich ganz bewusst, sagte sie: «Die Leute, welche Noah den Kelch und die darin befindlichen Schätze brachten, waren solche Gestalten in langen weißen Gewändern, wie die drei Männer, die zu Abraham kamen und ihm Fruchtbarkeit verhießen.

Es war, als brächten sie Noah ein Heiligtum aus der Stadt, das nicht zugrunde gehen sollte; die Stadt selbst ging mit allem in der Sintflut unter. Der Kelch war auch bei einem guten Stamm der Kinder Noahs bei Babylon; sie wurden wie Sklaven von Semiramis gedrückt, Melchisedek führte sie heraus nach Kanaan und brachte den Kelch mit. Ich sah, dass er ein Zelt bei Babylon hatte und ihnen, ehe er sie fortführte, das Brot dort segnete und brach, sonst hätten sie die Stärke fortzuziehen nicht gehabt. Diese Leute hießen ungefähr wie Samanen, und er bediente sich ihrer und einiger Höhlenbewohner in Kanaan, als er manche Gebäude auf den noch wilden Bergen des damaligen Jerusalem gründete. Er baute tiefe Grundlagen, wo das Coenaculum und wo der Tempel nachher stand, auch gegen den Kalvarienberg zu; auch Wein und Korn baute er.

Nach dem Opfer Melchisedeks blieb der Kelch bei Abraham; auch in Ägypten ist er gewesen, auch Moses besaß ihn. Die Masse des Kelchbechers war dick wie eine Glocke; er war von etwas Natürlichem und wie gewachsen, nicht gehämmert. Ich habe ihn durchgesehen[2]; nur Jesus wusste, wovon er war.

Am Morgen, während die beiden Apostel in Jerusalem die Vorrichtungen zum Osterlamm trafen, nahm Jesus noch von den heiligen Frauen und Lazarus und seiner Mutter in Bethanien einen rührenden Abschied, lehrte und ermahnte sie im allgemeinen.

Ich sah den Herrn mit seiner Mutter allein sprechen und erinnere mich einzelner Reden, unter anderem: Er habe Petrus, den Glauben, und Johannes, die Liebe, nach Jerusalem zur Bereitung des Passahs gesendet. Von Magdalena, welche ganz sinnlos durch Betrübnis war, sagte Er: sie liebe unaussprechlich, aber ihre Liebe sei noch vom Fleisch umgeben, und darum werde sie ganz wie von Sinnen aus Schmerz. Er sprach auch vom verräterischen Zustand des Judas, und die heilige Jungfrau bat noch für denselben.

Judas war wieder unter dem Vorwand, allerlei zu besorgen und zu bezahlen, von Bethanien nach Jerusalem gelaufen, und Jesus fragte am Morgen die neun nach ihm, obschon Er wohl wusste, was er trieb. Judas lief den ganzen Tag bei den Pharisäern umher und redete alles mit ihnen ab; es wurden ihm sogar die Kriegsknechte gezeigt, die den Herrn gefangennehmen sollten. Er berechnete alles genau mit den Wegen hin und her, so dass ihm immer eine Entschuldigung seiner Abwesenheit blieb; erst kurz vor dem Osterlammessen kam er wieder zu dem Herrn. Ich habe alle seine Pläne und Gedanken gesehen. Als Jesus mit Maria über ihn sprach, sah ich vieles von seinem Wesen. Er war tätig und dienstfertig, aber voll Geiz, Ehrsucht und Neid, und er kämpfte nicht gegen diese Leidenschaften. Er hat selbst Wunder getan und in Jesu Abwesenheit Kranke geheilt. Als der Herr der heiligen Jungfrau verkündete, was ihm bevorstehe, bat sie ihn so rührend, Er möge sie mit ihm sterben lassen.

Er aber ermahnte sie, in ihrem Schmerz ruhiger zu sein als die anderen Frauen, und sagte ihr auch, dass Er auferstehen und wo Er ihr erscheinen werde. Sie weinte jetzt nicht viel, aber sie war gar traurig und von einem erschütternden Ernst. Der Herr dankte ihr wie ein frommer Sohn für alle Liebe, Er umfasste sie mit seiner Rechten und drückte sie an seine Brust. Er sagte ihr auch, Er werde im Geiste sein Abendmahl mit ihr halten und bestimmte die Stunde, da sie es empfangen werde. Er nahm noch von allen einen sehr rührenden Abschied und lehrte über vieles.

Jesus ging gegen Mittag mit den neun Aposteln von Bethanien nach Jerusalem; es folgte ihm auch ein Haufen von sieben Jüngern, welche, außer Nathanael und Silas, meistens aus Jerusalem und der Gegend waren; ich erinnere mich unter ihnen des Johannes Markus und des vor wenigen Tagen aufgenommenen Sohnes der armen Witwe, welche am vorigen Donnerstag, heute vor acht Tagen, da Jesus am Opferstock im Tempel lehrte, ihr Scherflein geopfert hatte; die heiligen Frauen folgten später nach.

Er ging mit seinen Begleitern verschiedene Wege um den Ölberg und im Tale Josaphat, ja bis zum Kalvarienberg hin und her; es war ein Wandeln unter stetem Lehren. Er sagte unter anderem zu den Aposteln, bis jetzt habe Er ihnen sein Brot und seinen Wein gegeben, heute wolle Er ihnen sein Fleisch und sein Blut geben. Alles wolle Er ihnen schenken und lassen, was Er habe; dabei sah der Herr so rührend aus, als gieße Er sein Inneres aus, als verschmachte Er aus Liebe, sich hinzugeben. Seine Jünger verstanden ihn nicht; sie meinten, Er spreche vom Osterlamm. Es ist unaussprechlich, wie liebevoll und geduldig Er in seinen letzten Reden zu Bethanien und hier gewesen. Die heiligen Frauen kamen später in das Haus der Maria Markus.

Die sieben Jünger, welche dem Herrn nach Jerusalem gefolgt waren, machten diese Wege nicht mit; sie trugen Päcke von Osterzeremonienkleidern nach dem Coenaculum, legten sie in die Vorhalle und begaben sich in das Haus der Maria Markus.

Als Petrus und Johannes mit dem Abendmahlskelch von dem Haus der Seraphia nach dem Coenaculum kamen, lagen schon alle diese Zeremonienmäntel in der Vorhalle, welche jene und andere Jünger hingetragen hatten. Es waren auch von ihnen die nackten Wände des Saales mit Teppichen behängt und die Luken in der Decke geöffnet worden; auch werden drei hängende Lampen zugerüstet. Dann gingen Petrus und Johannes zum Tal

Josaphat und riefen den Herrn und die neun Apostel. Die Jünger und Freunde, welche auch das Osterlamm im Coenaculum mitaßen, kamen später.

Letztes Ostermahl

Jesus und die Seinigen aßen das Osterlamm in Coenaculum in drei getrennten Genossenschaften von Zwölfen, deren jeder einer als Hausvater vorstand. Jesus aß es mit den zwölf Aposteln im Saal des Coenaculums. Getrennt in den Seitenhallen aß es Nathanael mit zwölf Jüngern und ebenso mit zwölf anderen Eliachim, ein Sohn des Kleophas und der Maria Heli und Bruder der Maria Kleophä; er war ein Jünger Johannes des Täufers.

Drei Osterlämmer wurden für sie im Tempel geschlachtet und gesprengt. Es war aber ein viertes Lamm da, das im Coenaculum geschlachtet und gesprengt wurde, und dieses aß Jesus mit den Zwölfen, jedoch dem Judas unbewusst, da dieser sich allerlei Geschäfte gemacht hatte, bei der Schlachtung nicht zugegen gewesen und schon Wege zum Verrat gegangen war; er kam erst kurz vor dem Essen des Osterlammes. Das Schlachten des Lammes für Jesus und die Apostel war ungemein rührend. Es geschah in der Vorhalle des Coenaculums, und Simeons Sohn, der Levit, half dabei. Die Apostel und Jünger waren zugegen und sangen den 118. Psalm. Jesus lehrte hierauf von einer neu eintretenden Zeit, und wie nun das Opfer des Moses und die Bedeutung des Osterlammes werde erfüllt werden; darum aber müsse das Lamm so geschlachtet werden, wie jenes in Ägypten, aus welchem sie jetzt wirklich ausziehen sollten.

Gefäße und alles Zugehörige war bereit; es ward ein schönes Lämmchen gebracht, das mit einem Kranz geschmückt war, welcher ihm abgenommen und der heiligen Jungfrau gesendet ward, die sich abseits bei den anderen Frauen befand. Das Lamm ward nun um die Mitte des Leibes mit dem Rücken auf ein Brettchen gebunden, und ich dachte noch dabei an Jesus an der Geißelsäule. Den Kopf des Lammes hielt Simeons Sohn in die Höhe, und Jesus stach ihm mit einem Messer in den Hals und gab dasselbe dann dem Sohne Simeons, der fortfuhr, das Lamm zu bereiten.

Jesus schien mit Schüchternheit und Schmerz das Lamm zu verwunden und tat es sehr schnell und ernst. Das Blut wurde in ein Becken gefasst und ein Ysopzweig gebracht, welchen Jesus in das Blut tauchte; dann ging Er an die Türe des Saales und bezeichnet die zwei Pfosten und das Schloss mit dem Blut und steckte den blutigen Zweig über die Oberschwelle der Tür; dabei redete Er feierlich und sagte unter anderem: es solle der Würgengel hier vorübergehen; sie sollten sicher und ruhig hier anbeten, wenn Er, das wahre Osterlamm, geschlachtet sei; es solle hiermit eine neue Zeit und ein neues Opfer beginnen und bis ans Ende der Welt fortdauern.

Dann begaben sie sich an den Osterherd am Ende des Saales, wo einst die Bundeslade gestanden; es war bereits Feuer dort. Jesus sprengte das Blut an diesen Herd und weihte ihn zu einem Altar; das übrige Blut und Fett ward unter den Altar ins Feuer gegossen. Jesus wandelte hierauf, Psalmen singend, mit den Aposteln im Coenaculum umher und weihte es zu einem neuen Tempel ein. Alle Türen waren dabei verschlossen.

Indessen hatte Simeons Sohn das Lamm ganz zubereitet; es steckte an einem Spieß, die Vorderbeine waren an ein Querholz, die Hinterbeine an den Spieß geheftet. Ach! es sah ganz wie Jesus am Kreuz aus und wurde nun nebst den drei anderen Lämmern, die vom Tempelschlachten hergebracht worden waren, in den Ofen zum Braten gestellt. Sie sagte nochmals: die anderen Osterlämmer der Juden wurden alle im Vorhof des Tempels geschlachtet; und zwar an drei Orten: für die Vornehmen, die Geringen und die fremden Leute[3]. Das Osterlamm Jesu war nicht im Tempel geschlachtet, alles andere tat Er streng nach dem Gesetz. Er hat auch nachher darüber gesprochen. Das Lamm war nur ein Vorbild; Er selbst sollte am morgigen Tage das Ostlerlamm sein; ich weiß nicht mehr, was Er darüber sagte.

Auf diese Weise lehrte Jesus die Apostel vom Osterlamm und dessen Erfüllung, und als die Zeit herannahte und Judas auch gekommen war, wurden die Tische bereitet. Sie legten Reisezeremonienkleider an, die in der Vorhalle lagen, andere Schuhe, einen weißen Rock wie ein Hemd und darüber einen Mantel, vorn kurz und hinten länger; sie schürzten sich in den Gürteln und hatten auch die weiten Ärmel geschürzt. So ging jede Schar zu ihrem Tisch; die zwei Scharen der Jünger in die Seitenhallen, der Herr aber und die Apostel in den Saal des Coenaculum. Sie nahmen Stäbe in die Hand und wandelten paarweise zum Tisch, wo sie an ihren Plätzen standen, die Stäbe im Arm lehnend, mit emporgehobenen Armen. Jesus aber, in der Mitte des Tisches stehend, hatte zwei kleine, oben etwas gekrümmte Stäbe, gleich kurzen Hirtenstäben, von dem Speisemeister empfangen. Sie hatten an einer Seite einen Haken wie einen abgehauenen Zweig. Jesus steckte sie kreuzweise vor der Brust in den Gürtel und stützte die emporgehobenen Arme im Gebet auf die Haken. Er konnte sich so rührend, auf diese Stäbe gelehnt, bewegen; es war, als habe Er das Kreuz, dessen Last Er bald auf die Schultern nehmen sollte, noch stützend unter den Schultern.

So sangen sie: «Gebenedeit sei der Herr Gott Israels» sowie: «Gelobt sei der Herr» usw. Nach vollendetem Gebet gab Jesus den einen Stab dem Petrus, den anderen dem Johannes, welche sie weglegten oder von Hand zu Hand an die Apostel gehen ließen, was ich mich nicht mehr recht bestimmt erinnere.

Der Tisch war schmal, ungefähr so hoch, dass er einem stehenden Mann einen halben Fuß hoch über die Knie reichte, in der Form eines Zirkelabschnittes. Jesus gegenüber, in der inneren Seite des Halbkreises, war eine freie Stelle zum Auftragen. Wenn ich mich recht entsinne, standen zur Rechten Jesu Johannes, Jakobus der Ältere, Jakobus der Jüngere; dann an der rechten schmalen Breite des Tisches Bartholomäus; neben diesem an der inneren Seite des Kreistisches Thomas und neben diesem Judas Iskarioth – zur Linken Jesu stand Petrus, dann Andreas, Thaddäus, an der linken schmalen Breite Simon und neben diesem an der innern Tischseite Matthäus und Philippus.

In der Mitte des Tisches stand eine Schüssel mit dem Osterlamm. Sein Kopf ruhte auf den gekreuzten Vorderfüßen; die Hinterfüße waren lang ausgestreckt; rundumher auf dem Rande der Schüssel lag Knoblauch; daneben befand sich eine Schüssel mit dem Osterbraten und zu beiden Seiten eine Schale mit grünen Kräutern, welche dichtgedrängt aufrecht wie wachsend standen, und eine andere Schale mit kleinen Bündelchen von bitteren Kräutern, gleich Balsamirkräutern; dann noch vor Jesus eine Schale mit gelbgrünem Kraut und eine mit einer bräunlichen Brühe. Die Teller der Essenden waren runde Brotkuchen; sie bedienten sich beinerner Messer.

Der Speisemeister legte nach dem Gebet das Messer zum Zerlegen des Osterlammes vor Jesus auf den Tisch. Er setzte einen Becher mit Wein vor den Herrn und füllte aus einer Kanne sechs Becher, welche immer zwischen zwei Aposteln standen. Jesus segnete den Wein und trank; die Apostel tranken zwei und zwei aus einem Becher. Der Herr zerlegte das Osterlamm, und die Apostel reichten nach der Reihe ihre Brotkuchen mit einer Art Klammer hin und empfingen jeder sein Teil und aßen es sehr geschwind, indem sie das Fleisch mit den beinernen Messern abschabten. Die Knochen wurden nachher verbrannt. Sie aßen auch noch schnell von dem Lauch und grünen Kraut, das sie in die Brühe tauchten. Das Osterlamm genossen sie stehend; nur lehnten sie etwas auf den Lehnen der Sitze.

Jesus brach auch eines der Osterbrote und bedeckte einen Teil davon; das andere verteilte Er. Sie aßen nun auch die Brotkuchen. Dann wurde wieder ein Becher mit Wein gebracht; Jesus aber dankte und trank nicht davon. Er sprach: «Nehmet den Wein und teilt ihn unter euch; denn ich werde von nun an keinen Wein mehr trinken, bis das Reich Gottes kommt.»

Nachdem sie zwei und zwei getrunken hatten, sangen sie, dann betete oder lehrte Jesus, und es folgte hierauf noch ein Händewaschen. – Nun aber legten sie sich wirklich auf die Sitze nieder. Alles Frühere war stehend, nur zuletzt etwas aufgelehnt und sehr geschwind geschehen.

Der Herr hat auch ein Lamm zerlegt, welches den heiligen Frauen in ein Seitengebäude gebracht wurde, wo sie ihr Mahl hatten. Sie aßen nun Kräuter, Salat und die Brühe; Jesus war ungemein innig und heiter; ich habe ihn nie so gesehen. Er sagte auch den Aposteln, allen Kummer zu vergessen. Auch die heilige Jungfrau am Tisch der Frauen war heiter. Es war so rührend, wenn die anderen Frauen zu ihr traten und sie am Schleier zogen, mit ihr zu sprechen, wie sie sich dann so einfach wendete.

Jesus redete anfangs noch gar lieblich mit ihnen, während sie speisten; hierauf aber ward Er ernster und traurig. Er sprach: «Einer unter euch wird mich verraten, einer, dessen Hand mit mir auf einem Tische ist.» Jesus aber teilte eines der Kräuter, nämlich Lattich, von dem nur eine Schüssel da war, auf seiner Seite aus, und dem Judas, der ihm schräg gegenüber saß, hatte Er befohlen, ihn auf der anderen Seite auszuteilen.

Da Jesus nun von einem Verräter sprach und alle darüber sehr erschrocken waren und da Er sagte: Einer, dessen Hand mit mir auf dem Tische ist oder dessen Hand mit mir in die Schüssel taucht, was so viel heißt, als: Einer der Zwölf, die mit mir essen und trinken, einer, mit dem ich mein Brot teile, so verriet Er Judas dadurch nicht an die anderen, denn mit der Hand in die Schüssel tauchen war ein allgemeiner Ausdruck für die vertraulichste Gemeinschaft; und doch wollte Er auch Judas dadurch warnen; denn Er tauchte wirklich beim Austeilen des Lattichs die Hand mit ihm in eine Schüssel. Jesus aber sagte weiter: «Nun geht zwar des Menschen Sohn hin, wie von ihm geschrieben steht, wehe aber dem Menschen, durch den der Menschensohn verraten wird! Es wäre ihm besser, wenn Er nicht geboren wäre.»

Da waren die Apostel alle sehr bestürzt und fragten abwechselnd: «Herr, bin ich es?» Denn alle wussten wohl, dass sie ihn nicht ganz verstanden. Petrus aber beugte sich hinter Jesus zu Johannes hin und winkte ihm, den Herrn zu fragen, wer es sei; denn er, der oft Verweise von Jesus erhalten, war ängstlich, Er möge ihn meinen. Johannes aber lag zur Rechten des Herrn, und weil alle, auf dem linken Arm lehnend, mit der rechten Hand aßen, so lag Johannes mit dem Haupte der Brust Jesu zunächst. Er näherte sein Haupt daher der Brust Jesu und fragte: «Herr, wer ist es?»

Da ward er es inne, dass Jesus den Judas meinte. Ich sah Jesus nicht mit den Lippen sprechen: «Der, dem ich den Bissen eintauche und gebe»; ich weiß auch nicht, ob Er es leise zu Johannes sagte; Johannes aber vernahm es, indem Jesus den Bissen Brot mit Lattich umwunden in die Brühe tauchte und dem Judas mit großer Liebe reichte, welcher eben auch fragte: «Herr, bin ich es?» wobei Jesus ihn gar lieblich ansah und ihm eine allgemeine Antwort gab. Dieses war aber ein gebräuchliches Zeichen der Liebe und Vertraulichkeit, und Jesus tat es mit herzlicher Liebe, ihn zu mahnen und nicht zu verraten vor den anderen. Judas war aber innerlich ganz ergrimmt. Ich sah während der ganzen Mahlzeit ein kleines Ungeheuer zu seinen Füßen sitzen, das ihm manchmal bis zum Herzen hinaufstieg. Ich sah nicht, dass Johannes dem Petrus das wieder sagte, was er von Jesu vernommen, aber er blickte nach ihm und beruhigte ihn.

Die Fußwaschung

Sie standen nun von der Mahlzeit auf, und während sie ihre Kleider wieder so anlegten und ordneten, wie sie es bei feierlichem Gebet pflegten, trat der Speisemeister mit zwei Dienern herein, den Osterlammtisch abzuräumen und aus der Mitte der umgebenden Lagerstühle beiseite zu schieben. Als dies geschehen, trug Jesus ihm auf, Wasser in die Vorhalle bringen zu lassen, und Er verließ wieder mit den Dienern den Saal.

Jesus stand nun mitten unter den Aposteln und sprach eine ziemliche Weile mit Feierlichkeit zu ihnen. Ich habe aber so vieles gehört und gesehen bis jetzt, dass es mir nicht möglich ist, den Inhalt der Lehre des Herrn sicher anzugeben. Ich erinnere mich, dass Er von seinem Reich, von seinem Hingang zum Vater sprach und wie Er ihnen vorher noch alles zurücklassen wolle, was Er habe, usw. Er lehrte dann auch von der Buße, von Erkenntnis und Bekenntnis der Schuld, von der Reue und Reinigung. Ich fühlte aber, dass dieses einen Bezug auf die Fußwaschung hatte, und ich sah auch, dass alle ihre Sünden erkannten und bereuten, außer Judas. Diese Rede war lang und feierlich. Nach ihrer Vollendung sendete Jesus den Johannes und Jakobus den Jüngeren, des bestellten Wassers halber, in die Vorhalle und befahl den Aposteln, die Lagerstühle in einen halben Kreis zu stellen, worauf Er in die Vorhalle ging, seinen Mantel ablegte, sich schürzte und ein Tuch umband, von welchem das längere Ende niederhing.

Unterdessen gerieten die Apostel in eine Art von Wortwechsel, wer die erste Stelle unter ihnen haben werde; denn da der Herr so bestimmt ausgesprochen hatte, Er würde sie verlassen und sein Reich sei nahe, bestärkte sich von neuem die Meinung in ihnen, Er habe irgendeinen geheimen Hinterhalt, einen irdischen Triumph, der im letzten Moment hervorbrechen werde.

Jesus befahl in der Vorhalle dem Johannes, ein Becken in die Hände zu nehmen, und ließ Jakobus den Jüngeren einen Schlauch voll Wasser vor der Brust tragen, dessen Röhre sich über den Arm gelehnt ergoss, und nachdem Er Wasser aus dem Schlauch in das Becken gegossen hatte, ließ Er die beiden in den Saal folgen, in dessen Mitte der Speisemeister ein größeres leeres Becken gestellt hatte. In so demütigem Aufzug in die Tür des Saales tretend, verwies Jesus den Aposteln ihren Streit mit wenigen Worten, unter anderem sprechend: dass Er selbst ihr Diener sei; sie sollten sich auf die Stühle setzen, auf dass Er ihnen die Füße waschen könne. Da setzten sie sich nach der Reihe, wie sie zu Tisch gelegen, auf die Lehnpolster der Stühle, die im Halbkreis standen, und hatten die entblößten Füße auf den Sitzpolstern stehen. Jesus ging von einem zum anderen und schöpfte ihnen mit der Hand Wasser aus dem von Johannes untergehaltenen Becken über die nacheinander vorgehaltenen Füße. Dann fasste Er das lange Ende des Tuches, womit Er umgürtet war, in beide Hände und fuhr damit abstreifend und trocknend über die Füße und nahte dann dem zunächst Sitzenden mit Jakobus. Johannes aber leerte jedesmal das gebrauchte Wasser in das in der Mitte des Saales stehende Gefäß aus und nahte dem Herrn wieder mit dem Becken. Da goss Jesus wieder aus dem Schlauch des Jakobus in das Becken über die Füße des Apostels und tat wie zuvor.

Der Herr aber war, wie bei der ganzen Ostermahlzeit, ungemein rührend und freundlich, auch bei diesem demütigen Fußwaschen ganz voll Liebe, und Er tat es nicht wie eine Zeremonie, sondern wie eine heilige Liebeshandlung ganz von Herzen, so dass Er auch seine Liebe dabei aussprach.

Da Er nun zu Petrus kam, weigerte sich dieser aus Demut und sagte: «Herr, solltest du mir die Füße waschen?» Und der Herr sagte: «Was ich tue, weißt du jetzt nicht, nachher sollst du es erfahren.» Und mir war, als spreche Er noch allein zu ihm: «Simon, du hast es verdient, von meinem Vater zu erkennen, wer ich bin, woher ich komme und wohin ich gehe, du hast es allein erkannt und ausgesprochen; und ich will meine Kirche auf dich bauen, und die Pforten der Hölle sollen sie nicht überwältigen. Es soll auch meine Kraft bei deinen Nachfolgern bleiben bis ans Ende der Welt.» Jesus zeigte auf ihn und sagte zu den anderen: Petrus solle ihnen in Anordnung und Aussendung seine Stelle vertreten, wenn Er selbst von ihnen gegangen sein werde. Petrus aber sprach: «Nimmermehr sollst du mir die Füße waschen.» Und der Herr erwiderte: «Wenn ich dich nicht wasche, so hast du keinen Teil an mir.» Da sagte Petrus wieder: «Herr, wasche mir dann nicht nur die Füße, sondern auch die Hände und das Haupt.» Jesus sagte hierauf: «Wer gewaschen ist, der ist ganz rein, und braucht nur die Füße zu waschen. Ihr seid auch rein, aber nicht alle»; dabei dachte Er an Judas.

Er hatte aber in der Lehre von der Fußwaschung gesprochen als von einem Reinigen von täglichen Sünden, weil die Füße an der Erde ungeschickt wandelnd sich immer wieder verunreinigen. Diese Fußwaschung war geistlich und eine Art Absolution; Petrus aber nahm es in seinem Eifer als eine zu große Demütigung seines Meisters; er wusste nicht, dass dieser, um ihm zu helfen, sich morgen bis zum schmählichen Tod des Kreuzes aus Liebe demütigen werde.

Als Er aber Judas die Füße wusch, war Er ungemein rührend und freundlich und drückte sein Angesicht an seine Füße und sagte leise zu ihm, er möge sich bedenken; schon ein Jahr gehe er mit Verrat und Untreue um; Judas aber schien es nicht bemerken zu wollen und sprach mit Johannes; da ärgerte sich Petrus an ihm und sagte: «Judas! Der Meister spricht mit dir.» Da sagte Judas zum Herrn etwas Allgemeines, Ausweichendes, wie: «Herr, das sei ferne!»

Die anderen aber hatten Jesu Rede zu Judas nicht vernommen, denn Er sprach leise, und dann hörten sie nicht zu; auch waren sie mit Anlegung ihrer Sohlen beschäftigt. Judas' Verrat aber schmerzte den Herrn bei seinem ganzen Leiden am meisten. Er wusch aber auch noch die Füße des Johannes und Jakobus. Zuerst setzte sich Jakobus, und Petrus hielt den Schlauch, dann setzte sich Johannes, und Jakobus hielt das Becken.

Jesus lehrte nun über die Demütigung, und wie der Dienende der Größte sei, und wie sie einander auch die Füße künftig in Demut waschen sollten, und mancherlei in bezug auf den Streit, wer der Größte sei, was in den Evangelien steht. Jesus legte nun seine Kleider wieder an, und die Kleider, welche zuerst beim Osterlamm geschürzt gewesen waren, hatten die Apostel jetzt auch wieder weit und lang angelegt.

Einsetzung des Heiligen Sakramentes

Auf Befehl des Herrn hatte der Speisemeister den Tisch wieder zugerüstet und ihn etwas erhöht; er ward mit einem Teppich, worüber eine rote und dann eine durchbrochene weiße Decke lag, bedeckt wieder in die Mitte geschoben. Dann stellte der Speisemeister einen Wasserkrug und einen Weinkrug unter den Tisch.

Petrus und Johannes holten nun aus dem abgetrennten Raum des Saals, wo der Osterlammherd war, den Kelch, den sie aus der Wohnung der Seraphia dahin gebracht hatten. Sie trugen ihn in seinem Behälter zwischen sich auf den Händen, und es war anzusehen, als trügen sie einen Tabernakel. Sie setzten diesen Behälter vor Jesus auf den Tisch. Es stand dabei ein länglich runder Teller mit drei dünnen, weißlichen Osterbroten, die mit regelmäßigen Furchen gerippt waren; in der Breite waren etwa drei solche Bissen, und der Kuchen war etwa noch einmal so lang wie breit; die Brote waren bedeckt, und Er hatte sie schon bei der Ostermahlzeit zum Bruch vorgeritzt und eine Hälfte des dort gebrochenen Brotes dazu unter die Decke gelegt. Es standen auch ein Wein- und Wassergefäß da und drei Büchsen, eine mit flüssigem Öl, eine leer und ein Spatel.

Das Brotbrechen und Austeilen und das Trinken aus einem gemeinsamem Kelch am Schluss des Mahles war aber schon seit alten Zeiten als ein Zeichen der Verbrüderung und Liebe bei Willkommen und Abschied gebräuchlich. Ich meine, es muss auch in der Schrift davon vorkommen. Jesus aber erhob es heute zum Allerheiligsten Sakrament. Es war bis jetzt eine vorbildliche Handlung gewesen. Durch des Judas Verrat kam unter den Beschuldigungen bei Kaiphas auch dieses vor: Er habe zu den Passahgebräuchen etwas zugesetzt, das neu sei. Nikodemus bewies aber aus Schriftrollen, dass diese Sitte des Abschiedes eine alte sei.

Jesu Stelle war zwischen Petrus und Johannes; die Türen waren geschlossen, alles sehr geheim und feierlich. Als nun die Hülle von dem Kelch abgenommen und in den abgeteilten Raum des Saales zurückgetragen wurde, betete Jesus und sprach sehr feierlich. Ich sah, dass Jesus ihnen das Abendmahl und die ganze Handlung auslegte; ich sah es, als ob ein Priester den anderen die Heilige Messe lehre.

Er zog hierauf aus der Platte, worauf die Gefäße standen, einen Schieber heraus, nahm ein weißes Tuch, das über dem Kelch hing, herab und breitete es über die ausgezogene Fläche. Ich sah ihn dann eine runde Platte von dem Kelch herabnehmen und auf die bedeckte Fläche stellen; dann nahm Er die auf dem nebenstehenden Teller liegenden Brote unter ihrer Verhüllung hervor und legte sie auf die Platte vor sich hin; die viereckig länglichen Brote ragten an beiden Seiten über die Platte, deren Rand in der Breite jedoch hervorsah. Hierauf stellte Er den Kelch sich etwas näher und setzte einen kleineren Becher, der in ihm stand, heraus und die sechs kleinen Becher, welche den Kelch umgaben, rechts und links zur Seite.

Dann segnete Er das Osterbrot und, ich meine, auch die nahestehenden Öle und hob nun die Platte mit den Osterbroten mit beiden Händen empor, schaute gen Himmel, betete, opferte, setzte die Platte nieder und deckte sie zu. Hierauf nahm Er den Kelch, ließ sich von Petrus Wein und von Johannes Wasser, das Er segnete, hineingießen und schöpfte mit dem kleinen Löffel noch ein wenig Wasser hinein. Nun segnete Er den Kelch und hob auch ihn betend und opfernd empor und setzte ihn nieder. Er ließ sich von Petrus und Johannes Wasser über den Teller, worauf die Osterbrote gelegen hatten, auf die Hände gießen, und mit dem Löffel, den Er aus dem Fuß des Kelches genommen, schöpfte Er von dem Wasser, das über seine Hände gelaufen, auf ihre Hände; dann wurde diese Schale herumgereicht, und sie wuschen alle die Hände darin. Ich weiß nicht, ob alles dies genau so folgte, aber dieses alles und anderes, was mich sehr an die Heilige Messe erinnerte, sah ich mit großer Rührung.

Er wurde unter diesen Handlungen immer inniger und inniger und sagte: Er wolle ihnen nun alles geben, was Er habe, sich selbst; da war es, als gösse Er sich ganz aus in Liebe, und ich sah ihn ganz durchsichtig werden; Er war wie ein leuchtender Schatten.

Er brach aber in dieser Innigkeit betend das Brot in die vorgeritzten Bissen und legte sie turmförmig auf die Platte; von dem ersten Bissen brach Er mit den Fingerspitzen ein wenig und ließ es in den Kelch fallen.

In demselben Augenblick, da Er dieses tat, hatte ich ein Bild, als empfange die heilige Jungfrau das Sakrament geistlicher Weise, obschon sie hier nicht anwesend war[4]. Ich weiß jetzt nicht, wie ich dieses sah, aber es war mir, als sehe ich sie vom Eingang zur offenen Seite des Tisches heranschweben und dem Herrn gegenüber das Sakrament empfangen; dann sah ich sie nicht mehr. Er hatte ihr am Morgen in Bethanien gesagt, Er wolle sein Passah geistlicher Weise mit ihr feiern und hatte ihr die Stunde bestimmt, wo sie, im Gebet abgesondert, es im Geiste empfing.

Er betete und lehrte noch; alle seine Worte gingen wie Feuer und Licht aus seinem Munde in die Apostel ein, außer in Judas. Nun aber nahm Er die Platte mit den Bissen, von der ich nicht mehr bestimmt weiß, ob Er sie auf den Kelch gestellt hatte, und sprach: «Nehmet hin und esset, das ist mein Leib, der für euch gegeben wird.» Dabei bewegte Er seine Rechte wie segnend darüber; und als Er dieses tat, ging ein Glanz von ihm aus, seine Worte waren leuchtend und ebenso das Brot, das wie ein Lichtkörper in den Mund der Apostel stürzte; es war, als fließe

Er selbst in sie hinein; ich sah alle wie von Licht durchdrungen, nur Judas sah ich finster. Zuerst reichte Er es Petrus, dann dem Johannes[5]; nun winkte Er dem Judas, der ihm schräg gegenüber saß, zu nahen; er war der dritte, welchem Er das Heilige Sakrament reichte. Aber es war, als wiche sein Wort von dem Munde des Verräters zurück. Ich war so entsetzt, dass ich nicht mehr genau sagen kann, was ich dabei empfand. Jesus aber sagte zu ihm: «Was du tun willst, das tue bald.» Jesus fuhr fort, den noch übrigen Aposteln das Heilige Sakrament zu reichen; sie nahten paarweise, und einer hielt dem anderen eine kleine steife gesäumte Decke unter, die über dem Kelch gelegen hatte.

Jesus aber hob den Kelch bei den beiden Ringen gegen ein Angesicht empor und sprach die Worte der Einsetzung hinein. Er war in dieser Handlung ganz verklärt und wie durchsichtig; Er war in das übergehend, was Er gab. Er ließ Petrus und Johannes aus dem Kelch, den Er in Händen hielt, trinken und setzte ihn nieder, und Johannes schöpfte mit dem kleinen Löffel von dem heiligen Blut aus dem Kelch in die kleinen Becher, die Petrus den Aposteln hinreichte, welche paarweise aus einem Becher tranken.

Auch Judas hat, aber ich entsinne mich dessen doch nicht ganz gewiss, noch den Kelch genossen; er ging aber nicht an seinen Ort zurück, sondern verließ gleich das Coenaculum. Die anderen, weil Jesus ihm gewinkt hatte, meinten, Er habe ihm ein Geschäft aufgetragen; er ging weg ohne Gebet und ohne die Danksagung; da kannst du sehen, wie übel es bestellt ist, wenn man ohne Dankgebet vom täglichen und vom ewigen Brot hinweggeht. Ich hatte während des ganzen Mahles bei Judas' Füßen die Gestalt eines kleinen roten Ungeheuers sitzen sehen, das ihm manchmal bis zum Herzen hinaufkam; sein einer Fuß war wie ein kahler Knochen. Als Judas vor der Tür war, sah ich drei Teufel um ihn; einer fuhr ihm in den Mund, einer trieb ihn, einer lief vor ihm her. Es war Nacht; es war, als leuchteten sie ihm; er lief wie ein Rasender.

Einen Rest des heiligen Blutes, der in dem Kelch übrig war, goss der Herr in den kleinen Becher, der in dem Kelch gestanden; dann hielt Er die Finger über den Kelch und ließ sich von

Petrus und Johannes Wasser und Wein darüber gießen. Diese Nachspülung ließ Er die beiden wieder aus dem Kelch trinken und den Rest, abermals in die Becher geschöpft, an die übrigen Apostel gelangen. Hierauf trocknete der Herr den Kelch aus, setzte den Becher mit dem Rest des heiligen Blutes hinein, stellte die Platte mit dem übrigen konsekrierten Osterbrot darauf und den Deckel darüber und deckte das Tuch wieder über den Kelch, den Er auf seine Unterlage zwischen die kleinen Becher zurückstellte. Ich habe nach der Auferstehung die Apostel von dem übrigen des Heiligen Sakramentes genießen sehen,

Ich erinnere mich nicht, gesehen zu haben, dass der Herr es selbst genossen, ich müsste es denn übersehen haben. Als Er es gab, gab Er sich, so dass Er mir wie ausgeleert und in barmherziger Liebe ergossen erschien. Es ist dieses unaussprechlich. Ich habe auch nicht gesehen, dass Melchisedek, als er Brot und Wein opferte, es selbst genossen. Ich habe auch gewusst, warum die Priester es nehmen, da Jesus es nicht nahm.

Während sie dieses sagte, sah sie sich plötzlich um wie eine Zuhörende; sie erhielt eine Erklärung darüber, vermochte aber nur folgendes davon mitzuteilen: «Hätten es Engel gespendet, sie hätten es nicht empfangen; empfingen es aber die Priester nicht, so wäre es längst verlorengegangen; dadurch wird es erhalten.»

Alle Verrichtungen Jesu während der Einsetzung des Heiligen Sakramentes gingen sehr geregelt und feierlich und doch lehrend und unterweisend vor sich; auch sah ich nachher die Apostel sich einiges mit Zeichen in die kleinen Rollen bemerken, die sie bei sich trugen. Seine Wendungen rechts und links waren feierlich wie immer in den Gebetshandlungen. Alles zeigte den Keim der Heiligen Messe. Ich sah auch die Apostel beim Heranschreiten und anderen Gelegenheiten sich priesterlich gegeneinander beugen.

Jesus hielt nun noch eine Geheimlehre; Er sagte ihnen, wie sie das Heilige Sakrament fortsetzen sollten zu seinem Gedächtnis bis ans Ende der Welt, und lehrte sie das Hauptsächliche in der Weise des Gebrauches und der Mitteilung, und auf welche Art sie das Geheimnis desselben nach und nach lehren und aussprechen sollten, und wann sie von dem übrigen wieder nehmen, wann der heiligen Jungfrau es reichen und, so Er ihnen den Tröster gesendet, es selbst konsekrieren sollten.

Dann aber lehrte Er sie vom Priestertum und der Salbung und der Bereitung des Chrisams und der heiligen Öle[6]. Es standen drei Büchsen, zwei mit verschiedenem Balsam und Öl, und auch Baumwolle bei dem Kelchapparat; man konnte sie aufeinander stellen. Er lehrte sie viele Geheimnisse darüber, wie die Salbe zu mischen, an welchen Stellen des Leibes sie anzuwenden und bei welchen Gelegenheiten. Ich erinnere mich unter anderem: als Er einen Fall erwähnt, wo das heilige Abendmahl nicht mehr anwendbar sei, vielleicht bezog es sich auf die heilige Ölung; es ist mir jedoch nicht mehr ganz klar bewusst. Er sprach von verschiedenen Salbungen, auch von jener der Könige, und wie selbst ungerechte Könige, welche gesalbt seien, eine innere geheimnisvolle Gewalt vor anderen besäßen. Er tat aber von der zähen Salbe und dem Öl in die leere Büchse und mischte beides; ich weiß nicht mehr bestimmt, ob der Herr erst hier oder schon bei der Opferung der Brote das Öl benedizierte.

Ich sah hierauf, dass Jesus den Petrus und Johannes salbte, welchen Er bei der Einsetzung des Heiligen Sakramentes auch von dem Wasser, das über seine Hände geflossen war, über die ihrigen gegossen hatte, und die den Kelch, von seiner Hand gehalten, getrunken hatten. Er schritt aus der Mitte des Tisches etwas zur Seite, legte dem Petrus und Johannes die Hände zuerst auf die Schultern und dann auf das Haupt. Sie mussten hierauf die Hände zusammenlegen und die Daumen kreuzen.

Der Herr bestrich ihnen, die vor ihm sich tief beugten, ich weiß nicht, ob sie knieten, die Daumen und ersten Finger mit der Salbe und machte ihnen damit ein Kreuz auf das Haupt. Er sagte ihnen auch, dieses solle bis ans Ende der Welt bei ihnen bleiben. Auch Jakobus der Jüngere, Andreas, Jakobus der Ältere und Bartholomäus erhielten Weihen. Ich sah auch, dass der Herr dem Petrus die schmale Zeugbahn, welche sie um den Hals trugen, über der Brust kreuzweise verschlang und den anderen von der rechten Schulter unter dem linken Arm quer über die Brust legte. Doch weiß ich nicht mehr bestimmt, ob dieses schon bei der Einsetzung des Heiligen Sakramentes oder erst jetzt bei der Salbung geschah.

Ich sah aber – wie, das ist unaussprechlich –, dass Jesus ihnen durch diese Salbung etwas Wesentliches und zugleich Übernatürliches gab. Er sagte ihnen auch, nach dem Empfange des Heiligen Geistes würden sie zuerst Brot und Wein selbst konsekrieren und auch die anderen Apostel salben. Ich hatte hierbei einen Blick, wie Petrus und Johannes am Pfingstfest vor der großen Taufe den anderen Aposteln die Hände auflegten, und dass acht Tage nachher dasselbe mehreren Jüngern geschah. Ich sah auch, dass Johannes nach der Auferstehung Jesu der heiligen Jungfrau zum ersten Male das Heilige Sakrament reichte.

Es ist dieses Ereignis ein Fest der Apostel gewesen; die Kirche hat es nicht mehr, aber in der Triumphierenden Kirche sehe ich den Tag noch feiern. Auch in den ersten Tagen nach Pfingsten sah ich nur Petrus und Johannes das Heilige Sakrament konsekrieren; später geschah es auch von anderen. Der Herr weihte ihnen auch Feuer in einem erzenen Kessel; es glühte immer nachher, auch nach längerer Abwesenheit, und wurde neben dem Standort des Heiligen Sakramentes in einem Raum des ehemaligen Osterherdes bewahrt, wo sie es immer zu geistlichem Gebrauch holten.

Alles, was Jesus bei der Einsetzung des heiligen Abendmahles und der Salbung der Apostel tat, geschah sehr geheim und ward auch nur als Geheimnis fortgelehrt und ist bei der Kirche bis heutzutage wesentlich geblieben, jedoch durch Eingebung des Heiligen Geistes nach ihren Bedürfnissen erweitert worden.

Bei der Bereitung und Weihe des heiligen Chrisams taten die Apostel Handreichungen, und als Jesus sie salbte und ihnen die Hände auflegte, geschah es mit Feierlichkeit.

Ob Petrus und Johannes beide zu Bischöfen[7] oder nur Petrus zum Bischof und Johannes zum Priester gesalbt wurden und welchen Grad von Würde die vier anderen erhielten, vergaß die Erzählerin zu bemerken. Die verschiedene Art, wie der Herr dem Petrus und den anderen die schmale Zeugbahn um den Hals schlang, scheint auf verschiedene Grade der Weihe zu deuten.

Nachdem diese heiligen Handlungen vorüber waren, wurde der Kelch, wobei auch die geweihten Salben standen, mit seinem Übersturz bedeckt und so das Heilige Sakrament von Petrus und Johannes in den hinteren, durch einen in der Mitte sich öffnenden Vorhang, abgeschiedenen Raum des Saales getragen, der nun das Allerheiligste war. Das Heilige Sakrament stand über dem Rücken des Osterlammofens nicht sehr hoch. Joseph von Arimathäa und Nikodemus bewahrten ihnen das Heiligtum und das Coenaculum immer in ihrer Abwesenheit.

Jesus hielt nun noch eine lange Lehre und mehrere Gebete mit großer Innigkeit; es war oft, als ob Er mit seinem himmlischen Vater spräche; Er war ganz voll Geist und Liebe. Auch die Apostel waren voll Freude und Eifer und fragten um Verschiedenes, worauf Er ihnen antwortete. Von diesem allen steht, glaube ich, manches in der Heiligen Schrift. Er sprach während dieser Reden einiges zu Petrus und Johannes, die ihm zunächst saßen, allein, was sie später in Beziehung auf früher Gesagtes, was Er ihnen anführte, den anderen Aposteln und diese den Jüngern und heiligen Frauen nach Maßgabe ihrer Reife zu solcher Erkenntnis mitteilen sollten. Zu Johannes allein aber sprach Er mehreres, wovon ich mich jetzt nur entsinne, dass Er länger als die anderen leben werde und etwas von sieben Kirchen, von Kronen, Engeln und solchen tiefsinnigen Bildern, mit welchen Er, wie ich glaube, eine gewisse Zeit bezeichnete. Die anderen Apostel fühlten eine leise Eifersucht bei diesem einzelnen Vertrauen.

Er sprach auch einigemal von seinem Verräter und sagte: jetzt tut Er dieses, jetzt tut Er jenes – was Judas eben tat; und da Petrus sehr eifrig war, er wolle gewiss treu bei ihm ausharren, sagte Jesus: «Simon! Simon! Den Satan gelüstet es nach euch; er möchte euch wie Weizen sieben; ich habe aber für dich gebetet, dass dein Glaube nicht nachlässt, und wenn du nun einmal ganz bekehrt bist, dann stärke deine Brüder.» Da aber Jesus sprach, wo Er hingehe, könnten sie ihm nicht folgen, sagte Petrus, er wolle ihm bis in den Tod folgen, und da erwiderte Jesus: «Wahrlich, ehe der Hahn dreimal kräht, wirst du mich dreimal verleugnen.» Als Er sie aber auf die harte Zeit aufmerksam machte, die bevorstehe, und sie fragte: wenn ich euch ohne Beutel, Tasche und Schuhe ausschickte, habt ihr je Mangel gehabt? Da sagten sie: «Nein». Er aber sprach, jetzt solle jeder, der einen Beutel und eine Tasche habe, sie nehmen, und wer nichts habe, der solle sein Kleid verkaufen und sich ein Schwert anschaffen, denn nun müsse das auch erfüllt werden: Er ist unter die Übeltäter gerechnet worden. Alles, was von ihm geschrieben steht, das gehe jetzt in Erfüllung.

Sie verstanden das aber leiblicher Weise, und Petrus zeigte ihm zwei Schwerter; sie waren kurz und breit wie Hackmesser.

Jesus sagte: «Es ist genug; lasst uns von dannen gehen.» Da sprachen sie den Lobgesang; der Tisch ward zur Seite gestellt, und sie zogen nach der Vorhalle.

Hier traten seine Mutter und Maria Kleopha und Magdalena zu ihm und baten ihn gar flehentlich, nicht nach dem Ölberg zu gehen; denn es sei ein Gerücht, man wolle ihn gefangennehmen. Jesus aber tröstete sie mit wenigen Worten und schritt rasch durch sie hin; es mochte gegen neun Uhr sein. Sie zogen schnell nach dem Ölberg, den Weg hinab, den Petrus und Johannes am Morgen zum Coenaculum heraufgekommen waren.

Ich habe zwar das Ostermahl und die Einsetzung des Heiligen Sakramentes immer so gesehen; ich gab mich aber sonst der Rührung so hin, dass ich nur einzelne Teile klar wusste; ich habe es jetzt deutlicher gehabt; es ist eine unbeschreibliche Mühe; denn man sieht in jedes Herz hinein und sieht die Liebe, die Treue des Herrn und weiß alles, was noch kommt; es ist dann ganz unmöglich, alle äußeren Handlungen noch dazu genau zu beobachten; man ist von Bewunderung, Dank und Liebe ganz aufgelöst, kann das Missverstehen der anderen nicht begreifen, fühlt den Undank der ganzen Welt und seine eigene Sünde. – Jesu Osterlammessen war schnell und ganz richtig nach dem

Gesetz; die Pharisäer hatten hie und da einige Weitläufigkeiten mehr.

Blick auf Melchisedek

Als unser Herr Jesus den Kelch ergriff bei der Einsetzung des Heiligen Sakramentes, hatte ich auf einmal ein Nebenbild aus dem Alten Testament.

Ich sah Abraham vor einem Altar knien, sah in der Ferne allerlei Volk mit Tieren und Kamelen kriegerisch ziehen; sah einen feierlichen Mann neben Abraham hintreten, der denselben Kelch, den Jesus in der Hand hatte, vor Abraham auf den Altar stellte, und ich sah, dass dieser Mann Scheine wie Flügel an den Schultern hatte; er hatte sie nicht wirklich, es waren nur Scheine, um mir anzudeuten, dass er ein Engel sei. Es ist dieses das erste Mal, dass ich Flügel an einem Engel sah. Es war aber Melchisedek. Hinter Abrahams Altar stiegen drei Rauchwolken auf; die mittelste gerade und hoch, die beiden anderen niedriger.

Ich sah dann zwei Linien von Gestalten bis auf Jesus. David und Salomon waren auch darunter; es war dieses der Stamm bis auf Jesus (ob der Kelchbesitzer, der Opfernden oder der Geschlechtsstamm, vergaß sie zu sagen). Ich sah über Melchisedek, Abraham und einigen Königen Namen, und so kam ich auf Jesus und den Kelch zurück.

(Am 3. April 1821 sagte sie ekstatisch:) Das Opfer Melchisedeks geschah in dem Tal Josaphat auf einem Hügel[8]; ich kann die Stelle jetzt nicht finden. Melchisedek hatte den Kelch schon. Ja, ich sehe, Abraham musste von seinem Opfer schon etwas wissen und auch, dass er kam; denn er baute einen schöneren und festeren Altar, als ich je gesehen, und es war eine Laube darüber, ein Zelt; es war auch wie ein Sakramentshäuschen darin, wo Melchisedek den Kelch hineinstellte. Die Becher, woraus er zu trinken gab, waren wie von Edelstein. Es war auch ein Loch auf dem Altar, wie ich meine, zum Opfer. Abraham hatte auch so eine schöne Herde herbeigeführt.

Als Abraham früher das Geheimnis der Verheißung empfing, wurde ihm auch eröffnet, dass der Priester des Allerhöchsten das Opfer vor ihm feiern werde, das durch den Messias eingesetzt und zu ewigen Zeiten dauern würde. Er war darum voll Ehrfurcht und Erwartung, als Melchisedek durch ein paar laufende Boten, deren er sich oft bediente, seinen Besuch anmelden ließ. Darum baute er auch den Altar schön und machte eine so schöne Laubhütte darüber.

Ich sah auch, dass Abraham einige Gebeine von Adam, wie immer beim Opfer, auf dem Altar aufstellte; Noah hatte sie schon in der Arche gehabt; sie flehten dabei Gott an, die Verheißung zu erfüllen, welche Er diesen Gebeinen getan; diese aber war der Messias. Abraham sehnte sich nach dem Segen Melchisedeks.

Es waren auf dem Feld umher viele Leute und Tiere, Päcke und Lasten, und der König von Sodom war bei Abraham im Zelt. Alles war still und feierlich umher. Melchisedek kam von dem nachmaligen Jerusalem her; er hatte dort Wald geebnet und mehrere Gebäude gegründet; ein halbzirkelförmiges war halb vollendet und ein Palast angefangen. Er kam mit einem grauen Lasttier; es war kein Kamel, auch nicht wie unsere Esel; es hatte einen kurzen, breiten Hals und war sehr schnell. Es war breit beladen; auf der einen Seite trug es ein großes Gefäß mit Wein, das an der Seite platt war, wo es gegen den Leib des Tieres lag. Auf der anderen Seite trug es einen Kasten, worin flache, nebeneinanderstehende Brote mit allerlei Gefäßen waren. Die Becher, wie kleine Fässchen gestaltet, waren durchsichtig wie Edelsteine, nicht wie Gold und Silber. Abraham ging ihm entgegen. Ich sah Melchisedek in die Laube hinter den Altar treten, Brot und Wein emporhebend opfern, segnen und brechen; die Feier hatte etwas von der Heiligen Messe.

Abraham empfing weißeres Brot als die anderen und trank aus dem nachmaligen Einsetzungskelch (es war aber noch kein Fuß daran). Es ward nachher in kleinen Bechern Wein von den vornehmsten Anwesenden dem Volke umher verteilt und auch Brotbissen. Es war nicht konsekriert, Engel können nicht konsekrieren, aber es war gesegnet, und ich sah es leuchten, alle, die es empfingen, waren erquickt und zu Gott erhoben. Abraham ward auch von Melchisedek gesegnet; ich sah, dass dieses ein Vorbild sei, als weihe er ihn zum Priester; denn Abraham hatte das Geheimnis der Verheißung schon, dass aus ihm das Fleisch und Blut des Messias hervorgehen sollte; und ich hatte mehrmals die Weisung, dass Melchisedek dem Abraham prophetisch auf den Messias und dessen Opfer die Worte bei diesem Segen zu erkennen gab: Der Herr sprach zu meinem Herrn: setze dich zu meiner Rechten[9], bis ich meine Feinde zum Schemel deiner Füße lege. Der Herr hat es geschworen, und es wird ihn nicht gereuen: Du bist ein Priester ewiglich nach der Ordnung Melchisedeks. Ich sah auch, dass David, als er diese Worte im Psalm schrieb, ein Gesicht vom Segen Melchisedeks über Abraham hatte.

Ich sah aber, dass Abraham bei dem Empfang des Brotes und Weines prophezeite und ungefähr so viel sagte als: hierbei scheidet, was Moses den Leviten gibt; ich verstand nämlich, dass er Moses und die Leviten prophetisch meinte.

Ob Abraham dieses Opfer auch je selbst geopfert hat, weiß ich jetzt nicht. Ich sah, dass Abraham nachher den Zehnten gab von Vieh und von seinen Schätzen; ich weiß nicht, was Melchisedek damit machte; ich glaube, er teilte es wieder aus.

Melchisedek erschien nicht alt; er war schlank, groß, ungemein ernst und sanft; er hatte ein langes, weißes Gewand an, so weiß, wie ich kein irdisches Kleid gesehen; Abrahams weißes Gewand schien trüb dagegen. Es schien ganz wie leuchtend; er legte einen Gürtel mit Buchstaben um und setzte eine weiße, gefältete Mütze auf den Kopf bei seinem Opfer wie die Priester nachher, die noch nicht waren. Seine Haare waren lang und hellblond, wie lichte, lange Seide; er hatte einen kleinen gespaltenen, spitzen, weißen Bart, sein Antlitz glänzte. Alles war voll Ehrfurcht gegen ihn, seine Gegenwart machte alles still und ernst. Es wurde mir gesagt: er sei ein priesterlicher Engel und Bote Gottes. Er war gesendet, allerlei heilige Einrichtungen zu machen; er führte Völker, versetzte Stämme, gründete Orte. Ich habe ihn viel früher als Abraham hie und da vorbereitend gesehen, nachher nicht mehr.

DAS BITTERE LEIDEN UNSERES HERRN JESUS CHRISTUS

Nach Schauungen in der heiligen Fastenzeit des Jahres 1823

Beginn der folgenden Mitteilungen

(Am Abend des 18. Februar 1823 nahte ein Freund dem Lager der schlafenden Kranken; von dem edlen, ernsten Leidensausdruck ihres Angesichtes gemahnt, opferte er in einer kurzen Gemütserhebung das Leiden des Herrn in Vereinigung der Leiden aller, die ihm je ihr Kreuz nachgetragen, dem Vater im Himmel auf. Als er in dieser inneren Gebetsreflexion einen Moment auf ihre mit den Wundmalen bezeichneten Hände blickte, versteckte sie dieselben so plötzlich zuckend unter der Decke, als würde sie darauf geschlagen. Überrascht fragte er: «Was fehlt Ihnen?», und die Kranke erwiderte mit bedeutsamer Betonung: «Sehr vieles!»

Während der Fragende über den Sinn dieser Antwort nachdachte, schien sie eine Viertelstunde lang in tiefem Schlaf; aber plötzlich richtete sie sich mit der Lebhaftigkeit einer heftig Streitenden in die sitzende Stellung auf, streckte die beiden Arme mit geballter Faust, wie einen Feind zurückstoßend, drohend gegen die linke Seite ihres Lagers und stieß eifrig zürnend die Worte aus: «Was willst du mit dem Schuldbrief von Magdalum?» Der Anwesende, der gar nicht begriff, was dieses heißen könnte, fragte verwundert: «Wer will denn etwas mit einem Schuldbrief von Magdalum?», und nun erwiderte sie mit der Heftigkeit einer im Streit Begriffenen, welche eine unterbrochene Frage über die Ursache des Streites beantwortet: «Ei! Da kommt der Verfluchte, der Lügner vom Anfang, der Satan, und hält ihm den Schuldbrief von Magdalum und noch andere Schuldbriefe vor und spricht, Er habe alles dieses vergeudet!» Auf die Frage: «Wer habe dies vergeudet? Zu wem wird dieses gesagt?» erwiderte sie: «Ei, zu Jesus, meinem Bräutigam am Ölberg», und nun wendete sie sich wieder zu ihrem Gegner, mit drohender Gebärde nach der linken Seite sprechend: «Was willst du, Vater der Lüge, mit dem Schuldbrief von Magdalum? – Hat Er nicht in Thirza 27 arme Gefangene mit dem Kaufschilling von Magdalum ausgelöst? – Ich selbst habe es ja gesehen, und nun sagst du, Er habe dieses Gut zerstört, das Weib und die Bewohner vertrieben und den Wert verschleudert! Aber harre, du Elender, du Verfluchter, du sollst gebunden und gewürgt werden, sein Fuß soll dir das Haupt zertreten.»

Hier unterbrach der Eintritt einer anderen Person ihre Äußerungen, man glaubte etwa, sie habe deliriert, und bedauerte ihre Krankheit, sie nahm es dankbar an. Am folgenden Morgen ergab sich, dass sie an diesem Abend die Betrachtung gehabt, als folge sie dem Herrn nach der Einsetzung des Heiligen Sakramentes an den Ölberg und sehe seine Beängstigung in den ersten eineinhalb Stunden daselbst klarer als jemals. Es sei ihr aber gewesen, als blicke jemand die Male ihrer Hände mit einer Ehrerbietung an, was ihr in Gegenwart des Herrn so besonders verkehrt erschienen, dass sie, die Hände versteckend, gesagt habe, es fehle ihr noch sehr vieles dazu, dass man ihrer in solchen Ehren gedenken dürfe. Sie erzählte nun diese Betrachtung vom Ölberg, und da sich diese Mitteilungen Tag für Tag fortsetzten, sammelten sich die hier folgenden Passionsbilder. Indem sie aber in der Fastenzeit zugleich die Kämpfe des Herrn in der Wüste feierte, kam auch über sie Leiden und Versuchung und erlitt die Erzählung einzelne Lücken, welche jedoch durch ihre früher niedergeschriebenen fragmentarischen Mitteilungen und täglichen Betrachtungen über das Leiden Jesu leicht ergänzt wurden.

Sie sprach gewöhnlich niederdeutsch, im ekstatischen Zustand oft auch eine reinere Mundart; ihre Mitteilung wechselte zwischen Kindlichkeit und Begeisterung. Alles Gehörte, das unter behinderten Verhältnissen in ihrer Gegenwart sehr selten kaum in wenigen Zügen notiert werden konnte, ward unmittelbar zu Hause aufgeschrieben. Der Geber alles Guten gab Gedächtnis, Fleiß und jene Gemütserhebung über viele Leiden, welche die Arbeit möglich machten, wie sie ist. Der Schreiber tat, was er konnte, und in diesem Bewusstsein, den genügsamen Leser um ein Gebetsalmosen ansprechend, schließt er dieses Vorwort mit derselben Protestation, mit welcher er es eröffnet hat.)

Jesus am Ölberg

Als Jesus nach der Einsetzung des Allerheiligsten Sakramentes des Altares das Coenaculum[10] auf dem Berge Sion mit den elf Aposteln verließ, war seine Seele schon betrübt, und diese Trauer stieg immer mehr. Er führte die Elf auf einem Umweg in das Tal Josaphat, dem Ölberg zu. Als sie vor das Tor kamen, sah ich den Mond, noch nicht ganz voll, über dem Gebirge aufsteigen. Im Tale Josaphat mit ihnen wandelnd, sagte der Herr: Hierher werde Er, aber nicht so arm und ohnmächtig wie jetzt, wiederkommen an jenem Tag, die Welt zu richten; alsdann würden sich andere fürchten und rufen: ihr Berge bedeckt uns. Die Jünger aber verstanden ihn nicht und meinten, wie oft an diesem Abend, Er rede irr aus Schwäche und Ermattung. Sie gingen manchmal, und dann standen sie wieder, mit ihm sprechend. Er sagte auch: «Ihr werdet euch alle an mir ärgern in dieser Nacht, denn es steht geschrieben: ‹Ich will den Hirten schlagen, und die Schafe der Herde sollen zerstreut werden.› Wenn ich aber werde auferstanden sein, will ich euch voraus nach Galiläa gehen.»

Die Apostel waren durch den Empfang des Heiligsten Sakramentes und die liebevolle, feierliche Rede Jesu nachher noch voller Begeisterung und Innigkeit. Sie drängten sich dicht um ihn und sprachen auf verschiedene Weise ihre Liebe aus und wie sie ihn nicht verlassen könnten und würden. Da Jesus aber davon zu sprechen fortfuhr, sagte Petrus: «Und wenn sich alle an dir ärgern, so will ich mich doch nicht an dir ärgern.» Hierauf erwiderte der Herr: «Wahrlich, ich sage dir, gerade du wirst mich dreimal verleugnen in dieser Nacht, ehe der Hahn kräht.» Petrus aber wollte dies auf keine Weise zugestehen und sagte: «Und wenn ich auch mit dir sterben müsste, will ich dich doch nicht verleugnen.» So auch sprachen alle anderen. Sie wandelten und standen abwechselnd, und Jesus nahte immer mehr seiner Schwermut. Sie aber wollten ihm die Betrübnis immer wieder menschlicherweise ausreden und ihn des Gegenteils versichern. In der Vergeblichkeit und in dem Eigensinn dieses Tuns aber ermüdeten sie, begannen zu zweifeln und gingen bereits in Versuchung über.

Sie überschritten den Bach Kidron nicht auf der Brücke, über welche Jesus später gefangen geführt wurde, sondern auf einer anderen, denn sie hatten einen Umweg gemacht. Gethsemane am Ölberg, wohin sie gingen, ist gerade eine halbe Stunde vom Coenaculum. Es ist nämlich vom Coenaculum bis vor das Tor in das Tal Josaphat eine Viertelstunde und von hier nach Gethsemane ebensoweit.

Dieser Ort, wo Jesus in den letzten Tagen einigemal mit den Jüngern übernachtete und sie lehrte, besteht aus einigen leerstehenden, offenen Herbergshäusern und einem großen umzäunten Lustgarten, der ganz mit edlem Gesträuch und vielen Fruchtbäumen angebaut ist. Mehrere Leute und auch die Apostel hatten den Schlüssel zu diesem Garten, welcher ein Erholungs- und Gebetsort ist. Es wurden auch manchmal von Leuten, die keine eigenen Gärten hatten, Feste und Mahlzeiten hier veranstaltet. Es sind mehrere dichte Laubhütten darin, in deren einer acht von der Begleitung Jesu heute zurückblieben, zu denen sich nachher noch andere Jünger gesellten. Der Ölgarten liegt vom Garten Gethsemane durch einen Weg getrennt und zieht sich mehr den Ölberg hinan. Er ist offen, nur mit einem Erdwall umzogen, kleiner als der Lustgarten von Gethsemane, ein mit Höhlen und Terrassen und vielen Ölbäumen versehener Bergwinkel. An der einen Seite ist er mehr gepflegt mit Sitzen und Ruhebänken und größeren aufgeräumten Höhlen. Es kann sich hier, wer will, einen Platz zu Gebet und Betrachtung einrichten. Wo Jesus zu beten hinging, ist der Garten wilder.

Es war ungefähr neun Uhr, als Jesus mit den Jüngern nach Gethsemane kam. Auf der Erde war es düster, der Himmel war mondhell. Jesus war sehr traurig und verkündete die Nähe der Gefahr. Die Jünger waren bestürzt darüber, und Er sagte zu acht von seinen Begleitern im Garten von Gethsemane, wo eine Art Lusthaus von Laubwerk ist: «Bleibt hier, während ich an meinen Ort zu beten gehe.»

Den Petrus, Johannes und Jakobus den Älteren nahm Er mit sich und ging über einen Weg einige Minuten weiter in den Ölgarten am Fuße des Berges hinan. Er war unbeschreiblich traurig; Er fühlte die ihm nahende Angst und Versuchung. Johannes fragte ihn, wie Er, der sie sonst immer getröstet, nun so bange sein könne. Da sagte Er: «Meine Seele ist betrübt bis zum Tode» und Er blickte umher und sah sich von allen Seiten Angst und Versuchung, wie Wolken voll schrecklicher Bilder, nahen, und da war es, wo Er den drei Aposteln sagte: «Bleibet hier und wachet mit mir, betet, auf dass ihr nicht in Versuchung fallet», und sie blieben an dieser Stelle. Jesus ging noch etwas vorwärts, aber die Schreckensbilder drangen dermaßen zu ihm heran, dass Er tief geängstigt links von den Aposteln hinabging und sich unter dem Felsenüberhang, über welchem sie rechts in einer Vertiefung geblieben waren, in eine etwa sechs Fuß tiefe Höhle verbarg. Der Boden senkte sich sanft in diese Höhle, und es ging vom überragenden Felsen so vieles Gesträuch über den Eingang nieder, dass man hier nicht bemerkt werden konnte.

Als Jesus sich von den Jüngern trennte, sah ich rings einen weiten Kreis von Schreckensbildern heranziehen und sich immer mehr um ihn verengen. Seine Trauer und Angst wuchsen, und Er zog sich zagend in die Höhle zurück, gleich einem, der, von einem furchtbaren Ungewitter verfolgt, ein Obdach sucht, um zu beten; aber ich sah alle die drohenden Bilder ihm in die Höhle nachfolgen und immer deutlicher und deutlicher werden. Ach! es war, als umfasse diese enge Höhle die Greuel- und Angstbilder aller Sünden und ihrer Last und ihrer Strafe, vom Fall der ersten Menschen bis zum Ende der Welt; denn hier am Ölberge kamen auch Adam und Eva, aus dem Paradies vertrieben, zuerst auf die unwirtbare Erde herab, und hier in dieser

Höhle haben sie getrauert und gezagt. Ich fühlte deutlich, dass Jesus, sich seinem bevorstehenden Leiden hingebend und sich der göttlichen Gerechtigkeit zur Genugtuung für die Sünden der Welt aufopfernd, gewissermaßen seine Gottheit mehr in die Heilige Dreifaltigkeit zurückzog, um sich aus unendlicher Liebe in seiner reinsten, fühlendsten, wahrhaftigsten, unschuldigen Menschheit, bloß mit der Liebe seines menschlichen Herzens gerüstet, der Wut aller Angst und Leiden hinzugeben für die Sünden der Welt. Für die Wurzel und Entfaltung aller Sünde und bösen Lust genugzutun, nahm der barmherzigste Jesus aus Liebe zu uns Sündern die Wurzel aller reinigenden Sühnung und heilenden Peinen in sein Herz auf und ließ dies unendliche Leiden zur Genugtuung für unendliche Sünden wie einen tausendarmigen Baum von Schmerzen alle Glieder seines heiligen Leibes, alle Sinne seiner heiligen Seele durchdringen und durchwachsen.

Also ganz seiner Menschheit hingegeben, fiel Er, in unendlicher Trauer und Angst zu Gott flehend, auf sein Angesicht nieder, und Er sah alle Sünden der Welt und ihre innere Scheußlichkeit in unzähligen Bildern und nahm sie alle auf sich und erbot sich in seinem Gebet, der Gerechtigkeit seines himmlischen Vaters, für alle diese Schuld leidend, genugzutun. Der Satan aber, der sich in furchtbarer Gestalt zwischen allem diesem Greuel mit grimmigem Hohn bewegte, erbitterte immer heftiger gegen Jesus und rief, immer schrecklichere Sündenbilder der Welt vor seiner Seele vorüberführend, wiederholt der Menschheit Jesu zu: «Wie! auch dies willst du auf dich nehmen, auch hierfür willst du die Strafe erleiden? Wie kannst du für dieses genugtun?»

Jedoch von der Weltgegend zwischen zehn und elf Uhr morgens her strahlte vom Himmel eine schmale Lichtbahn zu Jesus, und ich sah eine Reihe von Engeln in derselben von oben bis zu ihm nieder erscheinen, von welchen ihm Kraft und Stärkung zuströmte. Der übrige Raum der Höhle war ganz von den Schrecken und Greuelbildern der Sünde und von dem Hohn und der Anfechtung der bösen Geister erfüllt. Jesus nahm alles dieses auf sich, Er fühlte als das einzige Gott und die Menschen vollkommen liebende Herz mitten in dieser Wüste des Abscheulichen den Greuel und die Last aller Sünden mit Entsetzen und zerreißender Trauer. Ach! ich sah da so vieles, ein Jahr würde nicht zureichen, es auszusprechen.

Als nun die ganze Masse der Schuld und Sünden in einem Meer von Greuelbildern an der Seele Jesu vorübergegangen war, und Er sich für alles als Sühnopfer dargeboten und alle Pein und Strafe auf sich herabgefleht hatte, brachte der Satan wie damals in der Wüste unendliche Versuchungen über ihn; ja er erhob eine Reihe von Beschuldigungen gegen den reinsten Heiland selbst. «Wie?», sagte er zu ihm, «du willst dieses alles auf dich nehmen und bist doch selbst nicht rein? Sieh! hier und hier und hier», und nun rollte er allerlei erdachte Schuldbriefe vor ihm auf und hielt sie ihm mit höllischer Frechheit unter die Augen.

Er beschuldigte ihn aller Fehler seiner Jünger, aller Ärgernisse, die sie gegeben, aller Verwirrung und Unordnung, die Er durch die Trennung von den alten Gebräuchen in die Welt gebracht habe. Der Satan tat wie der feinste, arglistigste Pharisäer: er beschuldigte ihn der Veranlassung des Kindermordes des Herodes, der Not und Gefahr seiner Eltern in Ägypten, der Nichtrettung Johannes des Täufers vom Tode, der Auflösung vieler Familien, des Schutzes verworfener Menschen, der nicht erfolgten Heilung mancher Kranken, der Beschädigung der Gergesener, weil Er den Besessenen gestattet, ihre Getränkkufe umzustürzen[11] und den Untergang ihrer Schweineherde im See veranlasst habe; er beschuldigte ihn der Schuld Maria Magdalenas, weil Er ihren Rückfall in Sünde nicht verhinderte, der Vernachlässigung seiner Familie und des Vergeudens von fremden Gütern; kurz, alles, was der Versucher einem gewöhnlichen Menschen, der ohne höhere Veranlassung solche äußerliche Handlungen vollbracht hätte, auf dem Todeswege vorwerfen könnte, brachte der Satan hier vor die zagende Seele Jesu, um ihn zu erschüttern; denn es war ihm verborgen, dass Jesus der Sohn Gottes war, und er versuchte ihn als einen unbegreiflich gerechtesten Menschen.

Ja, es gab sich unser göttlicher Erlöser dermaßen seiner heiligen Menschheit hin, dass Er auch jene Versuchung über sich zuließ, welche heilig sterbende Menschen in bezug auf den inneren Wert ihrer guten Werke anzufechten vermag. Er ließ es zu, um den Kelch des Vorleidens ganz zu erschöpfen, dass der Versucher, dem seine Gottheit verborgen war, ihm alle Werke seiner Wohltätigkeit als ebenso viele der Gnade Gottes noch nicht getilgte Verschuldungen vorrückte. Der Versucher warf ihm vor, wie Er für andere Schulden tilgen wolle, da Er, selbst verdienstlos, Gott für die Gnade für mancherlei sogenannte gute Werke noch genugzutun habe. Die Gottheit Jesu ließ es zu, dass der böse Feind seine Menschheit so versuchte, wie er einen Menschen versuchen könnte, der seinen guten Werken einen eigenen Wert außer dem alleinigen, den sie aus ihrer Vereinigung mit den Verdiensten des Erlösungstodes unseres Herrn und Heilands gewinnen können, zuschreiben möchte.

So rückte ihm denn der Versucher alle Werke seiner Liebe als verdienstlos an sich und als Schulden gegen Gott vor und als deren Wert gewissermaßen auf die Verdienste seines noch nicht vollendeten Leidens, dessen Würde der Versucher noch nicht kannte, vorausgenommen und daher noch nicht für die Gnade zu diesen Werken genuggetan. Er zeigte ihm für alle seine guten Werke Schuldbriefe vor und sagte, auf diese hindeutend: «Auch für dieses und dieses Werk bist du noch verschuldet.»

Endlich rollte er auch noch einen Schuldbrief vor Jesus auf, dass er die Verkaufssumme für Maria Magdalenas Gut in Magdalum von Lazarus empfangen und ausgegeben habe, und sagte zu ihm: «Wie durftest du fremdes Eigentum vergeuden und die Familie dadurch schädigen?» Ich habe die Vorstellungen von allem gesehen, zu dessen Sühnung der Herr sich erbot, und die Last vieler Beschuldigungen, die der Versucher ihm machte, mitgefühlt; denn unter den Bildern der Sünden der Welt, die der Heiland auf sich genommen, sah ich auch meine eigenen vielen Sünden, und aus dem Kreise der Versuchungen floss auch ein Strom auf mich, in welchem mir alle Mängel meines Tuns und Lassens beängstigend vorgerückt wurden.

Ich blickte jedoch in dieser Teilnahme immer auf meinen himmlischen Bräutigam, ich rang und betete mit ihm und wendete mich mit ihm zu den tröstenden Engeln. Ach! der Herr krümmte sich gleich einem Wurm unter der Last seiner Trauer und Angst!

Während aller dieser Beschuldigungen des reinsten Erlösers musste ich mich immer mit der größten Anstrengung zurückhalten; ich war so ergrimmt gegen den Satan. Als er aber den Schuldbrief gegen der Verwendung der Verkaufssumme von Magdalenas Gut vorbrachte, vermochte ich meinen Eifer nicht mehr zu bändigen und fuhr ihn an: wie er die Verkaufssumme von Magdalenas Gut in Magdalum Jesus als eine Schuld vorrücken könne? Sie selbst[12] hätte ja gesehen, wie der Herr mit dieser ihm von Lazarus zu Werken der Barmherzigkeit übergebenen Summe siebenundzwanzig arme, Schulden halber gefangene, ganz verlassene Leute aus den Gefängnissen zu Thirza ausgelöst habe.

Anfangs kniete Jesus ruhig in betender Stellung, später aber erschrak seine Seele vor der Menge und Abscheulichkeit der Sünden und des menschlichen Undanks gegen Gott, und es überfiel ihn eine so zermalmende Trauer und Herzensangst, dass Er zitternd und zagend flehte: «Abba, Vater! Ist es möglich, so gehe dieser Kelch an mir vorüber! Mein Vater! Dir ist alles möglich! Nimm diesen Kelch von mir!» Dann fasste Er sich wieder und sagte: «Doch nicht wie ich will, sondern was du willst.» Aber sein Wille und des Vaters Wille waren eins, Er jedoch, den Schwächen der Menschheit hingegeben, erbebte vor dem Tod.

Die Höhle um ihn her sah ich von Schreckgestalten erfüllt, alle Sünde, alle Bosheit, alle Laster, alle Pein, aller Undank, die ihn beängstigten, und die Schrecken des Todes, die menschliche Furcht vor der Größe der sühnenden Pein sah ich ihn in den schauderhaftesten Gespenstbildern umdrängen und anfahren. Er fiel hin und her und rang die Hände. Angstschweiß bedeckte ihn, Er zitterte und bebte. Er richtete sich auf, seine Knie schwankten und trugen ihn kaum, Er war ganz entstellt und schier unkenntlich, seine Lippen waren bleich, seine Haare stiegen empor. Es war etwa halb elf Uhr, als Er sich erhob und schwankend und öfters niederfallend, von Schweiß gebadet, zu den drei Jüngern mehr hinwankte als ging. Er begab sich links von der Höhle hinauf und über derselben hinweg zu einer Terrasse, an welcher sie, nebeneinander auf den Arm gelehnt, den Rücken des einen gegen die Brust des anderen gekehrt, vor Müdigkeit, Kummer und Angst in Versuchung entschlafen waren.

Jesus kam zu ihnen, teils wie ein schwer Beängstigter, den der Schrecken zu seinen Freunden treibt, teils wie ein treuer Hirt, der, selbst aufs äußerste erschüttert, nach seiner Herde sieht, die Er in Gefahr weiß, denn Er wusste, dass auch sie in Angst und Versuchung waren. Ich sah aber die Schreckgestalten ihn auch auf diesem kurzen Wege umgeben. Als Er sie schlafend fand, rang Er die Hände und sank vor Trauer und Ermattung auf sie nieder und sagte: «Simon, schläfst du?»

Da erwachten sie und richteten ihn auf, und Er sagte in seiner Verlassenheit: «Also konntet ihr nicht einmal eine Stunde mit mir wachen?» Und als sie ihn so ganz entsetzt und entstellt, bleich, schwankend, von Schweiß durchnässt, zitternd und bebend und mit matter Stimme jammernd fanden, wussten sie nicht ganz, was sie denken sollten, und wäre Er ihnen nicht mit einem ihnen wohlbekannten Licht umgeben erschienen, sie hätten Jesus nicht in ihm erkannt.

Johannes sagte da zu ihm: «Meister! was geschieht dir! Soll ich die anderen Jünger rufen, sollen wir fliehen?» Jesus aber erwiderte: «Wenn ich auch nochmal dreiunddreißig Jahre lebte, lehrte und heilte, reichte es nicht hin, was ich bis morgen erfüllen muss. Rufe die acht nicht, ich habe sie dort entlassen, weil sie nicht vermögen, mich in diesem Elend zu sehen, ohne sich zu ärgern an mir, sie würden in Versuchung fallen, vieles vergessen und zweifeln an mir. – Ihr aber habt den Menschensohn verklärt gesehen, so mögt ihr ihn auch sehen in seiner Verfinsterung und ganzen Verlassenheit. Aber wachet und betet, auf dass ihr nicht in Versuchung fallet; der Geist ist willig, aber das Fleisch ist schwach.»

Er sagte dieses von ihnen und von sich. Er wollte sie zur Ausdauer ermahnen und ihnen den Kampf seiner menschlichen Natur gegen den Tod und die Ursache seiner Schwäche verkünden. – Er sprach in großer Betrübnis noch mehreres und war etwa eine Viertel Stunde bei ihnen, ehe Er sie verließ. Er kehrte mit wachsender Angst in die Höhle zurück; sie aber streckten ihm die Hände nach, weinten, sanken sich in die Arme, fragten sich: «Was ist das, was geht mit ihm vor? Er ist ganz verlassen!» Und dann begannen sie zu beten mit verhülltem Haupt, in großer Betrübnis. Alles Vorhergehende füllte etwa anderthalb Stunden seit seinem Eingang in den Ölgarten aus. In der Schrift sagt Jesus zwar: «Konntet ihr nicht eine Stunde mit mir wachen?» Dieses ist aber nicht nach unserem Zeitmaß zu nehmen. Die drei Apostel, welche bei Jesus waren, hatten anfangs gebetet, waren dann eingeschlafen, denn sie waren durch misstrauendes Gerede in Versuchung gefallen. Die acht Apostel aber, welche am Eingang zurückgeblieben waren, schliefen indessen nicht, die Angst Jesu in allen seinen letzten Äußerungen an diesem Abend machte sie höchst unruhig, und sie strichen am Ölberg umher, um sich Schlupfwinkel aufzusuchen.

In Jerusalem war wenig Lärm an diesem Abend, die Juden waren in ihren Häusern mit Zubereitungen zum Fest beschäftigt. Die Lager der Ostergäste waren nicht in der Nähe des Ölbergs. Ich sah, indem ich die Wege hin und her machte, hie und da Jünger und Freunde Jesu miteinander gehen und reden. Sie schienen beruhigt und erwartungsvoll. Vom Coenaculum war die Mutter des Herrn mit Magdalena, Martha, Maria Chleophä, Maria Salome und Salome nach dem Hause der Maria Markus und dann, von Gerüchten beunruhigt, mit den Freundinnen vor die Stadt gegangen, um Nachricht von Jesus zu erhalten.

Hier nun kamen Lazarus, Nikodemus, Joseph von Arimathäa und einige Verwandte von Hebron zu ihnen und suchten sie in ihrer großen Angst zu beruhigen, denn obschon diese Freunde von den ernsten Reden Jesu im Coenaculum teils durch die persönliche Gegenwart einiger aus ihnen in den Seitengebäuden, teils durch die Jünger unterrichtet waren, so hatten sie sich doch bei bekannten Pharisäern befragt und von näheren Schritten gegen unseren Herrn nichts gehört. Sie sagten daher, die Gefahr sei nicht so groß, so nahe vor dem Fest werde man sich wohl nicht an dem Herrn vergreifen; sie wussten aber noch nichts von dem Verrat des Judas. Maria aber sagte ihnen von dessen Verwirrung in den letzten Tagen und seinem Verlassen des Coenaculum, er sei gewiss zum Verrat gegangen, sie habe ihn oft ermahnt, er sei ein Sohn des Verderbens. Die heiligen Frauen kehrten hierauf nach dem Haus der Maria Markus zurück.

Als Jesus in die Höhle zurückgekommen war und alle seine Trauer mit ihm, warf Er sich mit ausgebreiteten Armen auf sein Angesicht nieder und betete zu seinem himmlischen Vater. Es ging aber nun ein neuer Kampf vor seiner Seele vorüber, welcher drei Viertelstunden währte. Es traten Engel zu ihm und zeigten ihm die Aufgabe und den Umfang des genugtuenden Leidens in einer großen Reihe von Anschauungen. Sie zeigten die ganze Herrlichkeit des Menschen als des Ebenbildes Gottes vor dem Sündenfall und seine ganze Entstellung und Versunkenheit nach dem Sündenfall. Sie zeigten die Abkunft jeder Sünde aus der ersten Sünde und Bedeutung und Wesen aller Sündenlust und deren schrecklichen Bezug auf Seelenkräfte und Glieder der Menschen und ebenso Wesen und Bedeutung aller der Sündenlust entgegengesetzten strafenden Peinen.

Sie zeigten im genugtuenden Leiden erstens ein Leiden an Leib und Seele, hinreichend die Strafe der göttlichen Gerechtigkeit für alle Sündenlust der ganzen Menschheit durch Pein zu vollziehen, und zweitens ein Leiden, welches, um genugtuend zu sein, die Schuld der ganzen Menschheit an der einzigen unschuldigen Menschheit, der Menschheit des Sohnes Gottes, strafte, der, um aller Menschen Schuld und Strafe aus Liebe auf sich zu nehmen, auch den Sieg über den menschlichen Widerwillen gegen Leiden und Sterben erkämpfen musste. Alles dieses zeigten die Engel, bald in ganzen Chören mit Reihen von Bildern, bald einzeln mit Hauptvorstellungen erscheinend, und ich sah ihre Gestalten immer mit emporgehobenem Finger nach den erscheinenden Bildern hindeuten und vernahm, was sie sagten, ohne ihre Stimme zu hören.

Keine Zunge vermag auszusprechen, welche Schrecken und Schmerzen die Seele Jesu durch diese Bilder des genugtuenden Leidens inneward; denn Er erkannte nicht nur die Bedeutung aller der Sündenlust entgegengesetzten Sühnungspein, sondern auch den Inhalt aller darauf bezüglichen Marterwerkzeuge, so dass ihn nicht nur die Pein des Werkzeuges allein entsetzte, sondern auch der sündhafte Grimm derer, die es erdacht, und die Wut und Bosheit aller, die es von jeher gebraucht, und die Ungeduld aller, die damit schuldig oder unschuldig gepeinigt worden waren; denn Er trug und fühlte die Sünden der ganzen Welt. Alle diese Peinigungen und Qualen erkannte Er in einer inneren Anschauung mit solchem Entsetzen, dass der blutige Schweiß von ihm drang.

Als in diesem Übermaß der Leiden die Menschheit Christi trauerte und zagte, sah ich in den Engeln ein Mitleid. Es erschien ein kleiner Stillstand, und es war, als sehnten sie sich, ihm Trost zu geben, und ich sah, als flehten sie vor dem Thron Gottes. Es war gleichsam wie ein augenblickliches Ringen zwischen der Barmherzigkeit und Gerechtigkeit Gottes und der Liebe, die sich opferte.

Ich hatte auch eine Art Bild Gottes, doch nicht wie sonst auf einem Thron, sondern in einer Lichtform, und sah die göttliche Natur des Sohnes in die Person des Vaters, gleichsam wie in dessen Brust wie ein Sohn in das Herz seines Vaters sich eindringend und die Person des Heiligen Geistes aus ihnen und zwischen ihnen, und doch war alles dieses nur ein Gott. Wer kann solches aussprechen; denn ich habe mehr ein Innewerden durch Formen als ein Schauen menschlicher Gestalten, in welchem mir gezeigt ward, als ziehe sich der göttliche Wille Christi mehr in den Vater zurück, um seine Menschheit alles das leiden zu lassen, um dessen Milderung und Abwendung der menschliche Wille Christi geängstigt rang und flehte, so dass die Gottheit Christi, eins mit dem Vater, eben das über seine Menschheit verhängte, um dessen Abwendung seine Menschheit zum Vater flehte. Ich sah dieses in dem Augenblick der Rührung der Engel, da diese Jesus zu trösten verlangten, und Er empfing auch in diesem Momente einige Erleichterung. Nun aber erloschen diese Vorstellungen, und die Engel mit der Erquickung ihres Mitleidens verließen den Herrn, dessen Seele ein neuer heftiger Angstkreis nahte.

Als der Erlöser am Ölberg sich als wahrer und wirklicher Mensch der Versuchung des menschlichen Widerwillens gegen Leiden und Tod hingab, als Er die Überwindung dieses Widerwillens zu leiden, welcher ein Teil eines jeden Leidens ist, auch auf sich nahm, ward dem Versucher zugelassen, an ihm zu tun, wie er an jedem Menschen tut, der sich für Heiliges zum Opfer bringen will. In der ersten Angst stellte der Satan mit grimmigem Hohn unserem Herrn die Größe der Sündenschuld vor, die Er auf sich nehmen wollte, und trieb die Anfechtung bis dahin, den Wandel des Erlösers selbst als nicht schuldenfrei vorzustellen. Sodann ward dem Erlöser nach der ganzen innern bitteren Wahrheit in seiner zweiten Angst die Größe des genugtuenden Leidens vorgestellt, und dieses geschah durch Engel; denn es ist nicht des Satans, zu zeigen, dass gesühnt werden kann. Der Vater der Lüge und Verzweiflung zeigt nicht auf die Werke der göttlichen Barmherzigkeit.

Als aber Jesus alle diese Kämpfe mit herzlicher Hingebung in den Willen seines himmlischen Vaters siegreich bestanden, ward ein neuer Kreis von furchtbaren Angstbildern vor seiner Seele vorübergeführt; die Sorge nämlich, die in jedem menschlichen Herzen dem Opfer vorangeht, die fragende Sorge, was wird der Gewinn, der Ertrag dieses Opfers sein? erwachte in der Seele des Herrn, und die Vorstellungen der schrecklichen Zukunft bedrängten sein liebendes Herz.

Über den ersten Adam senkte Gott einen Schlaf nieder, eröffnete seine Seite, nahm ihm eine seiner Rippen, baute Eva, das Weib, die Mutter aller Lebendigen daraus und führte sie zu Adam; da sprach dieser: «Das ist Bein von meinem Bein und Fleisch von meinem Fleisch, der Mann wird Vater und Mutter verlassen und seinem Weibe anhängen, und sie werden zwei in einem Fleische sein.»

Dieses war die Ehe, von der geschrieben steht: «Dieses Sakrament ist groß, ich sage aber in Christus und der Kirche»; denn Christus, der neue Adam, wollte auch einen Schlaf, den Schlaf des Todes, an dem Kreuz über sich kommen lassen, wollte auch seine Seite eröffnen lassen, auf dass die neue Eva, seine jungfräuliche Braut, die Kirche, die Mutter aller Lebendigen, aus ihr erbaut würde. Er wollte ihr das Blut der Erlösung, das Wasser der Reinigung und seinen Geist geben, die drei, welche Zeugnis geben auf Erden; Er wollte ihr die Heiligen Sakramente geben, auf dass sie eine reine, unbefleckte, heilige Braut sei; Er wollte ihr Haupt, wir alle sollten ihre Glieder und dem Haupt untertan sein, wir sollten Bein von seinem Bein, Fleisch von seinem Fleisch sein; Er hatte, die Menschheit annehmend und den Tod für uns sterben wollend, auch Vater und Mutter verlassen und seiner Braut, der Kirche, angehangen und ist mit ihr ein Fleisch geworden, sie nährend mit dem Heiligsten Sakrament des Altars, in welchem er sich uns fort und fort vermählt, und Er wollte mit seiner Braut, der Kirche, auf Erden sein, bis wir alle in ihr bei ihm im Himmel sein würden, und Er hat gesagt: «Die Pforten der Hölle sollen sie nicht überwältigen.» Alle diese unermessliche Liebe an den Sündern zu üben, war der Herr Mensch und ein Bruder der Sünder geworden, um die Strafe aller ihrer Schuld auf sich zu nehmen. Er hatte die Größe dieser Schuld und die Größe des genugtuenden Leidens mit großer Betrübnis gesehen und sich dennoch freudig dem Willen seines himmlischen Vaters als ein Sühneopfer hingegeben. Jetzt aber sah Er die Leiden, Anfechtungen und Verletzungen der künftigen Kirche, seiner Braut, die Er so teuer mit seinem Blut erkaufen wollte, Er sah den Undank der Menschen.

Vor die Seele des Herrn traten alle künftigen Leiden seiner Apostel, Jünger und Freunde, die kleine Zahl der ersten Kirche, dann die mit ihrem Wachsen eintretenden Ketzereien und Abtrennungen mit der ganzen Wiederholung des Sündenfalls durch Hoffart und Ungehorsam in allen Formen der Eitelkeit und täuschenden Selbstrechtfertigung. Es erschien ihm die Lauheit, Verkehrtheit und Bosheit unzähliger Christen, die mannigfaltige Lüge und trügerische Spitzfindigkeit aller hoffärtigen Lehrer, die gottesschänderischen Verbrechen aller lasterhaften Priester und die schrecklichen Folgen von allem diesem, die Greuel der Verwüstung im Reiche Gottes auf Erden, im Heiligtum der undankbaren Menschheit, welches Er mit seinem Blut und Leben unter unaussprechlichen Leiden zu erkaufen und zu gründen im Begriff stand.

Ich sah alle diese Ärgernisse in unermesslichen Bilderreihen aus allen Jahrhunderten bis auf unsere Zeit und weiter bis zum Ende der Welt in allen Formen des kranken Irrwahns, des hoffärtigen Trugs, der fanatischen Schwärmerei, des falschen Prophetentums, der ketzerischen Hartnäckigkeit und Bosheit an der Seele des armen Jesus vorüberziehen. Alle Abtrünnigen, Selbstrechtfertiger, Irrlehrer und scheinheiligen Besserer, Verführer und Verführte höhnten und peinigten ihn, als sei Er ihnen nicht recht gekreuzigt, nicht bequem ans Kreuz geschlagen nach ihren Gelüsten und der Auslegung ihres Dünkels, und sie zerrissen und zerteilten den ungenähten Rock seiner Kirche; jeder wollte den Erlöser anders haben, als Er sich aus Liebe gegeben. Unzählige misshandelten ihn, höhnten ihn, leugneten ihn.

Unzählige sah Er, die mit stolzem Achselzucken und Kopfschütteln an ihm, der die rettenden Arme nach ihnen ausbreitete, vorüberzogen, dem Abgrund entgegen, der sie verschlang. Unzählige andere sah Er, sie wagten nicht offenbar ihn zu verleugnen, aber weichlich geekelt zogen sie vor den Wunden seiner Kirche, die sie doch selbst zu schlagen geholfen, vorüber wie der Levit an dem Armen, der unter die Mörder gefallen.

Er sah, wie sie sich von seiner verwundeten Braut trennten, wie feige, treulose Kinder ihre Mutter verlassen zur Nachtzeit, wenn Räuber und Mörder einbrechen, denen unordentlicher Wandel den Eingang geöffnet hat. Er sah sie der Beute nachziehen, welche in die Wüste getragen war, den goldenen Gefäßen und dem zerrissenen Halsschmuck. Er sah sie vom wahren Weinstock getrennt lagern unter den wilden Reben. Er sah sie als irrende Schafe, den Wölfen preisgegeben, auf schlechter Weide von Mietlingen umgetrieben, und sie wollten in den Schafstall des Guten Hirten nicht eingehen, der das Leben für seine Schafe hingegeben. Er sah sie heimatlos umherschweifen, und sie wollten seine Stadt, hoch auf dem Berge liegend, die nicht verborgen bleiben konnte, nicht sehen. Er sah sie auf den Sandwogen der Wüste von wechselnden Winden hin und wieder getrieben und ohne Einheit, aber sie wollten das Haus seiner Braut, seine Kirche, auf den Fels gebaut, bei der Er zu sein versprochen bis ans Ende der Tage und welche die Pforten der Hölle nicht überwältigen sollen, nicht sehen.

Sie wollten nicht eingehen durch die enge Pforte, um den Nacken nicht zu beugen. Er sah sie jenen folgen, die anderswo und nicht zur Tür eingegangen waren, sie bauten wandelbare verschiedenartige Hütten auf den Sand, ohne Altar und Opfer, und hatten Windfahnen auf den Dächern, nach diesen drehte sich ihre Lehre. Aber sie widersprachen einander und verstanden sich nicht und hatten keine bleibende Stätte. Er sah, wie sie oft ihre Hütten abbrachen und die Trümmer gegen den Eckstein der Kirche schleuderten, der unverrückt lag.

Viele aus ihnen sah Er, da Finsternis herrschte in ihren Hütten, nicht zu dem Lichte gehen, das auf den Leuchter gestellt war im Hause der Braut, sondern sie schweiften draußen mit geschlossenen Augen um den beschlossenen Garten der Kirche, von dessen Wohlgerüchen allein sie noch lebten, sie streckten die Arme nach Nebelbildern und folgten Irrsternen, die sie zu Brunnen ohne Wasser führten, und hörten am Rande der Gruben nicht auf die Stimme der rufenden Braut und lächelten hungernd mit stolzem Mitleid der Diener und Boten, welche sie zum hochzeitlichen Mahle einluden. Sie wollten nicht eingehen in den Garten, denn sie scheuten die Dornen des Zaunes, und der Herr sah sie, von sich selbst berauscht, verhungern ohne Weizen und verdursten ohne Wein, und erblindet vom Eigenlicht nannten sie die Kirche des fleischgewordenen Wortes unsichtbar.

Jesus aber sah sie alle und trauerte und wollte leiden für alle, die ihn nicht sehen, ihm ihr Kreuz nicht nachtragen wollten in seiner Braut, der Er sich selbst im Heiligsten Sakrament gegeben, in seiner Stadt auf dem Berge erbaut, die nicht verborgen bleiben kann, in seiner Kirche auf den Fels gegründet, welche die Pforten der Hölle nicht überwältigen sollen.

Alle diese unzähligen Bilder des Undanks und Missbrauchs an dem bitteren Versöhnungstod meines himmlischen Bräutigams sah ich bald in abwechselnder Art, bald in gleich schmerzhafter Wiederholung vor der betrübten Seele des Herrn vorüberziehen und sah, wie der Satan in mancherlei Schreckgestalten in diesen Gesichtsbildern die durch sein Blut erlösten, ja selbst die durch sein Sakrament gesalbten Menschen vor seinen Augen hinwegriss und erwürgte.

Jesus sah und betrauerte allen Undank, alles Verderben der ersten, der späteren, der jetzigen und zukünftigen Christenheit. Alle diese Erscheinungen, zwischen welchen immer die Stimme des Versuchers seiner Menschheit zuflüsterte: «Sieh! für solchen Undank willst du leiden?», drangen mit solchem Greuel und Hohn und in solchem Ungestüm auf Jesus zu und in so steter Wiederholung an ihm vorüber, dass eine unaussprechliche Angst seine menschliche Natur bedrängte.

Christus, des Menschen Sohn, rang und wand die Hände, Er stürzte wie gedrängt hin und wieder auf die Knie, und sein menschlicher Wille kämpfte einen so schweren Kampf gegen den Widerwillen, für ein so undankbares Geschlecht so Unaussprechliches zu leiden, dass der Schweiß wie dicke Blutstropfen in Strömen von ihm nieder zur Erde rann. Ja, Er war so bedrängt, dass Er wie hilfesuchend umherblickte und Himmel und Erde und die Lichter des Firmamentes als Zeugen seiner Leiden anzusprechen schien. Es war mir, als hörte ich ihn ausrufen: «Ach! ist es denn möglich, solchen Undank zu erleiden? Gebet Zeugnis meiner Not!»

Da war es, als träten der Mond und die Sterne mit einem Ruck näher heran; ich fühlte im Augenblick, dass es heller ward. Hierauf achtete ich auf den Mond, was ich früher nicht getan, und sah ihn ganz anders als sonst. Er war noch nicht ganz voll, erschien mir jedoch größer als bei uns. In seiner Mitte sah ich einen dunklen Fleck wie eine flach vor ihm liegende Scheibe, und in dieser schien inmitten eine Öffnung, durch welche Licht gegen die nicht volle Seite des Mondes strahlte. Der dunkle Fleck war wie ein Berg, und rund um den Mond war noch ein lichter Kreis wie ein Regenbogen.

Jesus erhob in dieser Bedrängnis einige Augenblicke seine Stimme mit lautem Jammer, und ich sah, dass die drei Apostel aufsprangen und mit erschreckt gehobenen Händen zu ihm hinhorchten und zu ihm hineilen wollten, aber Petrus schob Jakobus und Johannes zurück und sagte: «Bleibt, ich will zu ihm gehen», und ich sah ihn hineilen und in die Höhle treten. «Meister», sagte er, «was geschieht dir?» und er stand zagend, als er ihn so ganz voll Blut und Schrecken sah; Jesus aber antwortete nicht und schien ihn nicht zu bemerken.

Da kehrte Petrus zu den beiden zurück und sagte, wie Er ihm nicht geantwortet und nur wimmere und seufze. Da wuchs ihre

Trauer, und sie verhüllten das Haupt und saßen und beteten unter Tränen.

Ich aber wendete mich wieder zu meinem himmlischen Bräutigam in seiner bitteren Angst.

Die Greuelbilder des Undanks und des Missbrauchs der künftigen Menschen, deren Schuld Er auf sich genommen, deren Strafe Er zu dulden sich hingab, strömten immer grässlicher und stürzender auf ihn zu, sein Kampf mit dem menschlichen Widerwillen gegen das Leiden währte fort; mehrmals hörte ich ihn ausrufen: «Vater, ist es möglich, für diese alle zu leiden? O Vater, kann dieser Kelch nicht an mir vorübergehen, so geschehe dein Wille.»

Bei und in diesen gedrängten Erscheinungen der missbrauchten göttlichen Barmherzigkeit sah ich den Satan nach der Art der Missetaten in verschiedenen Gestalten des Abscheulichen. Bald erschien er als ein großer dunkler Mensch, bald als ein Tiger, bald als ein Fuchs, bald als ein Wolf, ein Drache, eine Schlange; doch waren es solche Tiergestalten nicht ganz selbst, sondern nur das Hervorstechende ihres Wesens, mit anderen abscheulichen Formen vermischt. Nichts war da einem vollkommenen Geschöpf ähnlich, es waren Formen des Zerfalls, des Greuels, des Entsetzens, des Widerspruchs, der Sünde, Formen des Teufels; und durch diese Teufelsbilder sah nun Jesus unzählige Scharen von Menschen antreiben, verführen, erwürgen und zerreißen, für deren Erlösung aus der Gewalt des Satans Er den Weg zum bitteren Kreuzestod angetreten hatte.

Die Schlange sah ich anfangs nicht so häufig, zuletzt aber sah ich sie mit einer Krone auf dem Haupt riesenhaft mit entsetzlicher Gewalt hervorstürzen und mit ihr von allen Seiten große Heerscharen jeden Standes und Geschlechtes auf Jesus herandringen. Mit allen möglichen Misshandlungsmitteln, Instrumenten und Waffen versehen, kämpften sie teils in einzelnen Momenten selbst untereinander, dann aber alle wieder mit furchtbarem Grimm gegen den Herrn. Es war ein entsetzliches Schauspiel. Sie höhnten, spien, fluchten, warfen, gossen Unrat, schleuderten, stachen und hieben gegen Jesus. Ihre Waffen, Schwerter und Spieße, hoben und senkten sich wie die Dreschflegel einer unabsehbaren Tenne, und sie wüteten alle gegen das himmlische Weizenkörnlein, das zur Erde gekommen und in ihr gestorben, um alle ewiglich mit dem Brote des Lebens in unzähliger Frucht zu nähren.

Ich sah Jesus inmitten dieser ergrimmten Scharen, unter welchen mir auch viele blind erschienen, so erschüttert, als würde Er wirklich von ihren Waffen getroffen. Ich sah ihn von einer Seite zur anderen wanken, bald richtete Er sich auf, bald sank Er nieder, und ich sah die Schlange mitten unter diesen Heeren, die sie stets von neuem herantrieb, mit ihrem Schweif hin und her schlagen und alle, die sie niederschlug oder umschlang, erwürgen, zerreißen und verschlingen.

Ich erhielt aber eine Erkenntnis, dass die Menge der ihn zerfleischenden Heerscharen die unermessliche Zahl jener sei, welche Jesus Christus, den mit Gottheit und Menschheit, Leib und Seele, Fleisch und Blut unter den Gestalten des Brotes und Weines im Heiligsten Sakrament wesentlich gegenwärtigen Erlöser, in diesem Geheimnis auf die mannigfaltigste Weise misshandeln. Ich erkannte unter diesen Feinden Jesu alle Arten von Beleidigern des Heiligen Sakramentes, dieses lebendigen Unterpfandes seiner ununterbrochenen persönlichen Gegenwart bei der katholischen Kirche.

Ich sah mit Entsetzen alle diese Misshandlungen von der Vernachlässigung, Nichtachtung, Verlassung an bis zur Verachtung, zum Missbrauch und zur greulichsten Gottesschänderei, von der Abwendung zu den Götzen der Welt und dem Dünkel und der falschen Wisserei an bis zu Irrlehre und Unglaube, Schwärmerei, Hass und blutiger Verfolgung. Alle Arten von Menschen sah ich unter diesen Feinden, ja sogar Blinde und Lahme, Taube und Stumme und selbst Kinder. Blinde, welche die Wahrheit nicht sehen wollten, Lahme durch Faulheit, die ihr nicht folgen wollten, Taube, welche seine Warnungen und seinen Weheruf nicht hören wollten, Stumme, welche nicht einmal mit dem Schwert des Wortes für ihn kämpfen wollten, Kinder im Gefolge weltgesinnter und darum gottvergessener Eltern und Lehrer, mit weltlicher Lust gefüttert, mit eitlem Wissen berauscht, an göttlichen Dingen geekelt oder ohne sie verkommen und zu ihnen auf immer verdorben. Unter den Kindern, welche mich überhaupt sehr dauerten, weil Jesus die Kinder so liebte, sah ich auch besonders viele schlechtbelehrte, übelerzogene, unehrerbietige Messdiener, die Christus in der heiligsten Handlung nicht ehren. Ihre Schuld fiel teils auf die Lehrer und die bedachtlosen Kirchenvorsteher. Mit Schrecken aber sah ich, dass selbst viele Priester, hohen und niederen Ranges, ja selbst solche, die sich für gläubig und fromm hielten, zur Misshandlung Jesu im Heiligsten Sakrament beitrugen. Ich will von den vielen, die ich so unglücklich sah, nur eine Art erwähnen.

Ich sah da sehr viele, welche die Gegenwart des lebendigen Gottes im Allerheiligsten Sakrament glaubten, anbeteten und lehrten, sich dieselbe aber doch nicht besonders angelegen sein ließen; denn den Palast, den Thron, das Gezelt, den Sitz und königlichen Schmuck des Königs Himmels und der Erde, nämlich die Kirche, den Altar, den Tabernakel, den Kelch, die Monstranz des lebendigen Gottes und alle Gefäße, Geräte, Zierden, Festgewande und allen Schmuck und Dienst seines Hauses ließen sie ohne Pflege und Sorgfalt. Alles war schmählich in Staub, Rost, Moder und vieljährigem Unrat verkommen und verfallen, und der Dienst des lebendigen Gottes ward nachlässig hingeschleudert und wo nicht innerlich entweiht, doch äußerlich entwürdigt.

Alles dieses aber war nicht die Schuld der wirklichen Armut, sondern immer jene der Gefühllosigkeit, der Trägheit, des Schlendrians, der Hinwendung zu eitlen weltlichen Nebensachen, oft auch der Selbstsucht und des inneren Todes; denn auch in wohlhabenden oder genughabenden Kirchen sah ich solche Vernachlässigung, ja ich sah viele, in welchen abgeschmackte, fratzenhafte Weltpracht die herrlichsten und ehrwürdigsten Zierden frömmerer Zeit hinausgedrängt hatte, um mit gefärbtem verlogenem Spektakel die Verschleuderung, Verunreinigung, Vernachlässigung und Verwüstung zu überschminken. Was dann die Reichen aus prahlerischem Übermut taten, ahmten bald die Armen aus Mangel an Einfalt unverständig nach. Ich musste dabei unserer armen Klosterkirche gedenken, wo man auch den schönen alten, künstlich aus Stein gehauenen Altar mit einer hölzernen, angestrichenen, marmorierten Großtuerei überbaut hatte, was mich immer sehr betrübt hat. – Diese Unbilden gegen Jesus im Heiligsten Sakrament sah ich durch unzählige Kirchenvorsteher vermehrt, welchen das Gefühl für die Billigkeit fehlte, mit dem auf dem Altar gegenwärtigen Erlöser wenigstens das Ihrige zu teilen, der doch sich selbst ganz für sie hingegeben, sich ganz für sie im Sakrament zurückgelassen hat. Ja, auch bei den Ärmsten sah es oft besser aus als bei dem Herrn des Himmels und der Erde in seiner Kirche. Ach, wie bitter betrübte Jesus, der sich selbst ihnen zur Speise gegeben, diese schlechte Gastfreiheit. Es braucht ja keines Reichtums, den zu bewirten, der auch den Becher kalten Wassers dem Dürstenden gereicht, tausendfältig belohnt; und wie dürstet Er selbst nach uns? Soll Er nicht wehklagen, so der Becher verunreinigt und das Wasser voll Würmer ist?

Durch solche Nachlässigkeit sah ich Schwache geärgert, das Heiligtum entweiht, die Kirchen verlassen, die Priester verachtet, und bald ging die Unreinigkeit und Vernachlässigung auch auf die Seelen der Gemeinden über: sie hielten den Tabernakel ihres Herzens nicht reiner, den lebendigen Gott darin aufzunehmen, als sein Tabernakel auf dem Altar gehalten wurde. Für den schmeichelnden Augendienst der Fürsten und Herren der Welt und für die Befriedigung der Launen und weltlichen Absichten derselben sah ich alles bei solchen unverständigen Kirchenvorständen in treibender sorgender Tätigkeit; der König des Himmels und der Erde aber lag wie ein Lazarus vor der Tür und sehnte sich vergebens nach Brosamen der Liebe, die Er nicht empfing; Er hatte nichts als seine Wunden, die wir ihm geschlagen und welche die Hunde ihm leckten, nämlich die immer rückfälligen Sünder, die gleich Hunden speien und zum Fraße zurückkehren.

Wenn ich ein Jahr lang erzählte, würde ich nicht fertig werden, alle die verschiedenen Misshandlungen Jesu Christi im Heiligsten Sakrament zu sagen, welche ich in solcher Weise erkannte. Alle diese Beleidiger sah ich nach Art ihrer Schuld mit verschiedenen Waffen in großen Scharen auf den Herrn eindringen und ihn niederschlagen. Ich sah aus allen Jahrhunderten ehrfurchtslose Kirchendiener, leichtsinnige, sündhafte, unwürdige Priester bei dem Heiligen Messopfer und der Spendung des Heiligsten Sakramentes und Scharen von lauen und unwürdigen Empfängern desselben. Ich sah unzählige, welchen der Quell alles Segens, das Geheimnis des lebendigen Gottes, ein Schwur und Fluchwort des Ingrimms geworden war; wütende Kriegsleute und Teufelsdiener, welche die heiligen Gefäße verunreinigten und das hochwürdige Gut verschütteten, greulich misshandelten oder gar in schrecklichem, höllischem Götzendienst schändeten.

Neben diesen grässlichen rohen Misshandlungen sah ich unzählige feinere Gottlosigkeiten, die ebenso abscheulich erschienen. Ich sah viele durch schlechtes Beispiel und treulose Lehre vom Glauben an die Verheißung seiner Gegenwart im Heiligen Sakramente abfallen und ihren Heiland nicht mehr in demselben demütig anbeten. Ich sah in diesen Scharen eine große Menge sündhafter Lehrer, die Irrlehrer geworden; sie kämpften anfangs untereinander selbst und wüteten dann vereint gegen Jesus im Heiligsten Sakrament seiner Kirche.

Ich sah eine große Schar dieser abtrünnigen Sektenhäupter das Priestertum der Kirche verschmähen und die Gegenwart Jesu Christi im Geheimnis des Heiligen Sakramentes, so wie Er dieses Geheimnis der Kirche selbst übergeben und sie es treu bewahrt hat, bestreiten und verleugnen und durch ihre Verführung unzählige Menschen von seinem Herzen reißen, für die Er sein Blut vergossen hatte.

Ach! es war schrecklich, dieses anzusehen, denn ich sah die Kirche als den Leib Jesu, dessen einzelne zerstreute Glieder Er alle mit seinem bitteren Leiden verbunden hatte, und ich sah, als würden alle jene Gemeinden oder Familien und alle deren Nachkommen, die von der Kirche getrennt wurden, wie ganze Stücke von seinem lebendigen Leib schmerzlich verwundend und zerfleischend losgerissen; ach! und Er blickte und jammerte ihnen so rührend nach! Er, der die unendliche Zertrennung und Zerstreuung der Menschen zu dem einen Leibe der Kirche, zum Leibe seiner Braut zu sammeln, sich selbst im Heiligen Sakramente zur Speise hingegeben hatte, sah sich in diesem seinem Brautleibe durch die bösen Früchte des Baumes der Spaltung zerreißen und zerspalten.

Der Tisch der Vereinigung im Heiligen Sakrament, sein höchstes Liebeswerk, in dem Er ewig bei den Menschen bleiben wollte, ward durch die falschen Lehrer zum Markstein der Trennung, und wo es allein würdig und heilsam ist, dass viele eins werden, am heiligen Tisch, wo der lebendige Gott selbst die Speise ist, da mussten seine Kinder sich scheiden von den Ungläubigen und Irrgläubigen, um sich nicht fremder Sünde schuldig zu machen. Ich sah auf diese Weise ganze Völker von seinem Herzen losreißen und teillos werden an dem ganzen Schatz aller seiner Kirche zurückgelassenen Gnaden. Es war schrecklich zu sehen, wie anfangs wenige sich trennten und wie sie dann als ganze Völker wiederkehrten und sich feindlich, im Heiligsten geschieden, einander gegenüberstanden. Zuletzt aber sah ich alle von der Kirche Getrennten, in Unglaube, Aberglauben, Irrglauben, Dünkel und falscher Weltwissenschaft verwildert und ergrimmt, in großen Kriegsheeren verbunden gegen die Kirche stürmen und wüten und die Schlange mitten unter ihnen treibend und würgend.

Ach! es war, als sehe und fühle Jesus sich selbst in unzählige feine Fasern zerreißen. – Der Herr sah und fühlte in dieser Bedrängnis den ganzen Giftbaum der Spaltung mit allen Zweigen und Früchten, die sich fort spalten bis ans Ende der Tage, wo der Weizen in die Scheuer gesammelt und die Spreu ins Feuer geworfen wird.

Das Entsetzliche, das ich alles gesehen, war so ungeheuer und schauderhaft, dass eine Erscheinung meines himmlischen Bräutigams mir barmherzig die Hand dabei gegen die Brust legte mit den Worten: «Niemand hat dieses noch gesehen, und dein Herz würde vor Schrecken zerspalten, wenn ich es nicht hielte!»

Ich sah aber nun das Blut in dicken dunklen Tropfen über das bleiche Angesicht des Herrn herabträufeln, seine sonst glatt gescheitelten Haare waren, von Blut zusammenklebend, emporgesträubt und verworren, sein Bart war blutig und wie zerrauft. Es war nach dem letzten Bild, da die Kriegsheere ihn zerfleischten, dass Er sich wie fliehend aus der Höhle wendete und wieder zu seinen Jüngern hinging. Aber es war kein sicheres Gehen, Er wandelte wie einer, der unter einer großen Last gebeugt schwankt und, mit Wunden bedeckt, jeden Augenblick niederzusinken droht.

Als Er zu den drei Aposteln kam, lagen sie nicht wie das erste Mal auf der Seite in schlafender Stellung; sie hatten das verhüllte Haupt auf die Knie gesenkt, wie ich dort im Lande die Leute in Trauer und Gebet oft sitzen sehe. Sie waren, von Betrübnis, Angst und Müdigkeit angefochten, eingeschlummert; als Jesus aber zitternd und ächzend ihnen nahte, fuhren sie auf, und da sie ihn im Mondlicht mit eingezogener Brust, das blutige, bleiche Antlitz mit verwirrtem Haar niedergebeugt und gegen sie hingestreckt, vor sich stehen sahen, erkannten sie ihn nicht gleich mit ihren müden Augen, denn Er war unbeschreiblich entstellt. Er aber rang die Hände, da sprangen sie auf und fassten ihn unter die Arme und stützten ihn wie Liebende; und Er sprach in großer Betrübnis: morgen werde Er getötet werden, in einer Stunde werde man ihn fangen, vor Gericht schleppen, misshandeln, verhöhnen, geißeln und töten auf eine grausame Weise.

Er bat sie auch, seine Mutter zu trösten. Er sagte ihnen in großer Betrübnis alles, was Er bis morgen abend leiden müsse, und bat sie, seine Mutter und Magdalena zu trösten. Er hatte einige Minuten so gestanden und gesprochen, sie antworteten aber nicht, denn sie wussten nicht, was sie sagen sollten vor Trauer und Bestürzung über sein Aussehen und seine Worte, ja sie glaubten schier, Er sei von Sinnen. Da Er aber zu der Höhle zurückkehren wollte, vermochte Er nicht zu gehen, und ich sah, dass Johannes und Jakobus ihn führten und, als Er in die Höhle getreten, zurückkehrten. Es war um ein Viertel nach elf Uhr.

Während dieser Angst Jesu sah ich die heilige Jungfrau auch große Angst und Trauer erleiden im Hause der Maria Markus. Sie war mit Magdalena und Maria Markus in einem Garten am Hause und lag, zusammengekrümmt auf einer Steinplatte, in die Knie gesunken. Wiederholt verlor sie die äußere Besinnung, denn sie sah innerlich vieles von den Qualen Jesu. Sie hatte schon Boten um Nachricht von ihm ausgesendet, aber sie konnte sie nicht erwarten und ging in ihrer Angst mit Magdalena und Salome hinaus in das Tal Josaphat. Ich sah sie verhüllt gehen und die Hände oft gegen den Ölberg zu ausstrecken, denn sie sah im Geiste Jesus vor Angst Blut schwitzen, und es war, als wolle sie mit ihren ausgestreckten Händen Jesu Angesicht abtrocknen. Durch diese ihre heftige Seelenbewegung nach ihrem Sohn hin, sah ich auch Jesus vom Andenken an sie gerührt und wie hilfesuchend nach ihr hinschauen. Ich sah diese Teilnahme aneinander in Gestalt von Strahlen erscheinen, welche sie gegenseitig zueinander hinsendeten. Auch an Magdalena gedachte der Herr und fühlte ihren Schmerz und blickte nach ihr und wurde von ihr gerührt; darum befahl Er auch den Jüngern, sie zu trösten, denn Er wusste, dass ihre Liebe nach der Liebe seiner Mutter die größte war, die Er hatte gesehen, was sie noch künftig leiden und wie sie ihn bis zu ihrem Tode nicht mehr beleidigen würde.

Um diese Zeit, etwa ein Viertel nach elf Uhr, waren die acht Apostel wieder in der Laubhütte im Garten Gethsemane und sprachen und schliefen dann. Sie waren ungemein erschüttert und zaghaft in schwerer Versuchung. Jeder hatte sich nach einem Schlupfwinkel umgesehen, und es plagte sie die Sorge: «Was sollen wir nun anfangen, wenn Er getötet wird? Alles das Unsere haben wir verlassen und aufgegeben und sind nun arm und ein Spott der Welt, wir haben uns ganz auf ihn verlassen, und wie ist Er nun so ganz ohnmächtig und zerschlagen, dass kein Trost an ihm zu finden ist?» Die anderen Jünger aber waren erst herumgeirrt und hatten, nachdem sie mancherlei Erkundigungen von den letzten drohenden Äußerungen Jesu eingezogen, sich dann meistens nach Betphage begeben.

Ich sah Jesus wieder in der Höhle betend, Er kämpfte noch gegen den menschlichen Widerwillen, zu leiden. Er ward müde und zagend und sagte: «Mein Vater, ist es dein Wille, so nimm diesen Kelch von mir, doch nicht mein, sondern dein Wille geschehe.»

Nun aber öffnete sich die Tiefe vor ihm, und wie auf einer lichten Bahn sah Er viele Stufen in die Vorhölle hinab. Da sah Er Adam und Eva, alle Altväter, Propheten und Gerechten, die Eltern seiner Mutter und Johannes den Täufer so sehnsüchtig seiner Ankunft in der Unterwelt harrend, dass sein liebendes Herz gestärkt und ermutigt ward. Diesen schmachtenden Gefangenen sollte sein Tod den Himmel erschließen, Er sollte sie selbst aus dem Kerker ihrer Sehnsucht herausführen.

Nachdem Jesus diese Himmelsbürger der Vorwelt mit inniger Rührung angeschaut hatte, führten ihm die zeigenden Engel alle Scharen der künftigen Seligen vorüber, die, ihre Kämpfe mit den Verdiensten seines Leidens vereinigend, durch ihn sich mit dem himmlischen Vater vereinigen sollten. Es war dieses ein unbeschreiblich schönes erquickendes Bild. Alle zogen sie in ihrer Zahl, Gattung und Würde, mit ihrem Leiden und Wirken geschmückt, an dem Herrn vorüber. Er sah das innerste unerschöpfliche Heil und Heilige seines bevorstehenden Erlösungstodes.

Es zogen die Apostel, die Jünger, die Jungfrauen und Frauen, alle Märtyrer, Einsiedler und Bekenner, alle Kirchenhäupter und Bischöfe, alle künftige Scharen der Klosterleute, ja alle Heere der Seligen an ihm vorüber. Alle waren geschmückt mit Siegeskronen ihrer Leiden und Überwindungen, und die Verschiedenheit der Blumen in ihren Kronen nach Gestalt, Farbe, Geruch und Kraft wuchs gleichsam aus der Verschiedenheit der Leiden, Kämpfe und Siege hervor, in welchen sie die Glorie errungen hatten. Alles, ihr Leben und Wirken, die einzige Würde und Kraft ihres Kampfes und Sieges und alles Licht und alle Farbe ihres Triumphes hatten sie allein aus der Vereinigung mit den Verdiensten Christi.

Das gegenseitige Wirken und Beziehen aller dieser Heiligen auf- und untereinander und ihr Schöpfen aus einem einzigen Brunnen, aus dem Heiligen Sakrament und dem Leiden des Herrn war eine unaussprechlich wunderbar rührende Erscheinung. Nichts erschien zufällig an ihnen, Tun und Lassen, Marter und Sieg, Erscheinung und Kleidung, alles so Verschiedene spielte in unendlicher Harmonie und Einheit ineinander, und diese ganze Einheit der größten Mannigfaltigkeit kam aus den Strahlen und Lichtfarben, aus einer einzigen Sonne, aus dem Leiden des Herrn, des Fleisch gewordenen Wortes, in dem das Leben war, welches das Licht der Menschen war, das in die

Finsternis geschienen, welche es nicht gefasst hat. Es war die Gemeinschaft der künftigen Heiligen, welche vor der Seele des Herrn vorübergeführt wurde, und so stand der Herr und Heiland zwischen der Sehnsucht der Altväter und dem Siegeszuge der künftigen Seligen, welche, sich gegenseitig erfüllend und ersättigend, wie eine große Siegeskrone das liebende Herz des Erlösers umgaben. Dieser unaussprechlich rührende Anblick gab der Seele des Herrn, der alles menschliche Leid über sich ergehen ließ, einige Stärkung und Erquickung. Ach! Er liebte ja seine Brüder und Geschöpfe so sehr, dass Er auch um den Preis einer einzigen Seele alles gern erlitten hätte! – Diese Bilder erschienen, als künftige, über der Erde schwebend.

Jetzt aber verschwand dieses tröstende Bild, und die zeigenden Engel führten nun dicht an der Erde, weil ganz nahe bevorstehend, sein ganzes Leiden vor seinen Augen vorüber. Es waren viele Engel dabei in Tätigkeit; die Bilder sah ich dicht vor ihm und deutlich, vom Kuss des Judas bis zu seinem letzten Wort am Kreuze.

Alles sah ich da wieder, was ich bei den Betrachtungen der Passion sehe. Judas' Verrat, die Flucht der Jünger, Hohn und Leiden vor Annas und Kaiphas, Petrus' Verleugnung, Pilatus' Gericht, Herodes' Verspottung, die Geißelung und Dornenkrönung, das Todesurteil, das Sinken unter der Kreuzeslast, die Begegnung der heiligen Jungfrau; ihr Hinsinken, der Hohn der Schergen gegen sie, Veronikas Schweißtuch, die grausame Annagelung und Aufrichtung am Kreuz, den Hohn der Pharisäer und die Schmerzen Marias, Magdalenas und Johannes und die Eröffnung seiner Seite.

Kurz, alles, alles wurde vor seiner Seele deutlich und klar, mit allen Umständen vorübergeführt. Alle Gebärden, alle Empfindungen und Worte der Menschen sah und hörte ich den erschütterten, geängsteten Herrn sehen und hören. Alles nahm Er gerne an, allem unterwarf Er sich gerne aus Liebe zu den Menschen. Am schmerzlichsten betrübte ihn seine schamlose Entblößung am Kreuz, um die Unkeuschheit der Menschen zu sühnen, und Er flehte, doch einen Gürtel am Kreuz zu haben, dieses möge doch von ihm abgewendet werden, und ich sah zwar nicht von den Kreuzigern, aber von einem guten Menschen Hilfe bevorstehen.

Jesus sah und fühlte auch die gegenwärtige Trauer seiner Mutter, welche aus innerem Mitgefühl mit seinem Leiden im Tal Josaphat bewusstlos in den Armen der beiden sie begleitenden heiligen Frauen lag.

Am Schluss der Leidensbilder sank Jesus wie ein Sterbender auf sein Angesicht, die Engel und Bilder verschwanden, der Blutschweiß rann heftiger als vorher von ihm, ich sah ihn durch die anliegenden Stellen seines gelblichen Gewandes dringen. Es war nun dunkel in der Höhle.

Ich sah nun einen Engel zu Jesus herabschweben, der größer und bestimmter und mehr in der Nüchternheit eines Menschen als die früheren erschien. Er erschien in langem, fliegendem, mit Quasten verziertem Gewand priesterlich gekleidet und trug in seinen Händen vor der Brust ein kleines Gefäß von der Form des Abendmahlkelches. Es schwebte aber in der Öffnung dieses Kelches ein kleiner dünner, rötlich leuchtender Bissen von länglich runder Gestalt und etwa von der Größe einer Bohne. In schwebend liegender Stellung streckte der Engel die rechte Hand aufrichtend gegen Jesus aus, und als Er sich aufgerichtet, gab Er ihm den leuchtenden Bissen in den Mund und ließ ihn aus dem kleinen Lichtkelch trinken. Dann verschwand er wieder.

Jesus hatte nun den Kelch seiner Leiden freudig angenommen und Stärkung empfangen. Er verweilte noch einige Minuten still und dankend in der Höhle, Er war zwar noch traurig, aber dermaßen übernatürlich gestärkt, dass Er ohne Bangigkeit und Unruhe mit sicheren Schritten zu den Jüngern hingehen konnte. Er sah noch elend und bleich aus, aber Er ging aufrecht und entschlossen. Sein Angesicht hatte Er mit dem Schweißtuch getrocknet und seine Haare damit niedergestrichen, sie hingen feucht von Blut und Angstschweiß in Strängen zusammen.

Als Er hinaustrat aus der Höhle, sah ich den Mond noch mit dem wunderlichen Flecken und Kreis wie vorher, aber ich sah den Schein des Mondes und der Sterne anders als früher bei den großen Ängsten des Herrn. Das Licht erschien jetzt natürlicher. Als Jesus zu den Jüngern kam, lagen sie wie das erste Mal an der

Terrassenwand auf der Seite mit verhülltem Haupt und schliefen. Der Herr sagte zu ihnen, es sei keine Zeit zu schlafen, sie sollten aufstehen und beten, «denn sehet, die Stunde ist da, dass der Menschensohn in die Hände der Sünder wird überliefert werden. Stehet auf, lasset uns vorangehen, sehet, der Verräter ist nahe; oh, es wäre ihm besser, wenn er nicht geboren wäre!»

Die Apostel sprangen mit großem Schrecken auf und schauten bang umher. Kaum aber besannen sie sich, als Petrus auch ungestüm sagte: «Meister, ich will die anderen rufen, dass wir dich verteidigen!» Jesus aber zeigte ihnen in einiger Entfernung im Tale, noch jenseits des Baches Kidron, eine mit Fackeln nahende Schar Bewaffneter und sagte, dass einer aus ihnen ihn verraten habe. Sie hielten dies aber für unmöglich. Er sprach noch mehreres mit ruhiger Fassung, empfahl ihnen nochmals, seine Mutter zu trösten und sagte dann: «Lasst uns ihnen entgegentreten, ich will ohne Widerstand mich in die Hände der Feinde geben.» Er ging aber mit den drei Aposteln den Häschern entgegen, aus dem Ölgarten hinaus auf den Weg, der ihn vom Garten Gethsemane absonderte.

Als die heilige Jungfrau im Tale Josaphat in den Armen Magdalenas und Salomes wieder zu sich gekommen war, traten einige Jünger, welche den Zug der Kriegsknechte nahen sahen, zu ihnen und führten sie in das Haus der Maria Markus zurück.

Der Zug der Feinde nahte auf einem kürzeren Weg als jener, den Jesus vom Coenaculum herabgekommen war. Die Höhle, in welcher Jesus heute betete, war nicht sein gewöhnlicher Gebetsort am Ölberg. Dieser war eine etwas entferntere Höhle des Berges, wo Er auch an dem Tage, da Er den Feigenbaum verfluchte, in großer Trauer mit ausgebreiteten Armen über einen Felsen sich hinlehnend, gebetet hat. Die Spuren seiner Gestalt und Hände sind in den Stein eingedrückt geblieben und später verehrt worden; man wusste jedoch nicht mehr recht, bei welcher Gelegenheit dieses Zeichen entstanden war. Von Propheten des Alten Testaments, von Jesus, Maria, einzelnen Aposteln, dem Leibe der hl. Katharina von Alexandrien auf dem Berge Sinai und einigen anderen Heiligen habe ich mehrfach solche Eindrücke in Stein entstehen sehen. Sie erscheinen nicht tief, sondern stumpf, etwa so, wie wenn man auf einen festen Teig drückt[13].

Judas und seine Schar

Judas hatte eigentlich den Ausgang seines Verrats anders erwartet, als er erfolgte. Er wollte den Verräterlohn verdienen und sich den Pharisäern gefällig machen, indem er ihnen Jesus in die Hände spielte; an das Verurteilen und Kreuzigen Jesu aber dachte er nicht, dahin zielte seine Absicht nicht; das Geld allein lag ihm im Sinn, und er hatte sich schon seit längerer Zeit mit einigen schleichenden, spionierenden Pharisäern und Sadduzäern eingelassen, welche ihn mit Schmeichelei zum Verrat anlockten. Er war das mühsame, herumziehende, verfolgte Leben müde. Er hatte bereits in den letzten Monaten mit stetem Bestehlen der Almosen sein Verbrechen gegründet, und sein Geiz, durch die Freigebigkeit Magdalenas bei Jesu Salbung höchlich geärgert, trieb ihn nun zum äußersten. Er hatte immer auf ein zeitliches Reich Jesu und ein einträgliches, glänzendes Amt in demselben gehofft; als dieses aber nicht erscheinen wollte, suchte er sich ein Vermögen zu sammeln. Er sah die Beschwerden und Verfolgungen wachsen, und so gedachte er, sich vor dem Ende mit den mächtigen vornehmen Feinden Jesu gutzusetzen, denn Jesus sah er nicht König werden.

Der Hohepriester und die vornehmen Männer am Tempel aber waren Leute, die ihm sehr in die Augen leuchteten, und so ließ er sich immer näher mit jenen Unterhändlern ein, welche ihm auf alle Weise schmeichelten und ihm wohl auch mit großer Zuversicht sagten: «Es wird in jedem Falle mit Jesus nicht mehr lange dauern.» Auch in den letzten Tagen waren sie wieder in Bethanien hinter ihm her, und so ließ er sich immer tiefer in sein Verderben ein. Er lief sich in den letzten Tagen schier die Beine ab, die Hohenpriester zu der Tat zu bewegen. Sie wollten aber noch nicht eingehen und behandelten ihn mit ausnehmender Verachtung. Sie sagten, die Zeit vor dem Feste sei zu kurz, sie würden dadurch nur Tumult und Störung am Feste haben; das Synedrium allein nahm noch einige Rücksicht auf den Vorschlag des Judas. Nach dem gottlos empfangenen Sakrament nahm der Satan ihn ganz in Besitz, und so ging er dann hin, das Greuliche zu tun.

Zuerst suchte er jene Unterhändler auf, die ihm bisher stets geschmeichelt hatten und ihn auch jetzt mit gleisnerischer Freundlichkeit empfingen. Es kamen noch andere hinzu, auch Kaiphas und Annas, welch letztere ihn jedoch sehr schnöd und spöttisch behandelten. Man war unentschlossen und misstraute dem Erfolg, indem man Judas nicht zu trauen schien.

Ich sah das Reich der Hölle gleichsam uneinig, der Satan wollte das Verbrechen der Juden durch den Tod des Unschuldigsten, er wollte den Tod Jesu, des Bekehrers der Sünder, des heiligen Lehrers, des Heilandes, des Gerechten, den er hasste; dann aber fühlte er wieder vor dem unschuldigen Tode Jesu, der sich nicht entzog, sich nicht retten wollte, einen inneren Schrecken; er beneidete ihn, unschuldig zu leiden, und so sah ich den Widersacher auf der einen Seite den Grimm und Hass der hier um den Verräter versammelten Feinde Jesu anblasen und auf der anderen Seite einigen aus ihnen die Gedanken einflößen, Judas sei ein Schuft, ein Schurke, man werde vor dem Feste mit dem Gerichtshandel nicht zustande kommen und die gehörige Anzahl der Zeugen gegen Jesus nicht zusammenbringen können.

Sie bestritten ihre gegenseitigen Ansichten über den zu ergreifenden Beschluss und fragten unter anderem den Judas: «Werden wir ihn auch fangen können? Hat Er nicht bewaffnete Scharen um sich?» Und der schändliche Verräter erwiderte: «Nein, Er ist mit den elf Jüngern allein, selbst ganz mutlos, und die Elf sind ganz feige.» Auch sagte er zu ihnen, jetzt müssten sie Jesus greifen oder nie, denn ein anderes Mal könne er ihn nicht mehr überliefern, indem er fortan nicht zu ihm zurückkehren werde; die letzten Tage schon und heute bis aufs äußerste hätten die anderen Jünger und Jesus selbst auf ihn mit Worten gezielt, sie schienen seine Wege zu ahnen, und wenn er wieder zu ihnen zurückkehre, würden sie ihn unfehlbar ermorden. Er sagte auch, wenn sie Jesus jetzt nicht gefangennähmen, so werde Er entweichen und, mit einem großen Heer seiner Anhänger zurückkehrend, sich als König ausrufen lassen. Durch diese Drohungen drang Judas endlich durch. Man ging auf seinen Vorschlag ein, Jesus nach seiner Anleitung gefangenzunehmen, und er empfing den Verräterlohn, die dreißig Silberlinge. Es waren dies dreißig Stücke Silberblech von der Gestalt einer Zunge, an dem halbrunden Ende durchlöchert und mit Ringen an einer Art Kette zu einem Bündel zusammengekettet. Es waren Zeichen in diese Bleche geschlagen.

Jetzt schon, da Judas ihr fortgesetztes, verachtungsvolles Misstrauen fühlte, trieb ihn Hoffart und Prahlerei, um vor ihnen der rechte uneigennützige Mann zu scheinen, ihnen das Geld als Opfer für den Tempel anzubieten; sie wiesen es aber als Blutgeld, das nicht in den Tempel gehöre, zurück. Judas, diese tiefe Verachtung fühlend, ward von tiefem Ingrimm erfüllt. Er hatte dies nicht erwartet, die Früchte seines Verrates traten ihm schon entgegen, ehe er ganz vollzogen war; aber er hatte sich schon zu sehr mit ihnen verwickelt, er war in ihren Händen und konnte sich nicht mehr loswinden. Sie beobachteten ihn scharf und ließen ihn nicht mehr aus den Augen, bis er den ganzen Plan zur Gefangennehmung Jesu entworfen hatte. Nun begleiteten drei Pharisäer den Verräter hinab in eine Halle zu den Tempelsoldaten, welche nicht aus lauter Juden, sondern auch aus anderem gemischten Volke bestanden. Als alles verabredet und die gehörige Anzahl von Soldaten versammelt war, lief Judas, von einem Diener der Pharisäer begleitet, zuerst nach dem Coenaculum, um ihnen zu melden, ob Jesus noch daselbst sei, wo sie ihn leicht durch Besetzung der Tore gefangennehmen könnten. Er wollte ihnen dieses durch den Boten sagen lassen.

Schon früher, gleich nachdem Judas den Verräterlohn empfangen hatte, war einer hinabgegangen und hatte sieben Sklaven weggesendet, das Holz zum Kreuze Christi zu holen und dieses einstweilen zu bereiten für den Fall, dass Er gerichtet würde, weil morgen wegen des eintretenden Paschahs keine Zeit mehr dazu blieb. Sie holten das Holz wohl eine Viertelstunde weit her, wo es mit vielem anderen, zum Tempelbau gehörigen Holz an einer langen hohen Mauer auf einem Baurüstplatz lag, und schleppten es hinter dem Richthause des Kaiphas auf einen Platz, es zu bearbeiten. Der Stamm des Kreuzes hatte als lebendiger Baum einst im Tale Josaphat am Bache Kidron gestanden und später, hinübergefallen, eine Brücke gebildet. Als Nehemias das heilige Feuer und die heiligen Gefäße im Teich Bethesda verbarg, war es mit anderem Holz darübergedeckt, nachher aber wieder hervorgeräumt und zu anderem Rüstholz an die Seite geworfen worden. Teils, um Jesus als einen König zu verhöhnen, teils aus scheinbarem Zufall, allein aber nach den Absichten Gottes ward das Kreuz auf eine besondere Art bereitet. Es bestand nebst der Überschrift aus fünferlei Holz. Ich habe noch vielerlei Begebenheiten und Bedeutungen in bezug auf das Kreuz gesehen, aber bis auf das Erzählte wieder vergessen.

Judas, zurückkehrend, sagte, dass Jesus nicht mehr im Coenaculum, aber nun gewiss an seinem gewöhnlichen Betort am Ölberg sei. Er drang nun darauf, nur eine kleine Schar mit ihm gehen zu lassen, damit die Jünger, die überall lauerten, nicht aufmerksam würden und etwa Aufstand erregen möchten. Dreihundert Mann aber sollten die Tore und Straßen von Ophel, einem Stadtteil südlich vom Tempel, und das Tal Millo bis zu Annas' Haus auf Sion besetzen, um dem zurückkehrenden Zuge Verstärkung senden zu können, so er es verlange; denn in Ophel hänge ihm alles Gesindel an. Auch sprach der schändliche Verräter davon, wie sehr sie sich vorsehen müssten, damit Er ihnen nicht entwische, wobei er erwähnte, wie Er oft durch seine geheimen Künste im Gebirge plötzlich seinen Begleitern entgangen und unsichtbar geworden sei. Auch schlug er ihnen vor, ihn mit einer Kette zu binden und sich dabei gewisser magischer Mittel zu bedienen, damit Jesus die Bande nicht zerbreche. Die Juden aber lehnten dieses verächtlich ab und sagten: «Wir lassen uns nichts von dir aufbinden und wollen ihn schon festhalten, wenn wir ihn haben.»

Judas verabredete mit der Schar, er wolle vor ihnen in den Garten hineingehen und Jesus küssen und grüßen, als komme er von seinem Geschäft zu ihm als Freund und Jünger zurück, dann sollten die Kriegsknechte herandringen und Jesus gefangennehmen. Er aber wollte sich dann betragen, als wären diese zufällig dazugekommen und wollte, wie die anderen Jünger tun, fliehen und der Niemand gewesen sein. Er dachte endlich auch wohl, es könne vielleicht noch ein Getümmel entstehen, die Apostel sich wehren und Jesus entwischen, wie Er sich schon öfters entzogen hatte. Dieses dachte er in Zwischenräumen, wenn ihn die Verachtung und das Misstrauen der Feinde Jesu ärgerte, aber nicht, weil seine Tat ihn reute oder Jesus ihn rührte, denn er hatte sich ganz dem Satan übergeben – wollte auch nicht, dass die, welche hinter ihm eintreten würden, Fesseln und Stricke bei sich führen oder dass überhaupt ehrlose Schergen mitgehen sollten. Man ließ ihm scheinbar seinen Willen und tat doch, was man bei einem ehrlosen Verräter für nötig hielt, dem man nicht traut, den man wegwirft, wenn man ihn gebraucht hat. Man unterrichtete die Soldaten besonders, Judas wohl zu beobachten und nicht aus den Augen und Händen zu lassen, bis man Jesus gebunden habe, denn man habe ihn dafür bezahlt, und es sei zu befürchten, dass der Schurke mit dem Geld davonlaufe und man in der Nacht Jesus gar nicht oder einen anderen statt seiner fange, so dass nachher aus dem ganzen Unternehmen nichts als nur Störung oder Aufwiegelung am Paschahfest hervorgehe.

Die Schar, die man zur Gefangennahme Jesu ausgewählt hatte, bestand aus zwanzig Kriegsknechten, teils von der Tempelwache, teils aus den Kriegsknechten des Annas und Kaiphas. Sie waren beinahe ganz auf Art der römischen Kriegsleute gekleidet, sie trugen Pickelhauben und hatten von ihren Wämsern Riemen gleich den Römern um die Lenden herabhängen. Sie unterschieden sich hauptsächlich von diesen durch ihre Bärte, da die Römer in Jerusalem nur Backenbärte, Kinn und Mund aber glatt trugen.

Alle zwanzig waren mit Schwertern, nur einige mit Spießen bewaffnet. Sie hatten Stangen mit Feuerkörben und Pechfackeln bei sich, aber, da sie ankamen, nur eine der Leuchtpfannen angezündet. Man hatte eine größere Schar mit Judas ziehen lassen wollen, gab aber seiner Einwendung nach, dass diese, da man vom Ölberg aus das Tal überschaue, zu leicht bemerkt werden würden. Es blieb also der größte Teil in Ophel zurück, auch hatte man Wachtposten hie und da an Seitenwegen und in der Stadt aufgestellt, um Aufläufen und Rettungsversuchen zu begegnen.

Judas zog mit den zwanzig Kriegsknechten voraus, man ließ diesen aber in einiger Entfernung vier ehrlose Schergen, niedrige Büttel, folgen, welche Stricke und Fesseln trugen.

Einige Schritte hinter diesen aber zogen jene sechs Beamten her, mit welchen sich Judas seit längerer Zeit eingelassen hatte. Es waren dies ein vornehmer Priester und Vertrauter des Annas und einer des Kaiphas, außerdem zwei pharisäische und zwei sadduzäische Beamte, die zugleich Herodianer waren. Alle waren Lauerer, Schleicher und speichelleckende Augendiener des Annas und Kaiphas und die boshaftesten heimlichen Feinde des Heilandes.

Die zwanzig Soldaten gingen ganz vertraut mit Judas bis an die Stelle, wo der Weg zwischen dem Garten Gethsemane und dem Ölgarten hineinläuft. Hier wollten sie ihn nicht allein vorauslassen, stimmten einen anderen Ton gegen ihn an und stritten frech und keck mit ihm.

Die Gefangennahme des Herrn

Als Jesus mit den drei Aposteln auf den Weg zwischen Gethsemane und dem Ölgarten herausgetreten war, erschienen am Eingange dieses Weges, etwa 20 Schritte von ihm, Judas mit den Kriegsleuten, und diese hatten dort ein Gezänk miteinander. Judas nämlich wollte getrennt von den Kriegsknechten, allein und wie ein angehöriger Freund zu Jesus hineingehen, und sie sollten dann, als ihm ganz unbewusst, dazu gekommen scheinen; sie aber hielten ihn fest und sagten: «Nicht so, Geselle, du sollst uns nicht entlaufen, bis wir den Galiläer haben», und da sie die acht Apostel, welche auf das Geräusch aus dem Garten Gethsemane herannahten, bemerkten, riefen sie die vier nachfolgenden Schergen heran, um sich zu verstärken. Diese aber wollte Judas gar nicht dabei haben und stritt lebhaft mit ihnen. Als

Jesus und die drei Apostel diesen zankenden Haufen mit Waffen bei dem Fackelschein erkannten, wollte Petrus mit Gewalt auf sie los und sagte: «Herr, die acht aus Gethsemane sind auch dort vorne, wir wollen auf die Schergen dreinschlagen!» Jesus aber sagte ihm zu ruhen und trat mit ihnen wieder einige Schritte über den Weg auf einen Rasenplatz zurück. Judas, mit seinem Plan ganz in Verwirrung, war voll Grimm und Bosheit.

Vier Jünger waren vom Garten Gethsemane herausgetreten und fragten, was es hier geben solle; Judas kam mit ihnen ins Gerede und wollte sich gerne herauslügen, die Wachen aber ließen ihn nicht hinweg. Diese vier waren Jakobus der Jüngere, Philippus,Thomas und Nathanael, denn dieser und einer der Söhne des alten Simeon und mehrere andere waren teils als Boten von den Freunden Jesu zu den acht Aposteln in den Garten Gethsemane gesendet worden, teils aus Angst und Neugierde zu ihnen gekommen. Außer diesen vier schweiften die übrigen fluchtbereit in der Ferne lauernd umher.

Jesus aber nahte dem Haufen einige Schritte und sagte laut und vernehmlich: «Wen suchet ihr?» Da sagten die Anführer der Soldaten: «Jesus von Nazaret!» und Jesus antwortete: «Ich bin's!» Kaum aber hatte Er dieses Wort gesagt, als sie, wie von einem Krampfe befallen, zurückdrängten und gegeneinander hinsanken.

Judas, der noch in ihrer Nähe stand, ward hierdurch in seinem Vorhaben noch verwirrter, er schien sich Jesus nahen zu wollen, der Herr aber hob die Hand gegen ihn und sagte: «Freund, wozu bist du gekommen?», worauf Judas in Bestürzung etwas von vollzogenem Geschäfte sprach. Jesus aber sprach solche Worte wie: «Oh, wohl besser wäre dir, nicht geboren zu sein.» Doch erinnere ich mich dieser Worte nicht mehr ganz bestimmt. Während diesem hatten die Kriegsknechte sich wieder aufgerichtet und waren, das Zeichen des Verräters, den Kuss erwartend, dem Herrn und den Seinen genaht. Petrus und die anderen Jünger aber umdrängten Judas und nannten ihn einen Dieb und Verräter. Er aber wollte sich von ihnen mit Lügen loswinden, was ihm jedoch nicht gelang, indem die Kriegsknechte ihn gegen sie zu schützen suchten und dadurch gegen ihn zeugten.

Jesus aber sagte nochmals: «Wen suchet ihr?» Und sie wendeten sich und sagten wieder: «Jesus von Nazaret!» Da sprach Er: «Ich bin's, ich habe es euch schon gesagt, dass ich es bin; suchet ihr mich, so lasset jene.» Auf sein Wort, ich bin's, fielen die Kriegsleute abermals, und zwar ganz verdreht wie Leute, die die fallende Sucht haben, nieder, und Judas wurde von neuem von den anderen Aposteln umdrängt, denn sie waren in äußerster Erbitterung gegen ihn. Jesus sprach nun zu den Kriegsknechten: «Stehet auf!» Da standen sie auf und waren voll Schrecken, und da Judas sich noch mit den Aposteln herumstritt und diese die Wachen drängten, wendeten die Wachen sich gegen die Apostel, wodurch Judas frei wurde, den sie nun drohend antrieben, ihnen das verabredete Zeichen zu geben, denn sie hatten Befehl, keinen zu greifen als den, welchen er küssen würde.

Jetzt aber ging Judas auf Jesus zu, umfing ihn und küsste ihn mit den Worten: «Meister, sei gegrüßt!» Und Jesus sagte: «Judas, mit einem Kusse verrätst du den Menschensohn?» Und nun traten die Kriegsknechte um Jesus in einen Kreis, und die herangenahten Schergen legten Hand an unseren Herrn. Judas wollte jetzt fliehen, die Apostel aber hielten ihn auf und drängten auf die Soldaten ein und schrien: «Herr, sollen wir mit dem Schwert dreinschlagen?» Petrus aber, eifriger, griff nach dem Schwert und hieb nach Malchus, dem Knecht des Hohenpriesters, der sie zurückdrängen wollte, und hieb ihm ein Stück vom Ohr ab, so dass er zu Boden niederstürzte, wodurch die Verwirrung noch größer ward.

Im Augenblick dieser eifrigen Tat des Petrus befand sich alles in folgendem Zustand: Jesus wurde eben von den Bütteln angefasst, die ihn binden wollten; in einem weiteren Kreise umgaben ihn die Kriegsknechte, aus denen Malchus von Petrus niedergehauen ward. Andere Soldaten hatten zu tun, die nahenden und wieder fliehenden Jünger abzuhalten und zu verfolgen. Vier der Jünger aber streiften umher und ließen sich nur hie und da in der Ferne blicken. Die Kriegsknechte waren teils durch das Niederstürzen zaghaft, teils durften sie kein ernsteres Nachsetzen wagen, um den Kreis, der Jesus umgab, nicht zu sehr zu schwächen. Judas, der gleich nach dem

Verräterkuss entfliehen wollte, wurde von einigen fernstehenden Jüngern aufgehalten und mit Schmähworten überhäuft. Die aber nun erst herantretenden sechs Beamten machten ihn wieder los, und die vier Büttel um Jesus waren eben mit ihren Stricken und Banden beschäftigt; der Herr war, von ihnen angefasst, im Begriffe, gebunden zu werden.

So war alles umher, eben als Petrus den Malchus niedergehauen hatte und Jesus zugleich sagte:

«Petrus, stecke dein Schwert ein, denn wer das Schwert nimmt, soll durch das Schwert umkommen, oder meinst du, dass ich nicht könnte meinen Vater bitten, dass Er mir mehr als zwölf Legionen Engel schicke! Soll ich den Kelch nicht trinken, den mir mein Vater gegeben hat? Wie würde die Schrift erfüllt werden, wenn es nicht so geschehen müsste?» Er sagte aber auch: «Lasst mich, dass ich den Menschen heile», und Er nahte dem Malchus, rührte ihm das Ohr an und betete, da war es heil. Es waren aber die Wache um ihn und die Schergen und die sechs Beamten, und diese höhnten ihn, zu der Schar sprechend: «Er hat mit dem Teufel zu tun, durch Zauberei schien das Ohr verletzt, und durch Zauberei ist es heil.»

Da sprach Jesus zu ihnen: «Ihr seid gekommen mit Spießen und Stangen, mich wie einen Mörder zu fangen; ich habe täglich bei euch im Tempel gelehrt, da habt ihr nicht gewagt, die Hand an mich zu legen, aber jetzt ist eure Stunde, die Zeit der Finsternis.» Sie befahlen aber, ihn zu fesseln und höhnten ihn, sprechend: «Uns hast du nicht niederwerfen können mit deiner Zauberei», und so sagten auch die Büttel: «Wir wollen dir deine Künste vertreiben.» Jesus antwortete noch einiges, was ich nicht mehr weiß, die Jünger aber flohen nach allen Seiten.

Die vier Schergen und die sechs Pharisäer waren nicht gefallen und daher auch nicht wieder aufgestanden, und dieses zwar, wie mir eröffnet ward, weil sie ganz in den Banden des Satans und in einem Range mit Judas gewesen, der auch nicht fiel, obschon er bei den Kriegsleuten stand, denn es seien auch alle diejenigen, die gefallen und wieder aufgestanden, nachher bekehrt und Christen geworden, und das Fallen und Wiederaufstehen sei das Vorbild ihrer Bekehrung.

Diese Kriegsknechte haben auch Jesus nicht berührt, sondern nur umgeben, und Malchus war nach seiner Heilung schon dermaßen bekehrt, dass er nur der Ordnung wegen seine Dienste forttat und schon in den folgenden Stunden des Leidens Christi zu Maria und anderen Freunden als Bote ab- und zulief, Nachricht zu bringen, was alles geschehe.

Die Schergen banden Jesus unter steten frechen und höhnischen Reden der Pharisäer mit großer Roheit und einer henkermäßigen Brutalität. Diese Menschen waren Heiden von der niederträchtigsten Gattung. Sie waren an den Beinen, Armen und dem Hals unbekleidet; um die Mitte des Leibes trugen sie eine Binde und über den Oberleib kurze Wämser ohne Ärmel, an den Seiten mit Riemen geheftet. Sie waren klein, stark, sehr behend und von einer bräunlichen, fuchsigen Hautfarbe wie ägyptische Sklaven.

Sie banden Jesus die Hände vor der Brust auf eine grausame Weise, indem sie ihm das Gelenk der rechten Hand an den linken Vorderarm unterhalb dem Ellbogen und das Gelenk der linken Hand ebenso unterhalb dem Ellbogen des rechten Vorderarmes mit neuen, scharfschneidenden Stricken unbarmherzig festknebelten.

Sie legten ihm einen breiten Fesselgürtel, in welchem Stacheln waren, um die Mitte des Leibes und schnürten ihm die Hände nochmals an Bast- oder Weidenringen fest, die an diesem Gürtel angebracht waren. Um den Hals legten sie ihm ein Halsband, in welchem Stacheln oder andere verwundende Körper angebracht waren, und von diesem Halsbande liefen zwei, gleich einer Stola über der Brust gekreuzte Riemen nieder, welche ohne Spielraum, scharf angezogen, wieder an dem Gürtel befestigt waren. An vier Punkten dieses Gürtels befestigten sie vier lange Stricke, vermittels welcher sie unseren Herrn nach ihrem bösen Willen hin und her reißen konnten.

Alle diese Fesseln waren ganz neu und schienen, seit man mit dem Plane umging, Jesus gefangenzunehmen, besonders zu diesem Zweck bereitet zu sein.

Nun setzte sich der grausame Zug in Bewegung, nachdem sie noch mehrere Fackeln angezündet hatten. Voraus gingen zehn Mann von der Wache, dann folgten die Schergen, Jesus an den Stricken zerrend, dann die höhnenden Pharisäer, und zuletzt schlossen die zehn übrigen Kriegsknechte den Zug; die Jünger schweiften noch wehklagend und wie von Sinnen hie und da umher, Johannes aber folgte etwas näher hinter den letzten Wachen nach, und die Pharisäer befahlen ihnen, diesen Menschen zu greifen. Es wendeten sich daher einige zurück und eilten auf ihn zu, er aber floh vor ihnen, und da sie ihn im Nacken an seinem Schweißtuch fassten, ließ er es los und entkam. Er hatte seinen Mantel abgelegt und nichts als ein geschürztes Unterkleid ohne Ärmel an, um leichter entfliehen zu können. Oben aber um den Hals, das Haupt und die Arme hatte er jene lange schmale Zeugbahn gehüllt, welche von den Juden getragen wird.

Die Schergen zerrten und misshandelten Jesus auf die grausamste Weise und übten allen Mutwillen an ihm aus, und zwar hauptsächlich aus einer niederträchtigen Gefälligkeit und Augendienerei gegen die sechs Beamten, welche voll Bosheit und Grimm gegen Jesus waren. Sie führten ihn auf dem unbequemen rauhen Weg durch alle Gleise, über Steine und Kot, sie hielten die langen Stricke gespannt und suchten sich selbst gute Pfade; dadurch musste Jesus immer gehen, wo es die Stricke zuließen; sie hatten in den Händen knotige Stricke, womit sie ihn, wie ein Fleischer das Vieh, das er zur Schlachtbank führt, antrieben, und alles dieses unter so niedrigem Hohn und Spott, dass es empörend wäre, ihre Reden zu wiederholen.

Jesus war barfuß, Er hatte außer der gewöhnlichen nächsten Leibesbedeckung ein wollenes gewirktes Hemd ohne Naht und ein Übergewand an. Auf bloßem Leibe trugen die Jünger, wie die Juden überhaupt, über Brust und Rücken ein Skapulier, aus zwei Zeugstücken bestehend, welche über den Schultern durch Riemen zusammenhingen, an den Seiten aber offen waren. Den Unterleib bedeckten sie mit einem Gürtel, von welchem vier Lappen niederhingen, die, um die Lenden gewickelt, ein Beinkleid bildeten. Ich muss noch sagen, dass ich dem Herrn bei seiner Gefangennehmung keinen Befehl, keine Schrift vorzeigen sah, sie gingen zu Werk, als sei Er vogelfrei und außer allem

Recht. Der Zug ging mit eilenden Schritten und wendete sich, da er den Weg zwischen dem Ölgarten und dem Lustgarten von Gethsemane verlassen hatte, rechts eine Strecke an der Abendseite dieses Lustgartens hin nach einer Brücke, welche dort über den Bach Kidron führt.

Über diese Brücke war Jesus, mit den Aposteln zum Ölberg gehend, nicht gekommen; Er hatte, auf Umwegen durch das Tal Josaphat wandelnd, den Kidron auf einer südlicher gelegenen Brücke überschritten. Die Brücke, über welche Er jetzt gefangen geführt wurde, war sehr lang, indem sie nicht nur den Kidron, der hier dichter am Ölberg hinfloss, sondern auch eine Strecke der ungleichen Talhöhen als ein fahrbarer Steinweg überschritt. Schon ehe der Zug an die Brücke kam, sah ich Jesus zweimal durch das unbarmherzige Führen und das Zerren der Schergen an den Stricken zur Erde niederfallen.

Als sie aber auf die Mitte der Brücke gekommen waren, übten sie ihre Büberei mit größerer Bosheit an ihm aus. Die Schergen stießen den armen gefesselten Jesus, den sie an den Stricken hielten, über mannshoch von der Brücke in den Bach Kidron nieder, wobei sie mit Schimpfworten sprachen, da könne Er sich satt trinken. Nur durch göttlichen Beistand verletzte Er sich nicht tödlich. Er fiel auf die Knie und dann auf das Angesicht nieder, das Er auf dem mit wenigem Wasser bedeckten Felsenboden schwer würde verletzt haben, wenn Er seine zusammengeschnürten Hände nicht unterstützend vorgehalten hätte. Sie waren von dem Gürtelband los, ich weiß nicht, ob durch göttliche Hilfe oder ob die Schergen sie ihm erst aufgelöst hatten.

Die Spuren seiner Knie, Füße, Ellbogen und Finger drückten sich durch Gottes Willen auf der Stelle, die Er berührte, in dem Felsengrunde ein und wurden später verehrt. Man glaubt solche Wirkungen nicht mehr, mir sind aber solche Eindrücke in Stein durch die Füße, Knie und Hände von Patriarchen und Propheten, von Jesus, der heiligen Jungfrau und einigen Heiligen oft in historischen Gesichten gezeigt worden. Die Felsen waren weicher und gläubiger als die Herzen der Menschen und gaben Zeugnis in gewaltigen Augenblicken, dass die Wahrheit Eindrücke auf sie mache.

Ich hatte Jesu nach seiner schweren Angst am Ölberg in seinem heftigen Durst nicht trinken sehen, nun aber, in den Kidron gestoßen, sah ich ihn mühsam trinken und hörte ihn dabei die Erfüllung einer prophetischen Psalmenstelle vom Trinken aus dem Bache am Wege aussprechen (Psalm 110 (109), 7).

Die Schergen hielten unseren Herrn von der Brücke herab fortwährend an den langen Stricken fest, und da es ihnen zu mühsam war, ihn wieder heraufzuziehen und ein Mauerwerk jenseits am Ufer es verhinderte, Jesus durch den Bach waten zu lassen, so zerrten sie ihn mit den Stricken durch den Kidron zurück, gingen dann hinab und schleiften ihn rückwärts über das hohe Ufer wieder heraus. Nun trieben diese Elenden den armen Jesus unter Höhnen, Fluchen, Stoßen und Schlagen, an den Stricken vorwärtsreißend, zum zweitenmal über die lange Brücke. Sein langes wollenes Gewand, schwer vom Wasser, lag fest an seinen Gliedern, Er vermochte kaum zu gehen und sank jenseits der Brücke abermals zur Erde nieder. Sie rissen ihn, mit den Stricken schlagend, wieder empor und schürzten ihm nun unter den schändlichsten Spottreden das nasse Gewand in dem Gürtelband auf. Sie sprachen z.B. vom Schürzen zum Osterlamm und ähnliche Spottreden.

Es war noch nicht Mitternacht, als ich sah, wie die vier Büttel Jesus auf der anderen Seite des Kidrons auf bösem zerrissenem Weg, der wenig Raum bot, wo nur Fußpfade, bald tiefer, bald höher, nebenherliefen, über scharfe Steine und Felsentrümmer, durch Distel und Dorn unmenschlich fortrissen und fluchend und schlagend hintrieben. Die boshaften sechs Beamten waren, wo es der Weg erlaubte, immer in seiner Nähe; jeder hatte eine andere Art von Marterstäbchen in der Hand, womit er ihn stieß, stachelte oder schlug. An den Stellen, wo Jesus auf seinen blutenden nackten Füßen über die scharfen Steine durch Nesseln und Dornen von den Schergen fortgerissen ward, welche auf den besseren Pfaden nebenher gingen, da trafen die Spott- und Stachelreden der sechs Pharisäer das liebende Herz des armen Jesus; da sprachen sie solche Hohnworte wie z.B.: «Hier hat ihm sein Vorläufer, der Täufer, keinen guten Weg bereitet» oder: «Hier trifft ihm Malachias' Wort nicht ein:

ich sende meinen Engel vor dir her, deinen Weg zu bereiten» oder: «Warum erweckt Er sich nicht den Johannes von den Toten auf, dass er ihm den Weg bereite?» Und solche Hohnworte dieser schändlichen Menschen, worüber sie gegenseitig in freches Lachen ausbrachen, wurden Stichworte für die Schergen, irgendeine neue Misshandlung an dem armen Jesus auszuüben.

Nachdem sie aber den Herrn noch eine Weile fortgetrieben hatten, bemerkten sie, dass sich mehrere Personen hie und da in einiger Ferne herumschweifend zeigten, denn es hatten sich viele Jünger auf das Gerücht, Jesus werde gefangengenommen, aus Bethphage und von anderen Schlupfwinkeln herangezogen, um zu spähen, wie es ihrem Meister ergehe. Es wurden nun die Feinde Jesu besorgt, sie möchten überfallen und der Gefangene ihnen entrissen werden, daher gaben sie mit Rufen nach der Vorstadt Ophel hin Signale, dass die verabredete Verstärkung zu ihnen stoßen solle.

Der Zug war etwa noch einige Minuten Wegs von der Pforte entfernt, die südlicher als der Tempel durch einen kleinen Stadtteil, Ophel genannt, auf den Berg Sion führte, auf welchem Kaiphas und Annas wohnten, als ich aus dieser Pforte eine Schar von fünfzig Kriegsleuten herauskommen sah, um seine Begleitung zu verstärken. Sie zogen in drei Haufen, der erste war zehn, der letzte fünfzehn Mann stark, ich habe sie gezählt, und der mittelste also fünfundzwanzig. Sie hatten mehrere Fackeln bei sich, waren sehr frech und mutwillig und schrien und jauchzten, als wollten sie den Nahenden ihre Ankunft melden und ihnen zu ihrem Siege Glück wünschen. Sie nahten mit großem Lärm, und in dem Augenblick, da der vorderste Haufen sich mit der Bedeckung Jesu vereinigte, sah ich während der hierdurch entstehenden Bewegung den Malchus und mehrere andere aus dem Nachtrab sich heimlich entfernen und nach dem Ölberge hin entweichen. Als diese Schar mit Jauchzen unter Fackelschein aus Ophel dem ankommenden Zuge entgegeneilte, zerstreuten sich die umherstreifenden Jünger.

Ich sah aber, dass die heilige Jungfrau und neun Frauen mit ihr wieder von ihrer Angst ins Tal Josaphat getrieben worden waren. Es waren Martha, Magdalena, Maria Cleopha, Maria

Salome, Maria Markus, Susanna, Johanna Chusa, Veronika und Salome bei ihr. Sie befanden sich südlicher als Gethsemane, jener Gegend des Ölbergs gegenüber, wo eine andere Höhle liegt, in der Jesus sonst zu beten pflegte.

Ich sah Lazarus, Johann Markus, Veronikas Sohn und Simeons Sohn bei ihnen. Der letztere war auch mit Nathanael bei den acht Aposteln in Gethsemane gewesen und quer durch den Tumult durchgelaufen. Sie brachten den heiligen Frauen Nachricht; indem hörte man das Geschrei und sah die Fackeln der beiden sich vereinigenden Scharen. Da verlor die heilige Jungfrau das äußere Bewusstsein und sank ihren Begleiterinnen in die Arme; diese aber zogen sich eine Strecke mit ihr zurück, um sie, wenn der lärmende Zug vorüber, wieder nach dem Hause der Maria Markus zu bringen.

Die fünfzig Kriegsknechte waren von einer Schar von dreihundert Mann ausgesendet, welche plötzlich die Tore und Straßen von Ophel und die Umgegend dieses Stadtteils besetzt hatten; denn Judas, der Verräter, hatte die Hohenpriester darauf aufmerksam gemacht, dass die Bewohner von Ophel, meistens arme Handwerker, Taglöhner, Holz- und Wasserträger des Tempels, die heftigsten Anhänger Jesu seien und dass bei seiner Durchführung hier leicht Befreiungsversuche zu befürchten seien. Der Verräter wusste wohl, dass Jesus hier vielen aus den armen Bauarbeitern Trost, Lehre, Almosen und Heilung gegeben hatte. Es war auch hier in Ophel, wo Jesus, da Er nach der Ermordung Johannes des Täufers in Machärunt von Bethanien gen Hebron reiste, um Johannes' Freunde zu trösten, verweilte und so viele bei dem Einsturz des großen Baues und des Turmes Siloah verwundete arme Handlanger und Taglöhner heilte[14].

Diese Leute kamen auch meistens nach der Sendung des Heiligen Geistes zu der ersten Christengemeinde, und als die Absonderung der Christen von den Juden entstand und mehrere Ansiedlungen der Gemeinde errichtet wurden, wurden von hier aus Zelte und Hütten quer durch das Tal bis zum Ölberg aufgeschlagen; damals hat auch Stephanus hier recht sein Wesen gehabt. Ophel ist ein mit Mauern umgebener Hügel, südlich vom Tempel gelegen und meistens von armen Taglöhnern bewohnt, es scheint mir nicht viel kleiner als Dülmen[15] zu sein. Die guten Einwohner von Ophel wurden durch das Geschrei der einziehenden Besatzung geweckt. Sie eilten aus ihren Häusern und drängten sich nach den Straßen und der Pforte, wo die Soldaten waren, und fragten, was es gebe, wurden aber von diesen, die aus einem Gemisch von niedrigem, übermütigem Sklavengesindel bestanden, mit Hohn und Roheit nach ihren Wohnungen zurückgetrieben.

Als sie hie und da die Erklärung erhielten: «Jesus, der Übeltäter, euer falscher Prophet, wird gefangen hingeführt, der Hohepriester will ihm das Handwerk legen, Er wird ans Kreuz müssen», da erfüllte alsbald ein lautes Wehklagen und Jammern den ganzen, aus der Nachtruhe geweckten Ort. Die armen Leute, Männer und Weiber, liefen wehklagend umher oder warfen sich mit ausgebreiteten Armen auf die Knie und schrien zum Himmel und priesen Jesu Wohltaten. Die Kriegsleute aber drängten sie stoßend und schlagend nach allen Seiten in ihre Wohnungen zurück und schimpften auf Jesus, sprechend: «Hier ist ja der offenbare Beweis, wie Er ein Aufwiegler des Volkes ist.» Sie vermochten jedoch nicht, die Einwohner gänzlich zur Ruhe zu bringen, aus Besorgnis, sie durch noch größere Gewalttätigkeit erst ganz aufzuregen, und so suchten sie dieselben nur von dem Weg, den der Zug durch Ophel zu nehmen hatte, zurückzuhalten.

Indessen nahte der grausame Zug mit dem misshandelten Jesus immer mehr der Pforte von Ophel. Unser Herr war wiederholt zur Erde gefallen und schien nicht mehr weiterzukönnen, da benützte ein mitleidiger Soldat die Gelegenheit und sagte: «Ihr seht selbst, der elende Mann kann nicht weiter, sollen wir ihn lebendig vor die Hohenpriester bringen, so macht ihm doch die Stricke an den Händen etwas loser, damit Er sich beim Fallen stützen kann.»

Während der Zug nun etwas einhielt und die Schergen ihm die Hände etwas loser banden, brachte ihm ein anderer barmherziger Kriegsknecht aus einem in der Nähe befindlichen Brunnen[16] Wasser zu trinken. Er schöpfte es mit einer aus Bast gewundenen Tüte, wie sie die Soldaten und Wanderer häufig als Trinkgefäß hierzulande bei sich tragen. Als Jesus zu diesem

Mann einige Worte des Dankes und irgendeine Prophetenstelle von «Tränken mit lebendigem Wasser» oder «Strömen lebendigen Wassers» aussprach, die ich nicht mehr bestimmt weiß, verhöhnten und schimpften ihn die begleitenden Abgeordneten. Sie beschuldigten ihn der Prahlerei und Lästerung, Er solle seine eitlen Reden unterlassen, Er werde kein Tier, viel weniger einen Menschen mehr tränken.

Es wurde mir aber gezeigt, dass beide Männer, jener, durch den Jesu Bande erleichtert wurden, und jener, der ihm zu Trinken brachte, mit innerer Erleuchtung begnadet wurden. Sie bekehrten sich noch vor dem Tode Jesu und sind nachher als Jünger zu der Gemeinde gekommen. Ich habe ihre jetzigen Namen und auch ihre späteren Jüngernamen und den ganzen Zusammenhang gewusst; aber man kann alles das unmöglich behalten, es ist gar zu viel. Nun ging der Zug wieder unter Misshandlungen voran, und zwar eine Höhe hinan durch die Pforte von Ophel, wo ein herzzerreißendes Jammergeschrei der Bewohner, welche Jesus mit großer Dankbarkeit zugetan waren, den Zug empfing. Die Kriegsknechte vermochten nur mit großer Anstrengung die von allen Seiten andringende Menge der Männer und Weiber zurückzuhalten.

Sie drängten sich von allen Seiten händeringend heran, sie warfen sich auf die Knie nieder und schrien mit ausgestreckten Händen: «Gebt uns diesen Menschen los, gebt uns diesen Menschen los! Wer soll uns helfen, wer soll uns heilen und trösten? Gebt uns diesen Menschen los!» Es war ein herzzerreißender Anblick, Jesus bleich, entstellt und zerschlagen, mit zerrauftem Haar und nassem, beschmutztem, unordentlich geschürztem Gewand, mit Stricken gezerrt, mit Stöcken gestoßen, wie ein armes halb ohnmächtiges Opfertier, von frechen, halb nackten Schergen vorwärts gehetzt und von abwehrenden übermütigen Kriegsknechten durch den Andrang der wehklagenden, dankbaren Einwohner von Ophel durchschleppen zu sehen, die ihm die Hände nachstreckten, welche Er von Lahmheit geheilt, ihm mit Zungen nachflehten, welche Er von Stummheit gelöst, ihm mit Augen nachsahen, nachweinten, welchen Er das Licht wiedergegeben hatte.

Schon im Tale Kidron hatte sich allerlei müßiges Gesindel, von den Kriegsknechten aufgeregt und von dem Anhang des Annas und Kaiphas und anderen Feinden Jesu veranlasst, an den Zug mit Hohn und Spott angeschlossen, und diese halfen nun, die guten Leute von Ophel zu höhnen und zu schimpfen. Ophel ist ein förmlicher Hügel; denn ich sah in der Mitte auf einem freien Platz den höchsten Punkt des Ortes, worauf allerlei Balkenwerk wie auf einer Zimmerstelle aufgehäuft lag. Der Zug ging von hier wieder durch das Tor einer Mauer etwas abwärts.

Als der Zug durch Ophel durch war, hielt man das Volk vom Nachfolgen ab. Sie zogen nun etwas talab, zur Rechten lag ein großes Gebäude, ich meine Überreste von Salomons Werken, links blieb der Teich Bethesda liegen, so ging es immer abendwärts in einer Talstraße, sie hieß Millo, und dann wendete sich der Zug etwas mittagwärts, hohe Treppen zum Berge Sion hinauf, nach dem Hause des Annas. Auf diesem ganzen Wege wurden Hohn und Misshandlung an unserem Herrn fortgesetzt, und das immer neu aus der Stadt zudringende Gesindel veranlasste die niederträchtigen Begleiter des Herrn zu vielfacher Wiederholung ihrer Grausamkeit. – Vom Ölberg bis hierher ist Jesus siebenmal zur Erde gefallen.

Die Bewohner von Ophel waren noch voll Schrecken und Betrübnis, als ein neuer Auftritt ihr Mitleid erneuerte. Die Mutter Jesu ward von den heiligen Frauen und Freunden aus dem Tale Kidron nach dem Hause Maria Markus', welches am Fuße des Berges Sion lag, durch Ophel geführt. Als die guten Leute sie erkannten, erhob sich von neuem das Mitleid und Wehklagen unter ihnen, und es entstand ein solches Gedränge um Maria und ihre Wegbegleitung, dass die Mutter Jesu beinahe von der Menge getragen ward.

Maria war stumm vor Schmerz und sprach, bei Maria Markus angekommen, auch nicht eher, als bis nachher Johannes zu ihr kam; da begann sie zu fragen und zu trauern, und er erzählte ihr alles, was er mit Jesus vom Verlassen des Coenaculum an bis jetzt vorgehen gesehen. Später brachte man die heilige Jungfrau an die Abendseite der Stadt in Marthas Haus neben dem Schloss des Lazarus. Man führte sie aber damals auf Umwegen, die Wege vermeidend, die Jesus geführt worden war, um sie nicht zu sehr zu betrüben.

Petrus und Johannes, die in der Ferne dem Zuge nachgefolgt waren, liefen, da Er in die Stadt einzog, eilends zu einigen guten Bekannten, die Johannes unter der Dienerschaft der Hohenpriester hatte, um irgendeine Gelegenheit zu finden, in die Gerichtssäle zu kommen, wo ihr Meister hingebracht wurde. Diese Bekannten Johannes' waren eine Art Kanzleiboten, welche jetzt in der ganzen Stadt herumlaufen mussten, um die Ältesten aus mehreren Klassen und viele andere zu wecken und in die Gerichtsversammlung zu berufen.

Sie wollten den beiden Aposteln gerne gefällig sein, wussten aber kein anderes Mittel, als dass sie Petrus und Johannes auch Kanzleibotenmäntel umlegten und sich von ihnen in ihren vielen Einladungen helfen ließen, damit sie nachher durch die Mäntel mit in den Gerichtssaal des Kaiphas kommen könnten, denn dort waren nur bestochenes Gesindel, Soldaten und falsche Zeugen versammelt, und jeder andere ward hinausgetrieben. Es gehörten aber Nikodemus und Joseph von Arimathäa und andere wohlgesinnte Leute in den Rat, so dass sie mit deren Einladung nur Freunde ihres Meisters versammelten, welche die Pharisäer vielleicht absichtlich in der Einladung hätten übergehen lassen können. Judas irrte indessen wie ein wahnsinniger Verbrecher, der den Teufel an der Seite hat, an der steilen mittäglichen Seite von Jerusalem, wo aller Unrat ausgeleert wird, umher.

Von der Gefangennehmung Jesu waren Annas und Kaiphas gleich benachrichtigt worden, und alles war in voller Tätigkeit bei ihnen. Ihre Gerichtshöfe waren beleuchtet und alle Zugänge mit Wachen versehen, ihre Amtsboten liefen durch die ganze Stadt, um die Mitglieder des Rats, Schriftgelehrte und alle, die etwas beim Gericht zu sagen hatten, zusammenzurufen. Viele aber waren schon vom Verrate Judas' an bei Kaiphas versammelt geblieben, um den Erfolg abzuwarten. Auch wurden die Ältesten der Bürgerschaft aus drei Klassen zusammengerufen, und da die Pharisäer, Sadduzäer, Herodianer aus allen Gegenden des Landes sich schon seit einigen Tagen auf dem Fest in Jerusalem befanden und das Vorhaben, Jesus zu fangen, schon lange unter ihnen und dem Hohen Rate vorhanden und abgehandelt war, so wurden auch aus diesen, von welchen allen der Hohepriester Verzeichnisse hatte, die heftigsten Feinde Jesu zusammengerufen mit dem Befehl, alle Zeugen und Beweise gegen den Herrn, jeder in seinem Kreise, zu sammeln und zum Gericht mitzubringen.

Es waren aber jetzt alle die Pharisäer und Sadduzäer und viele andere boshafte Leute aus Nazaret, Kafarnaum, Thirza, Gabara, Jotapata, Siloh und anderen Orten in Jerusalem versammelt, welchen Jesus so oft vor allem Volk die Wahrheit zu ihrer tiefsten Beschämung gesagt hatte, und alle waren sie voll Rache und Wut, und jeder suchte einige Schurken unter den Ostergästen seiner Gegend, welche nach den Ortschaften in Sammlungsorten lagen, auf und erkaufte sie mit Geld zu Geschrei und Beschuldigungen gegen Jesus. Alle aber wussten außer offenbaren Lügen und Schmähungen nichts vorzubringen als jene Beschuldigungen, über welche Er sie unzähligemal in ihren Synagogen verstummen gemacht.

Alle diese zogen nun nach und nach zu dem Richthaus des Kaiphas und ebenso die ganze Masse der Feinde Jesu unter den hoffärtigen Pharisäern und Schriftgelehrten und ihrem anhängenden Lügengeschmeiß aus Jerusalem selbst, worunter manche der erbitterten Krämer, die Er aus dem Tempel gejagt, viele aufgeblasene Lehrer, die Er im Tempel vor dem Volk zum Schweigen gebracht, und vielleicht mancher, der es Jesus noch nicht verzeihen konnte, von ihm als einem zwölfjährigen Knaben in seiner ersten Lehre am Tempel überwiesen und beschämt worden zu sein.

Unter den versammelten Feinden des Herrn waren unbußfertige Sünder, welche Er nicht heilen gewollt, rückfällige Sünder, welche wieder krank geworden, eitle Jünglinge, die Er nicht zu Jüngern aufgenommen, boshafte Erblustige, die sich geärgert, dass Er so vieles Gut, auf das sie gelauert, den Armen zugewendet, Schurken, deren Gesellen Er bekehrt, Ausschweifende und Ehebrecher, deren Buhlerinnen Er zur Tugend geführt, Erblustige von Reichtümern, deren Besitzer Er geheilt, und viele zu aller Bosheit feile Augendiener dieser aller, viele innerlich gegen alles Heilige und daher gegen den Allerheiligsten ergrimmte Werkzeuge des Satans.

Dieser Abschaum eines großen Teils des jüdischen, am Fest versammelten Volkes setzte sich, von den einzelnen Hauptfeinden Jesu nach und nach aufgetrieben, in Bewegung und strömte von allen Seiten zu dem Palast des Kaiphas zusammen, um das wahre Osterlamm Gottes, welches trägt die Sünden der Welt, das makelloseste, aller Sünden fälschlich zu beschuldigen und mit deren Wirkungen zu besudeln, welche es wahrhaftig genommen, getragen und gesühnt hat.

Während dieser Schlamm der Juden sich aufwühlte, den reinen Heiland zu beflecken, wurden viele fromme Leute und Freunde Jesu aufgestört und betrübt und zogen, in das Geheimnis nicht eingeweiht, hie und da heran, hörten und klagten und wurden vertrieben oder schwiegen und wurden schief angesehen. Andere Schwächere, Gutgesinnte oder Halbgesinnte wurden geärgert und in Versuchung geführt, in ihrer Gesinnung zu wanken. Die Zahl der Beständigen war nicht groß; es ging wie es heutzutage geht, wo mancher ein guter Christ sein will, solang es schicklich scheint, sich aber gleich des Kreuzes schämt, wo man es nicht gerne sieht. Jedoch ward vielen schon im Anfang des beweislosen, ungerechten und durch den Grimm der niederträchtigsten Misshandlung himmelschreienden Verfahrens, durch die klaglose Geduld des Heilandes das Herz gerührt, so dass sie sich mutlos und schweigend zurückzogen.

Blick auf Jerusalem in dieser Stunde

Die weite menschenvolle Stadt und die ausgedehnten Lager der Ostergäste in ihrer Nähe waren eben nach vielen häuslichen und öffentlichen Gebets- und Religionsgebräuchen und Vorbereitungen zum Fest in Ruhe und Schlaf gesunken, als die Nachricht von der Gefangennehmung Jesu alle Feinde und Freunde des Herrn aufgeregt.

Da setzten sich nun alle durch die Boten der Hohenpriester Berufenen von den verschiedensten Punkten der Stadt in Bewegung. Sie eilten teils beim Mondschein, teils mit Fackeln durch die Straßen, welche zur Nachtzeit in Jerusalem meistens öde und unheimlich sind, denn die meisten Häuser haben ihre Fenster und ihren Verkehr nach inneren Höfen. Alle ziehen sie gen Sion hinauf, von welcher Höhe herab Fackellicht schimmert und Lärm erschallt. Man hört noch hie und da an den Pforten der Vorhöfe pochen, um die Schlafenden zu wecken. Es ist Störung, Geräusch und Gerede in vielen Winkeln der Stadt, man öffnet den Pochenden und fragt und folgt den Rufen nach Sion.

Neugierige und Diener ziehen mit, um den Zurückbleibenden zu melden, was sich ergebe. Schwere Riegel und Sperrbalken hört man vor manche Pforte mit Poltern schieben, die Leute sind ängstlich und fürchten Aufruhr. Hie und da treten Leute an die Pforten und rufen bekannte Vorüberziehende um Nachricht an, oder diese sprechen in Eile bei Gleichgesinnten ein; und man hört da viele schadenfrohe Reden, wie sie auch wohl heutzutage bei solchen Gelegenheiten geführt werden.

Man hört da wohl sagen: «Jetzt werden Lazarus und seine Schwestern sehen, mit wem sie sich eingelassen. Johanna Chusa und Susanna und Maria, des Johann Markus Mutter, und Salome werden nun ihr Treiben zu spät bereuen, und wie wird sich Obeds Weib, Seraphia, vor ihrem Mann demütigen müssen, der ihr so oft ihren Zusammenhang mit dem Galiläer verwiesen. Der ganze Anhang des Aufwieglers, des Schwärmers sah andersgesinnte Leute immer so mitleidig an, und jetzt wird mancher nicht wissen, wohin sich verbergen. Jetzt lässt sich wohl niemand sehen, ihm Palmzweige und Mäntel und Schleier unter die Füße seines Lasttieres zu streuen. Es geschieht diesen Heuchlern, die immer besser sein wollen als andere, ganz recht, dass sie nun auch in Untersuchung kommen werden, denn alle sind in die Händel des Galiläers verwickelt. Die Sache hat tiefer gewurzelt, als man meinte. Ich bin begierig, wie sich Nikodemus und Joseph von Arimathäa benehmen werden, man hat ihnen schon lange nicht getraut, sie hängen mit Lazarus zusammen, aber sie sind fein. Jetzt muss sich alles aufklären.» In dieser Weise hörte man viele Leute sprechen, welche auf einzelne Familien und besonders auf jene Frauen erbittert sind, die Jesus anhängen und ihm seither öffentliches Zeugnis gegeben haben.

An anderen Orten wird die Nachricht auf würdigere Weise aufgenommen. Einige erschrecken, andere wehklagen einsam oder suchen scheu einen gleichgesinnten Freund, um ihr Herz auszuschütten. Wenige aber wagen es, ihre Anteilnahme laut und entschieden auszusprechen.

Jedoch noch nicht überall ist man aufgeregt in der Stadt, sondern nur da, wo die Boten die Einladung zum Gericht hinbringen und wo die Pharisäer ihre falschen Zeugen aufsuchen und besonders, wo die Straßen in den Weg auf Sion zusammenstoßen. Es ist, als sehe man auf den verschiedensten Punkten Jerusalems sich Funken von Grimm und Zorn entzünden und diese, durch die Straßen hinlaufend, mit anderen Begegnenden sich vereinen und immer stärker und dichter endlich sich wie ein trüber Feuerstrom nach Sion hinauf ins Richterhaus des Kaiphas ergießen. In einzelnen Teilen der Stadt ist noch alles ruhig, aber auch da wird es nach und nach lebendiger.

Die römischen Soldaten nehmen nicht teil, aber ihre Posten sind verstärkt, und ihre Scharen sind alle dicht beisammen. Sie achten scharf auf alles, was vorgeht. Sie sind immer in der Osterzeit wegen der großen Volksversammlung so ruhig, gefasst und zugleich so sehr auf ihrer Hut. Die Leute, die jetzt auf den Beinen sind, vermeiden die Gegenden, wo ihre Wachtposten stehen; denn es ist den pharisäischen Juden immer ärgerlich, von ihnen angerufen zu werden. Die Hohenpriester haben dem Pilatus gewiss schon angezeigt, warum sie Ophel und einen Teil von Sion mit Kriegsknechten besetzten; aber er und sie sind misstrauisch aufeinander; auch er schläft nicht, er empfängt Berichte und gibt Befehle. Sein Weib aber liegt ausgestreckt auf ihrem Lager, sie schläft tief, jedoch unruhig, sie seufzt und weint wie in schweren Träumen. Sie schläft und erfährt doch viel, viel mehr als Pilatus.

Auf keiner Stelle der Stadt ist aber eine so rührende Teilnahme an Jesus als in Ophel unter den armen Tempelsklaven und Tagelöhnern, welche diesen Hügel bewohnen. Es kam der Schreck so plötzlich in der stillen Nacht über sie, die Gewalttätigkeit weckte sie aus dem Schlaf. Da zog ihr heiliger Lehrer, ihr Wohltäter, der sie geheilt und genährt hatte, ganz zerschmettert und misshandelt wie ein furchtbares Nachtgesicht durch sie hindurch, und dann sammelte sich ihr Mitleid und ihre Wehklage von neuem um die schmerzvolle Mutter Jesu, welche mit den Ihrigen bei ihnen durchzog.

Ach! wohl ist es traurig zu sehen, wie die ganz von Leid zerrissene Mutter und die Freundinnen Jesu von Freundeshaus zu Freundeshaus, in mitternächtlicher, so heiligen Frauen ungewohnter Stunde mit banger Scheu durch die Straßen eilen müssen. Oft müssen sie sich vor einer frech vorüberziehenden Schar verbergen und in Winkel drängen, oft werden sie gleich schlechten Frauen angehöhnt, vielfach hören sie bittere schadenfrohe Reden der Vorübergehenden, selten ein mitleidiges Wort für Jesus. Endlich in ihrem Zufluchtsort angelangt, sinken sie ermattet unter Tränen und Händeringen, alle gleich trostlos, ohnmächtig nieder, unterstützen sich, umarmen sich oder sitzen in einsamem Schmerz, das verhüllte Haupt auf die Knie gesenkt.

Da pocht es an der Pforte, sie lauschen schweigend voll Angst, das Klopfen ist leise und scheu, so pocht kein Feind, sie öffnen mit Bangigkeit, es ist ein Freund oder Freundesdiener ihres Herrn und Meisters, sie umdrängen ihn mit Fragen und hören neues Leid, und es lässt sie nicht ruhen, sie eilen nochmals hinaus auf die Wege, zu forschen, und kehren mit erneuten Schmerzen abermals zurück.

Die meisten Apostel und Jünger des Herrn irren jetzt scheu in den Tälern bei Jerusalem umher und verbergen sich in den Höhlen am Ölberg. Einer von dem anderen Herankommenden erschreckt, fragen sie sich leise um Nachricht, und jeder nahende Fußtritt unterbricht ihre bangen Mitteilungen. Öfters wechseln sie den Ort und nähern sich einzeln der Stadt wieder. Andere schleichen in die Osterlager zu Bekannten ihrer Heimat, um Nachrichten zu erforschen oder Kundschafter nach der Stadt zu senden. Manche steigen am Ölberg hinan und schauen bang nach der Bewegung der Fackeln und dem Getöse auf Sion hin und deuten sich alles auf mannigfache Weise und eilen dann wieder nach dem Tal nieder, irgendeine Gewissheit zu gewinnen.

Die Stille der Nacht wird immer mehr durch das Geräusch um Kaiphas' Richthaus her unterbrochen. Diese Gegend schimmert von Fackeln und brennenden Pechpfannen; rings um die Stadt aber ertönt das Gebrüll der vielen Last- und Opfertiere, die von den unzähligen Fremden jetzt in die Osterlager gebracht sind, und wie unschuldig rührend schallt das hilflose, demütige Blöken der unzähligen Lämmer durch die Nacht, welche morgen am Tempel geschlachtet werden sollen. Eines aber nur ist geopfert, weil es selbst gewollt, und tut seinen Mund nicht auf, wie ein Schaf, das zur Schlachtbank geführt wird, und wie ein Lamm, das vor dem Scherer verstummt, tut es seinen Mund nicht auf, das reine, makellose Opferlamm – Jesus Christus.

Über alles dieses hin ist ein wunderbar ängstlicher Himmel ausgespannt und wandelt der Mond, drohend, seltsam durch Flecken getrübt und gleichsam krank und entsetzt, als zage er, voll zu werden, denn dann ist Jesus gemordet. Draußen aber an der Mittagsseite der Stadt im steilen Tale Hinnom, herumgepeitscht vom bösen Gewissen, wo es unwegsam und unheimlich ist, an verfluchtem Ort, bei Sumpf und Unrat und Auswurf, einsam, ohne Gesellen, den eigenen Schatten fliehend, irrt vom Teufel gehetzt, Judas Ischariot, der Verräter

– und Tausende von bösen Geistern eilen umher und treiben und verwirren die Menschen zur Sünde. Die Hölle ist los und treibt zur Sünde überall, und die Last des Lammes steigt, und der wachsende Grimm des Satans verdoppelt, verwirrt und verwickelt sich. Das Lamm nimmt alle Last auf sich, der Satan aber will die Sünde, und sündigt dieser Gerechte auch nicht, fällt dieser vergeblich Versuchte auch nicht, so sollen seine Feinde doch in ihrer Sünde verderben.

Alle Engel aber zagen zwischen Trauer und Freude, sie möchten vor Gottes Thron flehen, helfen zu können, vermögen aber nur, staunend das Wunder der göttlichen Gerechtigkeit und Barmherzigkeit anzubeten, das im Allerheiligsten des Himmels von Ewigkeit da war und jetzt in der Zeit auf der Erde zu geschehen beginnt, denn auch die Engel glauben an Gott, den allmächtigen Vater, Schöpfer Himmels und der Erde, und an Jesus Christus, seinen einzigen Sohn, unseren Herrn, der empfangen ist vom Heiligen Geiste, geboren aus Maria der Jungfrau, der heute nacht zu leiden beginnt unter Pontius Pilatus, der morgen gekreuzigt, sterben und begraben werden wird; der zur Hölle absteigen und am dritten Tage wieder von den Toten auferstehen wird; der auffahren wird gegen den Himmel, wo Er sitzet zur rechten Hand Gottes, des allmächtigen Vaters, von dannen Er kommen wird, zu richten die Lebendigen und die Toten; denn auch sie glauben an den Heiligen Geist, eine heilige, allgemeine Kirche, Gemeinschaft der Heiligen, Vergebung der Sünden, Auferstehung des Fleisches und ein ewiges Leben. Amen!

Alles dieses ist nur ein kleiner Teil der Eindrücke, welche ein armes, sündenvolles Herz mit Angst, Reue, Trost und Mitleid bis zum Zerspringen erfüllen mussten, wenn sich die Betrachtung, gleichsam Hilfe suchend, auf wenige Minuten von der grausamen Gefangenführung unseres Heilands weg und über Jerusalem hinwendete in dieser ernstesten Mitternacht der endlichen Zeit, in der Stunde, da die unendliche Gerechtigkeit und die unendliche Barmherzigkeit Gottes, sich begegnend, umarmend und durchdringend, das heiligste Werk der Gottes- und Menschenliebe begannen, die Sünden der Menschen zu strafen an dem Gottmenschen und zu sühnen durch den Gottmenschen. – So war es umher, als der liebe Erlöser zu Annas geführt wurde.

Jesus vor Annas

Etwa um Mitternacht ward Jesus in dem Palast des Annas durch den beleuchteten Vorhof in eine Halle eingeführt, welche den Umfang einer kleinen Kirche hatte. Dem Eingang gegenüber saß Annas, umgeben von achtundzwanzig Räten, auf einer hohen Terrasse, unter welcher man von der Seite her durchgehen konnte. Von der Vorderseite führte eine mit Ruheplätzen unterbrochene Treppe zu diesem Richtsitz des Annas, welcher seinen Eingang hierher von hinten aus dem Innern des Gebäudes hatte.

Jesus, von einem Teil der Kriegsknechte, die ihn gefangen genommen, noch umgeben, wurde von den Bütteln, die ihn führten, mehrere Stufen mit den Stricken hinangezerrt. Den übrigen Raum der Halle füllten Kriegsknechte und allerlei Gesindel, schmähende Juden, Diener des Annas und ein Teil der Zeugen, welche Annas zusammengetrieben hatte und die sich später bei Kaiphas einstellten.

Annas konnte die Ankunft des armen Heilands kaum erwarten. Er sprühte vor Schadenfreude, Arglist und Hohn. Er war jetzt das Oberhaupt eines gewissen Gerichtes und saß hier mit seinem Ausschuss, seiner Kommission, die über die reine Lehre zu wachen und das Anklägeramt vor dem Hohenpriester auszuüben hatte.

Jesus stand bleich, abgehetzt, in nassem, mit Kot beflecktem Gewand, mit gefesselten Händen, von den Schergen an Stricken gehalten, mit gesenktem Haupt schweigend vor Annas. Dieser alte, hagere Bösewicht, mit dünnem Bart, voll Hohn und kalter jüdischer Hoffart, stellte sich halb lächelnd, als wisse er gar nicht und als wundere er sich höchlich, dass Jesus der ihm angekündigte Gefangene sei. Seine Anrede an Jesus, die ich nicht mit denselben Worten vorbringen kann, war ihrem Sinne nach ungefähr folgend: «Ei, sieh da, Jesus von Nazaret! Du bist es! Wo sind denn deine Jünger, dein großer Anhang? Wo ist dein Königreich? Es scheint alles eine andere Wendung mit dir genommen zu haben! Das Schmähen hat sein Ende gefunden; man hat zugesehen, bis es genug war des Gotteslästerns, Priesterlästerns und Sabbatschändens. Wer sind deine Jünger? Wo sind sie? Nun schweigst du, rede! Aufwiegler! Verführer! Du hast ja das Osterlamm schon gegessen auf ungewohnte Art, zu ungewohnter Zeit, an ungewohntem Orte? Du willst eine neue Lehre aufbringen. Wer hat dir das Recht zu lehren gegeben? Wo hast du gelernt? Sprich! Was ist deine Lehre, die alle empört? Sprich! Rede! Was ist deine Lehre?»

Da richtete Jesus sein müdes Haupt empor, sah Annas an und sprach: «Ich habe öffentlich geredet vor aller Welt. Ich habe allezeit gelehrt in den Synagogen oder im Tempel, wo alle Juden zusammenkommen. Heimlich habe ich nichts geredet. Warum fragst du mich? Frage die, welche gehört haben, was ich zu ihnen geredet habe. Sieh! diese wissen, was ich geredet habe!»

Als das Angesicht des Annas bei diesen Worten Jesu Grimm und Hohn verriet und ein schändlicher augendienernder Gerichtsknecht, der neben Jesus stand, dieses bemerkte, schlug dieser Schurke den Herrn mit voller Hand, an der er mit Eisen bewaffnet war, prasselnd auf Mund und Wange mit den Worten: «Antwortest du so dem Hohenpriester?» Jesus, von der Heftigkeit des Schlages erschüttert und von den zugleich stoßenden und zerrenden Bütteln gerissen, fiel seitwärts auf die Stufen, das Blut floss ihm vom Angesicht; Höhnen, Murren, Lachen und Schimpfen füllte die Halle. Sie rissen aber Jesus unter Misshandlungen wieder auf, und der Herr sprach ruhig: «Habe ich unrecht geredet, so beweise es, habe ich aber recht geredet, was schlägst du mich?»

Annas, durch Jesu Ruhe höchst ergrimmt, forderte nun die Anwesenden auf, weil Er es selbst begehre, jetzt zu sagen, was sie denn von ihm gehört, was Er geredet habe. Da erfolgte nun ein verwirrtes Schmähen und Schreien von allerlei Gesindel. Er habe gesagt, Er sei ein König, Gott sei sein Vater, die Pharisäer seien Ehebrecher, Er wiegle das Volk auf, Er heile am Sabbat durch den Teufel, die Leute in Ophel seien wie rasend um ihn gewesen, sie hätten ihn ihren Retter, ihren Propheten genannt, Er lasse sich Sohn Gottes nennen, Er spreche, Er sei Gottes Gesandter, Er schreie wehe über Jerusalem, lehre vom Untergang der Stadt, halte die Fasten nicht, ziehe mit vielem Volk herum, esse mit Unreinen, mit Heiden, Zöllnern und Sündern, schleppe sich mit Ehebrecherinnen und schlechten Frauen. Er habe noch jetzt erst vor dem Tor in Ophel gesagt, Er wolle einem, der ihm zu trinken gab, Wasser des ewigen Lebens geben, und es solle ihn nie wieder dürsten. Er führte das Volk irr durch vieldeutige Worte. Er verschwende fremdes Geld und Gut und rede den Menschen allerlei Unwahrheiten von seinem Reich vor und vieles dergleichen.

Alle diese Beschuldigungen wurden dem Herrn wirr durcheinander vorgeworfen, sie traten vor ihn und sagten ihm alles solches, mit Schimpfworten vermischt, in das Angesicht, und die Schergen stießen ihn hin und her und sagten: «Sprich! Antworte!» – Annas und seine Räte aber sprachen hohnlächelnd dergleichen Worte dazwischen, als z.B.: «Nun, da hören wir die feine Lehre. Was antwortest du? Das wäre also die öffentliche Lehre. Das Land ist voll davon. Kannst du hier nichts vorbringen? Warum befiehlst du nicht, König? – Du, Gottes Gesandter, – zeige nun deine Sendung!»

Auf jede solche Äußerung der Oberen erfolgte ein Zerren, Stoßen, Höhnen der Schergen und Nahestehenden, die alle es gern dem frechen Faustschläger gleich getan hätten.

Jesus wankte hin und her, und Annas sprach mit kaltem Hohn zu ihm: «Wer bist du, was für ein König, was für ein Gesandter bist du? Ich meinte, du seist eines unbekannten Zimmermanns Sohn, oder bist du Elias, der auf dem feurigen Wagen zum Himmel gefahren ist? Sie sagen, er lebe noch, du kannst dich auch unsichtbar machen, du bist oft entwischt, oder bist du gar Malachias? Du hast immer geprahlt von diesem Propheten und legst ihn gerne auf dich aus, es ist auch so ein Geschwätz von ihm, er habe keinen Vater gehabt, er sei ein Engel gewesen, er sei nicht gestorben, eine schöne Gelegenheit für einen Betrüger, sich für ihn auszugeben. Sage, was bist du für ein König? Du seist mehr als Salomo; das ist auch ein Wort von dir. Wohlan, ich will dir den Titel deines Reiches nicht länger vorenthalten.» Und nun ließ sich Annas einen etwa ein Viertel Ellen langen und drei Finger breiten Zettel geben, legte ihn auf eine vorgehaltene Tafel und schrieb mit einer Rohrfeder eine Reihe großer Buchstaben darauf, deren jeder eine Beschuldigung gegen den Herrn enthielt. Diesen Zettel steckte er zusammengerollt in einen hohlen kleinen Flaschenkürbis und oben einen Zapfen auf die Öffnung, befestigte dann den Kürbis auf ein Rohr und sagte, indem er ihm diesen Spottzepter darreichen ließ, mit kaltem Hohne solche Worte wie: «Hier hast du das Zepter deines Reiches, es sind alle deine Titel, Würden und Rechte darin eingeschlossen. Trage sie hin zu dem Hohenpriester, dass er deine Sendung und dein Reich daraus erkenne und dich nach Würden behandle. Bindet ihm die Hände und führt diesen König vor den Hohenpriester.»

Sie hatten aber Jesus früher die Hände losgebunden und banden sie ihm nun, nachdem sie ihm das Schimpfzepter, das die Anklage des Annas enthielt, hineinbefestigt hatten, kreuzweis vor der Brust, und so führten sie den Herrn unter Gelächter, Hohngeschrei und Misshandlungen zur Halle hinaus zu Kaiphas.

Jesus wird von Annas zu Kaiphas geführt

Als Jesus zu Annas geführt wurde, hatte er das Haus des Kaiphas schon nach einer Seite hin liegen lassen, und er wurde nun in einer Winkellinie wieder zurückgeführt. Das Haus des Annas wird von jenem des Kaiphas kaum dreihundert Schritte entfernt sein[17].

Der Weg, welcher teils durch Mauern und Reihen von kleineren Gebäuden, die zum Gerichtshaus des Kaiphas gehören, führt, war mit Feuerkesseln auf Stangen beleuchtet und voll schreiender und tobender Juden. Die Soldaten konnten kaum die Menge abhalten. Die, welche bei Annas geschimpft hatten, wiederholten jetzt dessen Schimpfreden auf ihre Weise nochmals vor dem Volk, und Jesus ward während des ganzen Weges geschmäht und misshandelt. Ich sah, wie vielerlei bewaffnete

Gerichtsdiener einzelne kleine Haufen von wehklagenden Leuten, die Jesus bemitleideten, hinwegtrieben und wie sie anderen, die sich durch Schmähen oder Beschuldigungen auszeichneten, Geld gaben und sie mit ihren Gesellen in den Hof des Kaiphas einließen.

Gerichtshof des Kaiphas

Um zu dem Gerichtshaus des Kaiphas zu kommen, geht man zuerst durch ein Tor in einen geräumigen äußeren Hof, dann wieder durch ein Tor in einen anderen Hof, der mit seinen Mauern das ganze Haus umgibt. (Wir werden diesen künftig den inneren Hof nennen.) Den vorderen Teil des Hauses, das über zweimal so lang als breit ist, bildet ein an drei Seiten mit bedeckten Säulengängen umgebener, in der Mitte aber dachloser geplatteter Raum, der Vorhof oder das Atrium genannt, in welches von diesen drei Seiten Eingänge führen.

Der Haupteingang in das Atrium ist an der langen Seite des Hauses; hier eintretend, kommt man links unter freiem Himmel zu einer ausgemauerten Grube, worin Feuer unterhalten wird, und wendet man sich rechts, so zeigt sich, die vierte Seite des Atriums bildend und ein paar Stufen höher liegend, hinter einigen höheren Säulen ein bedeckter Raum, ungefähr halb so groß wie das Atrium, in welchem sich die Sitze der Ratsversammlung auf einem mehrere Stufen aufsteigenden Halbkreis befinden. Der Sitz des Hohenpriesters ist oben in der Mitte.

Der Standort des Angeklagten ist im Mittelpunkt des Halbkreises, von den Wachen umgeben, und zu beiden Seiten und hinter ihm, bis in das Atrium hinab, ist die Stelle der Zeugen und Ankläger. Zu diesem halbrunden Sitz der Richter führen von der Rückwand drei Eingänge, welche aus einem hinter dem Gerichtssitz liegenden, größeren runden Saal kommen, dessen Wand auch von einem kreisförmigen Sitze umgeben ist. Hier werden abgesonderte Sitzungen gehalten. Wenn man vom Gerichtssitz aus in diesen runden Saal tritt, führen links und rechts Türen aus demselben mehrere Stufen hinab außerhalb des Hauses in den inneren, umgebenden Hof, der hier, der Form des Hauses folgend, in die Runde läuft. Von der rechts aus dem Saal führenden Tür hinaustretend und sich links im Hof gegen das Gebäude wendend, kommt man an die Tür eines dunklen unterirdischen Kerkergewölbes, welches sich unter diesem hinteren Saal befindet, der, wie der öffentliche Gerichtssitz höher als das Atrium liegend, den Raum zu unterirdischen Gewölben darbietet. Es sind mehrere Kerker in diesem runden Teil des Hofes, in deren einen ich nach dem Pfingstfest Johannes und Petrus eine Nacht lang gefangen sitzen sah, als Petrus den Lahmen an der schönen Pforte des Tempels geheilt hatte.

In dem Gebäude und umher war alles voll Fackeln und Lampen, es war hell wie am Tage. In der Mitte des Atriums leuchtete außerdem die große Feuergrube, sie ist wie ein in den Boden versenkter oben offener Ofen, man wirft von oben Brand hinein, ich glaube Erdkohlen. Es steigen an den Seiten etwas über Mannshöhe wie Hörner daraus empor, es sind Röhren, die den Rauch ablenken, in der Mitte sieht man jedoch das Feuer. Es drängten sich Soldaten, Gerichtsknechte, allerlei Gesindel, gemeine, bestochene Zeugen um das Feuer; es waren auch Weibsleute zwischen ihnen, darunter schlechte Dirnen. Die schenkten da ein rotes Getränk aus und backten Kuchen für die Soldaten um Geld. Es ging da wirr her, als sei Fastnachtsabend.

Die meisten Berufenen waren schon um den Hohenpriester Kaiphas auf dem halbrunden Richtersitz versammelt, hie und da kamen noch einige. Die Ankläger und falschen Zeugen füllten schier das Atrium. Viele Leute drängten sich zu, und man wies sie mit Gewalt weg.

Kurz vor der Ankunft des Zuges mit Jesus kamen auch Petrus und Johannes, noch mit den Botenmänteln bekleidet, bis in den äußersten Hof vor das Haus. Johannes kam auch noch glücklich durch Verwendung des ihm bekannten Dieners durch das Tor des inneren Hofes, welches man jedoch des großen Andrangs wegen hinter ihm schloss. Petrus aber, der sich im Gedränge verspätet hatte, kam vor das verschlossene Tor des inneren Hofes, und die Pförtnerin wollte ihn nicht einlassen. Johannes aber sprach von innen mit dieser, dass sie ihm öffnen möge, und er wäre dennoch nicht hereingekommen, wenn Nikodemus und Joseph von Arimathäa, welche nun auch ankamen, ihm nicht hereingeholfen hätten. Im Innern gaben sie die Mäntel wieder an die Diener ab und stellten sich still unter die Menge im Atrium zur Rechten, wo man auf den Sitz der Richter sah. Kaiphas saß schon auf seinem Richtstuhl oben in der Mitte des gestuften Halbkreises, um ihn her saßen wohl an die siebzig Glieder des Hohen Rates. Viele Stadtverordnete, Älteste, Schriftgelehrte standen und saßen an beiden Seiten und um sie her viele Zeugen und Schurken. Es waren Kriegsknechte zu den Füßen des Ratssitzes unter den Eingangssäulen und durch das Atrium bis zu jenem Tor aufgestellt, durch welches der Zug erwartet wurde; es war dies aber nicht das dem Richtersitz gerade gegenüberliegende Tor, sondern es lag von diesem Sitz aus an der linken Seite des Atriums.

Kaiphas war ein gesetzter Mann von glühendem, grimmigem Angesicht. Er trug einen langen, dunkelroten, mit goldenen Blumen und Quasten verzierten Mantel, auf Brust und Schultern und überhaupt vorn herab mit allerlei blinkenden Schildern zusammengeheftet; er hatte eine Mütze auf, die oben einer niederen Bischofsmütze glich; zwischen dem zusammengebogenen Hinter- und Vorderteil waren an der Seite Öffnungen, wo etwas Stoff heraushing; an der Seite des Kopfes fielen Lappen auf die Schultern herab. Kaiphas war schon ziemlich lange Zeit mit seinen Anhängern des Hohen Rats versammelt, viele waren seit dem Auszug des Judas mit der Schar beisammengeblieben. Seine Ungeduld und sein Grimm wuchsen so hoch, dass er selbst in seinem ganzen Ornat von dem hohen Sitz in den Vorhof hinablief und zankte und fragte, ob er noch nicht bald komme; indem näherte sich der Zug, und er kehrte zu seinem Sitz zurück.

Unter tobendem Hohngeschrei, Stoßen, Reißen und mit Unflat beworfen, ward Jesus in das Atrium geführt, wo ein dumpfes Murren und Flüstern des zurückgehaltenen Grimms an die Stelle der ungebundenen Pöbelwut trat. Vom Eingang wendete der Zug sich rechts vor dem Richtersitz, und als Jesus bei Petrus und Johannes vorüberging, blickte sie der liebe Heiland an, doch ohne sein Haupt zu wenden, um sie nicht zu verraten. Kaum war Jesus durch die Säulen empor vor den Rat getreten, als Kaiphas ihm auch schon entgegenschrie: «Bist du da, du Gottesschänder, der uns diese heilige Nacht zerstört!»

Der Flaschenkürbis, worin der Anklagezettel des Annas, wurde nun von dem Spottzepter Jesu abgenommen, und nachdem die Beschuldigungen abgelesen worden, ergoss sich Kaiphas in einem Strom von Schimpfnamen und Vorwürfen gegen Jesus, und die Schergen und näherstehenden Soldaten zerrten und stießen unseren Herrn; sie hatten eiserne Stäbchen in den Händen, an denen oben stachelige, birnenförmige Köpfe saßen, mit welchen sie ihn hin und her stießen und dazu schrien: «Antworte! Öffne den Mund! Kannst du nicht reden?»

Alles dieses geschah, während Kaiphas noch grimmiger als Annas eine Unzahl stürmender Fragen an Jesus tat, der still und leidend vor sich nieder sah, ohne Kaiphas anzublicken. Die Schergen aber wollten ihn zum Reden zwingen, sie stießen ihn in den Nacken und in die Seite, sie schlugen ihn auf die Hände und stachen ihn mit Pfriemen. Ja, ein greulicher Bube drückte ihm mit dem Daumen die Unterlippe auf die Zähne und sagte: «Hier, nun beiße!»

Nun aber folgte das Zeugenverhör. Es war dieses teils nur ein wirres Schreien und Toben von bestochenem Pöbel, teils waren es die Aussagen von einzelnen Parteien seiner grimmigsten pharisäischen und sadduzäischen Feinde aus dem ganzen Lande, die hier an dem Fest ausgesucht worden waren. Man brachte alles wieder vor, worauf Er hundertmal geantwortet hatte: Er heile und treibe die Teufel durch den Teufel aus, schände den Sabbat, breche die Fasten, seine Jünger wüschen die Hände nicht, Er wiegle das Volk auf, Er nenne die Pharisäer Schlangengezücht und Ehebrecher, prophezeie den Untergang Jerusalems, gehe mit Heiden, Zöllnern, Sündern und schlechten Weibern um. Er ziehe mit großen Scharen umher, lasse sich einen König, Propheten, ja den Sohn Gottes nennen und spreche immer von seinem Reich. Er bestreite die Erlaubnis der Ehescheidung. Er habe wehe über Jerusalem gerufen. Er nenne sich das Brot des Lebens. Er führe unerhörte Lehren: wer sein Fleisch nicht esse, sein Blut nicht trinke, werde nicht selig werden.

Auf diese Weise wurden alle seine Worte, Lehren und Parabeln verdreht und verkehrt, von Schimpfworten und Misshandlungen unterbrochen, als Beschuldigung gegen ihn vorgebracht. Alle aber widersprachen und verwickelten sich. Der eine sagte: «Er gibt sich für einen König aus»; der andere: «Nein, Er lässt sich nur so nennen, und als man ihn ausrufen wollte, lief Er hinweg»; dann schrie einer aus: «Aber Er sagt, Er sei Gottes Sohn!» Ein anderer aber erwiderte: «Nein, dies nicht, Er nennt sich nur Sohn, weil Er des Vaters Willen tue.»

Einige sagten, Er habe sie geheilt, und sie seien nachher wieder krank geworden, mit seinem Heilen sei es nichts als Zauberei. Auf Zauberei liefen überhaupt viele Beschuldigungen und Zeugnisse hinaus. Vom Heilen des Mannes am Teich Bethesda wurde auch falsch gezeugt und gelogen und widersprochen. Auch die Pharisäer von Sephoris, mit denen Er einmal über die Ehescheidung disputierte, beschuldigten ihn der falschen Lehre, und jener Jüngling von Nazaret, den Er nicht unter seine Jünger aufnehmen wollte, war auch niederträchtig genug, hier aufzutreten und gegen ihn zu zeugen. Auch über das Lossprechen der Ehebrecherin am Tempel und das Zeihen der Pharisäer beschuldigten sie ihn außer vielem anderem.

Sie vermochten jedoch keine rechtlich begründete Anschuldigung zustandezubringen. Die Zeugenhaufen traten ab und auf und schimpften ihm mehr ins Gesicht, als dass sie zeugten. Sie stritten nur immer heftig untereinander, und dazwischen setzte sich das Schimpfen von Kaiphas und einzelnen Räten ununterbrochen fort. Sie schrien immer zwischendurch: «Welch ein König bist du?» «Zeige deine Macht. Rufe die Legionen Engel, von denen du im Ölgarten sprachst. Wo hast du das Geld der Witwen und Toren hingebracht, ganze Güter hast du verschleudert, was ward aus allem diesem? Antworte, rede! Jetzt, da du reden solltest vor dem Richter, verstummst du, wo du aber besser geschwiegen hättest, vor dem Pöbel und Weibergesindel, da hattest du viele Worte», usw.

Alle diese Reden waren von steten Misshandlungen durch die Gerichtsdiener begleitet, die ihn mit Schlagen und Stoßen zum Antworten zwingen wollten. Durch Gott allein konnte Er bei allem diesem noch länger leben, um die Sünden der Welt zu tragen. Einige niederträchtige Zeugen sagten aus, der Herr sei ein unehelicher Sohn; da widersprachen aber andere und sagten: «Das ist erlogen, denn seine Mutter war eine fromme Jungfrau im Tempel, und wir waren bei ihrer Trauung mit einem sehr gottesfürchtigen Mann zugegen.» Diese Zeugen fingen darüber zu zanken an.

Man warf Jesus und den Jüngern auch vor, dass sie am Tempel nicht opferten. Ich habe auch nicht gesehen, dass Jesus oder die Apostel, seit sie bei ihm waren, Schlachtopfer zum Tempel gebracht, außer die Osterlämmer. Joseph und Anna opferten jedoch bei ihren Lebzeiten oft für Jesus. – Diese Beschuldigung aber war wertlos, denn die Essener brachten auch keine Schlachtopfer, ohne darum strafwürdig zu sein. Den Vorwurf der Zauberei brachten sie häufig vor, und Kaiphas behauptete selbst mehrmals, die Verwirrung der Zeugen sei eine Folge seiner Zauberkünste.

Einige sagten nun, Er habe das Paschah unregelmäßig gestern, nämlich am heutigen Sabbat schon, gegessen und auch voriges Jahr schon Unordnung darin gehalten; darüber wurde auch viel getobt und geschimpft. Die Zeugen aber hatten sich so verwirrt und versprochen, dass Kaiphas und der sämtliche Rat ganz beschämt und ergrimmt waren, indem sie auch gar nichts auftreiben konnten, was sich einigermaßen hielt. Nikodemus und Joseph von Arimathäa wurden aber aufgerufen, sich zu erklären, weil Er das Paschah in des letzteren Ostersaal auf Sion gegessen, und sie traten vor Kaiphas und sagten und bewiesen es aus Schriftrollen, dass die Galiläer nach einem alten Herkommen das Paschah einen Abend früher essen dürfen. Das Osterlamm sei übrigens in der Ordnung, denn es seien Leute vom Tempel zugegen gewesen. Dieses letzte machte die Zeugen sehr verlegen, und besonders ärgerte es die Feinde Jesu, als Nikodemus die Schriftrollen holen ließ und das Recht des Galiläers daraus vorlegte.

Außer mehreren Gründen für dieses Recht der Galiläer, die ich vergessen habe, war als ein Grund angeführt, dass man sonst bei sehr großer Volksmenge im Tempel nicht zur gesetzlichen Zeit fertig werden könne und das Gedränge auf der Heimkehr zu groß würde. Obgleich nun von diesem Recht der Galiläer nicht immer Gebrauch gemacht wurde, wo war es doch durch die vorgelegten Schriften von Nikodemus vollkommen erwiesen, und der Grimm der Pharisäer gegen Nikodemus stieg noch mehr, als dieser seine Worte mit der Erklärung schloss, wie sehr der ganze Rat in einer mit so selbstsicherem Vorurteil, in so stürmischer Eile in der Nacht vor dem heiligsten Fest unternommenen Anklage sich durch die schlagenden Widersprüche aller Zeugen vor der hier versammelten Menge beschimpft fühlen müsse.

Sie blickten mit Grimm auf Nikodemus und trieben ihr schnödes Zeugenverhör um so eilender und unverschämter, und nach vielen schändlichen, verkehrten, lügenhaften Aussagen traten zuletzt noch zwei Zeugen auf und sagten: Jesus habe gesagt, Er wolle den Tempel, der mit Händen gemacht ist, abbrechen und einen anderen in drei Tagen wieder aufbauen, der nicht mit Menschenhänden gemacht ist. Aber diese beiden zankten sich auch. Der eine sagte: Er wolle einen neuen Tempel aufführen, darum habe Er ein anderes Paschah in einem anderen Gebäude gehalten, denn Er wolle den alten Tempel abbrechen. Der andere aber sagte: jenes Gebäude sei ja von Menschenhänden gebaut, dieses habe Er also nicht gemeint.

Kaiphas wurde nun ganz erbittert, denn die Misshandlung Jesu, der Widerspruch der Zeugen und die unbegreifliche stumme Geduld des Angeklagten machten einen sehr üblen Eindruck auf viele Anwesende. Einigemal wurden die Zeugen schier verlacht. Vielen wurde bei dem Schweigen Jesu ganz bange im Gewissen, und etwa zehn Kriegsknechte wurden so dadurch gerührt, dass sie unter dem Vorwand der Übelkeit sich hinwegbegaben; und als sie bei Petrus und Johannes vorüberkamen, sprachen sie zu ihnen: «Dieses Schweigen Jesu des Galiläers bei so schändlichem Verfahren ist herzzerreißend, es ist, als solle einen die Erde verschlingen. Aber sagt, wo sollen wir uns hinwenden?»

Die beiden Apostel aber, vielleicht weil sie ihnen nicht trauten und fürchteten, von ihnen als Jünger Jesu verraten oder doch als solche von den Umstehenden erkannt zu werden, antworteten mit traurigem Blick nur im allgemeinen: «So euch die Wahrheit ruft, lasst euch von ihr führen, das übrige wird sich finden.» Da verließen diese Männer den Vorhof des Kaiphas und eilten zur Stadt hinaus. Sie begegneten aber anderen, welche sie jenseits der Höhe von Sion hinwiesen in die Höhlen südlich von Jerusalem. Hier fanden sie mehrere Apostel versteckt, welche anfangs vor ihnen erschraken, dann aber von ihnen Nachricht empfingen, wie es um Jesus stehe und dass auch für sie Gefahr sei, worauf sie sich wieder an andere Orte zerstreuten.

Kaiphas, durch das widersprechende Reden der beiden letzten Zeugen und ihre Beschämung ganz ergrimmt, stand nun von seinem Sitz auf und ging ein paar Stufen nieder zu Jesus und sagte: «Antwortest du nichts auf dieses Zeugnis?» Er ärgerte sich aber, dass Jesus ihn nicht anblickte. Da rissen die Schergen unserem Herrn das Haupt bei den Haaren zurück und stießen ihn mit Fäusten unter das Kinn. Sein Blick jedoch blieb gesenkt. Kaiphas aber ob die Hände heftig empor und sagte mit ergrimmter Stimme: «Ich beschwöre dich bei dem lebendigen Gott, dass du uns sagst, ob du Christus, der Messias, der Sohn Gottes, des Hochgelobten, bist?«

Da ward eine große Stille in all dem Getümmel, und Jesus sagte, von Gott gestärkt, mit einer unaussprechlich würdigen, alles erschütternden Stimme, mit der Stimme des ewigen Wortes: «Ich bin es, du sagst es! Und ich sage euch, bald werdet ihr den Menschensohn sitzen sehen zur Rechten der Majestät Gottes und kommen auf den Wolken des Himmels!»

Ich sah während dieser Worte Jesus wie leuchtend und über ihm den Himmel offen und sah darin in einem unaussprechlichen Inbegriff Gott den allmächtigen Vater, ich sah die Engel und das Gebet der Gerechten, als schrien und beteten sie für Jesus. Ich sah aber, als sage die Gottheit Jesu aus dem Vater und aus Jesus zugleich: «Wenn ich leiden könnte, wollte ich leiden, weil ich aber barmherzig bin, habe ich Fleisch angenommen im Sohn, auf dass der Menschensohn leide, denn ich bin gerecht, und sieh, die Sünden aller dieser, die Sünden aller Welt, trägt Er.»

Unter Kaiphas aber sah ich die ganze Hölle offen, einen trüben feurigen Kreis voll Greuelgestalten, und sah ihn darüber stehen, nur wie durch einen dünnen Flor über ihm getragen. Ich sah ihn durchdrungen vom Grimm der Hölle. Das ganze Haus erschien mir nun wie eine sich von unten aufwühlende Hölle. Es war, da der Herr feierlich ausgesprochen hatte, dass Er Christus, der Sohn Gottes sei, als erschrecke die Hölle vor ihm und lasse ihren ganzen Grimm gegen ihn plötzlich in dieses Haus aufsteigen. Wie mir aber alles in Formen und Bildern gezeigt wird (welche Sprache mir auch viel wahrer, kürzer und deutlicher ist als andere Explikationen, weil die Menschen doch auch Gestalten und handgreiflich und keine Redensarten sind), so sah ich die Angst und Wut der Hölle in unzähligen Greuelgestalten an vielen Stellen wie aus der Erde heraufdringen; ich erinnere mich, darunter ganze Scharen von kleinen dunklen Gestalten gleich aufrecht laufenden Hunden mit kurzen, langkralligen Pfoten gesehen zu haben, weiß aber jetzt nicht gleich zu bestimmen, welche Art von Bosheit mir in ihrer Gestalt gezeigt werden sollte; damals wusste ich es. Jetzt weiß ich nur noch die Gestalt, doch ist beides dasselbe.

Solche schreckliche Schatten sah ich in die meisten Anwesenden fahren oder vielen von ihnen auf dem Haupt oder den Schultern sitzen. Die Versammlung war voll von ihnen, und die Wut stieg in allen Bösen.

Ich sah auch in diesem Augenblick aus Gräben jenseits von Sion scheußliche Gestalten hervordringen, ich glaube, es waren böse Geister. Auch in der Nähe des Tempels sah ich viele Erscheinungen aus der Erde hervorgehen, und unter diesen erschienen mehrere gleich Gefangenen, die sich mit Fesseln schleppten. Ich weiß nicht mehr, ob all diese letzteren auch Erscheinungen böser Geister oder an irdische Orte gebannter Seelen waren, welche vielleicht zur Vorhölle zogen, die der Herr ihnen durch sein Todesurteil eröffnete. – Man kann solche Dinge nie vollkommen aussprechen, man möchte den Unwissenden kein Ärgernis geben, man fühlt aber diese Dinge, wenn man sie sieht und die Haare einem emporsteigen. Es war etwas Greuliches in diesem Augenblick. Ich glaube, Johannes muss auch davon gesehen haben, ich hörte ihn nachher davon reden. Wenigstens fühlten alle nicht ganz Verlorenen mit einem tiefen Grauen das Entsetzliche in diesem Augenblicken, die Bösen aber fühlten es mit einem wilden Aufflammen ihres Grimmes.

Und Kaiphas, wie von der Hölle begeistert, ergriff den Saum seines Prachtmantels, durchschnitt ihn mit einem Messer und zeriss ihn mit zischendem Geräusch, laut aufschreiend: «Er hat gelästert, was bedarf es noch der Zeugen, nun habet ihr die Gotteslästerung selbst gehört, was dünkt euch nun?» – Da standen alle noch Anwesenden auf und riefen mit schrecklicher Stimme: «Er ist des Todes schuldig! Er ist des Todes schuldig!»

Während dieses Geschreies war jenes finstere Wüten der Hölle am schrecklichsten im Hause. Die Feinde Jesu waren wie vom Satan berauscht und ebenso ihre Augendiener und hündischen Knechte[18]. Es war, als rufe die Finsternis ihren Triumph über das Licht aus. Es überfiel alle Anwesenden, in denen noch ein Bezug auf irgend etwas Gutes war, ein solches Grauen, dass viele sich verhüllten und hinwegschlichen. Auch die Vornehmeren unter den Zeugen verließen nun, da sie nicht mehr nötig waren, mit bösem Gewissen das Richthaus. Niedrigere trieben sich im Vorhof am Feuer herum, wo ihnen Geld ausgezahlt wurde und wo sie nun fraßen und soffen.

Der Hohepriester aber sagte nun den Schergen: «Ich gebe euch diesen König preis, tut dem Gotteslästerer seine Ehre an», und er begab sich dann mit seinen Ratsherren in den hinter dem Richtersitz gelegenen runden Saal, in welchen man von hier aus nicht sehen konnte.

Johannes in seiner tiefen Betrübnis gedachte nun der armen Mutter Jesu. Er war besorgt, es möge ihr die schreckliche Botschaft durch irgendeinen Feind noch verwundender mitgeteilt werden, und so blickte er nochmals nach dem Heiligsten der Heiligen, gedenkend: «Meister, du weißt wohl, warum ich gehe», und eilte dann, als sende ihn Jesus selbst aus dem Richthaus zu der heiligen Jungfrau. Petrus aber, ganz zerstört von Angst und Schmerz und durch Ermüdung die empfindliche Kühle des nahenden Morgens lebhafter fühlend, verbarg seine verzweifelte Betrübnis, so gut er konnte, und nahte schüchtern der Feuergrube im Atrium, bei welchem allerlei Gesindel sich wärmend herumtrieb. Er wusste nicht, was er tat, aber er konnte nicht von seinem Meister hinweg.

Jesu Verspottung vor Kaiphas

Indem Kaiphas, Jesus preisgebend, mit dem Rat den Gerichtssaal verließ, stürzte die Rotte aller anwesenden bösen Buben wie ein ergrimmter Wespenschwarm über unseren Herrn, der bisher noch immer von zwei der vier ersten Schergen an Stricken festgehalten worden war. Zwei von diesen vier hatten sich vor dem Gericht entfernt, um sich mit anderen abzulösen. Schon während des Verhörs hatten die Schergen und andere Schurken ganze Locken aus dem Haupthaar und dem Bart Jesu schmerzlich ausgerissen.

Es nahmen gute Leute heimlich einige Flocken dieser Haare vom Boden auf und schlichen damit von dannen, aber sie sind ihnen später verschwunden. Auch angespien hatte die böse Rotte Jesus schon während des Verhöres und unzähligemal mit Fäusten geschlagen, mit stachelkolbigen Stöcken gestoßen und mit Nadeln gestochen. Nun aber ergoss sich ihre Büberei auf eine unsinnige Weise über den armen Jesus. Sie setzten ihm abwechselnd mehrere Kronen, von Stroh und Bast geflochten, in verschiedenen Formen des Spottes auf und schlugen sie ihm immer wieder mit anderen boshaften Hohnworten von dem Haupt.

Bald sagten sie: «Seht den Sohn Davids mit der Krone seines Vaters», bald: «Seht, das ist mehr als Salomon», bald: «Da ist der König, der seinem Sohne Hochzeit macht», und so höhnten sie in ihm alle ewige Wahrheit, die Er zum Heile der Menschen in Wahrheit und Gleichnis ausgesprochen hatte. Sie schlugen ihn mit Fäusten und Stöcken, warfen ihn hin und her und spien ihn auf eine scheußliche Weise an. Sie flochten zuletzt noch eine Krone von dickem Weizenstroh, wie es dortzulande wächst, setzten ihm eine hohe Mütze, fast wie eine hohe jetzige Bischofsmütze, auf und den Strohkranz darüber, nachdem sie ihm seinen gewirkten Rock ausgezogen hatten.

Da stand nun der arme Jesus, mit der Unterleibsbinde und einem Brust- und Nackenskapulier bekleidet, aber auch dieses letztere rissen sie ihm ab, und Er hat es nicht wieder erhalten. Sie hängten ihm hierauf einen alten, ganz zerlumpten Mantel um, dessen vorderer Teil die Knie nicht bedeckte, und legten ihm um den Hals eine lange Eisenkette, welche ihm gleich einer Stola von den Schultern über die Brust bis zu den Knien niederhing. Diese Kette aber endete mit zwei schweren und stacheligen großen Ringen, welche ihm beim Gehen und Fallen die Knie schmerzlich verwundeten.

Sie banden ihm von neuem die Hände vor die Brust, gaben ihm ein Rohr hinein und bedeckten nun mit dem scheußlichen Auswurf ihrer unreinen Mäuler sein misshandeltes Angesicht. Sein verwüstetes Haupt- und Barthaar, seine Brust und der ganze obere Teil des Spottmantels hingen voll Unflat in allen Farben des Ekels. Sie banden ihm einen scheußlichen Lumpen um seine Augen und schlugen ihn mit Fäusten und Stöcken und schrien: «Großer Prophet! prophezeie, wer hat dich geschlagen?» Er aber sprach nicht, betete innerlich für sie, seufzte und wurde geschlagen.

So misshandelt, vermummt und verunreinigt, schleppten sie ihn an der Kette in den hinteren Ratssaal, sie stießen ihn mit Füßen und Knütteln unter Hohngeschrei vor sich her: «Fort mit dem Strohkönig, Er muss sich in der Huldigung, die wir ihm geleistet, auch dem Rate zeigen»; und als sie hereinkamen, wo viele des Rates und auch Kaiphas noch auf halbkreisförmiger Erhöhung saßen, begann ein neuer Hohn und alles mit einem tief niederträchtigen Witz und steter sakrilegischer Schändung heiliger Gebräuche und Handlungen. So wie sie beim Anspeien und Beflecken mit Kot ihm zugeschrien: «Da hast du deine Königssalbe, deine Prophetensalbe», so höhnten sie hier die Salbung Magdalenas und die Taufe. «Wie», riefen sie höhnend aus, «so unrein willst du vor dem Hohen Rate erscheinen? Andere willst du immer reinigen und bist selbst nicht rein. Nun aber wollen wir dich reinigen.»

Hierauf brachten sie ein Becken voll einer trüben schmutzigen Jauche, in der ein scheußlicher grober Lumpen lag, und unter Stoßen, Höhnen und Schimpfen, vermischt mit spottenden Begrüßungen und Verbeugungen, indem sie ihm die Zunge herausstreckten oder ihm den Hinterteil des Leibes zuwendeten, fuhren sie ihm mit dem nassen, schmierigen Lumpen über das Gesicht und die Schultern, ihn scheinbar abwischend, und befleckten ihn schändlicher als vorher, dann aber gossen sie ihm den ganzen scheußlichen Inhalt des Beckens über das Angesicht mit den höhnenden Worten: «Da hast du köstliche Salbung, da hast du Nardenwasser für dreihundert Denare, da hast du deine Taufe vom Teiche Bethesda.»

Dieses letzte Hohnwort stellte gegen ihre Absicht Jesus dem Osterlamm gleich; denn die heute zu schlachtenden Opferlämmer wurden zuerst am Teich bei dem Schaftor aus dem Gröberen gewaschen und dann am Teich Bethesda, südöstlich vom Tempel, zeremonienweise nochmals mit Wasser besprengt, ehe sie zum Paschah im Tempel geschlachtet wurden. Sie spielten aber eigentlich mit jener Rede auf den von ihm am Teich Bethesda geheilten achtunddreißigjährigen Kranken an, denn diesen habe ich damals dort auch waschen oder taufen sehen. Ich sage «waschen oder taufen», weil mir jene Handlung in diesem Augenblick nicht genau erinnerlich vor Augen schwebt.

Nun aber schleppten und schleiften sie Jesus unter Stoßen und Schlagen im Kreise vor dem noch versammelten höhnenden und schimpfenden Rat herum, und alles sah ich voll grimmiger Teufelsgestalten, es war ein dunkles, wirres, schauderhaftes Treiben. Aber um den misshandelten Jesus sah ich oft einen Glanz und ein Leuchten, seit Er gesagt, dass Er Gottes Sohn sei. Viele Anwesende schienen dasselbe innerlich mehr oder weniger auch zu ahnen, wenigstens in dem bangen Gefühl, dass alle Schmach, aller Hohn ihm seine unaussprechliche Würde nicht nehmen konnte. Seinen blinden Feinden schien dieses Leuchten um Jesus her nur durch ein tieferes Aufwallen ihres Grimmes fühlbar zu werden, mir aber erschien seine Glorie so auffallend, dass ich immer denken musste, als verhüllten sie ihm das Angesicht allein, weil der Hohepriester seit dem Worte: «Ich bin's», Jesu Blick nicht mehr ertragen konnte.

Die Verleugnung des Petrus

Als Jesus feierlich ausgesprochen hatte: «Ich bin's» und Kaiphas seine Kleider zerriss und das Rufen, «er ist des Todes schuldig», sich mit dem Höhnen und Toben des Gesindels vermischte, als über Jesus der Himmel der Gerechtigkeit offen war und die Hölle ihren Grimm und die Gräber die gefangenen Geister losließen, als alles voll Angst und Schauder war, vermochten Petrus und Johannes, welche viel gelitten hatten in klagloser, untätiger, gespannter Anschauung der schrecklichen Misshandlung Jesu, nicht mehr länger hier zu stehen.

Johannes ging mit vielen abgehenden Leuten und Zeugen hinweg und eilte zur Mutter Jesu, welche sich mit den heiligen Frauen in der Wohnung Marthas, unweit des Ecktores, befand, wo Lazarus in Jerusalem ein ansehnliches Gebäude besaß. Petrus aber konnte nicht fortgehen, er liebte Jesus zu sehr. Er konnte sich kaum mehr fassen, er weinte bitterlich und verbarg es, so gut er konnte. Stehen wollte er nicht bleiben, sein Eifer hätte ihn verraten, und er konnte sich auch nirgends anders hinwenden, ohne aufzufallen; so ging er dann im Atrium in den Winkel an das Feuer, wo Soldaten und allerlei Volk zu Haufen standen, die zu der Verspottung Jesu ab und zu gingen und ihre schlechten niederträchtigen Bemerkungen machten. Petrus hielt sich still, aber schon seine Anteilnahme und der tiefe Ausdruck von Betrübnis in seinem Gesicht mussten ihn bei den Feinden Jesu verdächtigen.

Es trat nun die Pförtnerin auch zum Feuer, und da alles von Jesus und seinen Jüngern schwätzte und schimpfte, mischte sie sich auf Art frecher Weiber keck darein und sagte zu Petrus, indem sie ihn anschaute: «Du bist auch einer von den Jüngern des Galiläers»; da ward Petrus sehr verwirrt und bang und fürchtete sich, unter dem rohen Volke misshandelt zu werden, und sagte: «Weib, ich kenne ihn nicht, ich weiß und verstehe nicht, was du willst.» Nun aber stand Petrus auf und suchte sich von ihnen loszumachen und ging aus dem Atrium; und es war die Zeit, dass der Hahn draußen vor der Stadt krähte. Ich erinnere mich nicht, ihn gehört zu haben, aber ich fühlte, jetzt krähe er vor der Stadt. Als er hinausging, sah ihn eine andere Magd und sagte zu einigen, die da umherstanden: «Dieser ist auch mit Jesus von Nazaret gewesen», und die Umstehenden sagten: «Bist du nicht auch einer von seinen Jüngern gewesen?» Da war Petrus in großer Angst und Verwirrung und sprach mit einer Beteuerung: «Wahrhaftig, das bin ich nicht gewesen und kenne diesen Menschen nicht.»

Petrus aber eilte durch den ersten Hof in den äußersten, über dessen Mauer er Bekannte herüberschauen sah, um diese zu warnen. Er weinte und war so voll Angst und Trauer um Jesus, dass er an sein Verleugnen kaum dachte. In dem äußersten Hof waren viele Leute und auch Freunde Jesu, die man nicht weiter zuließ, hinaus ließ man aber Petrus. Diese Leute kletterten an der Mauer auf, um etwas zu hören, und Petrus fand da eine ganze Anzahl von Jüngern Jesu, welche auch die Angst aus den Höhlen vom Berge Hinnom hergetrieben hatte. Sie kamen gleich auf Petrus zu und fragten ihn unter Tränen; er war aber so heftig betrübt und so bang, sich zu verraten, dass er ihnen nur mit wenigen Worten riet, sich zu entfernen, denn es sei Gefahr für sie hier.

Nun wendete er sich wieder von ihnen und ging traurig umher, und sie eilten sogleich wieder aus der Stadt. Es waren diese wohl an sechzehn der ersten Jünger, worunter Bartholomäus, Nathanael, Saturnin, Judas, Barsabas, Simeon, der später Bischof von Jerusalem wurde, Zachäus und Manahem, der prophetische, blindgeborene, von Jesus geheilte Jüngling[19].

Petrus aber hatte keine Ruhe, und die Liebe zu Jesus trieb ihn wieder zurück in den inneren Hof, der das Haus umgab, und man ließ ihn wieder herein, weil ihm gleich anfangs Nikodemus und Joseph von Arimathäa den Eingang verschafft hatten. Er kehrte jetzt aber noch nicht in den Vorhof des Richtsaales zurück, sondern wendete sich längs dem Hause rechts nach dem Eingang des hinter dem Richtsitz gelegenen runden Saales, in welchem die Rotte bereits Jesus verhöhnend herumschleppte. Petrus nahte schüchtern, und wenn er sich gleich als verdächtig beobachtet fühlte, so trieb ihn doch die Angst um Jesus, sich durch die Tür zu drängen, die von allerlei Gesindel besetzt war, das der Verspottung zusah.

Da schleppten sie aber soeben Jesus, mit dem Strohkranz gekrönt, im Kreise umher, und Er blickte Petrus gar ernst und warnend an, und Petrus war ganz zerschmettert von Leid. Da er aber noch immer mit der Furcht kämpfte und von einigen Umstehenden die Worte hörte: «Was ist das für ein Kerl?» so ging er wieder hinaus in den Hof und war so traurig und von Mitleid und Angst verwirrt, dass er nur mit zögernden Schritten wandelte.

Weil er sich aber beobachtet sah, ging er nun wieder in das Atrium und trat zu dem Feuer und saß eine gute Weile daselbst, bis einzelne, die ihn draußen gesehen und seine Verwirrung bemerkt hatten, auch wieder hinzutraten und wieder mit ihm anfingen, indem sie von Jesus und seinem Treiben hin und her schmähten. Einer sagte da: «Wahrlich, du gehörst auch zu seinem Anhang, du bist ein Galiläer, die Sprache verrät dich.» Als Petrus aber sich ausreden und weggehen wollte, trat ihm ein Bruder des Malchus entgegen und sagte: «Wie? Habe ich dich nicht mit ihm im Garten am Ölberg gesehen, hast du nicht das Ohr meines Bruders verwundet?»

Da ward Petrus in seiner Bedrängnis wie unsinnig und hing, indem er sich von ihnen losmachte, nach seiner heftigen Art zu fluchen und zu schwören an, dass er diesen Menschen gar nicht kenne, und er lief aus dem Atrium in den das Haus umgebenden Hof; da war es die Zeit, dass der Hahn wieder krähte und sie Jesus eben aus dem runden Saal durch diesen Hof hinab in den Kerker unter demselben führten. Es wendete sich aber der Herr und schaute Petrus gar traurig und erbärmlich an, und Petrus fiel das Wort Jesu: «Ehe der Hahn zweimal kräht, wirst du mich dreimal verleugnen» mit furchtbarer Gewalt aufs Herz. Er hatte, in Kummer und Angst ermüdet, sein vermessenes Versprechen am Ölberg, mit seinem Meister eher zu sterben, als ihn zu verleugnen, und die drohende Mahnung Jesu ganz vergessen gehabt, aber bei dem Anblick Jesu zerschmetterte ihn das Gefühl seiner Schuld. Er hatte gesündigt; an seinem misshandelten, unschuldig verurteilten, schweigend das Entsetzliche erleidenden Heiland, der ihn so treulich gewarnt, hatte er gesündigt; und wie von Sinnen aus Reue, eilte er in den äußeren Hof des Hauses hinaus mit verhülltem Haupt, bitterlich weinend. Er fürchtete sich nicht mehr, angeredet zu werden, jedem hätte er gesagt, wer er sei und wie große Schuld auf ihm ruhe.

Wer vermisst sich zu sagen, in solcher Gefahr, Bedrängnis, Angst, Verwirrung, in solchem Kampf zwischen Liebe und Furcht, ermattet, verwacht und abgehetzt, halb von Sinnen vor Schmerz über die gedrängten Trübsale dieser jammervollen Nacht, werde er bei einem so kindlichen und zugleich so eifrigen Temperament stärker gewesen sein als Petrus? Der Herr überließ ihn seiner eigenen Kraft, da ward er so ohnmächtig, wie alle es sind, welche die Worte vergessen: «Betet und wachet, auf dass ihr nicht in Versuchung fallet.»

Maria am Richthaus des Kaiphas

Die heilige Jungfrau, in stetem, innerem Mitleiden mit Jesus, wusste und fühlte alles, was ihm geschah. Sie litt es in geistiger Anschauung selbst und war gleich ihm in stetem Gebet für seine Peiniger. Aber ihr mütterliches Herz schrie auch immer zu Gott, Er möge doch diese Sünden nicht geschehen lassen, Er möge doch diese Peinen von ihrem heiligsten Sohn abwenden, und sie sehnte sich unwiderstehlich in die Nähe ihres armen misshandelten Sohnes. Als nun Johannes nach dem schrecklichen Ruf: «Er ist des Todes schuldig» aus dem Vorhof des Kaiphas zu ihr nach dem Hause des Lazarus in Jerusalem, welches unfern dem Ecktor lag, gekommen war, und als er ihr mit äußerlicher Botschaft alle die schrecklichen Leiden Jesu, von welchen sie fortwährend in innerem Mitleiden zerrissen ward, unter gemeinsamen Tränen bestätigt hatte, verlangte sie nebst der von Schmerz fast sinnlosen Magdalena und einigen anderen heiligen Frauen, in die Nähe ihres leidenden Jesus gebracht zu werden. Johannes, der die Nähe seines göttlichen Meisters nur ihr zum Troste, die ihm nach Jesus die Nächste war, verlassen hatte, geleitete die heilige Jungfrau, welche von den heiligen Frauen geführt wurde, aus dem Hause.

Magdalena schwankte händeringend neben den anderen durch die mondhellen, von allerlei Heimkehrenden belebten Straßen. Sie wandelten verhüllt, aber ihr gedrängter und von Ausbrüchen der Wehklage unterbrochener Zug machte manche vorüberziehende Schar von Feinden Jesu aufmerksam auf sie, und viele bittere, ihnen zu Gehör lauter gesprochene Schmähworte gegen den Herrn erneuerten ihre Schmerzen. Die Mutter Jesu, in steten inneren Anschauungen von Jesu Peinigung, die sie still wie alles in ihrem Herzen bewahrte, denn sie litt wie Er schweigend mit ihm, wurde mehrmals außer sich und sank in die Arme ihrer Begleiterinnen, und da sie so unter einem Tor oder Bogen der inneren Stadt, durch welchen ihr Weg führte, in den Armen der Frauen lag, zogen ihnen durch dasselbe einige Wohlgesinnte entgegen, welche von Kaiphas' Richthaus heimkehrten und wehklagten. Diese nahten den heiligen Frauen, und da sie Jesu Mutter erkannten, verweilten sie einige Zeit, mit herzlichem Mitleid sie begrüßend: «O du unglückliche Mutter, du traurigste Mutter, o du schmerzvolle Mutter des Heiligsten aus Israel!» Maria aber erholte sich und dankte ihnen im Herzen, und sie setzten mit eilenden Schritten ihren traurigen Weg fort.

Als sie dem Hause Kaiphas' nahten, führte sie der Weg an der dem Eingang entgegengesetzten Seite hin, wo nur eine Mauer es umgibt, während an der Seite des Einganges der Weg durch zwei Höfe führt. Hier kam ein neuer bitterer Schmerz über die Mutter Jesu und ihre Begleiter. Sie mussten hier an einem erhöhten ebenen Platze vorüber, auf welchem man bei Fackelschein unter einem leichten Zeltdach an dem Kreuze Christi zimmerte. Die Feinde Jesu hatten schon, als Judas zum Verrat auszog, befohlen, so Jesus gefangen würde, das Kreuz sogleich für ihn zu bereiten, damit dem Pilatus kein Aufschub bleibe; denn sie gedachten, ihm den Herrn ganz früh zur Verurteilung zu überliefern und erwarteten nicht, dass es so lange dauern würde. Die Kreuze aber für die beiden Schächer hatten die Römer schon bereitet. Hier durchbohrten Flüche und Hohnworte der Arbeiter über Jesus, um deswillen sie nachts arbeiten müssten, das von jedem Beilschlag verwundete Herz der unglücklichen Mutter, und dennoch betete sie für die entsetzlich blinden Menschen, welche fluchend das Werkzeug ihrer Erlösung und des Martertodes ihres Sohnes bereiteten.

Als sie nun um das Haus herum in den äußersten Hof gelangt waren, trat Maria, von den heiligen Frauen umgeben, mit Johannes in einen Winkel unter dem Tor des nächsten Hofes, ihre Seele aber war unter unsäglichen Schmerzen bei Jesus. Die heilige Jungfrau sehnte sich wohl sehr nach der Eröffnung des Tores und hoffte, durch die Vermittlung des Johannes hineinzukommen; denn sie fühlte, dass nur dieses Tor sie von ihrem Sohn trennte, der bei dem zweiten Hahnenschrei aus dem Hause in den Kerker unter dasselbe geführt ward.

Indem öffnete sich das Tor, und vor mehreren Herausgehenden stürzte Petrus mit vorgehaltenen Händen und verhülltem Haupt, heftig weinend, ihnen entgegen. Mond und Fackellicht ließ ihn gleich Johannes und die heilige Jungfrau erkennen, es war ihm, als trete ihm das Gewissen nun auch in Gestalt der Mutter entgegen, nachdem ihr Sohn, ihn anschauend, es aufgeschreckt hatte. Ach! wie klang es dem armen Petrus in die Seele, als Maria ihn anredete: «O Simon! Wie steht es um Jesus, meinen Sohn?»

Er vermochte ihren Anblick nicht zu ertragen, wendete sich händeringend zur Seite und konnte nicht sprechen; aber Maria ließ ihn nicht, sie nahte ihm und sprach sehr schmerzlich: «O Simon, Kephas' Sohn, du antwortest mir nicht?» Da rief Petrus in tiefstem Jammer aus: «O Mutter, sprich nicht mit mir, dein Sohn leidet Unmenschliches; sprich nicht mit mir, sie haben ihn zum Tode verdammt, und ich habe ihn dreimal schändlich verleugnet»; und als ihm nun Johannes nahte, um mit ihm zu sprechen, eilte Petrus, wie von Sinnen vor Betrübnis, aus dem Hof fliehend zur Stadt hinaus in jene Höhle am Ölberg, in welcher die Hände des betenden Jesus sich in den Stein abgedrückt hatten. Ich meine, in dieser Höhle hat unser erster Vater Adam auch gebüßt, als er hier zuerst zu der fluchbelasteten Erde kam.

Die heilige Jungfrau, vom Mitleiden dieses neuen Schmerzes Jesu, den derselbe Jünger, der ihn zuerst als den Sohn des lebendigen Gottes erkannte, verleugnet hatte, hingerissen, sank nach Petrus' Worten neben dem Pfeiler des Todes auf den Stein nieder, auf welchem sie stand, und es drückten sich Spuren ihrer Hand oder ihres Fußes auf dem Stein ab, der noch, doch entsinne ich mich jetzt nicht mehr wo, besteht. Ich habe ihn gesehen. Es blieben aber nun, da die meisten Menschen nach Jesu Einkerkerung hinweggingen, die Tore der Höfe offen, und als die heilige Jungfrau sich erholt hatte, verlangte sie, ihrem geliebten Sohn näher zu sein; da führte Johannes sie und die heiligen Frauen bis vor das Gefängnis des Herrn.

Ach! Sie wussten wohl um Jesus und Jesus um sie, aber auch mit ihren äußeren Sinnen wollte die treue Mutter die Seufzer ihres Sohnes hören, und sie vernahm sein Seufzen und den Hohn seiner Umgebung. Sie konnten hier nicht lange unbeobachtet verweilen; Magdalena bewegte die Heftigkeit ihrer Schmerzen so gewaltig, und wenngleich die heilige Jungfrau auch im äußersten Leiden durch eine heilige Gemessenheit wunderbar ehrwürdig erschien, so wurden ihr doch auch hier auf diesem kurzen Weg die bitteren Worte zu Gehör geredet: «Ist diese nicht des Galiläers Mutter? Ihr Sohn muss gewiss ans Kreuz, doch wohl vor dem Fest nicht, Er müsste denn der schändlichste Bösewicht sein.»

Da wendete sie sich, und vom inneren Geist getrieben, schritt sie noch bis gegen das Feuer im Atrium, wo nur noch weniges Gesindel stand, ihre Begleitung folgte in stummem Schmerz. An diesem Ort des Greuels, wo Jesus ausgesprochen, dass Er Gottes Sohn sei und wo die Satansbrut ausgerufen: «Er ist des Todes schuldig», beraubte das Mitleid sie abermals der äußeren Besinnung, und Johannes nebst den heiligen Frauen brachte sie, die mehr einer Sterbenden als Lebenden ähnlich war, von dannen. Das Gesindel sagte hier nichts, sie schwiegen und stutzten, es war, als wandle ein reiner Geist durch die Hölle.

Der Weg führte sie wieder längs der hinteren Seite des Hauses an jener traurigen Stelle vorüber, wo man mit der Bereitung des Kreuzes beschäftigt war. Sie konnten, wie mit dem Gericht, so auch mit dem Kreuz nicht fertig werden. Sie mussten öfters anderes Holz herbeischleppen, weil ihnen dieses oder jenes Stück misslang oder zerbrach, bis sie das verschiedene Holz auf diese Weise zusammengefügt hatten, wie Gott es haben wollte. – Ich habe mancherlei Bilder hierüber gehabt, auch sah ich, als hinderten Engel sie in ihrer Arbeit, bis sie nach Gottes Willen vollendet ward; da ich mich aber dessen nicht mehr klar erinnere, so lasse ich es dahingestellt sein.

Jesus im Kerker

Der Kerker Jesu unter dem Gerichtshaus des Kaiphas war ein kleines rundes Gewölbe. Ich sah, es bestehe noch jetzt ein Teil dieser Stelle. Nur zwei der vier Schergen blieben hier bei ihm, lösten sich aber nach kurzer Zeit mehrmals mit anderen ab. Man hatte dem Herrn seine Kleider noch nicht wieder zurückgegeben, Er war noch allein mit dem verlumpten, verspienen Spottmantel bekleidet, und seine Hände waren ihm von neuem gebunden.

Als der Herr in den Kerker trat, betete Er zu seinem himmlischen Vater, Er möge alle Misshandlung und Verhöhnung, die Er bis jetzt erlitten und noch erleiden werde, als ein Sühnopfer für seine Peiniger und alle jene Menschen aufnehmen, die jemals in gleichem Leiden sich durch Ungeduld und Zorn versündigen könnten.

Auch hier ließen die Peiniger dem Herrn keine Art von Ruhe. Sie banden ihn in der Mitte des Kerkers an eine niedere Säule und vergönnten ihm nicht, sich anzulehnen, so dass Er auf seinen ermüdeten, vom Fall und dem Anschlagen der Kette, die bis zu den Knien niederging, verwundeten und geschwollenen Füßen hin und her wankte. Sie hörten nicht auf, ihn zu verhöhnen und zu misshandeln, und so die beiden anwesenden Schergen ermüdeten, wurden sie von zwei anderen abgelöst, welche, eintretend, neue Bubenstücke vollzogen.

Es ist mir nicht möglich, alle die Bosheit zu wiederholen, welche sie gegen den Reinsten und Heiligsten vorbrachten, ich bin zu krank, ich starb schier vor Mitleid. Ach! wie beschämend ist für uns, dass wir die unzähligen Misshandlungen, welche der unschuldige Erlöser geduldig für uns erlitt, aus Weichlichkeit und Ekel vor dem Leiden nicht einmal zu erzählen oder anzuhören vermögen. Es fasst uns dabei ein Entsetzen, jenem des Mörders ähnlich, der seine Hand auf die Wunden des Erschlagenen legen soll. Jesus trug alles, ohne seinen Mund zu öffnen; es waren die Menschen, die Sünder, die gegen ihren Bruder, ihren Erlöser, ihren Gott wüteten. Ich bin auch eine arme Sünderin, auch um meinetwillen ist ihm all dies Leid geschehen. Am Tage des Gerichtes wird alles offenbar werden, da werden wir alle sehen, wie wir an der Misshandlung des Sohnes Gottes, da Er als Sohn des Menschen in der Zeit war, teilhatten durch unsere Sünden, die wir fort und fort noch begehen und die fortgesetzt eine Art von Einwilligung und Anschließung zu den Misshandlungen Jesu durch jene teuflische Rotte sind.

Ach! wenn wir das recht bedächten, wir würden mit weit größerem Ernst als bisher jene Worte beten, die in vielen Bußgebeten vorkommen: «Herr, lasse mich lieber sterben, als dass ich dich nochmals durch Sünde beleidigen sollte.»

In diesem Kerker stehend, betete Jesus fortwährend für seine Quäler, und als sie zuletzt, ermüdet, etwas ruhiger wurden, sah ich Jesus an dem Pfeiler lehnen, ganz von Licht umgeben, es brach der Tag an. Der Tag seiner unendlichen Leiden und Genugtuung, der Tag unserer Erlösung blickte durch eine Öffnung oben an der Kerkerwand zaghaft auf unser heiliges, misshandeltes Osterlamm, welches alle Sünden der Welt auf sich genommen, und Jesus hob seine gefesselten Hände empor, dem jungen Tag entgegen, und betete laut und vernehmlich zu seinem Vater im Himmel ein sehr rührendes Gebet, worin Er ihm für die Sendung dieses Tages dankte, nach welchem sich die Altväter schon gesehnt, nach welchem Er seit seiner Ankunft auf Erden so sehnlich geseufzt hatte, dass er sprach: «Ich muss mich taufen lassen mit einer Taufe, und wie sehr drängt es mich, bis sie vollbracht werde.» Wie rührend dankte der Herr für diesen Tag, der das Ziel seines Lebens, unser Heil vollenden, den Himmel eröffnen, die Hölle besiegen, den Menschen die Quelle des Segens erschließen und den Willen seines Vaters erfüllen sollte.

Ich habe sein Gebet mitgebetet, aber ich kann es nicht mehr aussprechen, ich war so krank vor Mitleid und musste so weinen in seinen Schmerzen, als Er noch dankte für all das entsetzliche Leiden, das Er auch für mich getragen, und ich flehte immer: «Ach gib mir, gib mir deine Schmerzen, sie gehören mir, sie sind für meine Schuld.» Da blickte der Tag herein, und Er grüßte den Tag mit so rührendem Dankgebet, dass ich, ganz vernichtet von Liebe und Mitleid, seine Worte wie ein Kind nachsprach. Es war unbeschreiblich traurig, liebevoll, ernst und heilig nach all dem greulichen Getöse der Nacht, wie Jesus mitten im engen Kerker an einer niederen Säule leuchtend stand und den ersten Strahl des großen Opfertages dankend grüßte; ach! es war, als komme dieser Strahl zu ihm wie der Blutrichter zu einem Hinzurichtenden in den Kerker, um sich zuvor mit ihm zu versöhnen, und Er dankte ihm so lieblich. Die Schergen, welche ermüdet etwas eingeschlummert schienen, sahen auf und stutzten, sie störten ihn nicht, sie schienen verwundert und erschrocken. Jesus mag etwas über eine Stunde in diesem Kerker gewesen sein.

Während Jesus in dem Kerker war, kam Judas, der bisher wie ein Verzweifelter, von dem Satan getrieben, an der steilen Mittagsseite von Jerusalem im Tale Hinnom herumgelaufen war, wo Auswurf und Knochen und Aas liegt, in den Umkreis des Richthauses von Kaiphas. Er schlich umher und hatte das Bündel zusammengekettelter Silberlinge, den Preis seines Verrates, noch an seiner Seite am Gürtel hängen. Es war schon still geworden, und er fragte unerkannt die Wache des Hauses, was es mit dem Galiläer werden werde. Sie sagten ihm: «Er ist zum Tode verdammt und wird gekreuzigt werden»; andere hörte er untereinander reden, wie grässlich man mit ihm umgegangen und wie geduldig Er gewesen, mit Tagesanbruch werde Er nochmals vor den Hohen Rat gestellt, um dort feierlich verurteilt zu werden.

Während der Verräter, um nicht erkannt zu werden, diese Nachrichten hie und da eingesammelt hatte, brach der Tag an und entstand schon mannigfaltige Bewegung in und um das Haus. Da zog sich Judas gegen die Rückseite des Hauses, um nicht gesehen zu werden; denn er floh die Menschen wie Kain, und es brütete die Verzweiflung in seiner Seele. Aber was trat ihm hier entgegen? Das war die Stelle, wo sie am Kreuze gearbeitet hatten, die einzelnen Stücke lagen geordnet nebeneinander, und die Arbeiter schliefen, in ihre Decken gehüllt, dazwischen. Der Himmel schimmerte weiß über dem Ölberg, es war, als schaudere er, das Werkzeug unserer Erlösung anzublicken. Judas blickte entsetzt und floh hinweg, er hatte den Galgen gesehen, an den er den Herrn verkauft. Er versteckte sich aber in der Gegend und harrte auf den Schluss des Morgengerichtes.

Bei Anbruch des Tages, als es hell geworden, versammelten sich Kaiphas, Annas, die Ältesten und Schriftgelehrten wieder im großen Richtsaal zu einer vollkommen gültigen Ratssitzung, denn das Gericht zur Nachtzeit war nicht rechtsgültig und sollte nur, weil am Fest die Zeit drängte, ein vorbereitendes Zeugenverhör sein. Die meisten Ratsherrn hatten im Haus des Kaiphas den Rest der Nacht in Nebengemächern und über dem Richtsaal auf Ruhebetten zugebracht. Viele, wie auch Nikodemus und Joseph von Arimathäa, kamen mit Tagesanbruch. Es war eine große Versammlung, und all ihr Tun war sehr eilig. Da sie nun Rat gegen Jesus hielten, um ihn zum Tode zu verurteilen, stritten Nikodemus, Joseph von Arimathäa und wenige andere gegen die Feinde Jesu und verlangten, dass die Sache bis nach dem Fest aufgeschoben werde, damit kein Tumult entstehe, auch könne kein gerechtes Urteil auf die bis jetzt vorgebrachten Beschuldigungen gegründet werden, indem sich alle Zeugen widersprochen hätten. Die Hohenpriester und ihre große Partei wurden erbittert über diesen Widerspruch und ließen die Andersgesinnten deutlich genug merken, es könne ihnen ja freilich dieses Gericht nicht gefallen, weil sie dadurch selbst beschuldigt würden, indem sie wohl von der Teilnahme an des Galiläers Lehre nicht ganz rein sein möchten; und somit schieden sie alle diese, welche gut für Jesus gesinnt waren, von ihrem Rat aus, diese aber protestierten gegen allen Anteil an dem, was hier beschlossen werden möchte, verließen den Ratssaal und begaben sich nach dem Tempel.

Sie sind von diesem Ereignis an nie wieder in den Rat gekommen. Kaiphas aber befahl, den armen, misshandelten, verwachten Jesus aus dem Kerker vor den Rat zu führen, und zwar so, dass man ihn nach dem Urteil ohne Aufenthalt zu Pilatus bringen könne. Die Gerichtsknechte eilten mit Getöse in den Kerker, überfielen Jesus mit Schimpfworten, banden ihm die Hände los, warfen ihm den Lumpenmantel von den Schultern, trieben ihn eilig unter Schlägen, seinen gewirkten langen Rock anzuziehen, der noch mit allem Unrat bedeckt war, banden ihm die Stricke wieder um die Mitte des Leibes und führten ihn aus dem Kerker hinauf. Es geschah dies, wie alles, mit stürmender Eile, mit schauderhafter Roheit. Er wurde von den Schergen durch die Reihen der vor dem Hause schon versammelten Kriegsknechte gleich einem armen Opfertier in den Gerichtssaal unter Hohn und Schlägen getrieben, und als Er, durch Misshandlung, Verunreinigung und Ermattung so furchtbar entstellt, ohne andere Bekleidung als sein verwüstetes Unterkleid vor ihnen erschien, ergrimmten sie durch Ekel nur noch mehr. Mitleid regte sich in keinem dieser harten jüdischen Herzen.

Kaiphas aber, voll Grimm und Hohn gegen den so elend vor ihm stehenden Jesus, sprach zu ihm: «Wenn du der Gesalbte des Herrn, der Messias bist, so sage es uns.» Da erhob Jesus sein Haupt und sprach mit heiliger Geduld und feierlichem Ernst: «Werde ich es euch sagen, so werdet ihr mir nicht glauben, und werde ich euch darüber eine Frage stellen, so werdet ihr mir weder darauf antworten, noch mich loslassen; von heute an aber wird der Sohn des Menschen zur Rechten der Kraft Gottes sitzen.» Da blickten sie sich untereinander an und sprachen dann mit Verachtung und Hohnlächeln zu Jesus: «Also du, du bist der Sohn Gottes?» Jesus aber antwortete ihnen mit der Stimme der ewigen Wahrheit: «Ja, wie ihr sagtet, ich bin es.» Auf dieses Wort des Herrn sprachen alle zueinander: «Was können wir noch für Beweise verlangen? Wir haben es ja nun selbst aus seinem Munde gehört.»

Indem erhoben sie sich alle unter Schmähworten auf Jesus, den armen hergelaufenen, hilflosen, elenden Menschen von niederer Abkunft, welcher ihr Messias sein und zur Rechten Gottes sitzen wolle. Sie befahlen den Schergen, ihn von neuem zu binden, ließen ihm, wie den zum Tode Verurteilten, die Kette um den Hals legen, um mit ihm zu Pilatus zu ziehen. Sie hatten schon früher einen Boten zu diesem gesendet, er möge sich früh bereithalten, einen Verbrecher zu richten, da sie des Festes wegen eilen müssten. Sie murrten noch untereinander über den römischen Landpfleger, dass sie noch erst zu ihm hinziehen müssten; denn sie selbst durften in Sachen, die mehr als ihre Religions- und Tempelgesetze betrafen, kein Todesurteil vollziehen, und da sie, um Jesus mit größerem Schein des Rechtes zum Tode zu bringen, ihn auch als einen Verbrecher gegen den Kaiser richten lassen wollten, so kam die Verurteilung hauptsächlich dem römischen Landpfleger zu.

Die Kriegsknechte waren schon im Vorhof und bis vor das Haus aufgestellt, und viele der Feinde Jesu und anderes Gesindel war vor dem Hause schon versammelt. Die Hohenpriester und ein Teil des Rates zogen voraus, dann folgte der arme Heiland zwischen den Schergen, von der Kriegsschar umgeben, und zuletzt schloss sich alles Gesindel an. So zogen sie von Sion hinab in die untere Stadt zum Palast des Pilatus. Eine Anzahl der anwesenden Priester aber zog zum Tempel, wo heute vieles zu tun war.

Verzweiflung des Judas

Judas, der Verräter, der sich nicht weit entfernt hatte, hörte nun den Lärm des Zuges und manche Worte einzelner Nacheilenden, wie z.B.: «Sie führen ihn zum Pilatus, der Hohe Rat hat den Galiläer zum Tode verdammt, Er muss ans Kreuz, leben kann Er doch nicht bleiben, sie haben ihn schon schrecklich zugerichtet, Er ist geduldig zum Entsetzen, Er spricht nichts, Er sagt nur, Er sei der Messias und werde zur rechten Hand Gottes sitzen, weiter sagte Er nichts, darum muss Er ans Kreuz, hätte Er das nicht gesagt, sie hätten keine Todesschuld herausgebracht, aber nun muss Er ans Kreuz. Der Schuft, der ihn verkauft hat, war sein Jünger und hat das Osterlamm noch eine Weile vorher mit ihm gegessen, ich möchte keinen Teil an dieser Tat haben, der Galiläer sei, wie Er wolle, Er hat doch keinen Freund ums Geld in den Tod gebracht, wahrlich, der Schurke verdiente auch zu hängen!»

Da kämpften Angst, zu späte Reue und Verzweiflung in der Seele des Judas. Der Satan trieb ihn zu laufen. Das Bündel der Silberlinge an seinem Gürtel unter dem Mantel war ihm wie ein Sporn der Hölle, er fasste es fest mit der Hand, dass es beim

Laufen nicht so rasselnd in die Seite schlage; er lief mit großer Eile, nicht dem Zuge nach, nicht, um sich Jesus in den Weg zu werfen und den Erbarmer um Vergebung zu flehen, nicht um mit ihm zu sterben, nein, nicht um seine Schuld vor Gott bereuend zu bekennen, sondern um sich von seiner Schuld und dem Verräterlohn vor den Menschen loszusagen, lief er wie ein Unsinniger in den Tempel, wohin sich mehrere des Rates als Vorsteher der diensttuenden Priester und auch Älteste nach der Verurteilung Jesu begeben hatten. Sie schauten sich einander verwundert an und hefteten dann ihre Blicke mit stolzem Hohnlächeln auf Judas, der, von verzweifelter Reue getrieben, ganz entstellt vor sie hintrat und, indem er das Bündel der zusammengekettelten Silberlinge von seinem Gürtel riss und sie ihnen mit der Rechten entgegenhielt, in heftiger Angst sprach:

«Nehmt euer Geld wieder, durch das ihr mich zur Überlieferung des Gerechten verführt habt, nehmt euer Geld wieder, gebt Jesus los, ich hebe meinen Vertrag auf, ich habe schwer gesündigt, dass ich unschuldiges Blut verriet.»

Die Priester aber ließen nun ihre ganze Verachtung an ihm aus, sie hoben die Hände zurückziehend vor den hingehaltenen Silberlingen, als wollten sie sich mit dem Verräterlohn nicht verunreinigen, und sagten: «Was geht das uns an, dass du gesündigt hast? Glaubst du, unschuldiges Blut verkauft zu haben, so schau du zu, das ist deine Sache; wir wissen, was wir von dir gekauft haben, und fanden ihn des Todes schuldig; du hast dein Geld, wir wollen nichts davon», usw.

Unter solchen Reden, die sie schnell und in der Art von Menschen sprachen, welche Geschäfte haben und den Ansprechenden los sein wollen, wendeten sie sich von Judas ab. Diesen aber ergriff bei dieser Behandlung ein Grimm und eine Verzweiflung, dass er wie von Sinnen war. Seine Haare sträubten sich empor, er zerriss mit beiden Händen den Bund, an welchem die Silberlinge zusammengekettelt waren, schleuderte sie zerstreut in den Tempel und floh zur Stadt hinaus.

Ich sah ihn wieder wie einen Rasenden im Tale Hinom laufen, ich sah den Satan in furchtbarer Gestalt an seiner Seite, der ihm alle Flüche der Propheten über dieses Tal, wo die Juden einst ihre eigenen Kinder den Götzen geopfert, in die Ohren flüsterte, um ihn zur Verzweiflung zu bringen. Ihm war, als deuteten alle solche Worte auf ihn mit Fingern, wie z.B.: «Sie werden hinausgehen und die Leichen jener anschauen, die an mir gesündigt haben, deren Wurm nicht sterben, deren Feuer nicht auslöschen wird.» Dann tönte es wieder in seinen Ohren: «Kain, wo ist Abel, dein Bruder? Was hast du getan? Sein Blut schreit zu mir, verflucht bist du nun auf Erden, irrend und flüchtig», und als er an den Bach Kidron kam und gegen den Ölberg sah, da schauderte es ihn und er wendete die Augen weg, da hörte er die Worte wieder: «Freund, wozu bist du gekommen, Judas, mit einem Kusse verrätst du den Menschensohn?»

O, da wurde es ihm so entsetzlich in der Seele, seine Sinne wurden verwirrt, und der Feind flüsterte ihm in die Ohren: «Hier über den Kidron floh auch David vor Absalom, Absalom starb an einem Baum hängend, David hat auch von dir gesungen, da er sprach: Sie haben Gutes mit Bösem vergolten, einen harten Richter soll er haben, der Satan soll zu seiner Rechten stehen, jedes Gericht soll ihn verdammen, wenige Tage soll er leben, sein Amt soll ein anderer haben, der Herr soll der Bosheit seiner Väter, der Sünden seiner Mütter immer gedenken, weil er ohne Barmherzigkeit den Armen verfolgt, den Betrübten getötet hat, er hat den Fluch geliebt, er soll ihm werden, er legte den Fluch wie ein Kleid an, und wie Wasser drang er in seine Eingeweide, wie Öl in seine Gebeine, wie ein Kleid ist der Fluch um ihn, wie ein Gürtel, der ihn ewig gürtet.»

Unter so schrecklichen Gewissensqualen war Judas an einen wüsten Ort voll Schutt, Auswurf und Sumpf zwischen Mittag und Morgen von Jerusalem am Fuße des Berges der Ärgernisse gekommen, wo ihn niemand sehen konnte; von der Stadt tönte manchmal lauteres Getöse, und der Satan blies ihm dann ein: «Jetzt wird Er zum Tode geführt, du hast ihn verkauft, weißt du, was im Gesetz steht: Wer aus seinen Brüdern aus den Kindern Israels eine Seele verkauft und hat den Preis dafür empfangen, der soll des Todes sterben. Mach ein Ende, du Elender, mach ein Ende!» – Da nahm Judas verzweifelnd seinen Gürtel und hängte sich an einen Baum, der in mehreren Stämmen[20] aus dem Boden dort in einer Vertiefung wuchs, und als er hing, platzte sein Leib, und sein Eingeweide schüttete sich auf die Erde.

Jesus wird zu Pilatus geführt

Die grausame Führung des Herrn von Kaiphas zu Pilatus durchzog den bewohntesten Teil der Stadt, die jetzt von den Ostergästen aus dem ganzen Land und unzähligen Fremden wimmelte. Der Zug ging mitternachtwärts vom Berge Sion herab quer durch eine eng bebaute Talstraße, dann durch den Stadtteil Acra längs der Abendseite des Tempels bis zum Palast und Gerichtshaus des Pilatus, das an der Nordwestecke des Tempels dem großen Forum oder Markt gegenüberlag.

Kaiphas und Annas und eine große Anzahl des großen Rats schritten in festlicher Kleidung dem Zuge voraus, und es wurden ihnen Schriftrollen nachgetragen. Ihnen folgten viele andere Schriftgelehrte und andere Juden, darunter alle die falschen Zeugen und erbosten Pharisäer, welche bei der Anklage des Herrn besonders tätig gewesen waren. Nach einem kleinen Zwischenraum ward, umgeben von einer Schar von Kriegsknechten und jenen sechs Beamten, die bei seiner Gefangennahme gewesen waren, unser lieber Herr Jesus von den Schergen an Stricken geführt. Vieles Gesindel strömte von allen Seiten herzu und schloss sich mit Geschrei und Hohn dem Zuge an, und am Wege harrte überall das Volk in gedrängten Haufen.

Jesus war allein mit seinem gewirkten, von Auswurf und Schmutz bedeckten Unterkleid bekleidet, von seinem Hals niederhing ihm bis zu den Knien die lange breitgliedrige Kette, die ihm beim Gehen schmerzlich an die Knie schlug, seine Hände waren wie gestern gebunden, und die vier Büttel führten ihn wieder an Stricken, die von seinem Gürtel ausliefen. Er war von den schrecklichen Misshandlungen dieser Nacht ganz entstellt, ein schwankendes Jammerbild, mit zerrauftem Haar und Bart, bleichem, von Schlägen geschwollenem und gebräuntem Antlitz. Er ward unter Misshandlungen und Hohn vorangetrieben. Man hatte viel Gesindel aufgewiegelt, in diesem Zuge seinen königlichen Einzug am Palmsonntag zu verhöhnen. Man rief ihm allerlei spöttische Königsnamen zu und warf ihm Steine, Prügel, Stücke Holz, schmutzige Lumpen vor die Füße in den Weg und rückte ihm seinen festlichen Einzug in allerlei Spottliedern und Ausrufungen vor. Die Büttel zerrten Jesus an den Stricken über diese Hindernisse mit Stößen hinweg, und der ganze Weg war eine fortgesetzte Misshandlung.

Nicht sehr weit von dem Hause des Kaiphas harrte die mitleidende heilige Mutter Jesu mit Magdalena und Johannes, in den Winkel eines Gebäudes gedrängt, auf den nahenden Zug. Ihre Seele war immer bei Jesus, aber wo sie ihm auch leiblich nahen konnte, ließ die Liebe sie nicht ruhen und trieb sie auf seine Wege und in seine Fußstapfen. So hatte sie nach ihrem nächtlichen Gang zu des Kaiphas Richthaus nur kurze Zeit in stummer Trauer am Coenaculum verweilen können; denn kaum war Jesus wieder aus dem Kerker vor das Morgengericht geführt, als sie sich auch aufrichtete, in ihren Mantel und Schleier hüllte und, voranschreitend, zu Johannes und Magdalena sprach: «Wir wollen meinem Sohn zu Pilatus folgen, ich will ihn mit meinen Augen sehen.»

Da waren sie auf einem Umweg dem Zuge vorausgegangen, und die heilige Jungfrau war an dieser Stelle harrend stehen geblieben und die anderen mit ihr. Die Mutter Jesu wusste wohl, wie es mit ihrem Sohn stand, ihre Seele hatte ihn immer vor Augen, aber ihr inneres Auge konnte ihn nie so entstellt und misshandelt sehen, wie Er es durch die Bosheit der Menschen war. Sie sah wohl fortwährend seine schrecklichen Leiden, aber ganz von der Heiligkeit, Liebe und Geduld seines sich opfernden Willens durchleuchtet. Nun aber trat die niedere, furchtbare Wirklichkeit vor ihre Augen. Die stolzen grimmigen Feinde Jesu, die Hohenpriester des wahren Gottes in den heiligen Feierkleidern, zogen an ihr vorüber in gottesmörderischem Vorhaben, voll Tücke, Lug und Trug und Fluch.

Die Priester Gottes waren Priester des Satans geworden, ein entsetzlicher Anblick! Und dann das Getöse und Geschrei des Volkes und alle die meineidigen Feinde und Ankläger, und endlich nun Jesus, Gottes Sohn, des Menschen Sohn, ihr Sohn, schrecklich entstellt und misshandelt, gebunden, geschlagen, getrieben, mehr schwankend als gehend, von greulichen Henkern an Stricken fortgerissen, in einer Wolke von Hohn und Fluch, ach! Wäre Er nicht der Ärmste, Elendste und allein Ruhige und liebend Betende in diesem Sturm der losgelassenen Hölle gewesen, sie hätte ihn in so schrecklicher Entstellung nicht erkannt; denn Er hatte nur sein Unterkleid in greulicher Verwüstung an, und als Er ihr nahte, jammerte sie menschlicherweise: «Weh! ist dies mein Sohn? ach! es ist mein Sohn, o Jesus, mein Jesus!» Der Zug ging treibend vorüber, der Herr blickte seitwärts seine Mutter gar beweglich an, und sie verlor das äußere Bewusstsein. Johannes und Magdalena brachten sie hinweg, aber kaum hatte sie sich etwas erholt, als sie sich auch wieder von Johannes zu dem Palast des Pilatus geleiten ließ.

Dass die Freunde uns in der Not verlassen, musste auch Jesus auf diesem Wege erleben, denn die Einwohner aus Ophel waren alle an einer Stelle des Weges versammelt, und als sie Jesus so verachtet und entstellt, zwischen den Bütteln verspottet und misshandelt hinführen sahen, wurden auch sie in ihrem Glauben erschüttert, sie konnten sich nicht vorstellen, dass der König, der Prophet, der Messias, der Sohn Gottes in einem solchen Zustand sein könne. Sie wurden aber von den vorübergehenden Pharisäern wegen ihrer Anhänglichkeit an Jesus verhöhnt: «Da seht euren sauberen König, begrüßt ihn, jetzt hängt ihr das Maul, da Er zu seiner Krönung geht und bald seinen Thron besteigen wird, es ist aus mit dem Wundertum, der Hohepriester hat ihm die Zauberei gelegt» usw. Diese guten Leute, welche so viele Heilungen und Gnaden von Jesus genossen, wurden durch das schreckliche Schauspiel, welches die heiligsten Personen des Landes, der Hohepriester und das Synedrium, vor ihnen vorüberführten, in ihrem Glauben wankend. Die Besseren zogen sich zweifelnd zurück, die Schlechteren schlossen sich höhnend dem Zuge an, wie sie konnten, denn die Zugänge waren hie und da mit Wachen der Pharisäer besetzt, um allen Tumult zu verhindern.

Am Fuße der Nordwestecke des Tempelberges[21] liegt der Palast des römischen Landpflegers Pilatus, ziemlich erhöht, denn man steigt eine Marmortreppe von vielen Stufen hinauf, und er überschaut einen vor ihm liegenden geräumigen Marktplatz, der mit Hallen für die Kaufleute unter Säulengängen umschlossen ist. Ein Wachhaus und vier Eingänge gegen Abend, Mitternacht, Morgen und Mittag, wo der Palast des Pilatus liegt, unterbrechen diese Umbauung des Marktes, der das Forum genannt wird und sich abendwärts noch über die Nordwestecke des Tempelberges hinausstreckt; man kann auf diesem Ende des Forums zum Berge Sion hinsehen.

Das Forum liegt etwas erhöht gegen die umliegenden Straßen, welche zu seinen Eingängen etwas aufsteigen; an die äußere Seite seines Hallenumfangs lehnen sich an einzelnen Stellen die Häuser der nahen Straßen an. Der Palast des Pilatus stößt nicht unmittelbar an das Forum, sondern ist durch einen geräumigen Hof von demselben getrennt. Dieser Hof hat an der Morgenseite einen hohen Bogen als Tor, welches gerade in eine Straße gegen das Schaftor zuführt, wo man zum Ölberg hinausgeht; an seiner Abendseite hat dieser Hof wieder einen hohen Bogen als Tor, welches zur Abendseite der Stadt und durch den Stadtteil Acra auf Sion hinführt.

Von der Treppe des Palastes aus schaut man über den Hof gegen Mitternacht zu auf das Forum, bei dessen Eingang hier Säulenstellungen und einige steinerne Sitze gegen den Hof des Pilatus zu angebracht sind. Bis zu diesen Sitzen und nicht weiter nahten sich die jüdischen Priester dem Gerichtshof des Pilatus, um sich nicht zu verunreinigen; ihre Grenze war durch eine aufgezeichnete Linie im Pflaster des Hofes bestimmt. Bei dem westlichen Bogentor des Hofes war in den Umfang des Marktes ein großes Wachhaus eingebaut, welches nördlich mit dem Forum und südlich durch das Bogentor, mit dem Prätorium des Pilatus sich berührend, einen Vorhof, ein Atrium von dem Forum aus zu diesem Prätorium bildete. Prätorium aber heißt der Teil von Pilatus Palast, wo er Gericht hält. Dieses

Wachhaus ist mit Säulenhallen umgeben, hat einen dachlosen Hof in der Mitte, und unter ihm befinden sich Gefängnisse, wo auch die beiden Schächer eingesperrt sind. Es wimmelte da von römischen Soldaten. Unweit dieses Wachhauses steht nächst den umgebenden Hallen auf dem Forum die Geißelsäule.

Es stehen noch mehrere Säulen im Umkreis des Marktes; die näheren zu Leibesstrafen, die entfernteren aber, um das zu verkaufende Vieh daran zu binden. Dem Wachhaus gegenüber auf dem Forum ist eine mit Stufen aufgemauerte, schön geplattete Terrasse, wie ein Hochgericht, worauf Steinbänke; von diesem Ort aus, der Gabbatha heißt, spricht Pilatus seine feierlichen Gerichtsurteile. Die zu dem Palast des Pilatus aufsteigende Marmortreppe führt zu einer offenen Terrasse, von welcher aus er mit den Anklägern sprach, welche gegenüber zunächst dem Eingang des Forums auf den Steinbänken saßen. Laut sprechend, kann man sich hier gegenseitig verstehen.

Hinter dem Palast des Pilatus liegen noch höhere Terrassen mit Gärten und einem Lusthaus. Durch diese Gärten hängt der Palast des Pilatus mit der Wohnung seiner Frau, die Claudia Procle heißt, zusammen. Hinter diesen Bauwerken ist noch ein Graben, der sie vom Tempelberge[22] trennt. Auch liegen dort zurück noch Wohnungen von Tempeldienern.

An die Morgenseite von Pilatus' Palast stößt jenes Rat- oder Gerichtshaus des alten Herodes, in dessen innerem Hof einst viele unschuldige Kinder ermordet worden sind. Es ist jetzt etwas verbaut gegen damals; der Eingang ist jetzt von der Morgenseite her, jedoch auch einer für Pilatus aus dessen Vorhaus.

Von Morgen her laufen an dieser Seite der Stadt vier Straßen abendwärts, drei führen gegen den Palast des Pilatus und das Forum, die vierte aber an der Nordseite des Forums vorüber gegen das Tor hin, durch das man nach Bethsur geht. Nahe diesem Tor liegt in dieser Straße das schöne Gebäude, welches Lazarus in Jerusalem besitzt und in welchem auch Martha eine eigene Wohnung hat.

Die dem Tempel nächste dieser vier Straßen läuft von dem Schaftor aus, neben welchem, wenn man hereingeht, zur Rechten der Schafteich so dicht an die Mauer gebaut liegt, dass in der Mauer Bogen über ihn angebracht sind. Er hat einen Ablauf vor die Mauer hinaus ins Tal Josaphat, wodurch es an dieser Stelle vor dem Tor sumpfig ist. Es umgeben diesen Teich noch einige Bauwerke; die Opferlämmer werden an diesem Teich, ehe man sie zum Tempel hinaufbringt, zum erstenmal aus dem Groben gewaschen, am Teich Bethesda, südlich vom Tempel, erhalten sie später noch eine Zeremonialreinigung. In der zweiten Straße liegt ein Hof und Haus, der Mutter Marias, der hl. Anna gehörig, wo sie und ihre Familie sich aufhielten und ihr Opfervieh einstellten, wenn sie an den Festtagen nach Jerusalem kamen. In diesem Hause ist auch, so ich mich jetzt recht erinnere, die Hochzeit Josephs und Marias gefeiert worden.

Das Forum liegt, wie ich sagte, höher als die umgebenden Straßen, und es laufen Wasserrinnen in diesen nach dem Schafteich hinab. Auf dem Berge Sion zieht sich auch ein solches Forum vor der ehemaligen Burg Davids hinan, südöstlich liegt in seiner Nähe das Coenaculum und nördlich vom Richthaus des Annas und des Kaiphas. Die Burg Davids ist jetzt eine verlassene wüste Festung voll leerer Höfe, Ställe und Kammern, die als Herbergsräume für Karawanen und fremdes Volk und ihre Lasttiere vermietet werden. Dieses Gebäude liegt schon lange verödet, ich sah es schon bei Christi Geburt in seiner letzten Bestimmung. Damals wurde der Zug der Heiligen Drei Könige mit seinen vielen Lasttieren gleich vom Tor aus hingeführt.

Wenn ich in den alten Zeiten Schlösser großer Könige und Tempel so herabgekommen sehe zu niedrigem Gebrauch, denke ich immer, es ist doch gerade wie ein paar tausend Jahre später, nämlich wie jetzt, wo auch so viele große Werke frommer, treuer Mühsamkeit, Kirchen und Klöster, zerstört und verwüstet oder zu weltlichem, oft nicht allzu sündenreinem Gebrauch verschleudert werden.

Die kleine Kirche meines Klosters, die mir der Himmel auf Erden war und in welcher der König Himmels und der Erde im Heiligen Sakrament so gern bei uns armen Sünderinnen wohnte, steht schon dachlos und leer mit hohlen Fenstern, und der Fußboden hat alle seine Grabsteine hingeben müssen.

Unser armes Klösterchen, wo ich so selig in meiner Zelle mit meinem zerbrochenen Stuhl war wie kein König auf seinem Thron, denn ich konnte nach der Gegend der Kirche hinsehen, wo das Heilige Sakrament stand, unser armes Klösterchen, wo wird es in einer kleinen Reihe von Jahren sein? In einiger Zeit wird man kaum mehr wissen, wo eine lange Reihe von Jahren hindurch eine Schar von gottgeweihten Seelen für die ganze Welt und für alle armen und verlassenen Seelen zu Gott gebetet haben. Gott aber wird es wissen, bei ihm ist kein Vergessen, in ihm ist Vorzeit und Zukunft gegenwärtig, Er ist, der da ist, und wie Er mich bei ihm alle die alten Geschichten gegenwärtig finden lässt, so ist bei ihm auch alles Gute, das an vergessenen Orten, wie alles Böse, das an missbrauchten veruntreuten Orten geschehen ist und wird, aufbewahrt zum Tage der Abrechnung, wo bis zum letzten Heller bezahlt werden muss. Vor Gott gilt kein Ansehen der Person und des Ortes, Er hält auch Rechnung über den Weinberg Naboths.

Ich habe oft gehört, unser Klösterchen sei von ein paar Nönnchen mit einem Krug Öl und einem Säckchen Bohnen angefangen worden. Alle redlich erworbenen Zinsen dieses Kapitals und jedes Kapitals werden an jenem Tage eingefordert werden. Man hört oft, dass eine arme Seele wegen ein paar nicht erstatteter ungerechter Groschen nicht ruhen könne; Gott schenke allen, welche von je über Güter der Armen und der Kirche verfügt haben, diese Güter und gebe ihnen die ewige Ruhe![23]

Jesus vor Pilatus

Es war nach unserer Zeit ungefähr sechs Uhr morgens, als der Zug der Hohenpriester und Pharisäer mit dem schrecklich misshandelten Heiland vor den Palast des Pilatus kam. Zwischen dem Markt und dem Eingang des Gerichtshofes waren Sitze an beiden Seiten des Weges, wo Annas und Kaiphas und die mitgekommenen Ratsherren nicht weiter vorschritten und sich aufstellten. Jesus ward von den Bütteln an Stricken etwas weiter vorwärts bis unten an die Treppe des Pilatus geführt. Pilatus lag, als sie ankamen, auf der vorspringenden Terrasse auf einer Art Ruhebett, und es stand ein kleines Tischchen auf drei Füßen neben ihm, worauf einige Standeszeichen und Sachen lagen, deren ich mich nicht mehr erinnere. Es standen Offiziere und Soldaten bei ihm, und es waren auch römische Gewaltzeichen aufgestellt. Die Hohenpriester und Juden hielten sich vom Richthause fern, weil es sie nach dem Gesetz verunreinigte, und es war eine bestimmte Grenze, die sie nicht überschritten.

Als Pilatus sie so eilig und mit so großem Getöse und Geschrei heranziehen und den misshandelten Jesus zu seiner Treppe führen sah, stand er auf und sprach ganz höhnisch mit ihnen, so wie etwa ein hoffärtiger französischer Marschall mit den Deputierten einer armen kleinen Stadt: «Was habt ihr schon wieder so früh? Wie habt ihr den Menschen so elend zugerichtet? Ihr fangt früh an zu schinden und zu schlachten.» Sie aber riefen den Bütteln zu: «Voran mit ihm ins Richthaus.» Dann richteten sie ihre Rede an Pilatus: «Höre unsere Klagen gegen diesen Verbrecher an, wir können nicht in das Richthaus, dass wir uns nicht verunreinigen.»

Nach diesen ihren laut ausgerufenen Worten schrie ein großer und starker ehrwürdiger Mann aus dem Volke, das sich hinter ihnen auf dem Forum drängte: «Ja, wohl dürft ihr nicht in dieses Richthaus, denn es ist geheiligt durch unschuldiges Blut, nur Er darf hinein, nur Er ist unter den Juden rein wie die Unschuldigen!» Als er so mit großer Gemütsbewegung geschrien hatte, verschwand er unter der Menge. Er hieß aber Zadoch und war ein wohlhabender Mann und ein Vetter von Obed, dem Mann der Seraphia, die Veronika genannt wird; zwei Knäblein von ihm waren unter den unschuldigen Kindern in dem Hof des Richthauses auf des Herodes Befehl ermordet worden. Er hatte sich seitdem ganz zurückgezogen und mit seiner Frau wie ein Essener in Enthaltung gelebt.

Er hatte Jesus einmal bei Lazarus gesehen und lehren gehört, und in diesem Augenblick, als er den unschuldigen Jesus so elend die Treppe hinanzerren sah, brach die schmerzliche Erinnerung an seine dort gemordeten Kinder in seinem Herzen auf, und er schrie dem Herrn dieses Zeugnis seiner Unschuld aus. Die Ankläger Jesu waren zu dringend und geärgert über des Pilatus Wesen und ihre demütige Stellung vor ihm, um auf dieses Geschrei besonders zu achten.

Jesus wurde von den Schergen die vielen Marmorstufen hinaufgezerrt und kam in dem Hintergrund der Terrasse zu stehen, von welcher herab Pilatus mit seinen Anklägern sprach. Als er Jesus, von welchem schon manche verschiedene Gerüchte zu ihm gelangt waren, so schrecklich misshandelt und entstellt und dennoch mit einem unzerstörbaren Ausdruck von Würde an sich vorüberführen sah, wuchs seine ekelnde Verachtung gegen die jüdischen Priester und Räte, die ihm früher hatten entbieten lassen, dass sie ihm Jesus von Nazaret, der des Todes schuldig sei, zum Verurteilen überliefern würden, und er ließ sie empfinden, dass er nicht geneigt sei, Jesus ohne erwiesene Schuld zu verurteilen.

Er sprach daher zugleich herrisch und höhnisch zu den Hohenpriestern: «Was für eine Schuld dieses Menschen habt ihr denn vorzubringen?», worauf sie geärgert erwiderten: «Wenn wir ihn nicht als einen Verbrecher erkannt hätten, so würden wir ihn dir nicht überliefert haben.» Da sprach Pilatus: «Nun, so nehmt ihr ihn euch hin und richtet ihn nach euerm Gesetz!» Worauf sie entgegneten: «Du weißt, dass uns das Recht, ein Todesurteil vollziehen zu lassen, nicht unbeschränkt zusteht.»

Die Feinde Jesu waren voll Grimm und Ärger, und alle ihre Verhandlungen gingen in stürmischer Eile und Heftigkeit, damit sie vor ihrer gesetzlichen Festzeit mit Jesus fertig würden, um das Osterlamm schlachten zu können. Sie wussten aber nicht, dass Er das Osterlamm war, welches sie selbst in das Gerichtshaus des heidnischen Götzendieners führten, an dessen Schwellen sie sich nicht verunreinigen wollten, um heute das Osterlamm essen zu können.

Da nun der Landpfleger sie aufforderte, ihre Klagen vorzubringen, begannen sie, dieses zu tun, indem sie drei Hauptklagen gegen Jesus aussprachen, für denen jede zehn Zeugen auftraten, und sie stellten diese Klagen so, dass Jesus dadurch als ein Verbrecher gegen den Kaiser erscheinen und von Pilatus verurteilt werden sollte; denn in bloßen Sachen ihres Religionsgesetzes und des Tempels haben sie wohl die Gerechtigkeit selbst handhaben können.

Zuerst klagten sie, Jesus sei ein Verführer des Volkes, ein Ruhestörer und Aufreger, und dann führten sie einzelne, mit Zeugen unterstützte Beweise davon auf. Sie sagten, Er ziehe umher, halte große Versammlungen, breche den Sabbat, heile am Sabbat. Da unterbrach sie Pilatus: «Ihr seid wohl nicht krank, sonst würde das Heilen euch nicht solches Ärgernis geben.» Sie fuhren aber fort: Er verführe das Volk durch greuliche Lehren, denn Er sage, man solle sein Fleisch und Blut essen, dann werde man das ewige Leben haben. Pilatus ärgerte sich an dem hastigen Grimm, womit sie dieses vorbrachten, er blickte seine Offiziere lächelnd an und warf den Juden scharfe Worte hin, wie z.B.: «Es sollte schier scheinen, als folgtet ihr seiner Lehre und wolltet das ewige Leben haben, seid ihr doch, als wolltet ihr sein Fleisch und Blut essen.»

Ihre zweite Hauptbeschuldigung war, Jesus wiegele das Volk auf, dem Kaiser die Steuern nicht zu zahlen. – Hier unterbrach sie Pilatus zürnend, und als einer, dessen Amtes es war, auf solche Dinge zu achten, sprach er, seiner Sache gewiss: «Dies ist eine große Lüge, das muss ich besser wissen.» – Die Juden aber schrien, die dritte Hauptklage vorbringend, fort, es sei dem doch so, indem dieser Mensch von niederer, unklarer, verdächtiger Abkunft sich großen Anhang gemacht und Wehe über Jerusalem gerufen. Er streue auch zweideutige Parabeln unter dem Volke aus, von einem König, der seines Sohnes Hochzeit bereite; einmal schon habe das auf einem Berg in großer Menge versammelte Volk ihn zum König machen wollen, aber es sei ihm zu früh gekommen, und Er habe sich damals verborgen. In den letzten Tagen habe Er sich schon mehr hervorgewagt, Er habe sich einen lärmenden Einzug in Jerusalem gehalten und sich: «Hosanna, dem Sohne Davids!» «Hochgelobt das Reich unseres Vaters David, das da kommt!» zurufen und königliche Ehren erweisen lassen, denn Er lehre, dass Er der Christus, der Gesalbte des Herrn, der Messias, der verheißene König der Juden sei, und lasse sich so nennen. Auch diese Beschuldigung wurde von zehn Zeugen bezeugt. – Auf diese Rede, dass Jesus sich den Christus, den König der Juden nennen lasse, ward Pilatus etwas nachdenklich. Er ging von der offenen Terrasse in die anliegende Gerichtsstube, warf vorübergehend einen aufmerksamen Blick auf Jesus und befahl den Wachen, ihm den Herrn in die Gerichtsstube zu bringen.

Pilatus war ein verwirrter, abergläubischer, wetterwendischer Heide, er hatte allerlei dunkle Ahnungen von Söhnen seiner Götter, die auf Erden gelebt hätten. Auch war ihm nicht fremd, dass die Propheten der Juden seit langer Zeit einen Gesalbten Gottes, einen Erlöser und Befreier, einen König vorhergesagt hatten und dass viele Juden diesen erwarteten. Er wusste auch, dass Könige aus dem Morgenland bei dem alten Herodes gewesen und nach einem neugeborenen König der Juden gefragt hätten, um ihn zu verehren, und dass hierauf viele Kinder auf des Herodes Befehl ermordet worden seien.

Von jenen Sagen über einen Messias, einen König der Juden, wusste er wohl, aber er glaubte als ein eifriger Götzendiener nicht daran, konnte sich auch gar nicht denken, was das für ein König sein sollte. Er hätte höchstens auf Art der damaligen aufgeklärten Juden und Herodianer daran glauben können, welche sich einen siegreichen, mächtigen Herrscher darunter dachten; um so lächerlicher erschien ihm die Beschuldigung, dass Jesus, der so elend, arm und entstellt vor ihm stand, sich für diesen Gesalbten Gottes, diesen König ausgeben sollte. Weil aber die Feinde Jesu dieses als eine die Rechte des Kaisers kränkende Beschuldigung vorgebracht hatten, ließ er den Heiland zum Verhör vor sich führen.

Pilatus sah Jesus mit verwunderten Augen an und sprach zu ihm: «Du also bist jener König der Juden?» und Jesus erwiderte ihm: «Sagst du dies aus deinem Herzen, oder haben andere dir dies von mir gesagt?» Da wurde Pilatus unwillig, dass Jesus ihn für so töricht halten könne, einen so armen, elenden Menschen aus eigenem Einfall zu fragen, ob Er ein König sei; und er sprach wegwerfend so viel wie: «Bin ich etwa ein Jude, dass ich von solchen Erbärmlichkeiten wissen sollte? Dein Volk und seine Priester haben dich mir mit dieser Beschuldigung als des

Todes schuldig zum Verurteilen übergeben; sage, was hast du denn getan?» Hierauf sprach Jesus feierlich zu ihm: «Mein Königreich ist nicht von dieser Welt. Wäre mein Reich von dieser Welt, so würde ich wohl Diener haben, die für mich gekämpft hätten, dass ich den Juden nicht überliefert worden wäre. So aber ist mein Königreich nicht von hienieden.» Pilatus hörte diese ernsten Worte Jesu mit einer Art Erschütterung an und sagte nachdenklich zu ihm: «So bist du also doch ein König?» Und Jesus erwiderte: «Wie du sagst, ja, ich bin der König. Ich bin geboren und bin in diese Welt gekommen, der Wahrheit Zeugnis zu geben, und jeder, der aus der Wahrheit ist, hört auf meine Stimme.» – Da blickte ihn Pilatus an und sagte aufstehend: «Wahrheit? Was ist Wahrheit?», und es wurde noch etwas gesprochen, dessen ich mich nicht mehr genau entsinne.

Pilatus ging wieder hinaus auf die Terrasse, er konnte Jesus nicht verstehen, aber so viel wusste er nun von ihm, dass Er kein König sei, der dem Kaiser schädlich werden wolle, dass Er kein Reich in dieser Welt in Anspruch nehme. Ein Reich aber aus einer anderen Welt kümmerte den Kaiser nicht, und Er rief also den Hohenpriestern von der Terrasse hinab: «Ich finde keine Art von Schuld an diesem Menschen.»

Da wurden die Feinde Jesu von neuem erbittert und brachten einen Strom von Beschuldigungen gegen ihn vor. Der Herr aber stand schweigend und betete für die armen Menschen, und als Pilatus, sich zu ihm wendend, fragte: «Hast du nichts auf alle diese Anklagen zu erwidern?» sagte Jesus auch nicht ein Wort, so dass Pilatus, aufs höchste über ihn verwundert, zu ihm sprach: «Ich sehe wohl, sie gehen mit Lügen gegen dich um» – (er brauchte für Lügen einen eigenen Ausdruck, den ich vergessen habe). Die Ankläger aber fuhren in ihrem Grimme fort und sagten: «Wie, keine Schuld findest du an ihm? Ist das keine Schuld? Er wiegelt das ganze Volk auf, denn Er verbreitet seine Lehre durch das ganze Land von Galiläa aus bis hierher.»

Als Pilatus das Wort Galiläa hörte, dachte er einen Augenblick nach und fragte dann hinab: «Ist dieser Mensch aus Galiläa, ein Untertan des Herodes?» Und da die Ankläger erwiderten: ja, denn seine Eltern hätten in Nazaret gewohnt und jetzt sei

Kafarnaum sein Aufenthaltsort, sprach Pilatus: «Nun also, da Er ein Galiläer von den Untertanen des Herodes ist, so führt ihn zu diesem, er ist hier auf dem Fest und mag ihn richten», und er ließ Jesus wieder aus dem Gerichtshof zu seinen Feinden hinabführen, schickte auch einen Offizier zu Herodes, ihm seinen Untertan, einen Galiläer, Jesus von Nazaret, zu Gericht anzumelden.

Pilatus war froh, auf diese Weise die Verurteilung Jesu von sich abzuwälzen; denn die Sache war ihm unheimlich, und zugleich hatte er die politische Absicht dabei, dem Herodes, der immer auf Jesus sehr begierig gewesen, eine Höflichkeit zu erweisen, denn sie waren entzweit. Die Feinde Jesu, im höchsten Grade verärgert, vor allem Volk von Pilatus mit ihm abgewiesen zu sein und weiter zu Herodes ziehen zu müssen, ließen Jesus ihren Grimm entgelten. Sie umschlossen ihn mit erneuter Wut tobend mit ihren Gerichtsknechten und trieben ihn aufs neue gebunden unter Stoßen und Schlagen mit stürmischer Eile quer über das menschenvolle Forum und dann durch eine Straße zu dem nicht weit gelegenen Palast des Herodes. Es zogen römische Soldaten mit.

Claudia Procle, die Ehefrau des Pilatus, hatte während der letzten Verhandlung ihm durch einen Diener sagen lassen, sie verlange dringend mit ihm zu sprechen, und als Jesus zu Herodes geführt wurde, stand sie heimlich auf einer hochliegenden Galerie und sah den Zug mit großer Angst und Betrübnis über das Forum ziehen.

Entstehung des Kreuzweges

Die Mutter Jesu, Magdalena und Johannes hatten, während der ganzen Anklage vor Pilatus unter dem Volk in dem Winkel einer Halle des Forums stehend, mit herzzerreißendem Schmerz das Lärmen und Rufen gehört. Johannes aber führte, da Jesus zu Herodes gebracht wurde, die heilige Jungfrau und Magdalena den Leidensweg zurück, und sie gingen den ganzen Weg bis zu

Kaiphas, zu Annas, durch Ophel nach Getsemane an den Ölberg, und überall, wo Er gefallen, wo ihm Weh geschehen, dankten sie stille und trauerten und litten sein Leid. Oft sank die heilige Jungfrau nieder und küsste die Erde, wo Jesus gefallen, und Magdalena rang die Hände und Johannes weinte, tröstete, richtete sie auf und führte sie weiter. Dies war der erste Anbeginn des heiligen Kreuzweges und der mitleidenden Betrachtung und Verehrung des Leidens Jesu, noch ehe es vollendet war.

Damals schon begann in der heiligsten Blüte der Menschheit, in der jungfräulichen Mutter Gottes, des Menschensohnes, die Andacht der Kirche zu den Schmerzen ihres Erlösers; damals schon, als Er noch auf der Mitte seines bitteren Leidensweges wandelte, beweinte und verehrte die auserwählte, gnadenvollste Mutter die Fußstapfen ihres Sohnes und Gottes. O welches Mitleiden! Wie ging das Schwert mit vordringender Gewalt schneidend und schmerzlich verweilend durch ihr Herz!

Sie, deren seliger Leib ihn getragen, deren selige Brüste ihn genährt, sie, die Selige, welche das Wort, das im Anfang bei Gott und das Gott war, wirklich und wesentlich gehört und in sich aufgenommen und neun Monate bewahrt hatte unter ihrem Herzen voll Gnaden und gepflegt, beobachtet und genährt hatte an ihren Brüsten, sie, die sein Leben in sich getragen und gefühlt, ehe die Menschen, seine Brüder, Segen und Lehre und heilende Hilfe von ihm empfingen, litt und teilte alles mit Jesus und auch seinen Durst nach der Erlösung der Menschen durch sein bitteres Leiden und Sterben, und so trat die Reinste und Unbefleckte jetzt schon der Kirche den Fußpfad des Kreuzweges, um die unerschöpflichen Verdienste Jesu Christi an allen Stellen wie Edelsteine aufzulesen, wie Blumen am Wege zu pflücken und seinem himmlischen Vater für die Glaubenden aufzuopfern.

Alles, was da Heiliges war in der Menschheit von je bis immer, alle, die sich gesehnt nach der Erlösung, alle, welche je und immer die Liebe und das Leiden des Herrn mitleidend gefeiert, wandelten, trauerten, beteten, opferten mit in dem Herzen der Mutter Jesu, die auch eine treue Mutter seiner gläubigen Brüder in der Kirche ist. – Magdalena aber war in ihren Schmerzen wie von Sinnen. Sie hatte eine unermessliche heilige Liebe zu

Jesus, aber wenn sie so recht ihre Seele in Liebe vor seinen Füßen hätte ausgießen mögen, wie das Nardenöl über sein Haupt, da trat ein Entsetzen, ein Abgrund zwischen sie und ihre Liebe. Unendlich war ihre Reue über ihre Sünden, unendlich ihr Dank für seine Vergebung, und wenn nun ihre Liebe ihren Dank wie eine Weihrauchwolke zu ihm erheben wollte, da sah sie Jesus misshandelt und zum Tode geführt auch wegen ihrer Schuld, die Er auf sich genommen; da entsetzte sich ihre Liebe vor ihrer Schuld, für welche Jesus so Entsetzliches leiden musste, und stürzte nieder in den Abgrund der Reue und konnte ihn nicht erschöpfen noch erfüllen und erhob sich wieder in Sehnsucht nach ihrem Herrn und Meister und sah ihn in grausamer, bitterer Misshandlung. So war ihre Seele heftig zerrissen und gleichsam taumelnd zwischen ihrer Liebe, ihrer Reue, ihrem Dank und der Betrachtung des Undanks ihres Volkes an seinem Erlöser, und dies alles drückte sich in ihrem Aussehen, ihren Worten und Bewegungen aus.

Johannes aber liebte und litt und geleitete die Mutter seines heiligen Meisters und Gottes, der auch ihn liebte und auch für ihn litt, zum erstenmal auf den Fußstapfen des Kreuzweges der Kirche und sah Zukünftiges.

Pilatus und seine Frau

Während Jesus zu Herodes geführt wurde und dort die Verspottung erlitt, sah ich Pilatus zu seiner Frau, Claudia Procle, gehen. Sie kamen in einem Lusthaus auf einer Gartenterrasse hinter dem Palast des Pilatus zusammen. Claudia war sehr erschüttert und bewegt. Sie war eine große und vollkommene Frau, aber bleich, sie hatte einen Schleier hinten niederhängen, doch sah man ihre Haare um den Kopf gewunden und einigen Schmuck darin, auch an den Ohren und dem Hals hatte sie Schmuck und besonders an der Brust eine Art Schloss, das ihr langes faltiges Kleid festhielt. Sie sprach lange mit Pilatus und beschwor ihn bei allem, was ihm heilig sei, Jesus, den Propheten, den Heiligsten der Heiligen, nicht zu verletzen und erzählte ihm einzelne Teile wunderbarer Gesichte, welche sie von Jesus heute nacht gehabt hatte.

Ich habe, während sie sprach, vieles von den Gesichten gesehen, die sie gehabt, aber sie sind mir nicht mehr ganz in ihrer Folge gegenwärtig. Soviel erinnere ich mich jedoch: sie sah alle Hauptpunkte des Lebens Jesu, sie sah die Verkündung Marias, Christi Geburt, die Anbetung der Hirten und der Könige, die Prophezeiung Simeons und Hannas, die Flucht nach Ägypten, den Kindermord, die Versuchung in der Wüste usw. Sie sah allgemeine Bilder aus seinem heiligen und heilenden Wandel, sie sah ihn immer dabei mit Licht umgeben und sah die Tücke und Bosheit seiner Feinde unter den furchtbarsten Bildern.

Sie sah die Heiligkeit und Schmerzen seiner Mutter und seiner eigenen unendlichen Leiden unter steter Liebe und Geduld. Sie sah alles das in gedrängten Bildern, welche erklärend mit Licht und Nacht und allerlei Sinnbildern umgeben waren, und litt dabei eine unsägliche Angst und Trauer, denn all diese Gegenstände waren ihr neu und unendlich eindringend und überzeugend, und teils sah sie dieselben, wie den Kindermord und ebenso die Prophezeiung Simeons im Tempel, in der Nähe ihres Hauses vorgehen. Wie sehr aber ein mitleidiges Herz von solchen Bildern geängstigt wird, weiß ich wohl, denn die meisten Empfindungen der anderen erfährt man dadurch, dass man sie selbst empfindet.

So hatte sie in der Nacht gelitten und viele Wunder und Wahrheiten teils heller, teils dunkler erkannt, als das Gelärm der Jesus heranführenden Schar sie weckte, und da sie später hinausschaute, sah sie den Herrn, den Gegenstand aller Wunder, die sie die Nacht hindurch erkannt, greulich entstellt und misshandelt von seinen Feinden zu Herodes über das Forum hinführen.

Schrecklich beängstigte diese wachsende Erkenntnis, verbunden mit den wunderbaren Erfahrungen der Nacht, ihr Herz, und sie schickte sogleich zu Pilatus, dem sie nun vieles davon mit Angst und Scheu erzählte, weil sie nicht alles verstand, wenigstens nicht auszudrücken vermochte, aber sie bat und flehte und schmiegte sich rührend an ihn.

Pilatus war sehr verwundert und teils bestürzt über das, was sie sagte; er reimte es mit allem, was er von Jesus hie und da gehört, mit dem Grimm der Juden, mit dem Schweigen Jesu und dessen festen, wunderbaren Antworten auf seine Fragen zusammen und war schwankend und unruhig in sich, neigte sich aber bald zu den Vorstellungen seines Weibes hin und sagte, dass er bereits erklärt habe, wie er keine Schuld an Jesus finde, und dass er ihn nicht verurteilen werde, da er die ganze Bosheit der Juden erkannt habe. Er sprach noch über die Äußerungen Jesu gegen ihn selbst und beruhigte sein Weib sogar mit Überreichung eines Pfandes zur Versicherung, dass er ihn nicht verurteilen werde. Ich weiß nicht mehr, welch ein Kleinod, Ring oder Siegel es war, das er ihr zum Zeichen gab. Auf diese Weise trennten sie sich voneinander.

Pilatus sah ich als einen ganz verwirrten, habsüchtigen, schwankenden, stolzen und dann wieder niederträchtigen Mann, der ohne alle höhere Gottesfurcht, wo es seinen Vorteil galt, schändliche Handlungen begehen konnte und zugleich auf die niedrigste, feigste Art abergläubisch allerlei Götzendienste und Zeichendeuterei brauchte, wenn er in einer Verlegenheit war. So sah ich ihn auch jetzt in vielfacher Verwirrung, und er hatte immer mit seinen Göttern zu tun, denen er in einem verborgenen Raum seines Hauses räucherte und von denen er allerlei Zeichen verlangte.

Er sah auch nach allerlei abergläubischen Zeichen, z.B. wie die Hühner fräßen; aber alles das war mir so greulich, finster und höllisch, dass ich davor zurückschauderte und es nicht genau wieder erzählen kann. Er hatte ganz verwirrte Gedanken, und der Satan blies ihm bald dieses, bald jenes ein. Einmal meinte er, Jesus müsse als unschuldig freigelassen werden, dann meinte er, seine Götter würden sich an ihm, Pilatus, rächen, wenn er diesen Jesus, der so seltsame Urteile und Äußerungen für sich habe, als sei Er doch eine Art Halbgott, erhalte; denn Jesus könne seinen Göttern vielen Schaden tun. Vielleicht, dachte er, ist Er eine Art Gott der Juden, es gibt so viele Prophezeiungen von einem König der Juden, der über alles herrschen soll; Könige der Sterndiener aus dem Morgenland haben schon einen solchen König im Lande einmal gesucht; auch könnte Er sich vielleicht über meine Götter und meinen Kaiser erheben, und ich hätte große Verantwortung, wenn Er nicht stürbe. Vielleicht soll sein Tod ein Triumph meiner Götter sein.

Dazu kam aber wieder die wunderbare nächtliche Erfahrung seiner Frau, die Jesus nie vorher gesehen hatte, und warf ein großes Gewicht für das Lossprechen Jesu in die schwankende Waagschale des Pilatus, und er entschied sich ganz für diesen Entschluss. Er wollte gerecht sein, aber er konnte nicht, denn er hatte gefragt: «Wahrheit, was ist Wahrheit?», und hatte die Antwort nicht abgewartet: «Jesus Nazarenus, der König der Juden, ist die Wahrheit.» Es wogte so vieles in ihm durcheinander, ich konnte den Wirrwarr nicht verstehen, und er selbst wusste auch nicht, was er wollte, sonst hätte er sich gewiss nicht bei den Hühnern befragt.

Es versammelte sich aber das Volk in immer größerer Menge auf dem Markt und in der Gegend der Straßen, wo Jesus zu Herodes geführt wurde. Es liefen jedoch diese Haufen nicht durcheinander, sondern sie standen nach Ortschaften und Gegenden, wie sie zum Fest gezogen waren, zusammen, und die erbittertsten Pharisäer, aus allen Gegenden, wo Jesus gelehrt hatte, waren alle bei ihren Gemeinden, das wankelmütige, bestürzte Volk gegen Jesus zu bearbeiten. Bei dem römischen Wachhaus vor dem Palast des Pilatus waren die römischen Soldaten in großer Anzahl aufgestellt und an allen nötigen Posten der Stadt.

Jesus vor Herodes

Der Palast des Tetrarchen Herodes lag nördlich vom Forum in der Neustadt, es war nicht sehr weit dahin, und es zog nun eine Schar römischer Soldaten mit. Es waren Leute aus der Gegend zwischen der Schweiz und Italien. Die Feinde Jesu waren über dieses Herumziehenmüssen sehr erbittert und hörten nicht auf, ihn zu beschimpfen und von den Bütteln zerren und stoßen zu lassen. Der Bote des Pilatus war früher als der Zug bei Herodes, und dieser erwartete den Zug schon in einer großen Halle, wo er auf einer Art Thron auf Kissen saß; es waren viele seiner Hofleute und Soldaten um ihn. Die Hohenpriester traten durch den Säulengang herein und stellten sich an die beiden Seiten, und Jesus stand im Eingange, Herodes war sehr geschmeichelt, dass Pilatus ihm vor den Hohenpriestern das Recht, über einen Galiläer zu richten, öffentlich zusprach und war sehr geschäftig und aufgeblasen; auch freute es ihn, Jesus in so demütigender Stellung vor sich zu sehen, der es immer verschmäht hatte, sich ihm zu zeigen.

Johannes hatte so feierlich von ihm gesprochen, und es war ihm von den Herodianern und anderen Spionen und Zuträgern so viel von ihm gesagt worden, dass er sehr gespannt auf ihn war, und er war ganz aufgelegt, vor seinen Hofleuten und den Hohenpriestern ein sehr prahlendes Verhör mit ihm anzustellen, in welchem er beiden Teilen beweisen wollte, wie gut er unterrichtet sei. Es war ihm aber auch von Pilatus gemeldet, dass dieser keine Schuld an ihm gefunden habe, und das war seiner Kriecherei ein Wink, die Anklagenden mit einiger Zurückhaltung zu behandeln, welches den Grimm derselben vermehrte.

Sie brachten ihre Klagen sehr dringend vor, gleich da sie hereintraten; Herodes aber sah neugierig auf Jesus, und da er ihn so elend und misshandelt, mit zerrauftem Haar und zerschlagenem, mit Blut und Kot bedecktem Angesicht, in einem verunreinigten Gewand erblickte, ergriff den weichlichen, wollüstigen König ein ekelndes Mitleid. Er rief einen Gottesnamen aus, auf die Art wie «Jehova», wendete sein Angesicht mit ekler Miene hinweg und sagte zu den Priestern: «Bringt ihn hinweg, reinigt ihn, wie mögt ihr mir einen so unreinen, misshandelten Menschen vor Augen stellen?» Die Knechte aber zogen Jesus in die Vorhalle, und man brachte Wasser in einem Becken und einen Wisch und reinigte ihn unter Misshandlung, denn sein Angesicht war verwundet, und sie fuhren verletzend darüber her.

Herodes aber verwies den Priestern ihre Grausamkeit, und es schien, er wolle die Handlungsweise des Pilatus nachahmen, denn er sagte auch: «Man sieht ihm an, dass Er den Schlächtern in die Hände gekommen ist, ihr fangt heute vor der Zeit an.» Die Hohenpriester aber drängten sehr mit ihren Klagen und Beschuldigungen. Da man nun Jesus wieder heranführte, wollte Herodes den Gefälligen gegen ihn spielen und befahl, ihm einen Becher mit Wein zu bringen, Er sei ganz entkräftet; Jesus aber schüttelte das Haupt und nahm den Trunk nicht an.

Nun ward Herodes sehr gesprächig und maulredend gegen Jesus und brachte alles vor, was er von ihm wusste. Anfangs fragte er ihn mehreres, wünschte auch ein Zeichen von ihm zu sehen, da Jesus ihm aber auch keine Silbe antwortete und immer still vor sich niedersah, ward Herodes sehr verärgert und beschämt vor den Anwesenden, wollte es sich aber doch nicht merken lassen und brachte nun in einem Strom von Fragen alles vor, was er von Jesus wusste.

Anfangs suchte er ihm zu schmeicheln: «Es tut mir leid, dich so schwer beschuldigt zu sehen; ich habe vieles von dir gehört, weißt du wohl, dass du mir zu nahe getreten bist in Thirza, da du ohne meine Erlaubnis Gefangene auslöstest, die ich dahin hatte setzen lassen, aber du hast es vielleicht gut gemeint. Nun bist du mir vom römischen Landpfleger überliefert, dich zu richten, was sagst du auf alle diese Klagen? – Du schweigst? – Man hat mir viel von deiner großen Weisheit im Reden und Lehren gesprochen, ich wünsche, dich deine Ankläger widerlegen zu hören. Was sagst du? – Ist es wahr, bist du der König der Juden? – Bist du der Sohn Gottes? – Wer bist du? – Ich hörte, du habest große Wunder getan, bewähre dich vor mir, gib ein Zeichen. – Es steht bei mir, dich loszusprechen. – Ist es wahr, hast du Blindgeborene sehend gemacht, hast du Lazarus von den Toten erweckt, mehrere tausend Menschen mit wenigen Broten gespeist? – Warum antwortest du nicht? – Ich beschwöre dich, tu eines von deinen Wundern! – Es soll dir nützlich sein.»

Als Jesus aber immer schwieg, fing Herodes an, geschwinder zu schwätzen, z.B.: «Wer bist du? Was ist das mit dir? Wer hat dir Vollmacht gegeben? Warum vermagst du nichts mehr? Bist du derjenige, von dessen Geburt seltsame Reden gehen? Es sind einmal Könige aus dem Morgenland gekommen zu meinem Vater, nach einem neugeborenen Judenkönig zu fragen, dem sie huldigen wollten, man sagt, dieses Kind seist du gewesen, ist dies wahr? Bist du dem Tode entkommen, der damals über viele Kinder erging? Wie ging das zu? Warum war es solange still von dir? Oder bezieht man nur jenes Ereignis auf dich, um dich zu einem König zu machen? Verantworte dich! Was bist du für ein König? Wahrhaftig, ich sehe nichts Königliches an dir. Sie haben dir, wie ich höre, neulich einen Triumphzug zum Tempel gehalten! Was sollte das bedeuten? Sprich! Wie kommt es, dass dies ein solches Ende genommen?»

So und dergleichen schwätzte Herodes vieles, erhielt aber keine Antwort von Jesus. Es ist mir aber eröffnet worden, jetzt und auch schon früher, dass Jesus nicht mit ihm sprach, weil Herodes durch seine ehebrecherische Verbindung mit Herodias und den Mord des Täufers im Bann war. Seinen Unwillen über Jesu Schweigen benutzten Annas und Kaiphas, um von neuem mit Klagen in Herodes zu dringen; sie brachten u.a. vor, Er habe Herodes einen Fuchs genannt und seit langem auf den Untergang der ganzen Familie Herodes' eingearbeitet, Er habe eine neue Religion aufbringen wollen und das Paschah schon gestern gegessen. Diese Beschuldigung war schon bei Kaiphas durch den Verrat des Judas vorgekommen, aber durch einige von Jesu Freunden aus Schriftrollen entkräftet worden.

Herodes ließ sich, obgleich sehr durch Jesu Schweigen geärgert, nicht aus seinen politischen Absichten bringen. Er wollte Jesus nicht verurteilen, denn teils hatte er einen geheimen Schrecken vor ihm, und es war ihm schon wegen Johannes' Ermordung oft bange zumute, teils waren ihm die Hohenpriester verhasst, weil auch sie seinen Ehebruch nie beschönigen gewollt und ihn deswegen vom Opfer ausgeschlossen hatten, hauptsächlich aber wollte er den nicht verdammen, den Pilatus ohne Schuld erklärt hatte; er hatte politische Absichten, dem Pilatus dadurch vor den Hohenpriestern eine Schmeichelei zu erweisen. Er überhäufte aber Jesus mit verachtenden Schmähworten und sagte zu seinen Dienern und zu seiner Leibwache, deren er wohl ein paar Hundert in seinem Palast hatte: «Nehmt den Toren hinaus und erzeigt dem lächerlichen König die Ehre, die ihm gebührt, denn Er ist mehr ein Narr als ein Verbrecher zu nennen.»

Sie führten nun den Heiland hinaus in einen großen Hof und taten ihm unsägliche Misshandlung und Spott an. Dieser Hof war von den Flügeln des Palastes umgeben, und Herodes, auf einem flachen Dach stehend, sah eine Zeitlang der Misshandlung Jesu zu. Annas und Kaiphas aber waren immer hinter ihm her und versuchten alles, um ihn zu bewegen, dass er Jesus verurteilen solle. Herodes jedoch sprach den Römern zu Gehör: «Es wäre die größte Sünde von mir, wenn ich ihn verurteilte.» Er meinte wahrscheinlich: die größte Sünde gegen das Urteil des Pilatus, der so höflich war, ihn mir zuzusenden.

Als die Hohenpriester und Feinde Jesu sahen, dass Herodes ihnen auf keine Weise zu Willen sein würde, sendeten sie einige aus ihrer Mitte mit Geld nach Acra, einem Teil der Stadt, wo sich jetzt viele Pharisäer aufhielten, welche sie auffordern ließen, sich mit ihren Gemeinden in die Gegend des Palastes des Pilatus zu begeben, auch ließen sie ihnen viel Geld geben, um es unter das Volk auszuteilen, auf dass es den Tod Jesu mit Ungestüm begehre. Andere sendeten sie mit der Drohung unter das Volk aus, so es den Tod dieses Gotteslästerers nicht begehre, würde es das Gericht Gottes auf sich laden; auch ließen sie aussprechen, so Er nicht sterbe, werde Er sich mit den Römern vereinigen; dies sei das Reich, von dem Er immer gesprochen, und dann seien die Juden ganz verloren.

Nach anderen Seiten hin verbreiteten sie das Gerücht, Herodes habe Jesus verurteilt, aber das Volk müsse seinen Willen aussprechen, man fürchte seinen Anhang, und wenn Er freikäme, würde das ganze Fest zerstört werden, dann nämlich würden die Römer und seine Anhänger Rache nehmen. So ließen sie die verwirrtesten, beunruhigendsten Gerüchte ausstreuen, um alles Volk zu erbittern und aufzuwiegeln; während ein anderer Teil von ihnen den Soldaten des Herodes Geld gab, dass sie Jesus gröblich, ja tödlich misshandeln möchten, denn sie wünschten, dass Er sterben möge, ehe Pilatus ihn freispräche.

Während die Pharisäer mit allem diesem Treiben beschäftigt waren, erlitt unser Herr den schmählichsten Hohn, die grausamste Misshandlung einer frechen, gottlosen Soldatenschar, welchen ihr König selbst Jesus als einen Toren, der ihm nicht

Rede stehen wollte, zur Misshandlung übergeben hatte. Sie stießen ihn in den Hof, und einer brachte einen großen weißen Sack, der in einer Kammer des Pförtners lag; es war einmal Baumwolle darin hierhergesendet worden. Sie schnitten mit ihren Schwertern ein Loch in den Boden des Sackes und warfen denselben mit einem allgemeinen Hohngelächter über Jesus Haupt; ein anderer brachte einen roten Lappen und warf ihn Jesus wie einen Kragen um den Hals.

Der Sack hing ihm weit über die Füße, und nun beugten sie sich vor ihm, stießen ihn hin und her, schimpften und spien ihn an, schlugen ihn ins Angesicht, weil Er ihrem König nicht habe antworten wollen, erwiesen ihm tausend spöttische Huldigungen, warfen ihn mit Kot, zerrten ihn, als sollte Er tanzen, und zwangen ihn, in dem weiten, schleppenden Spottmantel auf die Erde zu fallen, und schleiften ihn durch eine Rinne, welche rings um den Hof längs den Gebäuden hinlief, so dass sein heiliges Haupt wider die Säulen und Ecksteine schlug, und bald rissen sie ihn wieder empor und begannen ein anderes misshandelndes Getümmel um ihn; denn es waren ihrer wohl ein paar hundert Kriegsknechte und Hofdiener des Herodes, Leute aus den verschiedensten Gegenden, und jeder der bösesten Buben unter ihnen wollte sich und seiner Landsmannschaft durch eine eigentümliche Schandtat an Jesus vor Herodes Ehre machen. Alles dies trieben sie mit stürmender Eile, Gedränge und Hohngeschrei.

Die Feinde Jesu aber hatten mehrere unter ihnen bestochen, die ihn mehrmals in dem Getümmel mit Prügeln auf sein heiliges Haupt schlugen. Jesus sah sie so mitleidig an und seufzte und wimmerte so schmerzlich, sie spotteten sein Wehklagen mit verzerrten Stimmen nach, brachen bei jeder neuen Misshandlung in Hohn und Gelächter aus, und es war keiner, der sich seiner erbarmte. Ich sah das Blut über sein Haupt erbärmlich niederrinnen und sah ihn dreimal unter dem Schlag ihrer Prügel niedersinken; aber ich sah auch, als erschienen weinende Engel über ihm, welche sein Haupt salbten, und es wurde mir gezeigt, dass diese Schläge ohne diese göttliche Hilfe tödlich gewesen wäre. – Die Philister, welche zu Gaza in der Rennbahn den blinden Simson bis zur Todesmüdigkeit herumhetzten, waren nicht so gewalttätig und grausam wie diese Buben.

Die Zeit aber drängte die Hohenpriester, weil sie bald zum Tempel mussten, und als sie Nachricht erhielten, dass alle ihre Sendungen ausgerichtet seien, stürmten sie nochmals auf Herodes mit Bitten um Jesu Verurteilung ein. Er richtete jedoch sein Augenmerk allein auf Pilatus und sendete Jesus in seiner Spottkleidung zu diesem zurück.

Jesus von Herodes zu Pilatus

Mit erneuter Erbitterung traten die Hohenpriester und Feinde Jesu den Rückzug mit ihm von Herodes zu Pilatus an. Sie schämten sich, ohne seine Verurteilung abermals dahin zurückzukehren, wo Er schon als unschuldig erklärt worden war. Sie nahmen daher einen anderen, wohl nochmals so weiten Rückweg mit ihm, um ihn in seiner Schmach einem anderen Teil der Stadt zu zeigen, ihn desto länger unterwegs zu misshandeln und ihren Aufwieglern die Zeit zu lassen, die zusammengetriebenen Scharen nach ihren Absichten zu bearbeiten.

Der Weg, den sie mit Jesus nahmen, war viel rauher und unebener, und sie begleiteten ihn unter stetem Aufreizen der ihn führenden Schergen. Das lange Spottgewand hinderte den Herrn zu gehen, es schleifte im Kot, einigemal fiel Er darüber und ward unter Schlägen auf das Haupt und unter Fußstößen wieder an den Stricken in die Höhe gezerrt; es geschah ihm unsäglicher Hohn und Misshandlung von seinen Begleitern und dem Volk auf diesem Wege, und Er betete, nicht zu sterben, um für uns sein Leiden zu vollbringen.

Es war eine Viertelstunde nach acht Uhr morgens, als der Zug mit dem misshandelten Jesus wieder von einer anderen (wahrscheinlich der östlichen) Seite her über das Forum zum Palast des Pilatus kam. Die Menge des Volkes war sehr groß, sie standen nach ihren Gegenden und Ortschaften in Haufen zusammen, und die Pharisäer liefen unter ihnen herum und hetzten sie auf.

Der Meuterei der galiläischen Eiferer am letzten Paschah eingedenk, hatte Pilatus in und an dem Prätorium oder Wachhaus und an den Eingängen des Forums und seines Palastes wohl an tausend Mann zusammengezogen.

Die heilige Jungfrau, ihre ältere Schwester Maria Heli, deren Tochter Maria Cleophä, Magdalena und mehrere andere heilige Frauen[24], wohl an zwanzig, waren während der folgenden Ereignisse zugegen und standen in einer Halle, wo sie alles hören konnten, und gingen betrübt hin und her; auch Johannes war anfangs zugegen. Jesus wurde in seinem Verspottungskleid durch das hohnlachende Volk geführt, denn das verwegenste Volk war überall von den Pharisäern vorgeschoben, welche mit Hohn und Schmach ihnen vorangingen.

Ein Hofdiener des Herodes war schon vorausgegangen und hatte dem Pilatus angekündigt, wie sehr Herodes ihm für seine Aufmerksamkeit verbunden sei, dass er aber an dem berühmten weisen Galiläer nichts als einen stummen Narren gefunden und ihn auch so habe behandeln und ihm zurücksenden lassen. Pilatus freute sich, dass Herodes ihm nicht zuwider gewesen und Jesus nicht verurteilt hatte und ließ ihn wieder grüßen, so dass sie heute Freunde wurden, die seit der eingestürzten Wasserleitung[25] Feinde gewesen waren. Jesus wurde über die Straße vor dem Haus des Pilatus wieder die Treppen hinauf auf den erhöhten Vorplatz geführt; unter dem grausamen Zerren der Büttel aber trat Er auf das schleppende Spottkleid und fiel dermaßen auf die weißen Marmorstufen nieder, dass Er sich mit dem Blut seines heiligen Hauptes befleckte. Die Feinde Jesu, welche ihre Sitze an der Seite des Forums wieder eingenommen hatten, und das rohe Volk brachen in ein Hohngelächter über den Fall Jesu aus, und die Büttel trieben ihn mit Fußstößen die Stufen wieder hinauf.

Pilatus lehnte auf seinem Stuhl, der wie ein Ruhebettchen war. Der kleine Tisch stand neben ihm; es waren auch jetzt, wie früher, einige Offiziere und Männer mit Rollen bei ihm. Er trat hervor auf die Terrasse, von welcher er mit dem Volk redete, und sprach zu den Anklägern Jesu: «Ihr habt mir diesen Menschen als einen Aufwiegler des Volkes überliefert, ich habe ihn vor euch verhört und habe ihn dessen, worüber ihr ihn anklagt, nicht schuldig gefunden. Auch Herodes fand keine Schuld an ihm, denn ich wies euch mit ihm an Herodes, und siehe, es ist keine Todesschuld auf ihn gebracht worden. Ich werde ihn also züchtigen und loslassen.» Es erhob sich aber ein heftiges Murren und Lärmen unter den Pharisäern, und das Hetzen und Geldausteilen unter dem Volk ward noch lebhafter. Pilatus behandelte sie mit großer Verachtung und ließ unter anderen scharfen Reden auch das Wort fallen, ob sie denn heute nicht noch unschuldigen Blutes genug beim Schlachten sehen würden.

Aber es war nun die Zeit, da das Volk vor Ostern immer zu ihm zu kommen pflegte, um nach einem alten Herkommen die Freilassung eines Gefangenen zu begehren. Die Pharisäer hatten eben darum vom Palast des Herodes aus Unterhändler in den Stadtteil Acra, westlich vom Tempel, gesendet, um die dort versammelten Scharen zu bestechen, nicht die Freilassung Jesu zu begehren, sondern seine Kreuzigung. Pilatus aber hoffte, das Volk sollte die Freilassung Jesu begehren, und nahm sich vor, ihnen neben Jesus einen furchtbaren Bösewicht zur Freilassung zu nennen, der schon zum Tode verurteilt war, damit sie gar nicht wählen könnten. Dieser Verbrecher hieß Barabbas und war vom ganzen Volk verflucht. Er hatte im Aufruhr gemordet, und ich habe noch sonst allerlei Greuel von ihm gesehen; er hatte Zauberei getrieben und schwangeren Frauen die Frucht aus dem Leibe geschnitten. Ich habe das Nähere vergessen.

Es entstand aber nun eine Bewegung unter dem Volk auf dem Forum, und es drängte sich eine Schar vor, und ihre Sprecher voraus, und diese richteten ihre Stimmen gegen die Terrasse des Pilatus und riefen: «Pilatus, tu uns, wie du immer auf das Fest getan.» Hierauf hatte Pilatus nur gewartet, er sprach zu ihnen: «Ihr habt die Gewohnheit, dass ich euch auf das Fest einen Gefangenen losgebe. Welchen wollt ihr nun losgegeben haben, den Barabbas oder Jesus, den König der Juden, Jesus, welcher der Gesalbte des Herrn sein soll?«

Pilatus war ganz unentschieden in sich, teils nannte er ihn «König der Juden» als ein hoffärtiger Römer, der sie verachtete, weil sie einen so armen König hätten, zwischen dem und einem Mörder die Wahl stehe, teils nannte er ihn so aus einer Art Überzeugung, dass Jesus wirklich dieser wunderbar verheißene König der Juden, dieser Gesalbte des Herrn, dieser Messias sein könne, aber auch diese seine Ahnung der Wahrheit war halb Verstellung, und er erwähnte diesen Titel des Herrn, weil er fühlte, der Neid sei eine Haupttriebfeder der Hohenpriester gegen Jesus, den er für unschuldig hielt.

Auf diese Frage des Pilatus erfolgte ein kurzes Zaudern und Überlegen in der Masse des Volkes, und nur einige Stimmen riefen vorlaut: «Barabbas!» Pilatus aber wurde von einem Diener seiner Gemahlin abgerufen; er trat zurück, und der Diener zeigte ihm jenes Pfand, das er ihr am Morgen gegeben, und sagte: «Claudia Procle lässt dich hierdurch erinnern.» Die Pharisäer und Hohenpriester aber waren in voller Bewegung, sie nahten teils selbst dem Volk und drohten und befahlen, aber es war eine leichte Arbeit.

Maria, Magdalena, Johannes und die anderen heiligen Frauen standen im Winkel einer Halle und bebten und weinten, und wenngleich die Mutter Jesu wusste, dass keine Hilfe sei für die Menschen als durch Jesu Tod, so war sie doch voll Angst und Sehnsucht nach seinem Leben als die Mutter des heiligsten Sohnes, und so wie Jesus, wenngleich zum Kreuzestod aus freiem Willen Mensch geworden, doch alle Pein und Marter eines schrecklich misshandelten, unschuldig zum Tode Geführten, ganz wie ein Mensch erlitt, so litt auch Maria alle Qual und Angst einer Mutter, deren heiligem Kind solches von dem undankbarsten Volk widerfuhr. Sie zitterten und zagten und hofften, und Johannes ging oft in eine kleine Entfernung, um irgendeine gute Botschaft zu bringen.

Maria betete, es möge doch so große Sünde nicht geschehen; sie betete wie Jesus am Ölberg: «Wenn es möglich ist, so gehe dieser Kelch vorüber», und so hoffte die liebende Mutter noch immer, denn indem die Sorgen und Bemühungen der Pharisäer im Volke von Mund zu Mund liefen, war das Gerücht, Pilatus suche Jesus freizulassen, auch zu ihr gedrungen. Es standen nicht weit von ihr Scharen von Leuten aus Kafarnaum, worunter viele, welche Jesus geheilt und gelehrt hatte. Sie taten etwas fremd und blickten verstohlen nach den unglücklichen verschleierten Frauen und Johannes, aber Maria dachte und alle dachten, diese würden doch gewiss Barabbas gegen ihren Wohltäter und Heiland verwerfen. Aber so war es nicht.

Pilatus hatte seiner Frau das Pfand, wobei er erkannte, was sie wollte, wieder zurückgesendet als ein Zeichen, dass sein Versprechen noch bestehe. Er trat sodann wieder hervor auf die Terrasse, setzte sich auf den Stuhl bei dem Tischchen, die Hohenpriester hatten auch ihre Sitze eingenommen, und Pilatus rief abermals: «Welchen von beiden soll ich euch freigeben?« Da erhob sich ein allgemeines lautes Geschrei über das ganze Forum, und von allen Seiten her: «Hinweg mit diesem, den Barabbas gib uns frei!« Pilatus rief noch einmal: «Was soll ich denn mit Jesus tun, welcher der Christus, der König der Juden sein soll?» Da riefen alle mit heftigem Getöse: «Kreuzige ihn! Kreuzige ihn!» Pilatus fragte nun zum drittenmal: «Aber was hat Er denn Böses getan? Ich finde wenigstens keine Schuld des Todes an ihm. Züchtigen aber will ich ihn lassen und dann freigeben.» Aber das Geschrei: «Kreuzige ihn! Kreuzige ihn!» brauste wie ein Sturm der Hölle ringsumher, und die Hohenpriester und Pharisäer waren wie rasend mit Toben und Schreien. Da gab ihnen der schwankende Pilatus den Bösewicht Barabbas frei und verurteilte Jesus zur Geißelung.

Die Geißelung Jesu

Pilatus, der niederträchtige, schwankende Richter, hatte mehrmals das verkehrte Wort ausgesprochen. Ich finde keine Schuld an ihm, darum will ich ihn züchtigen lassen und freigeben!» Das Geschrei der Juden währte aber immer fort: «Kreuzige ihn! Kreuzige ihn!» Doch wollte Pilatus erst seinen Willen noch versuchen und gab den Befehl, Jesus auf römische Weise zu geißeln. Da führten die Schergen Jesus, den misshandelten, zerschlagenen, verspienen Heiland, mit kurzen Stäben heftig stoßend und schlagend durch das tobende schreiende Volk hinaus auf das Forum, nördlich vom Haus des Pilatus und unweit dem Wachhaus an eine Geißelsäule, welche hier vor einer der den Markt umgebenden Hallen stand.

Die Henkersknechte kamen mit ihren Geißeln, Ruten und Stricken, die sie bei der Säule niederwarfen, Jesus entgegen. Es waren sechs braune Menschen, kleiner als Jesus, mit krausem, struppigem Haupthaar. Sie hatten von Natur nur ein dünnen, stoppeligen Bartwuchs, ihre Bekleidung bestand allein aus einer Binde um den Unterleib, schlechten Sohlen und einem Stück Leder oder sonst schlechtem Zeug, das, an der Seite offen, wie ein Skapulier ihren Oberleib bedeckte, ihre Arme waren nackt. Es waren niedrige Verbrecher aus der Gegend von Ägypten, die als Sklaven hier an Bauten und Kanälen arbeiteten, und es wurden die Boshaftesten und Niederträchtigsten aus ihnen zu solchen Henkerdiensten im Prätorium gebraucht.

Diese greulichen Menschen hatten an derselben Säule schon arme Sünder zu Tode gepeitscht. Sie hatten etwas ganz Tierisches, Teuflisches in ihrem Wesen und waren wie halb besoffen. Sie schlugen den Herrn, der doch ganz willig ging, mit Fäusten und Stricken und rissen ihn mit rasender Wut zu der Geißelsäule. Diese ist eine freistehende Säule und keine Stütze irgendeines Gebäudes. Die Säule ist so hoch, dass ein großer Mensch mit ausgestreckten Armen zu ihrem oberen, runden, mit einem eisernen Ring versehenen Ende reichen kann, an ihrer Rückseite in der Mitte ihrer Höhe sind auch Ringe oder Haken. Es ist unmöglich, die Barbarei auszusprechen, mit welcher diese wütenden Hunde Jesus auf dem kurzen Wege misshandelten; sie rissen ihm den Spottmantel Herodes' ab und warfen den armen Heiland schier zur Erde.

Jesus zitterte und bebte vor der Säule. Er zog seine Kleider selbst mit seinen vom heftigen Schnüren geschwollenen und blutigen Händen in bebender Eile aus, während sie ihn stießen und rissen. Er betete und flehte so rührend und wendete sein Haupt einen Augenblick zu seiner von Schmerz ganz zerrissenen Mutter, die bei den heiligen Frauen in einem Winkel der Halle des Marktes nicht weit von dem Geißelplatz stand, sagte, sich zu der Säule kehrend, um seine Blöße durch diese zu bedecken, indem Er nun auch die Binde seines Unterleibes lösen musste: «Wende deine Augen von mir.» Ich weiß nicht, ob Er dieses mit äußeren oder inneren Worten sagte, aber ich vernahm, wie Maria es vernahm; denn ich sah sie in demselben Augenblick bewusstlos und abgewendet in die Arme der sie umgebenden verschleierten heiligen Frauen sinken.

Nun umarmte Jesus die Säule, und die Schergen knebelten unter greulichem Fluchen und Zerren seine heiligen emporgezogenen Hände oben hinter den eisernen Ring der Säule und spannen seinen ganzen Leib so in die Höhe, dass seine unten an der Säule festgeschlossenen Füße kaum stehen konnten. Der Heiligste der Heiligen stand in ganzer menschlicher Blöße mit unendlicher Angst und Schmach an die Säule der Verbrecher aufgespannt, und zwei der Wüteriche begannen mit rasender Blutgier, seinen ganzen heiligen Rückleib von unten hinauf und oben herab zu zerpeitschen. Ihre ersten Geißeln oder Ruten sahen aus wie von weißem, zähem Holz, vielleicht waren sie auch Bündel von starren Ochsensehnen oder harten weißen Lederstreifen.

Unser Herr und Heiland, der Sohn Gottes, wahrer Gott und wahrer Mensch, zuckte und krümmte sich wie ein armer Wurm unter den Rutenhieben der Verbrecher, Er wimmerte und stöhnte, und ein helles, süß klingendes Wehklagen wie ein liebevolles Gebet unter zerreißender Pein drang durch die zischenden Rutenhiebe seiner Peiniger.

Dann und wann verschlang diese jammervollen, heiligen, segnenden Klagetöne das Geschrei des Volkes und der Pharisäer wie eine schreckliche schwarze Sturmwolke; sie schrien in ganzen Massen: «Hinweg mit ihm, kreuzige ihn!» denn Pilatus verhandelte noch mit dem Volk, und wenn er das Getöse der Menge mit einigen Worten unterbrechen wollte, tönte zuerst eine Art Trompetenstoß, um eine Pause zu veranlassen, dann hörte man wieder die Rutenstreiche, das Wehklagen Jesu, die Flüche der Schergen und das Geblöke der Opferlämmer, welche östlich von hier im Schafteich neben dem Schaftor aus dem Groben gewaschen wurden. Wenn sie gewaschen waren, trugen die Leute sie mit verbundenem Maul bis zum reinen Tempelweg, damit sie sich nicht wieder beschmutzten, und trieben sie dann außen herum gegen die Abendseite hin, wo sie noch einer Zeremonienwäsche unterworfen waren. Dieses hilflose Blöken der Lämmerherden hatte etwas unbeschreiblich Rührendes, es waren die einzigen Stimmen, die sich mit dem Seufzen des Heilandes vereinigten.

Das jüdische Volk hielt sich von dem Geißelplatz in einiger Entfernung, ungefähr in der Breite einer Straße. Römische Soldaten standen hie und da, besonders gegen das Wachhaus zu. In der Nähe der Geißelung stand, ab und zu gehend, allerlei Gesindel, schweigend oder höhnend. Manchen sah ich doch eine Rührung ankommen, und es war dann, als stöße ein Strahl von Jesus auf ihn.

Ich sah auch infame, schier ganz nackte Jungen, welche an der Seite des Wachhauses frische Ruten bereiteten, und andere, welche hinweggingen, um Dornenzweige zu holen. Es hatten aber einige der Schergen der Hohenpriester mit den Geißlern Verkehr und steckten ihnen Geld zu, und es ward ein großer Krug mit einem dicken roten Saft gebracht, von welchem sie soffen, dass sie ganz grimmig und rauschig wurden. Es war kaum eine Viertelstunde, da hörten die beiden Geißler auf zu schlagen und traten mit zwei anderen zusammen und tranken. Jesu Leib ward ganz braun und blau und rot mit Schwielen bedeckt, und sein heiliges Blut rieselte nieder. Er zitterte und zuckte. Hohn und Spott ertönte von allen Seiten.

Heute nacht war es kalt gewesen, am Morgen und bis jetzt war kein heller Himmel, und einige kurze Hagelschauer fielen zur Verwunderung des Volkes nieder. Gegen Mittag war der Himmel hell und Sonnenschein.

Das zweite Paar der Geißelknechte fiel nun mit neuer Wut über Jesus her, sie hatten eine andere Art Ruten, welche kraus, wie von Dornen waren und in denen hie und da Knöpfe und Sporen befestigt erschienen. Unter ihren wütenden Schlägen zerrissen alle die Schwielen seines heiligen Leibes, sein Blut spritzte im Kreis umher, die Arme der Henker waren davon besprengt. Jesus jammerte und betete und zuckte in seiner Qual.

Es zogen viele fremde Leute auf Kamelen jetzt am Forum vorüber und schauten mit Schrecken und Betrübnis, als das Volk ihnen sagte, was geschah. Es waren Reisende, welche teils die Taufe empfangen, teils Jesu Berglehren früher gehört hatten. Das Schreien und Getöse vor Pilatus' Haus währte immer fort.

Die beiden folgenden Schergen schlugen Jesus mit Geißeln. Es waren dies an einem eisernen Griffe befestigte kleine Ketten oder Riemen, an deren Spitzen eiserne Haken hingen, und sie rissen ihm damit ganze Stücke Fleisch und Haut von den Rippen. O wer kann den elenden greulichen Anblick beschreiben!

Aber sie hatten des Greuels nicht genug und lösten die Stricke auf und banden Jesus herum mit dem Rücken gegen die Säule, und weil Er so erschöpft war, dass Er nicht mehr stehen konnte, banden sie ihn mit dünnen Stricken über die Brust, unter den Armen und unter den Knien an die Säule, und seine Hände schnürten sie hinter die Säule in deren Mitte fest. Er war schmerzlich zusammengezogen mit Blut und Wunden bedeckt, seine gekreuzten Lenden und die zerrissene Haut seines Unterleibes verhüllten seine Blöße.

Wie wütende Hunde tobten die Geißler mit ihren Hieben, und einer hatte eine feinere Rute in der linken Hand und zerpeitschte ihm sein Antlitz damit. Es war keine heile Stelle mehr am Leib des Herrn, Er sah die Geißler mit seinen bluterfüllten Augen an und flehte um Erbarmen, aber sie wüteten um so ärger, und Jesus jammerte immer leiser: «Wehe!»

Die fürchterliche Geißelung hatte wohl an dreiviertel Stunden gewährt, als ein fremder und geringer Mann, ein Verwandter des von Jesus geheilten Blinden Ktesiphons, zu der Rückseite der Säule mit einem sichelförmigen Messer zornig heranstürzte, er schrie: «Haltet ein, schlaget den unschuldigen Menschen nicht ganz tot!» und da hielten die trunkenen Büttel stutzend ein, und jener schnitt in Eile wie mit einem Schnitt die Stricke Jesu los, die hinten an der Säule alle in einem Knoten um einen großen eisernen Nagel befestigt waren, und dann floh der Mann wieder, unter der Menge des Volkes sich verlierend. Jesus aber sank mit seinem ganzen blutenden Leib am Fuße der Säule wie ohnmächtig in den Kreis seines Blutes nieder. Die Geißelknechte ließen ihn liegen, sie tranken und riefen den Henkerbuben zu, die im Wachhaus beschäftigt waren, die Dornenkrone zu flechten. Jesus zuckte noch in seinen Schmerzen, mit blutenden Wunden am Fuße der Säule liegend, da sah ich einige frech geschürzte liederliche Dirnen vorbeiziehen. Sie hatten sich bei den Händen gefasst und standen vor Jesus still und sahen nach ihm mit weichlichem Ekel, da schmerzten ihn alle seine Wunden noch mehr, und Er hob sein elendes Angesicht so jammervoll gegen sie. Da zogen sie weiter, und die Schergen und Soldaten riefen ihnen lachend Schandreden nach.

Ich sah aber mehrmals während der Geißelung, als erschienen trauernde Engel um Jesus, und ich hörte sein Gebet, wie Er unter dem Hagel der bitteren schimpflichen Pein sich fortwährend ganz seinem Vater für die Sünden der Menschen hingab. Jetzt aber, da Er in seinem Blut an der Säule lag, sah ich einen Engel, der ihn erquickte; es war, als gebe er ihm einen leuchtenden Bissen.

Nun nahten die Schergen wieder und stießen ihn mit Füßen, Er solle aufstehen, sie seien noch nicht fertig mit dem König, sie schlugen auch nach ihm, und Jesus kroch nach seiner Gürtelbinde, die an der Seite lag, und die verruchten Buben stießen dieselbe hohnlachend mit den Füßen hin und her, so dass der arme Jesus sich mühsam in blutiger Nacktheit am Boden wie ein zertretener Wurm wenden musste, seinen Gürtel zu erreichen und seine zerrissenen Lenden zu verhüllen. Dann trieben sie ihn mit Fußtritten und Schlägen auf die wankenden Füße und ließen ihm nicht Zeit, seinen Rock anzuziehen, und warfen ihm denselben bloß mit den Ärmeln über die Schultern. Er trocknete das Blut mit diesem Kleid von seinem Angesicht auf dem Umweg, auf welchem sie ihn eilend zu dem Wachhaus trieben. Sie hätten vom Geißelplatz gleich kürzer hingekonnt, weil die Hallen um das Gebäude gegen das Forum geöffnet worden waren, so dass man nach dem Gang sehen konnte, unter welchem die Schächer und Barabbas gefangen lagen, aber sie führten Jesus vor den Sitzen der Hohenpriester vorbei, welche schrien: «Hinweg mit ihm! Hinweg mit ihm!» und sich mit Ekel von ihm wendeten; und sie führten ihn in den inneren Hof des Wachhauses.

Es waren jetzt bei Jesu Eintritt keine Soldaten darin, aber allerlei Sklaven und Schergen und Lotterbuben, der Auswurf und Tross. Weil nun das Volk so unruhig war, hatte Pilatus eine Verstärkung der römischen Wache aus der Burg Antonia herbeigezogen; diese Scharen umschlossen geordnet das Wachhaus. Sie durften wohl sprechen und lachen und Jesus verhöhnen, aber sie mussten sich in Reih und Glied halten. Pilatus wollte dadurch das Volk im Zaum halten und ihm imponieren. Es waren wohl an tausend Mann versammelt.

Maria während Jesu Geißelung

Ich sah die heilige Jungfrau während der Geißelung unseres Erlösers in einer steten Entrückung, sie sah und erlitt alles, was ihrem Sohn geschah, innerlich mit unaussprechlicher Liebe und Pein. Oft brachen leise Klagetöne aus ihrem Munde, ihre Augen waren entzündet von Tränen. Sie lag verschleiert in den Armen ihrer älteren Schwester Maria Heli[26], welche schon sehr bejahrt war und viel Ähnliches mit ihrer Mutter Anna hatte. Maria Cleophä, die Tochter der Maria Heli, war auch zugegen und hing meistens am Arm ihrer Mutter. Die heiligen Freundinnen Marias und Jesu waren alle verhüllt und verschleiert, in Schmerz und Angst bebend, in leisem Wehklagen um die heilige Jungfrau zusammengedrängt, als erwarteten sie ihr eigenes Todesurteil.

Maria hatte ein langes, beinahe himmelblaues Gewand an und darüber einen langen wollweißen Mantel und gelblich weißen Schleier. Magdalena war sehr verstört und ganz zerrüttet vor Schmerz und Wehklagen, ihre Haare waren unter ihrem Schleier aufgelöst.

Ich sah, da Jesus nach der Geißelung an der Säule niedergesunken war, dass Claudia Procle, des Pilatus Weib, der Muttergottes einen Pack großer Tücher sendete. Ich weiß nicht mehr recht, ob sie glaubte, Jesus werde freigelassen werden, und dann solle die Mutter des Herrn seine Wunden damit verbinden, oder ob die mitleidige Heidin die Tücher zu der Handlung sendete, wozu die heilige Jungfrau sie gebrauchte. Maria, wieder zu sich gekommen, sah ihren zerfleischten Sohn von den Bütteln vorübertreiben. Er wischte das Blut aus seinen Augen mit seinem Gewand, um seine Mutter anzusehen; sie hob die Hände schmerzvoll nach ihm und sah seinen blutigen Fußstapfen nach.

Nun aber sah ich die heilige Jungfrau und Magdalena, als das Volk sich mehr nach einer anderen Seite wendete, dem Geißelplatze nahen, und sie warfen sich, von den anderen heiligen Frauen und einigen guten Leuten, die um sie her traten, umschlossen und gedeckt, auf die Erde bei der Geißelsäule nieder und trockneten das heilige Blut Jesu mit jenen Tüchern auf, wo sie nur eine Spur fanden. Johannes sah ich jetzt nicht bei den heiligen Frauen, die etwa zwanzig waren. Simeons Sohn, Obeds Sohn, Veronikas Sohn und Aram und Themeni, die beiden Neffen Josephs von Arimathäa, waren alle unter Angst und Trauer im Tempel beschäftigt. Es war nach der Geißelung etwa neun Uhr morgens.

Unterbrechung der Passionsbilder – März 1823 – Sonntag Lätare – St. Josephs-Fest

Vorbemerkung

(Während diese Passionsbilder die Betrachtende von der Vigilie oder dem Vorabend des 18. Februar an bis zum 8. März Sonnabend vor dem Sonntag Lätare in täglichen Abteilungen begleiteten, hatte sie in seelischer und körperlicher Leidensteilnahme unsäglich gelitten. Ohne äußeres Bewusstsein in diese Betrachtungen versunken, weinte und wimmerte sie wie ein gemartertes Kind. Sie zuckte und zitterte und kroch jammernd auf ihrem Lager hin und her, ihr Angesicht glich dem eines unter Martern sterbenden Menschen, blutiger Schweiß ergoss sich mehrmals an ihrer Brust und ihrem Rücken; überhaupt schwitzte sie öfters, ja fast durchgehend in so ungemeinem Grade, dass alles, was sie umgab, triefte und der Schweiß ihre Betten durchdrang.

Zugleich litt sie solchen Durst, dass sie einem in wasserloser Wüste Verdürstenden glich. Ihr Mund war am Morgen oft wie vertrocknet und ihre Zunge zurückgezogen und wie verdorrt, so dass sie nur mit unartikulierten Tönen und mit Deuten um Hilfe bitten konnte.

Außerdem begleitete ein tägliches Fieber alle diese Peinigung oder war deren Folge, und neben allem diesem währten ihre gewöhnlichen Leiden, Mitleiden und übernommenen Leiden ohne Unterbrechung fort. Nur nach mühsamer Erholung vermochte sie die Passionsbilder zu erzählen, und auch diese nicht täglich vollständig, sondern wiederholend und nachträglich.

Auf diese Weise hatte sie in einem höchst elenden Zustand Sonnabend, den 8. März 1823, die Geißelung Jesu, die wir zuletzt mitgeteilt, als ihre Betrachtung der verflossenen Nacht erzählt und schien teils während des Tages noch in diesem Bilde zu verweilen; aber mit Sonnenuntergang dieses Tages kam in die bisher stete Reihe ihrer Passionsbetrachtung eine Unterbrechung, welche wir hier mitteilen, weil sie sowohl einen Blick in das innere Leben einer so außerordentlichen Person gestattet als auch einen würdigen Ruhepunkt für den Leser dieser Blätter gewährt, denn wir haben an uns selbst erfahren, dass an der Betrachtung wie an der Darstellung des bitteren Leidens die Schwachen leicht ermüden, obschon es doch für sie gelitten ward.

Das Seelen- und Körperleben der Betrachtenden war mit dem täglichen inneren und äußeren Leben der Kirche in der Zeit in inniger Zusammenstimmung und gab mit einer vielleicht höheren Notwendigkeit als jener, welche das gemütliche und körperliche Leben des natürlichen Menschen an Jahres- und Tagzeiten, Sonne und Mond, Klima und Witterung knüpft, ein stetes demütiges Zeugnis vom Wesen und der Bedeutung aller Geheimnisse und Feiern des inneren und äußeren Kirchenlebens in der Zeit, welches es so treu begleitete, dass bei dem Eintritt des Vorabends, bei der sogenannten Vigil eines jeden Kirchentages, sich ihr ganzer Zustand an Seele und Leib innerlich und äußerlich veränderte und sich augenblicklich um die geistliche Sonne des folgenden Kirchentages, nachdem dieses heutigen untergegangen, zu drehen begann, um nun alle ihre Gebete und Leidensarbeiten in Tau, Licht und Wärme der speziellen Gnade dieses neuen Kirchentages zu sonnen und als Tagewerk zu bestellen.

Nicht gerade wenn das katholische Abendgeläute den Beginn des neuen Kirchentages, zum Gebet des rührenden *«Angelus Domini»* auffordernd, anzeigte, welches Geläute durch Unwissenheit oder Nachlässigkeit öfters zu früh oder zu spät sein kann, sondern wenn dieser Moment einer Darstellung des Ewigen in der Zeit wirklich, an einer uns anderen Menschen unsichtbaren Uhr eintrat, veränderte sich ihr ganzes Wesen, und die in wirklicher und wesentlicher Mitfeier eines heutigen Trauerfestes der Kirche ganz erdrückte, in seelischen und körperlichen Leiden verschmachtete und verwelkte Braut Jesu Christi richtete sich, wie von dem Tau einer neuen Gnade plötzlich erquickt, mit Leib und Seele auf, um, so ein Freudenfest der Kirche eintrat, bis zum folgenden Abend für die innere ewige Wahrheit desselben heiter und stillfreudig, gleichsam mit verhülltem Leiden, Zeugnis zu geben.

Alles dieses aber geschah nicht sowohl durch sie als an ihr, wenigstens war sie absichtslos dabei wie die Biene, welche aus den Blumen in künstlichem Bau Wachs und Honig bereitet. Es hatte nämlich der treue Wille dieses armen Bauernmädchens von kindauf, Jesu und seiner Kirche gehorsam zu sein, vor Gottes Augen Wohlgefallen, und Er gab ihr zu dem Willen nicht nur die Tat, sondern auch die Natur; sie konnte nicht mehr anders, als sich nach der Kirche wie eine Pflanze nach dem Licht zu wenden, selbst wenn man sie mit künstlicher Nacht umgeben hätte. Ihr Antlitz verschleierte oder schmückte sich mit dem Antlitz ihrer Mutter, der Kirche.

Am Samstag, dem 8. März 1823, nach Sonnenuntergang, als die Ermüdete kaum die Bilder von der Geißelung unseres Herrn erzählt hatte, ward sie stille, und der Schreiber dieses glaubte nicht anders, als dass ihre Seele bereits in das Bild der Dornenkrönung Jesu übergegangen sei. Aber nach einigen ruhigen Minuten gewann ihr erschöpftes, zum Tode müdes Angesicht eine liebliche, heitere Klarheit, und sie sprach einige Worte mit jener Freundlichkeit, in welcher die Unschuld zu Kindern spricht. Sie sprach: «Ach, der liebe kleine Knabe kommt zu mir, wer ist er nur? Warte, ich will ihn fragen – er heißt Josephchen – o wie lieb er ist! Er läuft durch all das Volk zu mir her – das arme Kind! – Es ist so freundlich und lacht, es weiß von nichts – es dauert mich so, es ist schier ganz nackt – wenn es nur nicht friert, – es ist ganz kühl heute früh, – warte, ich will dich ein bisschen zudecken.» Nach diesen mit solcher Wahrheit gesprochenen Worten, dass man sich nach dem Kinde hätte umsehen mögen, nahm sie einige Tücher, die neben ihr lagen, und machte mit ihnen alle die Bewegungen einer mitleidigen Person, die ein liebes Kind gegen Kälte verhüllt.

Der Schreiber beobachtete dies mit Aufmerksamkeit und vermutete darin die äußere Gebärde einer inneren Gebetstätigkeit, wie er dergleichen schon oft an ihr gesehen. Es konnte ihm aber jetzt keine Erklärung von dem Grund ihrer Worte und Handlung werden, denn es trat eine plötzliche Unterbrechung ihres Zustandes ein; es wurde nämlich der Name eines der Gelübde, mit welchem sie dem Herrn als Klosterfrau heilig verlobt war, das Wort «Gehorsam» von einer Person ausgesprochen, welcher ihre Pflege oblag, und augenblicklich raffte sie sich wie ein frommes, gehorsames Kind zusammen, welches die Mutter aus tiefem Schlaf ruft, zu der Mutter zu kommen. Sie fasste schnell ihren Rosenkranz und das kleine Handkreuz, das sie immer bei sich hatte, ordnete ihre Kleidung, rieb sich die Augen, richtete sich auf und ward, unfähig, selbst auf den Füßen zu stehen oder zu gehen, von ihrem Lager auf einen Stuhl gebracht. Es war die Zeit, da man ihr Lager erfrischte und ordnete. Der Schreiber verließ sie, um das heute Erfahrene aufzuzeichnen.

Sonntag, den 9. März 1823: Heute morgen fragte der Schreiber eine pflegende Person: «Was mag die Kranke nur gestern abend mit einem Knaben Josephchen gemeint haben, von dem sie sprach?», und jene Person erwiderte: «Ja, sie hat sich nachher noch lange in ihren Äußerungen mit dem Josephchen beschäftigt, sie hat dieses Söhnchen meiner Verwandten so lieb, wenn dies nur dem Kind keine Krankheit bedeutet, denn sie sagte mehrmals, es sei so nackt, wenn es nur nicht friere.» – Hier erinnerte sich der Schreiber, jenes Kind Josephchen wirklich manchmal auf dem Bett der Kranken spielen gesehen zu haben, und er glaubte nicht anders, als dass sich ihre Seele mit diesem Kinde gestern abend im Traume beschäftigt habe.

Als der Schreiber sie später besuchte, um die Fortsetzung der Passionsbilder von ihr zu vernehmen, fand er sie gegen Vermuten heiterer und wohler aussehend als alle bisherigen Tage; sie aber sagte: «Ich habe nichts weiter nach der Geißelung gesehen»; und auf die weitere Frage, was sie denn gestern abend von dem Josephchen, dem artigen Knaben, so vieles habe zu sprechen gehabt, wusste sie sich nicht zu entsinnen, an dieses Kind gedacht zu haben. In weiterem Gespräch, woher sie doch heute soviel ruhiger, heiterer und schmerzloser sei, sagte sie, das sei um Mitte Fasten immer so. Heute singe die Kirche im Eingang des Heiligen Messopfers mit Jesaias: «Erfreue dich, Jerusalem! Zur Freude versammelt euch alle, die ihr sie liebt. Seid froh und freudig, die ihr traurig wart: frohlocket und sättigt euch von den Brüsten ihres Trostes», und darum sei ein Tag der Erquickung; weil dann auch heute im heiligen Evangelium der Herr die fünftausend Menschen mit fünf Broten und zwei Fischen erquickt und noch soviel übrig geblieben sei, da müsse man sich freuen. Auch sie habe Er heute früh mit dem Heiligen Sakrament gespeist. An diesem Tage der Fasten sei sie immer etwas an Leib und Seele gestärkt.

Als nun der Schreiber hierauf in den Münsterschen Almanach blickte, sah er, dass nicht nur der Sonntag Lätare war, sondern dass auch das Fest St. Josephs, des Nährvaters unseres Herrn, hierzulande heute gefeiert ward, welches ihm unbekannt war, weil das Josephsfest anderwärts auf den 19. März fällt. Als er sie nun aufmerksam machte, es sei ja heute das Josephsfest, ob sie vielleicht deshalb vom Joseph gesprochen habe, erklärte sie, wie sie freilich wisse, dass heute Josephsfest sei, aber an jenes Knäbchen Joseph, welches manchmal zu ihr gebracht werde, habe sie nicht gedacht. In diesen Reden aber fiel ihr ein, was ihr gestern abend in der Betrachtung gegeben worden sei, und es ergab sich aus ihrer Erzählung ein höchst erfreulicher Blick in den inneren

Gang ihrer Anschauungen. Es war nämlich mit dem Vorabend des heutigen Sonntags Lätare und des Josephsfestes ein freudiges Bild des hl. Joseph plötzlich in die sie beschäftigenden Passionsbetrachtungen, gleichsam dramatisch. eingetreten, und zwar in kindlicher Form.

Wir haben aber oft erlebt, dass der, der zu ihr sprach, seine Boten in Kindergestalt zu ihr sendete und haben bemerkt, dass es immer in Fällen geschah, wo auch die Kunst zu ihrem Dolmetscher sich der Form eines Kindes hätte bedienen können. Sollte z.B. in einem ganz biblisch-historischen Gesicht der Bezug auf irgendeine erfüllte Prophezeiung angedeutet werden, so lief gewöhnlich neben den Ereignissen des Bildes irgendein Knabe einher, welcher in seinem Betragen, seiner Kleidung und in der Art, wie er seine prophetische Schriftrolle ernst in der Hand trug oder, an einen Stab gebunden, in der Luft herumschwenkte, den Charakter dieses oder jenes Propheten bezeichnete.

Hatte sie schwer zu leiden, so kam etwa ein stilles, liebliches Kind zu ihr in grünem Kleide, saß mühsam zufrieden, äußerst unbequem auf dem schmalen harten Rand ihres Bettes oder ließ sich klaglos von einem Arm zum anderen nehmen oder auf die Erde setzen, war immer gleich freundlich und zufrieden, schaute immer nach ihr und tröstete sie und war die Geduld.

War sie durch Krankheit oder übernommenes Leiden ganz ermüdet und kam durch einen Festzug oder durch eine Reliquie in Bezug mit einem Heiligen, mit einem verklärten Glied des Brautleibes Jesu Christi, so sah sie nur Bilder aus der Kindheit dieser Heiligen, statt dass sie sonst ihre schweren Martern mit allen erschütternden Umständen anschaute.

Sollte ihr in großem Leiden, in gänzlicher Erschöpfung durch Gottes Güte Trost und Erheiterung, ja selbst Belehrung, Warnung und Rüge zukommen, so geschah dieses immer in kindlichen Formen und Bildern, und zwar in solchem Maße, dass, sie in großen Nöten und Bedrängnissen sich nicht mehr zu helfen wusste, sie entschlummernd sich oft augenblicklich in irgendeine kindliche Bedrängnis ihrer Jugend zurückversetzt fühlte und fest glaubte, ja im Schlaf sich täuschend äußerte und gebärdete, als sei sie etwa ein armes fünfjähriges Bauernkind, das, durch einen Zaun schlüpfend, in den Dornen weinend stecken geblieben.

Immer aber waren in solchen Fällen diese Kindheitsszenen haarscharf wirklich erlebte Begebenheiten ihrer Jugend, und in der Anwendung der Parabel hieß es wohl: «Was schreist du so? Ich helfe dir nicht aus dem Zaun, bis du mir zuliebe geduldig ausharrest und betest»; diese Mahnung hatte sie auch wohl als Kind im Zaun befolgt und befolgte sie nun ebenso in ihrem Alter in scheinbar großer Not und lächelte erwachend über den Zaun und den Geduldsund Gebetsschlüssel dazu, den sie schon als Kind empfangen und nur so nachlässig vergessen habe, den sie aber nun treulich und mit unfehlbarem Erfolg sogleich wieder anwendete.

So bewährte es sich oft auf eine überraschende und rührende Weise an der tiefsinnbildlichen Bedeutung ihrer Kindheitsereignisse für die Ereignisse ihres späteren Lebens, dass ebenso in dem Leben des Individuums wie in jenem der Geschichte Vorbildlichkeit stattfindet, dass aber dem Individuum wie der Geschichte ein göttliches Vorbild in dem Erlöser gegeben ist, damit beide, mit höherer Kraft ihm nachringend, aus den Naturschranken der Entwicklung heraus und in die volle Freiheit des Geistes übertreten, um heranzuwachsen zum vollkommenen Mannesalter Christi, auf dass Gottes Wille geschehe, wie im Himmel, so auf Erden, und sein Reich zu uns komme!

Sie erzählte aber heute folgende, ihr noch erinnerliche Bruchstücke der Bilder, welche ihre Passionsbetrachtung gestern abend beim Eintritt der Vigil des St. Josephsfestes unterbrochen hatten.)

St. Joseph als Knabe unterbricht am Vorabend seines Festes die Passionsbilder

Ich war in allen diesen fürchterlichen Ereignissen bald hier, bald dort in Jerusalem, ich war so zerquält und zerpeinigt, ich war so voll Schmerzen und zum Tode krank. Als sie meinen liebsten Bräutigam geißelten, saß ich an einer Ecke des Geißelplatzes, wo sich kein Jude, aus Furcht, unrein zu werden, hinwagte. Ich aber scheute mich gar nicht, ach! ich setzte mich hin und wünschte rein zu werden, ich wünschte, es möge nur ein Tropfen seines Blutes auf mich spritzen und mich reinigen. Ich war so krank, so voll Pein, ich meinte, ich müsse sterben. Ich konnte gar nicht helfen, ich musste alles lassen, wie es war, und das Mitleid brachte mich schier um. Ich jammerte und zitterte mit jedem Schlage und wunderte mich nur immer, dass sie mich nicht wegjagten.

Ach! Wie elend lag mein liebster Bräutigam zerfleischt am Fuße der Säule im Kreis seines heiligen Blutes, wie greulich sahen die elenden liederlichen Dirnen spottend und ekelnd im Vorübergehen nach ihm hin, wie erbärmlich sagte sein Blick zu ihnen: «Ihr habt mich so zerfleischt und spottet immer noch!»

Wie grausam stießen die Büttel mit Füßen nach ihm, dass Er fort solle, wie kroch Er mit Wunden und blutbefleckt so jammervoll nach seinen Kleidern, und kaum hatte Er sich mit seinen von Schmerz zuckenden Armen verhüllt, so trieben sie ihn schon wieder auf und zu neuer Pein und schleppten ihn an seiner armen Mutter vorüber. Ach! wie sah sie händeringend seinen blutigen Fußstapfen nach; und durch die nach dem Markt nun geöffnete Seite des Wachhauses hörte ich das Gespött der niederträchtigen Henkersbuben, welche die Dornenkrone mit Handschuhen flochten und spottend ihre Stacheln prüften.

Ich zitterte und bebte und wollte schon hinlaufen, um meinen armen Bräutigam in seinem neuen Leiden zu sehen, und war so bange und so krank; da kam die arme Mutter Jesu heran und die anderen Frauen und einige gute Männer um sie her, und diese machten ihr einen versteckten Raum, und sie trocknete das Blut Jesu so rührend um die Säule und überall auf. Das Geschrei und

Gebrüll der Feinde Jesu und des Volkes tönte so grässlich, da sie den Herrn hindurchführten. Ich war so zerrissen und so krank und konnte vor Schmerz und Angst gar nicht mehr weinen und wollte nun eben mich aufraffen und mich totenbang zu der Dornenkrönung Jesu hinschleppen.

Da kam aber plötzlich ein wunderschönes nacktes Knäbchen mit blonden Löckchen, nur mit einer Binde um den Leib bekleidet, zwischen den langen Gewändern der heiligen Frauen durchgeschlüpft, und es war so flink und kroch den Männern zwischen den Beinen durch, und auf einmal lief es auf mich zu und war ganz lustig und freundlich und drehte mir den Kopf weg und hielt mir bald die Augen, bald die Ohren zu und machte allerlei kindlichen Spaß und wollte gar nicht zugeben, dass ich weiter die traurigen Bilder anschaute.

Der Knabe fragte mich auch: «Kennst du mich denn nicht? Ich heiße ja Joseph und bin von Bethlehem», und nun fing er an, von der Krippenhöhle und Geburt Christi und von den Hirten und den Drei Königen zu erzählen und wie herrlich und freudig das alles gewesen sei, und dabei hüpfte und scherzte er. Ich fürchtete aber immer, er möge frieren, weil er so wenig bekleidet war und noch einige Hagelschauer fielen, aber er hielt mir die Hände an die Wangen und sagte: «Fühle, wie warm ich bin; wo ich bin, friert man nicht.»

Ich jammerte aber noch immer über die Dornenkrone, die ich flechten sah, er jedoch tröstete mich und sagte mir eine schöne Parabel her, worin all das Leiden zur Freude ausging, und patschte dabei in die Hände. Er legte mir in dieser Parabel viele Bedeutungen aus dem Leiden Christi aus und zeigte mir auch die Äcker, worauf die Dornen gewachsen, aus denen die Krone geflochten wurde, und was diese Dornen bedeuteten und wie diese Äcker ganz herrliche Weizenfelder würden und die Dornen ein schützender Zaun um sie, der voll schöner Rosen[27] blühte.

Ja, er wusste alles so freundlich und lieblich zu erklären, dass alle Dornen zu Rosen zu werden schienen, mit denen wir spielten. Alles aber, was er sagte, war voll Bedeutung, ich habe leider das meiste vergessen, es war ein langes, rührendes Bild von der Entstehung und Entwicklung der Kirche in ganz kindlich lieblichen Gleichnissen. Der freundliche Knabe ließ mich aber gar nicht mehr nach dem Leiden Christi hinsehen und zog mich in ein ganz anderes Kinderbild.

Ich war nun selbst ein Kind und verwunderte mich nicht lange darüber und lief mit dem Knaben Joseph nach Bethlehem auf alle seine Jugendspielplätze, und er zeigte mir alles, und wir spielten und beteten in der nachmaligen Krippenhöhle, in welche er sich oft als Knabe flüchtete, wenn seine Brüder ihn wegen seines frommen Wesens neckten, und es war, als lebte seine Familie noch in dem alten Stammhaus, worin einst der Vater Davids gewohnt hatte und das zur Zeit von Christi Geburt schon in fremden Händen war, denn damals waren die römischen Amtsleute darin, welchen Joseph den Zins zahlen musste. Wir waren ganz fröhlich wie Kinder, und es war, als sei Jesus, ja selbst die Mutter Gottes noch gar nicht geboren.

So ging ich am Vorabend des St. Josephs-Festes aus dem Leiden der Passionsbilder in ein tröstendes Kindheitsbild des hl. Joseph über.

Von dem Aussehen Marias und Magdalenas

Ich habe heute, Sonntag Lätare, am St. Josephs-Fest, gar nichts von den Passionsbildern, aber wohl die heilige Jungfrau gesehen, welche mir allerlei erklärt hat, was ich vergessen oder nicht ganz verstanden habe.

Die Wangen der heiligen Jungfrau sah ich heute bleich und hager, ihre Nase fein und lang, ihre Augen beinahe blutrot vom Weinen. Es ist wunderbar und unbeschreiblich, wie schlicht, gerade und einfach ihre Erscheinung ist. Jetzt ist sie doch seit gestern und die ganze Nacht in Schrecken und Angst und Tränen durch das Tal Josaphat und die Straßen von Jerusalem und das Volk herumgeirrt, und ihre Kleidung sieht dennoch ganz ordentlich und gar nicht verwüstet aus. Es ist keine Falte ihres Kleides, die nicht voll Heiligkeit wäre. Alles ist so schlicht und einfach, so ernst, rein und unschuldig. Ihr Umherschauen ist so edel, und der Schleier macht so einfache, reine Falten, wenn sie das Haupt ein wenig wendet. Sie bewegt sich nicht heftig, und im zerreißenden Schmerz ist all ihr Tun einfach und ruhig. Ihr Gewand ist zwar feucht vom Nachttau und unzähligen Tränen, aber es ist rein und ordentlich und unverwüstet. Sie ist unaussprechlich auf eine ganz überirdische Weise schön, denn alle Schönheit an ihr ist zugleich Unbeflecktheit, Wahrheit, Einfalt, Würde und Heiligkeit.

Magdalena hingegen erscheint ganz anders, sie ist größer und voller und zeigt in ihrer Gestalt und Bewegung viel mehr Formen, aber durch Leidenschaft und Reue und fürchterlichen Schmerz ist alle ihre Schönheit zerstört, und sie ist beinahe schrecklich, wenn nicht gar hässlich jetzt durch die ungebändigte Wucht ihrer Leiden. Ihre Kleider sind nass und mit Kot befleckt, sie hängen unordentlich und zerrissen um sie her, ihre langen Haare hängen aufgelöst und unordentlich unter dem zerwundenen nassen Schleier. Sie ist ganz zerstört, sie denkt an nichts als ihr Leid und sieht beinahe wie eine Wahnsinnige aus. Es sind so viele Leute aus Magdalum und der Gegend hier, die sie früher in ihrem, anfangs so prächtigen und dann so wüsten Sündenleben gesehen, und da sie so lange verborgen gelebt, so zeigt nun alles mit Fingern auf sie und verhöhnt sie bei ihrer zerstörten Erscheinung; ja es hat sogar schlechtes Volk aus Magdalum mit Kot im Vorübergehen nach ihr geworfen, aber sie weiß von nichts, so ganz ist sie in ihren Jammer versunken.

Jesu Dornenkrönung und Verspottung

Als die Betrachtende wieder in die Fortsetzung dieser Bilder eingegangen, wurde sie sehr krank. Sie erlitt ein heftiges Fieber und einen so starken Durst, dass ihr die Zunge ganz krampfhaft zusammengezogen und wie verdorrt war. Sie war am Morgen des Montags nach Lätare so erschöpft und elend, dass sie nur mit Mühe und ohne genaue Ordnung folgendes mitteilte; sie erklärte dabei, dass es ihr unmöglich sei, in ihrem Zustande alle die Misshandlungen bei der Krönung Jesu zu erzählen, weil ihr dann alles wieder vor Augen komme.

Während der Geißelung Christi redete Pilatus noch mehrmals mit dem Volk, und einmal schrien sie sogar: «Er muss hinweg und wenn wir alle darüber umkommen sollten», und als Jesus zur Krönung geführt wurde, schrien sie auch noch: «Hinweg mit ihm, hinweg», denn es kamen immer neue Haufen von Juden heran, welche von den ausgesendeten Boten der Hohenpriester zu diesem Geschrei aufgewiegelt waren. Hierauf trat ein kurzer Stillstand ein. Pilatus machte Anordnungen mit seinen Soldaten, und die Hohenpriester und der Rat, welche auf erhöhten Bänken an beiden Seiten der Straße vor des Pilatus Terrasse der unter Bäumen und ausgespannten Decken saßen, ließen sich einige Speise und Trank von ihren Dienern zutragen. Ich sah auch Pilatus wieder in seltsamer Verwirrung mit seinem Aberglauben; er hatte, sich allein begebend, noch immer mit Räuchern bei seinen Göttern und mit allerlei Zeichendeuterei zu schaffen.

Die heilige Jungfrau und ihre nähere Umgebung sah ich nach der Geißelung, als sie das Blut Jesu aufgetrocknet hatte, sich von dem Forum zurückziehen. Ich sah sie mit den blutigen Tüchern in einem kleinen Haus, das an eine Mauer gebaut war, es war nicht weit von hier gelegen. Ich erinnere mich nicht mehr, wem es gehörte. Ich erinnere mich nicht, Johannes, bei der Geißelung gesehen zu haben.

Die Krönung und Verspottung Jesu geschah in dem innern Hof des Wachhauses, das über den Gefängnissen an dem Forum stand. Es war mit Säulen umgeben, und die Eingänge waren geöffnet. Es waren etwa fünfzig niederträchtige Schurken vom Tross, Knechte der Gefangenenwärter, Schergen, Buben, Sklaven und die Geißelknechte, welche bei dieser Misshandlung Jesu tätigen Anteil nahmen. Anfangs drängte sich das Volk heran, aber bald umgaben tausend römische Soldaten das Gebäude. Sie standen in Reih und Glied, höhnten und lachten und gaben dadurch der Prahlerei der Quäler Jesu allerlei Veranlassung, sein Leiden zu vermehren, denn ihr Gelächter und ihre Späße munterten diese auf, wie der Beifall die Schauspieler.

Sie hatten den Fuß einer alten Säule in die Mitte gewälzt. Es war ein Loch darin, worin sonst wohl die Säule mochte befestigt gewesen sein; darauf setzten sie einen niederen runden Schemel, der hinten eine Handhabe zum Anfassen hatte, und sie legten aus Bosheit spitzige Steine und Scherben darauf. Sie rissen Jesus abermals alle Kleidung von seinem verwundeten Leibe und legten ihm einen alten roten, zerrissenen, kurzen Soldatenmantel um, der nicht bis an die Knie reichte. Es hingen hie und da Fetzen von gelben Quasten daran.

Er lag in einem Winkel der Schergenkammer, und sie pflegten ihn den gegeißelten Verbrechern umzutun, entweder das Blut darin zu trocknen oder sie zu verspotten. Nun schleppten sie Jesus zu dem mit Scherben und Steinen bedeckten Stuhl und stießen ihn mit dem verwundeten, entblößten Leib darauf nieder. Sie setzten ihm sodann die Dornenkrone auf. Sie war ein paar Hand hoch und dicht und künstlich geflochten und hatte oben einen vorstehenden Rand. Sie legten sie ihm wie eine Binde um die Stirn und banden sie hinten fest zusammen, da bildete sie einen Kronenhut. Sie war aus dreifingerdicken, im Dickicht grad aufgestoßenen Dornenzweigen künstlich geflochten und die Dornen mit Absicht meist einwärts gedreht. Es waren dreierlei Stechdornen, solcher Art, wie man bei uns Kreuzdorn, Schlehdorn und Hagedorn hat. Oben hatten die Kronflechter einen vorstehenden Rand von einem Dorn wie bei uns die Brombeeren angeflochten, bei welchem sie die Krone anfassten und zerrten. Ich habe die Gegend gesehen, wo die Buben die Dornen geholt haben. Sie gaben ihm ein dickes Schilfrohr in die Hand mit einem Busch oben.

Alles das taten sie mit einer höhnenden Feierlichkeit, als krönten sie ihn wirklich zum König. Sie nahmen ihm das Rohr aus der Hand, schlugen heftig auf die Krone damit, das Blut füllte seine Augen; sie knieten vor ihm nieder, streckten die Zunge vor ihm aus, schlugen und spien ihm ins Angesicht und schrien: «Sei gegrüßt, du König der Juden!» Sie warfen ihn unter Hohngelächter mit dem Stuhl um und stießen ihn wieder von neuem darauf. Ich vermag alle die niederträchtigen Erfindungen dieser Buben, den armen Heiland zu verhöhnen, nicht zu wiederholen.

Ach! Er dürstete so entsetzlich, denn Er hatte ein Wundfieber[28] von der Zerfleischung durch die unmenschliche Geißelung, Er zitterte, das Fleisch in den Seiten war hie und da bis auf die Rippen zerrissen, seine Zunge war krampfhaft zusammengezogen, nur das niederrinnende heilige Blut seines Hauptes erbarmte sich seines glühenden Mundes, der schmachtend geöffnet war. Die schrecklichen Menschen aber nahmen seinen Mund als ein Ziel ihres ekelhaften Auswurfes. So wurde Jesus etwa eine halbe Stunde misshandelt, und die Kohorte, welche das Prätorium in Reih und Glied umgeben hatte, lachte und jauchzte dazu.

Ecce Homo

Sie führten aber nun Jesus mit der Dornenkrone auf dem Haupt und dem Rohrzepter in den gebundenen Händen, mit dem Purpurmantel bedeckt, wieder in den Palast des Pilatus. Jesus war unkenntlich von Blut, das seine Augen füllte und in seinen Mund und Bart niedergeronnen war. Sein Leib war mit Schwielen und Wunden bedeckt und glich einem in Blut getauchten Tuch. Er ging gebückt und schwankend, der Mantel war so kurz, dass Er sich beugen musste, um seine Blöße zu bedecken, denn sie hatten ihm alle Bekleidung bei der Krönung wieder abgerissen.

Als der arme Jesus unten an der Treppe vor Pilatus anlangte, begriff diesen grausamen Menschen selbst ein Schauder von Mitleid und Ekel. Er lehnte sich auf einen seiner Offiziere, und da das Volk und die Priester noch immer lärmten und höhnten, rief er aus: «Wenn der Judenteufel so grausam ist, so kann man nicht bei ihm in der Hölle wohnen. Als nun Jesus mühselig die Treppe hinaufgerissen worden war und im Hintergrund stand, ging Pilatus hervor auf die Terrasse, und es wurde auf einer Posaune geblasen, um Aufmerksamkeit zu erregen, weil Pilatus reden wollte. Er sprach aber zu den Hohenpriestern und allen Anwesenden: «Seht, ich lasse ihn nun nochmals heraus zu euch führen, damit ihr erkennt, dass ich keine Schuld an ihm finde!»

Jesus ward nun von den Schergen auf die Terrasse neben Pilatus hervorgeführt, so dass alles Volk vom Forum aus ihn sehen konnte. – Es war ein furchtbarer, herzzerreißender Anblick, der anfangs Grauen und eine dumpfe Stille erregte, als die entsetzliche Erscheinung des Sohnes Gottes voll Blut unter der schrecklichen Dornenkrone hervor die Blicke seiner blutigen Augen auf die Wogen des Volkes wendete und Pilatus, neben ihn tretend, auf ihn hindeutete und zu den Juden herabrief: «Seht, hier ist dieser Mensch!»

Während Jesus in seinem roten Spottmantel mit zerfleischtem Leibe, das mit Blut überronnene, von Dornen durchbohrte Haupt niedersenkend, mit gebundenen Händen, das Rohrzepter haltend, gebeugt, um seine Blöße mit den Händen zu bedecken, vor dem Palast des Pilatus in unendlicher Trauer und Milde, von Schmerz und Liebe zermalmt, wie ein blutiger Schatten dem Wutgeschrei der Priester und des Volkes ausgesetzt war, zogen Scharen von kürzer bekleideten fremden Mägden und Männern über das Forum nach dem Schafteich hinab, um dort bei der Reinigung der Opferlämmer zu helfen, deren rührendes Geblöke, als wollten sie ein Zeugnis geben für die schweigende Wahrheit, noch immer sich mit dem Blutgeschrei des Volkes vermischte.

Nur das wahre Osterlamm Gottes, das eröffnete, unerkannte Geheimnis dieses heiligen Tages, erfüllte die Prophezeiung und beugte sich schweigend zur Schlachtbank. Die Hohenpriester und Gerichtsleute wurden ganz grimmig bei dem Anblick Jesu, dem furchtbaren Spiegel ihres Gewissens, und sie schrien: «Hinweg mit ihm, kreuzige ihn!» Pilatus aber rief: «Habt ihr nicht genug? Er ist so zugerichtet, dass Er kein König mehr wird sein wollen.» Sie wurden aber wie rasend und schrien immer heftiger, und alles Volk tobte durcheinander: «Hinweg mit ihm, ans Kreuz mit ihm!»

Da ließ Pilatus wieder die Posaune blasen und sprach: «So nehmt ihr ihn euch denn hin und kreuzigt ihn, denn ich finde keine Schuld an ihm.» Hier nun riefen einige von den Hohenpriestern: «Wir haben ein Gesetz, und nach diesem muss Er sterben, denn Er hat sich selbst zu Gottes Sohn gemacht!» Und Pilatus sagte: «Wenn ihr solche Gesetze habt, dass dieser sterben muss, so mag ich kein Jude sein.» Das Wort der Juden aber, Er mache sich zu Gottes Sohn, ängstigte Pilatus und regte in ihm seine abergläubische Sorge wieder auf. Er ließ darum Jesus an einen Ort allein führen und sagte zu ihm: «Woher bist du?» Jesus aber gab ihm keine Antwort; da sagte Pilatus: «Antwortest du mir nicht? Weißt du nicht, dass ich Macht habe, dich zu kreuzigen und dich freizulassen?» Und Jesus antwortete: «Du hättest keine Macht über mich, wenn sie dir nicht von oben herab gegeben wäre; deswegen begeht der, welcher mich dir überliefert hat, eine noch schwerere Sünde.»

Da Claudia Procle in großen Ängsten über die Zögerung ihres Mannes war, sendete sie abermals zu Pilatus und ließ ihn durch Vorzeigung seines Pfandes an sein Versprechen erinnern, und er ließ ihr eine wirre, abergläubische Antwort zurückmelden, von der ich nur noch weiß, dass er sich darin auf seine Götter bezog.

Da aber die Feinde Jesu, die Hohenpriester und Pharisäer, die Verwendung der Frau des Pilatus für Jesus erfuhren, verbreiteten sie unter dem Volk: «Jesu Anhänger haben die Frau des Pilatus bestochen, wird Er frei, so vereint Er sich mit den Römern, und wir müssen alle umkommen.»

Pilatus war bereits in seiner Unentschlossenheit wie ein Trunkener, sein Urteil taumelte hin und wieder. Nochmals redete er zu Jesu Feinden, dass er keine Schuld an ihm finde, und da diese noch ungestümer den Tod Jesu verlangten, so wollte Pilatus, durch seine eigenen wirren Gedanken wie durch seines Weibes Träume und Jesu bedeutungsvolle Reden unentschieden gemacht, noch irgendeine Antwort von dem Herrn erforschen, die ihn aus diesem peinlichen Zustand reißen könnte.

Er kehrte also zu Jesus in die Gerichtsstube zurück und war ganz allein mit ihm. Er blickte den armen blutigen Jesus, den man ohne Entsetzen nicht anschauen konnte, mit forschenden und fast zaghaften Augen an und dachte zögernd: «Sollte dieser doch wohl ein Gott sein können?» Und dann brach er plötzlich mit einem Schwur heraus, in welchem er Jesus beschwor, ihm zu sagen: ob Er ein Gott und kein Mensch, ob Er jener König sei? Wie weit sein Reich sich erstrecke, welchen Rang seine Gottheit habe? Er solle es sagen, so wolle er ihn loslassen.

Ich vermag das, was Jesus dem Pilatus antwortete, nur dem Inhalt und nicht den Worten nach zu erzählen. Der Herr sprach furchtbar ernste Worte zu ihm. Er zeigte ihm wohl, welch ein König Er sei und welches Reich Er zu regieren habe, Er zeigte ihm wohl, was die Wahrheit sei, denn Er sagte ihm die Wahrheit. Der Herr sagte dem Pilatus den ganzen versteckten Greuel seines inneren Zustandes ins Gesicht, Er sagte ihm das Geschick, das ihm bevorstehe, die Verweisung ins Elend und ein abscheuliches Ende voraus und dass Er einstens kommen werde, zu richten über ihn ein gerechtes Gericht.

Pilatus, halb erschrocken, halb geärgert durch die Worte Jesu, ging hinaus auf die Terrasse und rief nochmals, er wolle Jesus freilassen; da schrien sie aber: «Lässest du diesen los, so bist du kein Freund des Kaisers, denn wer sich zum König aufwirft, ist des Kaisers Feind!» Andere schrien, sie wollten ihn beim Kaiser verklagen, dass er ihr Fest störe, er solle fortfahren, denn um zehn Uhr müssten sie bei großer Strafe in den Tempel. Das Geschrei «Ans Kreuz mit ihm, hinweg mit ihm!» tobte wieder von allen Seiten, ja, sie waren auf die flachen Dächer am Forum gestiegen und schrien herab.

Pilatus sah nun, dass er bei diesen Rasenden nichts ausrichtete. Das Getöse und Geschrei hatte etwas Fürchterliches in sich, und die ganze Masse des Volkes vor dem Palast war in so grimmiger Bewegung, dass ein heftiger Aufstand zu befürchten war. Da ließ Pilatus sich Wasser bringen, und der Diener goss es ihm vor dem Volke aus der Schale über die Hände, und Pilatus rief von der Terrasse hinab: «Ich bin unschuldig an dem Blute dieses Gerechten, ihr mögt es verantworten.» Da erhob sich aber ein schauderhaftes einstimmiges Geschrei des versammelten Volkes, worunter Leute aus allen Orten Palästinas waren, sie schrien: «Sein Blut komme auf uns und unsre Kinder!»

Sooft ich bei Betrachtungen des bitteren Leidens Christi diesen schauderhaften Schrei der Juden höre: «Sein Blut komme auf uns und unsre Kinder!» wird mir die Wirkung dieser feierlichen Selbstverfluchung durch wunderbar entsetzliche Bilder vorgestellt und fühlbar gemacht. Ich sehe, als liege ein finsterer Himmel voll blutroter Wolken, feuriger Straftaten und Schwerter über dem rufenden Volk. Es ist, als wenn ich die Strahlen dieses Fluches durch all ihr Mark und Bein und bis auf die Kinder im Mutterleibe treffen sähe. Ich sehe nämlich das ganze Volk wie verfinstert und den schrecklichen Schrei mit einem trüben grimmen Feuer aus ihrem Munde stürzen, sich über ihnen vereinigen und wieder auf sie niederschießen, in einige tiefer eindringend, über anderen aber verweilend schweben. Diese letzteren bedeuten dann solche, welche sich nach Jesu Tod bekehrten. Die Anzahl dieser aber war nicht unbedeutend, denn ich sehe Jesus und Maria während aller dieser schrecklichen Leiden immer für das Heil der Peiniger beten und sich keinen Augenblick an all der furchtbaren Misshandlung ärgern.

Das ganze Leiden des Herrn sehe ich unter der boshaftesten, grausamsten Peinigung, unter hoffärtigem und niederträchtigem Hohn, unter Grimm und Wut und greulicher Blutgier seiner Feinde und ihrer Knechte und unter Undank und Verleugnung mancher seiner Angehöriger als das bitterste Seelen- und Körperleiden, von Jesus unter stetem Gebet, steter Liebe zu seinen Feinden, stetem Flehen um ihre Bekehrung bis zum letzten Atemzug vollbracht; aber durch alle diese Geduld und Liebe sehe ich die Wut und Raserei seiner Feinde noch mehr sich entflammen; sie ergrimmen, weil alle ihre Misshandlung nicht vermag, seinem klaglosen Munde irgendein Widerwort zu entreißen, das ihre Bosheit entschuldigen könnte. Heute am Paschah, da sie das Osterlamm töten, wissen sie nicht, dass sie ein Lamm töten.

Wenn ich bei solchen Anschauungen meine Gedanken auf die Gemüter des Volkes und der Richter und auf die heiligen Seelen Jesu und Marias richte, so wird mir oft alles, was mit ihnen vorgeht, in Erscheinungen gezeigt, welche die Leute damals nicht gesehen haben, deren Inhalt sie aber alle fühlten. Ich sehe dann eine unzählige Menge von Teufelsgestalten, jede ganz nach dem Laster, die sie bedeutet, geformt, in schrecklicher Tätigkeit unter der Menge; ich sehe sie laufen, hetzen, verwirren, in die Ohren flüstern, in den Mund fahren, ich sehe sie aus der Volksmasse einzeln in großer Zahl hervorstürzen, sich vereinigen und die Menschen gegen Jesus antreiben; dann wieder vor dessen Liebe und Geduld erbeben und von neuem unter der Menge verschwinden. Aber ich sehe in allem ihrem Tun etwas Verzweifeltes, Verwirrtes, sich selbst Zerstörendes, ein wirres, unsinniges Hin- und Herzerren. Über und um Jesus und bei Maria und allen den wenigen Heiligen sehe ich auf ähnliche Weise viele Engel in Tätigkeit. Ich sehe diese auch nach ihren verschiedenen Aufgaben in mannigfaltiger Form und Kleidung, und so erscheinen auch ihre Handlungen bald als Trost, als Gebet, als Salbung, Speisung, Tränkung, Bedeckung oder als andere Werke der Barmherzigkeit.

Gleicherweise sehe ich dann oft Stimmen des Trostes oder der Drohung wie verschiedene leuchtende und farbige Worte aus dem Munde solcher Erscheinungen ausstrahlen; oder es sind Botschaften, diese in Form von Zetteln in ihren Händen. Auch sehe ich oft, so ich es wissen soll, Seelenbewegung und innere Leidenschaften, Leiden und Lieben, alles, was Empfindung ist, in verschieden gefärbten Licht- und Nachtbewegungen die Brust und den ganzen Leib der Menschen in mannigfaltigen Formen, Richtungen und Verwandlungen von Farbe und Gestalt, von Langsamkeit und Schnelligkeit durchziehen und durchzucken und verstehe dann das alles. Aber es ist unmöglich, das wieder zu sagen, denn es ist ganz unendlich viel, und ich bin dabei so voll Schmerz, Leid und Betrübnis über meine und aller Welt Sünden und so zerrissen vom bitteren Leiden Jesu, dass ich gar nicht weiß, wie ich das wenige, was ich erzähle, noch zusammenbringe.

Viele Dinge, besonders Erscheinungen und Tätigkeiten von Teufeln und Engeln, welche von anderen Seelen, die das Leiden Christi schauend betrachtet haben, in die Erzählung eingeflochten werden, sind einzelne Stücke solcher inneren, damals unsichtbaren geistigen Wirkungsbilder, welche nach der Seelenrichtung der Schauenden bald so, bald anders behalten und mit der Erzählung verbunden werden. Daher oft Widersprüche, weil sie Verschiedenes vergessen, Verschiedenes übergehen, Verschiedenes anmerken. Da alle Bosheit an Christus gepeinigt, alle Liebe in ihm gelitten hat, da Er die Sünden der Welt als das Lamm Gottes auf sich genommen: wer kann da nicht unendliche Dinge des Greuels und der Heiligkeit erkennen und erzählen? Wenn daher die Gesichte und Betrachtungen vieler frommer Leute nicht ganz übereinstimmen, so rührt dies daher, dass sie nicht aus gleicher Gnade schauten, erzählten und verstanden wurden.

(Alle solchen Äußerungen über die Formen ihres Sehens hat die Kranke dem Schreiber nicht nur während dieser Betrachtungen öfters einzeln gemacht, sondern auch früher ganz ähnlich. Sie erklärte auch zugleich, dass sie das meiste dieser Art nicht mitteilte, weil die Gesichte dadurch undeutlich werden. Es leuchtet aber dadurch sehr wohl ein, wie schwer es ihr bei der Masse der Erscheinungen sein musste, den Faden des Herganges ganz sicher in der Erinnerung zu bewahren. Wer sollte daher der in so heftiger Affektion des Mitleidens Erkrankten nicht gerne verzeihen, wenn im Verlauf ihrer Mitteilungen vielleicht irgend kleine Lücken oder Zeitverwechslungen stattfinden möchten.)

Jesus zum Kreuzestod verurteilt

Pilatus, der nicht die Wahrheit, sondern einen Ausweg suchte, war nun schwankender als je. Sein Gewissen sagte: Jesus ist unschuldig; sein Weib sagte: Jesus ist heilig; sein Aberglaube sagte: Er ist ein Feind deiner Götter; seine Feigheit sagte: Er ist selbst ein Gott und wird sich rächen. Da fragte er Jesus nochmals bang und feierlich, und Jesus sagte ihm seine geheimsten Verbrechen, sein künftiges elendes Schicksal und Ende, und dass Er an jenem Tage, auf den Wolken des Himmels sitzend, ein gerechtes Gericht über ihn richten werde; da kam ihm ein neues Gewicht gegen die Loslassung Jesu in die falsche Waage seiner Gerechtigkeit.

Er ärgerte sich, dass er vor Jesus, den er nicht ergründen konnte, in der ganzen Blöße seiner inneren Schmach dastand und dass Er, den er hatte geißeln, den er konnte kreuzigen lassen, ihm ein elendes Ende voraussagte, ja, dass der Mund, der keiner Lüge je beschuldigt worden, der Mund, der kein Wort zu seiner Rechtfertigung gesprochen, in so äußerster Not ihn vor sein gerechtes Gericht an jenem Tage beschied. Alles das machte seine Hoffart ergrimmen; aber wie keine Empfindung in diesem elenden, schwankenden Menschen allein herrschend war, so fasste ihn zugleich die Angst vor der Drohung des Herrn, und er machte den letzten Versuch, Jesus freizusprechen. Auf die Drohung der Juden aber, ihn bei dem Kaiser zu verklagen, wenn er Jesus freispreche, ergriff ihn eine andere Feigheit. Die Furcht vor dem irdischen Kaiser überwog seine Furcht vor dem König, dessen Reich, nicht von dieser Welt war. Der feige, schwankende Bösewicht dachte: «Stirbt Er, so stirbt, was Er von mir weiß und was Er mir geweissagt, mit ihm.»

Auf die Drohung mit dem Kaiser tat Pilatus ihren Willen, gegen sein Wort, das er seiner Frau gegeben, gegen Recht und Gerechtigkeit und seine eigene Überzeugung. Aus Furcht vor dem Kaiser gab er den Juden das Blut Jesu preis, für sein Gewissen aber hatte er nichts als Wasser, das ließ er sich über die Hände gießen, wobei er ausrief: «Ich bin unschuldig an dem Blut dieses Gerechten, da seht ihr zu!» – Nein, Pilatus, da sieh du zu! denn du nennst ihn gerecht und vergießest sein Blut, du bist der ungerechte, gewissenlose Richter; – und dasselbe Blut, das er von seinen Händen abwaschen wollte und von seiner Seele nicht abwaschen konnte, riefen die blutgierigen Juden fluchend auf sich und ihre Kinder. Das Blut Jesu, das für uns um Barmherzigkeit schreit, fordern sie auf, gegen sie um Rache zu schreien. Sie riefen: «Sein Blut komme auf uns und unsre Kinder!»

Unter diesem entsetzlichen Geschrei befahl Pilatus, alles zum Urteilsspruch zu rüsten. Er ließ sich andere feierliche Kleider bringen und anlegen, es ward ihm eine Art Krone aufgesetzt, woran ein Edelstein oder sonst etwas Blinkendes war, es ward ihm ein anderer Mantel angelegt, auch ein Stab vor ihm getragen. Es zogen viele Soldaten um ihn her und gingen Gerichtsdiener vor ihm, die etwas trugen, und folgten Schreiber mit Rollen und Brettchen. Voraus ging einer, der auf der Posaune blies. So zog er aus seinem Palast auf das Forum hinaus, wo dem Geißelplatz gegenüber ein schön gemauerter hoher Sitz zum Urteilssprechen war; nur von diesem Sitz aus hatten die Urteile ihre volle Kraft. Es hieß dieser Richtsitz Gabbatha und war eine runde Terrasse, auf welche von mehreren Seiten Stufen führten, oben darauf war ein Sitz für Pilatus und hinter ihm eine Bank für andere Gerichtspersonen.

Viele Soldaten umgaben diese Terrasse und standen teils auf den Stufen. Manche von den Pharisäern waren schon von dem Palast aus zu dem Tempel gegangen. Nur Annas und Kaiphas und etwa 28 andere zogen gleich zu dem Tribunal hin auf das Forum, als Pilatus die Amtskleider anlegte. Die beiden Schächer waren schon vor den Gerichtsort geführt worden, als das Ecce Homo vorüber war. Der Sitz des Pilatus wurde mit einer roten Decke belegt, und es lag ein blaues Kissen darauf mit gelben Borten.

Es wurde aber nun Jesus, noch immer in seinem roten Spottmantel mit der Krone auf dem Haupt und gebundenen Händen, von den Schergen und umgebenden Soldaten durch das höhnende Volk vor das Tribunal geführt und zwischen die beiden Mörder gestellt. Als Pilatus auf seinem Richterstuhl saß, sagte er nochmals laut zu den Feinden Jesu: «Seht da euren König!» Sie schrien aber: «Weg, weg mit diesem! kreuzige ihn!» Und Pilatus sagte: «Soll ich euern König kreuzigen?» Es riefen aber die Hohenpriester: «Wir haben keinen König als den Kaiser!» Da sprach Pilatus ferner kein Wort für oder mit Jesus und begann das Verdammungsgericht.

Die beiden Schächer waren schon früher zum Kreuz verurteilt, und ihre Hinrichtung war auf das Ansuchen der Hohenpriester auf heute verschoben worden, denn sie gedachten Jesus zu beschimpfen, indem Er mit gemeinen Mördern gekreuzigt würde. Die Kreuze der Schächer lagen bereits neben ihnen. Gehilfen der Kreuziger hatten sie herbeigeschleppt. Das Kreuz unseres Herrn war noch nicht da, wahrscheinlich weil sein Todesurteil noch nicht gesprochen war.

Die heilige Jungfrau, welche sich nach der öffentlichen Ausstellung Jesu durch Pilatus und dem Blutgeschrei der Juden hinwegbegeben hatte, drängte sich, von mehreren Frauen umgeben, wieder durch die Menge des Volkes zu dem Todesurteil ihres Sohnes und Gottes hinzu. Jesus stand, von den Schergen umgeben und mit Grimm und Hohnlachen von seinen Feinden angeblickt, unten an den Stufen vor Pilatus. Es wurde durch eine Posaune Stille geboten, und Pilatus sprach mit einem feigen Grimm das Todesurteil über den Heiland aus.

Ich fühlte mich ganz erdrückt von seiner Niederträchtigkeit und Zweizüngigkeit; der Anblick des aufgeblasenen Schurken, der Triumph und Blutdurst der abgehetzten und nun befriedigten Hohenpriester, das Elend und der tiefe Schmerz des armen Heilands, die unaussprechliche Angst und Pein der Mutter Jesu und der heiligen Frauen, das gierige grimmige Lauern der Juden, das kalte stolze Wesen der Soldaten umher, und mein Schauen aller grässlichen Teufelsgestalten unter der Menge des Volkes hatten mich ganz vernichtet. Ach! ich fühlte, dass ich da hätte stehen sollen, wo Jesus, mein liebster Bräutigam, stand, dann wäre das Urteil gerecht gewesen. Ich war so leidend und zerrissen, dass ich den Hergang nicht mehr genau weiß. Was ich mich erinnere, will ich ungefähr sagen.

Pilatus hielt erst ein Geschwätz, worin er Claudius Tiberius mit hohen Namen den Kaiser nannte, und dann sprach er die Anklage gegen Jesus aus, der als Aufwiegler, Ruhestörer und Verletzer des jüdischen Gesetzes, indem Er sich einen Sohn Gottes und einen König der Juden nennen lasse, von den Hohenpriestern zum Tode verurteilt und vom Volk einstimmig zur Kreuzigung begehrt worden sei. Als er aber noch gar hinzusetzte, dass er dieses Urteil richtig gefunden, er, der seit mehreren Stunden die Unschuld Jesu ausgesprochen, da verging mir Hören und Sehen über den infamen zweizüngigen Menschen. Er sprach auch: «So verurteile ich den Jesus Nazarenus, König der Juden, an das Kreuz genagelt zu werden», und dann befahl er den Schergen, das Kreuz zu holen. Ich erinnere mich auch, jedoch nicht mit Bestimmtheit, als habe er einen langen Stab, in welchem inwendig wenig Mark war, dabei zerbrochen und Jesus vor die Füße geworfen.

Die Mutter Jesu sank bei diesen Worten bewusstlos zusammen, als wolle sie sterben. Nun war es gewiss, nun war der furchtbare, schmerzhafte, schmähliche Tod ihres heiligsten, geliebtesten Sohnes und Erlösers gewiss. Johannes und ihre Begleiterinnen aber brachten sie hinweg, auf dass die blinden Menschen sich nicht schmähend an den Schmerzen der Mutter ihres Heilandes versündigen möchten. Aber Maria konnte nicht ruhen, die Leidenswege Jesu zu wandeln, ihre Gefährten mussten sie abermals von Stelle zu Stelle geleiten; denn der Eifer eines geheimnisvollen Gottesdienstes des Mitleidens trieb sie überall, wo der von ihr geborene Erlöser für die Sünden seiner Brüder, der Menschen, gelitten hatte, das Opfer ihrer Tränen auszugießen; und so nahm die Mutter des Herrn alle geheiligten Stellen der Erde durch die Vorweihe ihrer Tränen für die künftige Verehrung der Kirche, unser aller Mutter, in Besitz, wie Jakob den Stein zum Gedächtnis aufrichtete und mit Öl salbend weihte, bei welchem ihm die Verheißung geschehen war.

Es wurde nun auf dem Richtersitz auch das Urteil noch von Pilatus geschrieben und von anderen, die hinter ihm standen, mehr als dreimal abgeschrieben. Es wurden auch Boten abgesendet, denn einzelnes musste von anderen unterschrieben werden, ich weiß nicht, ob das zum Urteil gehörte oder ob es andere Befehle waren. Jedoch wurden auch von diesen Schreiben einige an entfernte Orte gesendet. Ein Urteil über Jesus aber schrieb Pilatus, das seine Doppelzüngigkeit ganz bewies, denn es lautete ganz anders als das mündlich ausgesprochene, und ich sah, als schreibe er es wider seinen Willen in peinlicher Gemütsverwirrung und als führe ihm dabei ein zürnender Engel die Hand. Dieses Schreiben, dessen ich mich nur im allgemeinen erinnere, enthielt ungefähr folgendes:

«Notgedrungen von den Hohenpriestern und dem Synedrium und einem drohenden Aufstand des Volkes, welche Jesus von

Nazaret der Aufwiegelung, Gotteslästerung, Gesetzverletzung usw. beschuldigten und zum Tode begehrten, Beschuldigungen, welche ich nicht eigentlich einsah, habe ich, um nicht vor dem Kaiser als ein unwilliger Richter der Juden und Beförderer des Aufstandes verklagt zu werden, denselben als einen Verbrecher gegen ihr Gesetz mit Gewalt zum Tode begehrten Jesus zur Kreuzigung übergeben mit zwei anderen verurteilten Verbrechern, deren Hinrichtung auf ihr Treiben verschoben worden war, weil sie Jesus mit ihnen wollten gerichtet haben.»

Hier schrieb der elende Mensch nun wieder ganz anders. Er schrieb nachher auch noch die Überschrift des Kreuzes in drei Zeilen mit Firnis auf ein dunkelbraunes Brettchen. Das entschuldigende Urteil wurde mehrfach abgeschrieben und an verschiedene Orte gesendet. Die Hohenpriester zankten sich aber am Tribunal noch mit ihm herum, jenes Urteil war ihnen gar nicht recht, besonders, dass er geschrieben, sie hätten das Aufschieben der Kreuzigung der Schächer begehrt, um Jesus mit ihnen zu richten; und dann stritten sie über den Titel Jesu und wollten, es solle nicht «König der Juden», sondern «der sich für einen König der Juden ausgab» darauf stehen. Pilatus aber war ganz ungeduldig und höhnisch gegen sie und schrie zürnend: «Was ich geschrieben, habe ich geschrieben.»

Sie wollten auch, das Kreuz Christi solle nicht höher über dem Haupt sein als das der beiden Schächer; es muss aber höher werden, denn es war wegen Misslingen der Arbeit über dem Haupt zu kurz geworden, um den von Pilatus geschriebenen Titel darauf zu setzen. Sie schoben diesen Mangel an Raum und das Protestieren gegen Erhöhung vor, um den ihnen schimpflichen Titel abzuwenden. Pilatus aber gab nicht nach, und sie mussten den Kreuzesstamm durch ein eingezapftes Stück erhöhen lassen, woran der Titel geheftet werden konnte. So nun erhielt das Kreuz durch allerlei Ereignisse jene bedeutungsvolle Gestalt, die ich öfter gesehen habe.

Ich sah nämlich immer das Kreuz so, dass die beiden Arme wie die Äste eines Baumes aus dem Stamm aufwärts liefen, und es wäre gleich einem Y, wenn man dessen untere Linie bis zu gleicher Höhe zwischen den Armen verlängerte. Die beiden

Arme waren dünner als der Stamm, in welchem diese Arme, jeder einzelne, eingezapft wurden, und diese Einzapfungen wurden an jeder Seite durch einen darunter eingeschlagenen Keil verstärkt. Weil aber der mittlere Stamm über dem Haupt durch Misslingen zu kurz geworden war, um die Überschrift des Pilatus sichtbar zu tragen, musste noch ein Stück auf diesen Stamm aufgesetzt werden. An der Stelle der Füße wurde ein Klötzchen, um darauf zu stehen, befestigt.

Während nun Pilatus das ungerechte Urteil sprach, sah ich, dass Claudia Procle, seine Frau, ihm sein Pfand zurücksendete und sich von ihm lossagte; ich sah auch, dass sie noch am heutigen Abend heimlich aus seinem Palast zu den Freunden Jesu fliehen und in einem Gewölbe unter Lazarus' Haus in Jerusalem versteckt werden wird. Ich sah auch in Bezug auf den schändlichen Urteilsspruch des Pilatus und auf die Trennung seines Weibes von ihm durch irgendeinen Freund Christi auf einen grünen Stein hinten an der Terrasse Gabbatha zwei Zeilen einkratzen, worin ich mich der Worte judex injustus und des Namens Claudia Procle erinnere. Jedoch weiß ich nicht mehr, ob dieses heute oder einige Zeit nachher geschehen, und entsinne mich nur, dass ein dichter Trupp Männer an dieser Stelle des Forums standen und miteinander sprachen, während jener Mann, von ihnen gedeckt, ohne bemerkt zu werden, diese Zeilen einkratzte, und ich sah, dass dieser Stein unkenntlich noch jetzt unten an einem Haus oder Kirchenfundament in Jerusalem befindlich ist, wo Gabbatha war.

Claudia Procle suchte als Christin später Paulus auf und war dessen besondere Freundin.

Als das Todesurteil gesprochen war und das Schreiben und Gezänke mit den Hohenpriestern anfing, war Jesus den Schergen preisgegeben; vorher war noch einige Achtung vor dem Gericht, jetzt war Er die Beute dieser schrecklichen Menschen. Man brachte seine Kleider heran, wie sie ihm bei der Verspottung vor Kaiphas waren ausgezogen worden; man hatte sie aufbewahrt, und ich meine, sie waren von mitleidigen Menschen gewaschen worden, denn sie waren rein. Es war auch, glaube ich, Gewohnheit bei den Römern, die Hinzurichtenden so auszuführen.

Nun ward Jesus abermals von den schändlichen Buben entblößt, und sie banden ihm die Hände los, damit sie ihn bekleiden konnten. Sie rissen ihm den roten wollenen Spottmantel von dem verwundeten Leib und rissen ihm manche Wunde damit auf. Er legte sich zitternd selbst die Unterleibshülle um die Lenden, und dann warfen sie ihm sein wollenes Skapulier um den Hals; weil sie ihm aber den braunen ungenähten Rock, den seine Mutter ihm gewirkt hatte, nicht über die breite Dornenkrone anlegen konnten, rissen sie ihm dieselbe vom Haupt, und alle Wunden ergossen neues Blut mit unsäglichen Schmerzen. Als sie ihm nun den gewirkten Rock über den verwundeten Leib geworfen, legten sie ihm noch sein weites weißes, wollenes Gewand, seinen breiten Gürtel und zuletzt seinen Mantel um. Hierauf banden sie ihm den Fesselgürtel, an dessen auslaufenden Stricken sie ihn führten, wieder um die Mitte des Leibes. All dies geschah mit schauderhafter Roheit, unter Stoßen und Schlagen.

Die beiden Schächer standen ihm rechts und links zur Seite mit gebundenen Händen; sie hatten wie Jesus, vor dem Gericht stehend, eine Kette um den Hals hängen. Sie hatten nur eine Unterleibshülle und ein Skapulierwams von schlechtem Zeug, oben offen, ohne Ärmel an und auf dem Kopf von Stroh gedrehte Kappen mit einem Wulst, beinahe wie Kinderfallhüte geformt. Sie waren schmutzig-bräunlich mit Schwielen von der früheren Geißelung bedeckt. Der, welcher sich nachher bekehrte, war jetzt schon still und in sich gekehrt, der andere aber war grimmig und frech, fluchte und höhnte mit den Schergen auf Jesus, der sie beide mit Liebe und Sehnsucht nach ihrem Heil anblickte und alle seine Leiden auch für sie mittrug. – Die Schergen aber waren beschäftigt, alle ihre Werkzeuge zusammenzutragen, und es rüstete sich alles zum traurigsten grausamsten Zuge, auf welchem der liebende schmerzvolle Erlöser die Sündenlast von uns Undankbaren hintragen wollte, um sein heiligstes Blut für dieselben aus dem von den verworfensten Menschen durchbohrten Kelch seines Leibes aussühnend zu ergießen.

Endlich waren Annas und Kaiphas unter Zank und Grimm mit Pilatus fertig geworden. Sie erhielten ein paar lange schmale

Zettel oder Pergamentrollen mit Abschriften und eilten nun zum Tempel. Sie hatten Not, zur rechten Zeit hinzukommen.

Hier schieden die Hohenpriester vom wahren Osterlamm; sie eilten zum Tempel von Stein, um das Sinnbild zu schlachten und zu essen, und ließen die Erfüllung, das wahre Lamm Gottes, von schändlichen Henkern zum Altar des Kreuzes führen. Hier schieden sich die Wege zum verhüllten und zum erfüllten Opfer; sie überließen das reine sühnende Osterlamm Gottes, das sie äußerlich mit dem ganzen Greuel ihrer Verruchtheit verunglimpft und zu verunreinigen gestrebt hatten, unreinen und grausamen Henkern und eilten zum steinernen Tempel, die gereinigten, gewaschenen, gesegneten Lämmer zu opfern. Sie hatten sich scheu gehütet, äußerlich verunreinigt zu werden, während der ganze Greuel ihres Innern, in Grimm, Neid und Hohn überkochend, sie besudelt hatte. «Sein Blut komme auf uns und unsere Kinder!» Mit diesen Worten hatten sie die Zeremonie erfüllt, die Hand des Opfernden auf das Haupt des Schlachtopfers zu legen.

Es schieden sich hier die Wege zum Altar des Gesetzes und zum Altar der Gnade, Pilatus aber, der stolze, schwankende, vor Gott zitternde und götzendienende, mit der Welt buhlende Heide, ein Sklave des Todes, in der Zeit herrschend bis zum schmählichen Ziel des ewigen Todes, zog mit seinen Gehilfen, von einer Wache umgeben, zwischen den beiden Wegen hindurch zu seinem Palast, unter Vortritt des Posaunenbläsers. Das ungerechte Gericht war gerichtet um zehn Uhr unserer Zeit am Morgen.

Jesus trägt sein Kreuz nach Golgota

Als Pilatus den Gerichtssitz verlassen hatte, folgte ihm ein Teil der Soldaten und stellte sich vor dem Palast zum Zuge auf. Eine kleine Schar blieb bei den Verurteilten. 28 bewaffnete Pharisäer, worunter die sechs grimmigen Feinde Jesu, die bei der Gefangennahme am Ölberge gewesen, kamen gegen das Forum geritten, um den Zug zu geleiten. Die Schergen führten

Jesus auf die Mitte des Forums, und es traten mehrere Sklaven durch das Tor von der Abendseite herein, das Kreuzholz tragend, und warfen es ihm vor die Füße prasselnd auf die Erde nieder. Die beiden dünneren einzuzapfenden Arme waren auf den breiten, schweren Stamm mit Stricken aufgebunden, die Keile, das Fußklötzchen und das nachgefertigte Aufsetzstück trugen nebst anderem Gerät verschiedene Henkersjungen.

Als das Kreuz vor Jesus auf dem Boden lag, warf Er sich dabei auf die Knie nieder, umfasste es mit den Armen und küsste es dreimal, indem Er leise ein rührendes Dankgebet zu seinem himmlischen Vater für die beginnende Erlösung der Menschen sprach. Wie die Priester unter den Heiden einen neugegründeten Altar umarmen, so umarmte der Herr sein Kreuz, den ewigen Altar des genugtuenden blutigen Opfers. Die Schergen aber rissen Jesus in aufrecht kniende Stellung, und Er musste den schweren Balken mühsam mit weniger und grausamer Hilfe auf seine rechte Schulter nehmen und mit dem rechten Arm umfassen. Ich sah ihm unsichtbare Engel helfen, sonst hätte Er es nicht aufzuladen vermocht, Er kniete unter der Last gebeugt. Während Jesus betete, legten andere Kreuziger den beiden Schächern die von den Stämmen getrennten Querhölzer ihrer Kreuze quer über den Nacken und knebelten ihnen die emporgehobenen Hände daran fest.

Diese Querhölzer waren nicht ganz gerade, sondern etwas gebogen, und wurden bei der Kreuzigung an das obere Ende der Kreuzstämme befestigt, welche Stämme ihnen jetzt mit dem anderen Gerät von Sklaven nachgetragen wurden. Es ertönte aber die Posaune von Pilatus' Reiterei, und einer von den berittenen Pharisäern nahte Jesus, der noch mit seiner Last kniete, und sagte: «Es ist aus mit den schönen Reden, macht, dass wir ihn loswerden, vorwärts! vorwärts!» Da rissen sie ihn in die Höhe, da kam die ganze Kreuzlast auf seine Schultern, die wir ihm nachtragen müssen nach seinen heiligen, ewig wahren Worten. Da setzte sich der auf Erden so schmähliche, im Himmel so selige Triumphzug des Königs der Könige in Bewegung.

Sie hatten aber zwei Stricke an das hintere Ende des Kreuzstammes gebunden, und zwei der Schergen hoben daran empor, dass es in der Schwebe blieb und nicht schleifte. Weit um Jesus gingen vier Schergen, welche vier Stricke hielten, die an dem neuen Fesselgürtel befestigt waren, den sie ihm um die Mitte des Leibes gelegt hatten. Sein Mantel war ihm zusammengefasst um den Oberleib gebunden. – Jesus erinnerte mich lebhaft mit den zusammengebundenen Kreuzhölzern auf der Schulter an Isaak, der das Holz zu seinem eigenen Opfer auf den Berg trug.

Die Posaune von Pilatus zeigte nun an, dass der Zug voran solle, weil er sich selbst mit einer Schar in Bewegung setzen wollte, um in der Stadt irgendeinem Aufstand vorzubeugen. Er war aber gerüstet und saß zu Pferd, von seinen Offizieren und einer Schar Reiter umgeben, und es folgte hierauf eine Abteilung von etwa dreihundert Soldaten zu Fuß, alle von der Grenze zwischen Italien und der Schweiz.

Vor dem Kreuzigungszug ging ein Posaunenbläser, der an allen Straßenecken in seine Posaune stieß und die Hinrichtung ausrief. Einige Schritte hinter ihm zog eine Schar von Buben und anderem Gesindel, sie trugen Getränk, Stricke, Nägel, Keile und Körbe mit allerlei Werkzeugen; stärkere Knechte trugen Stangen, Leitern und die Kreuzstämme der Schächer. Die Leitern bestanden nur aus einer Stange, durch welche Zapfen gesteckt waren. Hierauf folgten einige der berittenen Pharisäer und dann ein junger Bursche, dieser trug die Kreuzüberschrift des Pilatus vor der Brust und hatte die Dornenkrone Christi, welche bei der Kreuztragung auf dem Haupt anfangs unmöglich schien, an einer Stange auf der Schulter. Dieser Bube war nicht sehr bös.

Nun folgte unser Herr und Erlöser unter der schweren Last des Kreuzholzes gebeugt und schwankend, zergeißelt, zerschlagen, ermüdet; seit dem gestrigen letzten Abendmahl ohne Speise und Trank und Schlaf, in steter tödlicher Misshandlung, von Blutverlust, Wunden, Fieber, Durst und unnennbarem innern Leid und Entsetzen erschöpft, ging Er schwankend und niedergedrückt auf bloßen, verwundeten Füßen. Die Rechte umfasste die schwere Last auf der rechten Schulter, die Linke suchte oft mühsam das weite hindernde Gewand vor den unsicheren Tritten zu heben. Vier Schergen hielten die von seinem Fesselgürtel auslaufenden Stricke weit von ihm. Die zwei vorderen zerrten ihn vorwärts, und die beiden folgenden trieben ihn an; so hatte Er keinen sicheren Tritt, und die zerrenden Stricke hinderten ihn immer, sein Gewand zu heben.

Seine Hände waren von dem heftigen früheren Schnüren verwundet und geschwollen. Sein Angesicht war mit Blut und Geschwulst bedeckt, seine Haare und sein Bart waren zerrauft und mit Blut verklebt, die Last und die Fesseln drückten ihm die schwere wollene Kleidung in den verwundeten Leib, und die Wolle klebte fest an den neu aufbrechenden wunden Stellen; um ihn war lauter Hohn und Bosheit, Er war unaussprechlich elend, martervoll und liebend, sein Mund war betend, sein Blick flehend, vergebend und leidend.

Die zwei Schergen hinter ihm, welche das Kreuzstammende mit dem daran befestigten Strick emporhielten, vermehrten die Mühseligkeit Jesu, indem sie die Last durch ihr Heben und Sinkenlassen der Stricke öfters verschoben. Es gingen mehrere Soldaten mit Lanzen zur Seite des Zuges.

Nun folgten die beiden Schächer; zwei Büttel führten jeden an Gürtelstricken. Sie hatten die gekrümmten, von den Stämmen abgelösten Querhölzer ihrer Kreuze auf dem Nacken, und ihre Arme waren ausgespannt an die Enden derselben gebunden, sie hatten nur Schurzbinden um, und ihr Oberleib war mit einem offenen Überwurf ohne Ärmel bedeckt, auf dem Kopf trugen sie von Stroh gedrehte Kappen. Sie waren etwas berauscht von einem Getränk, das man ihnen gegeben. Der gute Schächer war jedoch sehr still, der böse aber war frech, grimmig und fluchend.

Die Schergen waren braunes, kleines, aber stämmiges Gesindel mit kurzen, schwarzen, krausen, struppigen Haaren, sie hatten nur wenig Bart, hie und da ein Büschchen. Sie hatten keine jüdische Gesichtsbildung und waren Kanalarbeiter von einem ägyptischen Sklavenstamm, sie trugen nur kurze Schurzröcke und lederne Brustüberwürfe ohne Ärmel. Sie waren ganz bestialisch. Hinter den Schächern schloss die eine Hälfte der reitenden Pharisäer den Zug. Diese Reiter ritten einzeln während des ganzen Zuges längs desselben her und hin, anzutreiben und

Ordnung zu halten. Unter dem Gesindel, welches Geräte tragend vorauszog, befanden sich auch einige niederträchtige Judenbuben, die sich freiwillig zugedrängt hatten.

Nach einem bedeutenden Zwischenraum folgte der Zug des Pilatus; voraus ritt ein Posaunenbläser zu Pferd, dann ritt Pilatus in seinem Kriegsrock zwischen seinen Offizieren vor einer Schar Reiter, und nun folgten dreihundert Soldaten zu Fuß. Pilatus' Zug ging über das Forum, dann aber in eine breite Straße.

Der Zug mit Jesus wurde durch eine ganz enge Straße zwischen Hinterhäusern geführt, um dem Volk Raum zu lassen, das sich zum Tempel begab, und auch um dem Zuge des Pilatus nicht hinderlich zu sein.

Die größte Menge des Volkes hatte sich schon gleich nach der Verurteilung in Bewegung gesetzt. Die meisten Juden begaben sich in ihre Wohnungen oder zum Tempel, sie hatten am Morgen schon viel Zeit versäumt und eilten, ihre Zubereitungen zum Schlachten des Osterlammes fortzusetzen; doch war die Menge von allerlei gemischten Menschen, Fremden, Sklaven, Arbeitern, Knaben, Frauen und Pöbel noch sehr groß, und sie stürzten nach allen Straßen durch Umwege voraus, um hie und da den traurigen Zug nochmals zu sehen. Die folgende Schar von römischen Soldaten verhinderte aber das unmittelbare Nachdringen, und sie mussten immer wieder von der Seite durch Umwege vorlaufen. Die meisten strömten hinaus nach Golgota.

Die enge Straße, durch welche Jesus zuerst geführt wurde, ist kaum ein paar Schritte breit, sie zieht sich zwischen Hinterhäusern hin, wo viel Unreinigkeit ist. Jesus musste hier vieles erleiden, die Büttel gingen näher bei ihm, aus Fenstern und Mauerlöchern höhnte ihn allerlei Gesindel, und Sklaven, welche dort ihr Geschäft hatten, warfen ihn mit Kot und Küchenabfall, boshafte Schurken gossen schwarze, stinkende Jauche auf ihn, ja selbst Kinder sammelten, angestiftet, Steine in den Schoß ihrer Röckchen und schütteten sie ihm, aus den Häusern durch den Zug laufend, vor die Füße in den Weg unter Schimpfen und Lästern. So taten die Kinder ihm, der die Kinder geliebt, gesegnet und seliggepriesen.

Die enge Straße wendet sich gegen ihr Ende wieder zur Linken, wird breiter und etwas aufsteigend. Es kommt dort eine unterirdische Wasserleitung vom Berge Sion her; ich meine, sie fließt längs des Forums, wo auch in der Tiefe übermauerte Rinnen laufen, nach dem Schafteich am Schaftor zu. Ich hörte das Glucken und Rieseln des Wassers in den Röhren. Hier vor dem Aufsteigen der Straße ist eine tiefere Stelle, wo bei Regen sich oft Wasser und Kot sammelt, und es liegt da, wie öfters in den Straßen von Jerusalem, die an manchen Stellen sehr roh sind, ein erhöhter Stein zum Überschreiten. Der arme Jesus, als Er mit seiner schweren Last hierher kam, vermochte nicht weiterzugehen. Die Schergen zerrten und trieben ihn unbarmherzig, da stürzte der göttliche Kreuzträger an dem vorragenden Stein in ganzer Länge zur Erde hin, und die Kreuzbürde fiel neben ihm nieder. Die Treiber fluchten, zerrten und stießen ihn mit Füßen, es entstand eine Stockung in dem Zuge und ein Getümmel um ihn. Vergebens reichte Er die Hand, dass ihm einer aufhelfe. «Ach! es ist ja bald vorüber», sprach Er und betete, die Pharisäer schrien: «Auf! Treibt ihn auf! Er stirbt uns sonst unter den Händen.»

Hie und da an den Seiten des Weges sah man weinende Weiber mit Kindern, die aus Angst wimmerten.

Durch übernatürliche Hilfe richtete Jesus sein Haupt wieder empor, und die schrecklichen, teuflischen Buben setzten ihm hier, statt ihn zu erleichtern, die Dornenkrone wieder auf. Als sie ihn aber mit Misshandlungen wieder aufgerissen hatten, legten sie ihm das Kreuz wieder auf die Schulter, und Er musste nun sein elendes, mit Dornen gepeinigtes Haupt mit schrecklicher Not ganz nach der einen Seite hängen, um die schwere Last neben der breiten Krone auf der Schulter zu tragen. So wankte Er mit neuer, vermehrter Qual die breitere, aufsteigende Straße hinan.

Der kreuztragende Jesus und seine Mutter – Zweiter Fall Jesu unter dem Kreuz

Die von Schmerz ganz zerrissene Mutter Jesu hatte vor etwa einer Stunde, da das ungerechte Urteil über ihr Kind gesprochen war, das Forum mit Johannes und einigen Frauen verlassen. Sie hatten viele heilige Stellen seines Leidens wieder betreten, und als das Laufen des Volkes, das Blasen der Posaunen und der Zug des Pilatus und der Soldaten den Antritt des bitteren Kreuzwegs verkündeten, konnte Maria nicht mehr ausharren, sie musste ihren göttlichen Sohn in seinem Leiden sehen und bat Johannes, sie an eine Stelle zu bringen, wo Jesus vorüberkomme.

Sie waren von der Gegend von Sion hergekommen. Sie gingen an einer Seite über die Gerichtsstelle, die Jesus verlassen hatte, dann durch Tore und Alleen, wo es sonst nicht offen war, aber jetzt, da alles Volk hin- und herströmte. Dann kamen sie durch die abendliche Seite eines Palastes, der sich mit einem Tor nach der breiten Straße öffnet, in welche der Zug bei dem ersten Fall Jesu sich hineinwendete. Ich weiß nicht mehr ganz bestimmt, ist es ein Flügel von den Wohnungen des Pilatus, mit dessen Gebäuden es durch Höfe und Alleen zusammenzuhängen scheint, oder ist es, wie es mir heute erinnerlich ist, das eigentliche Wohnhaus des Hohenpriesters Kaiphas, denn das auf Sion ist nur das Amtshaus. Johannes erwirkte von einem mitleidigen Diener oder Pförtner die Erlaubnis, mit Maria und ihrer Begleitung hindurch nach der anderen Seite gehen zu dürfen, und er öffnete ihnen das jenseitige Tor. – Es war einer der Neffen Josephs von Arimathäa bei ihnen, und Susanna, Johanna Chusa und Salome von Jerusalem folgten der heiligen Jungfrau.

Als ich die arme Mutter Gottes, bleich, mit rotgeweinten Augen, zitternd und bebend, von oben bis unten in eine bläulich graue Hülle eingewunden, mit den anderen durch dieses Haus hineingehen sah, war es mir ganz zerreißend und schauerlich zumute. Man hörte das Getöse und Geschrei des nahenden Zuges über die Häuser hinweg und den Schall der Posaune und das Ausrufen an den Ecken, dass einer zur Kreuzigung geführt werde.

Der Diener öffnete das Tor, da ward das Getöse deutlicher und schrecklicher. Maria betete und sagte zu Johannes: «Soll ich es sehen, soll ich hinwegeilen? O wie werde ich es ertragen können!» Johannes sagte: «So du nicht bliebest, würde es dich nachher immer bitter schmerzen.» – Da traten sie hinaus unter das Tor, und sie blieb und schaute rechts den Weg hinab, der hier etwas aufstieg und bei dem Standort Marias wieder eben ward.

Ach, wie schnitt der Ton der Posaune durch ihr Herz! Der Zug nahte heran, er war etwa noch achtzig Schritte entfernt, als sie hinaustraten. Es zog hier kein Volk voraus, aber an den Seiten und hinterher einige Scharen. Vieles Gesindel, das den Gerichtsort zuletzt verlassen hatte, lief durch Nebenstraßen zerstreut voraus, andere Stellen zum Zuschauen einzunehmen.

Als die Haufen der Henkersdiener mit allem Martergeräte frech triumphierend nahten, zitterte und jammerte die Mutter Jesu und rang die Hände, und einer der Buben fragte nebenherziehendes Volk: «Was ist das für ein Weib, das so kläglich tut?» Da antwortete einer: «Es ist die Mutter des Galiläers!» Als die Schurken dies hörten, höhnten sie die jammernde Mutter mit Spottreden, zeigten mit Fingern auf sie, und einer der niedrigen Buben fasste die Kreuzesnägel in die Faust und hielt sie höhnend der heiligen Jungfrau vor das Angesicht. Sie aber sah händeringend nach Jesus hin und lehnte sich, vom Schmerz zermalmt, gegen den Pfeiler des Tores. Sie war bleich wie eine Leiche, und ihre Lippen waren blau. Die Pharisäer ritten vorüber, da kam der Knabe mit der Inschrift, und ach! ein paar Schritte hinter ihm, Gottes Sohn, ihr Sohn, der Heilige, der Erlöser, – da ging schwankend und gebückt ihr lieber Sohn Jesus, das Haupt mit der Dornenkrone schmerzlich von der schweren Kreuzeslast auf seine Schulter abwendend. Die Schergen rissen ihn an den Stricken vorwärts.

Sein Angesicht war bleich und blutig und zerschlagen, sein Bart von Blut spitz zusammenklebend. Er blickte mit seinen blutigen tiefliegenden Augen so ernst und mitleidig unter dem schrecklichen verwirrten Dorngeflecht seiner Krone hervor gegen seine peinvolle Mutter und sank strauchelnd zum zweiten Mal unter der Last des Kreuzes auf die Knie und Hände nieder zur Erde. Die Mutter in der Heftigkeit ihres Schmerzes und ihrer Liebe sah keine Soldaten, keine Henker, sie sah nur ihren geliebten, elenden, misshandelten Sohn; händeringend stürzte sie die paar Schritte vom Tor des Hauses zwischen die auftreibenden Schergen zu Jesus hin und sank, ihn umarmend, zu ihm in die Knie. Ich hörte, ich weiß nicht, ob mit ihren Lippen gesprochen oder in ihrem Geiste, die Worte: «Mein Sohn!» – «Meine Mutter!»

Aber es ward ein Getümmel, Johannes und die Frauen wollten Maria zurückziehen, die Schergen schimpften und höhnten, einer sagte: «Weib! was willst du hier? Hättest du ihn besser erzogen, so wäre Er nicht in unseren Händen.» In mehreren Soldaten fühlte ich einige Rührung. Sie trieben aber die heilige Jungfrau zurück, kein Scherge berührte sie. Johannes und die Frauen führten sie, und sie sank an einem Eckstein des Tores, welcher die Mauer stützte, vor Schmerz wie tot in die Knie. Sie drehte dem Zug den Rücken zu, und ihre Hände berührten den schräg auflaufenden Stein, gegen den sie hinsank, mehr oben als unten. Es war ein grüngeaderter Stein; wo ihre Knie ihn berührt, blieben flache Gruben, wo ihre Hände angelehnt, flachere Male. Es waren stumpfe Eindrücke gleich jenen, die ein Schlag auf einen Teig verursacht. Es war ein sehr harter Stein. Ich sah, dass er unter dem Bischof Jakobus dem Jüngeren in die erste katholische Kirche, die Kirche am Teich Bethesda, gekommen ist.

Ich habe es schon gesagt und sage es nochmals, dass ich solche Eindrücke in Stein wie hier mehrmals bei großen ernsten Ereignissen durch heilige Berührung entstehen gesehen habe. Es ist dies so wahr wie das Wort: «Ein Stein muss sich darüber erbarmen», so wahr wie das Wort: «Dieses macht Eindruck!» Die ewige Weisheit hat in ihrer Barmherzigkeit nie der Buchdruckerkunst bedurft, um der Nachwelt ein Zeugnis von Heiligen zu überliefern.

Die beiden Jünger aber brachten die Mutter Jesu, da die zur Seite des Zuges mit Lanzen gehenden Soldaten vorwärtstrieben, wieder in das Tor hinein, welches dann geschlossen wurde.

Unseren Herrn hatten die Schergen unterdessen wieder aufgerissen und das Kreuz auf eine andere Art auf seine Schulter gelegt. Die oben aufgebundenen Kreuzarme waren locker geworden und einer derselben neben dem Kreuz in den Strickschlingen heruntergesunken; diesen umfasste jetzt Jesus mit dem Arm, und so hing nun der Kreuzstamm hinten etwas mehr zur Erde.

Ich sah hie und da zwischen dem Gesindel, das den Zug mit Hohn begleitete, weinende verschleierte Frauengestalten wanken.

Simon von Cyrene – Dritter Fall Jesu unter dem Kreuz

Der Zug ging in der breiten Straße weiter durch das Bogentor einer alten inneren Mauer der Stadt. Vor diesem Tor ist ein größerer Platz, es laufen da drei Straßen zusammen. Da musste Jesus wieder über einen großen Stein und wankte und sank, und das Kreuz fiel neben ihm nieder, und Er fiel, sich auf den Stein stützend, ganz elend zur Erde, vermochte auch nicht mehr sich aufzurichten. Es kamen da Scharen von wohlgekleideten Leuten hergegangen, sie zogen zum Tempel, und sie schrien mitleidig: «O weh! der arme Mensch stirbt!» Es ward ein Getümmel, sie konnten Jesus nicht mehr aufbringen, und die den Zug führenden Pharisäer sagten zu den Soldaten: «Wir bringen ihn nicht lebendig hin, ihr müsst einen suchen, der ihm das Kreuz tragen hilft.»

Es kam aber gerade die mittelste Straße herab Simon von Cyrene, ein heidnischer Mann, seine drei Söhnlein gingen mit ihm; er trug einen Bund Reiser unter dem Arm und war ein Gärtner, der in den Gärten, die gegen die östliche Stadtmauer liegen, gearbeitet hatte. Er kam jährlich gegen das Fest mit Frau und Kind nach Jerusalem wie viele ähnliche Arbeitsleute, die Hecken zu beschneiden. Er konnte nicht ausweichen, es war ein Gedränge, und da sie ihn an seiner Kleidung als einen Heiden und geringen Arbeitsmann erkannten, packten ihn die Soldaten an und schleppten ihn herbei, er solle dem Galiläer das Kreuz tragen helfen. Er wehrte sich und zeigte großen Widerwillen, aber sie zwangen ihn mit Gewalt. Seine Knaben schrien und weinten, und einige Frauen, welche den Mann kannten, nahmen sie zu sich. Simon empfand einen großen Ekel und Widerwillen. Der arme Jesus sah so schrecklich elend und entstellt aus, und seine Kleider waren von Kot befleckt. Aber Er weinte und blickte Simon so erbarmungswürdig an.

Simon musste ihm aufhelfen, und nun banden die Schergen den einen Kreuzarm weiter zurück und mit einer Strickschlinge dem Simon auf die Schulter; er ging dicht hinter Jesus, der nun nicht mehr so schwer zu tragen hatte. Sie rückten Jesus auch die Dornkrone wieder anders. So kam endlich der traurige Zug wieder in Gang.

Simon war ein rüstiger Mann von 40 Jahren, er ging mit unbedecktem Haupt, hatte ein kurzes anliegendes Oberkleid an, seine Lenden waren mit Lappen umwunden, an den Sohlen, die mit Riemen um die Beine befestigt waren, hatte er spitze Schnäbel. Seine Söhne trugen buntgestreifte Röcke. Zwei waren schon erwachsener, sie hießen Rufus und Alexander und kamen später unter die Jünger. Der dritte war noch kleiner, und ich habe ihn bei Stephanus noch als einen Knaben gesehen. Simon trug das Kreuz nicht lange hinter Jesus, als er eine tiefe Rührung empfand.

Veronika mit dem Schweißtuch

Die Straße, worauf der Zug jetzt ging, ist eine lange, sich etwas links krümmende Straße. Es laufen mehrere Seitenstraßen hinein, und von allen Seiten zogen wohlgekleidete Leute zu dem Tempel, die sich teils zurückzogen aus pharisäischer Angst, verunreinigt zu werden, teils einiges Mitleid bewiesen. Beinahe zweihundert Schritte hatte Simon dem Herrn geholfen, die Kreuzeslast zu tragen, als aus einem zur Linken der Straße liegenden schönen Haus, zu dessen Vorhof mit breiter Mauer und blinkendem Gitter eine Terrasse mit Treppen führt, eine große, ansehnliche Frau mit einem Mägdlein an der Hand dem Zuge entgegenstürzt. Es war Seraphia, das Weib Sirachs, eines Mitgliedes aus dem Tempelrat, welche durch ihre heutige Handlung den Namen Veronika, von vera icon (das wahre Bild), erhielt.

Seraphia hatte zu Hause einen köstlichen gewürzten Wein bereitet mit der frommen Begierde, den Herrn auf seinem bitteren Leidensweg damit zu erquicken. Sie war in schmerzlicher Erwartung dem Zuge schon einmal entgegengeeilt, ich sah sie verschleiert mit einem jungen Mägdlein, das sie an Kindes Statt angenommen, an der Hand neben dem Zuge schon hereilen, als Jesus seiner heiligen Mutter begegnete. Sie fand in dem Getümmel aber keine Gelegenheit, und so eilte sie dann nach ihrem Hause zu, den Herrn zu erwarten.

Sie trat verschleiert in die Straße, ein Tuch hing über ihrer Schulter, das Mägdlein, etwa neun Jahre alt, stand neben ihr und hatte die mit Wein gefüllte Kanne unter einem Überhang verborgen, als der Zug sich näherte. Die Vorausziehenden versuchten vergebens, sie zurückzuweisen. Sie war von Liebe und Mitleid außer sich, sie drang mit dem Kind, das ihr Gewand fasste, durch das zur Seite laufende Gesindel, durch die Soldaten und Schergen hindurch, trat Jesus in den Weg, fiel auf die Knie und hob das Tuch, an einer Seite ausgebreitet, zu ihm auf mit den flehenden Worten: «Würdige mich, meines Herrn Antlitz zu trocknen!» Jesus ergriff das Tuch mit der Linken und drückte es mit der flachen Hand gegen sein blutiges Angesicht und dann, die Linke mit dem Tuche gegen die Rechte bewegend, welche über den Kreuzarm herüberfasste, drückte Er das Tuch zwischen beiden Händen zusammen und reichte es ihr dankend zurück.

Sie aber küsste es und schob es unter den Mantel auf ihr Herz und stand auf; da hob das Mägdlein das Weingefäß schüchtern empor, aber das Schimpfen der Schergen und Soldaten gestatteten es nicht, dass sie Jesus erquickte.

Nur die rasche Kühnheit ihrer Handlung hatte durch den Zudrang des Volkes um das plötzliche Ereignis eine Stockung von kaum zwei Minuten in den Zug gebracht, wodurch die Darreichung des Schweißtuches möglich ward. Die reitenden Pharisäer aber und Schergen ergrimmten über diesen Aufenthalt und noch mehr über die öffentliche Verehrung des Herrn und begannen Jesus zu schlagen und zu zerren, und Veronika floh mit dem Kind in ihr Haus.

Kaum hatte sie ihr Gemach betreten, als sie das Schweißtuch vor sich auf den Tisch legte und ohnmächtig niedersank, das Mägdlein kniete jammernd mit dem Weinkrug bei ihr. So fand sie ein Hausfreund, der zu ihr eintrat, und sah sie bei dem ausgebreiteten Tuch, auf dem das blutige Angesicht Jesu schrecklich, aber wunderbar deutlich abgedrückt war, wie tot liegen. Er war ganz entsetzt, weckte sie und zeigte ihr das Angesicht des Herrn. Sie war voll Wehklage und Trost und kniete vor dem Tuch und rief aus: «Nun will ich alles verlassen, der Herr hat mir ein Andenken gegeben.»

Dieses Tuch war eine etwa dreimal so lange wie breite Bahn feiner Wolle, sie trugen es gewöhnlich um den Nacken hängend, manchmal ein zweites über der Schulter nieder; es war eine Sitte, Trauernden, Weinenden, Mühseligen, Kranken, Ermüdeten damit entgegenzutreten und ihnen das Angesicht damit zu trocknen; es war ein Zeichen der Trauer und des Mitleids. Man beschenkte sich auch in den heißen Ländern damit. Es hat dieses Tuch nachher immer zu Häupten ihres Lagers gehangen. Es ist nach ihrem Tode durch die heiligen Frauen an die Mutter Gottes und durch die Apostel an die Kirche gekommen.

Seraphia war eine Base des Täufers Johannes, denn ihr Vater war der Sohn von dem Bruder des Vaters Zacharias'. Sie war von Jerusalem.

Da Maria als vierjähriges Mägdlein zu den Tempeljungfrauen gebracht wurde, sah ich Joachim und Anna und andere Begleiter in das väterliche Haus Zacharias', nicht weit vom Fischmarkt, gehen. Es wohnte ein uralter Verwandter Zacharias' darin. Dieser mag wohl sein Oheim und Seraphias Großvater gewesen sein. Ich sah sie damals schon bedeutend älter als Maria, sie mag um fünf Jahre älter gewesen sein. Auch bei Marias Vermählung mit Joseph sah ich sie älter als die heilige Jungfrau. Sie war auch mit dem alten Simeon, der bei Jesu Opferung im Tempel geweissagt, verwandt und von Jugend auf eine Freundin von dessen Söhnen. Diese hatten schon früh von ihrem Vater her eine Sehnsucht nach dem Messias, welche auch Seraphia teilte. Es blieb diese Erwartung des Heils lange wie ein heimliches Lieben unter manchen guten Menschen damals, die anderen ahnten solches nicht in der Zeit.

Als der zwölfjährige Jesus in Jerusalem zurückblieb, im Tempel zu lehren, sah ich Seraphia älter als die Mutter Jesu und dennoch unverheiratet. Sie sendete Jesus Speise nach einer kleinen Herberge von Jerusalem, wo Er einkehrte, wenn Er nicht im Tempel war. Es war dies dieselbe Herberge, eine Viertelstunde von Jerusalem gen Bethlehem zu, wo Maria, nach Christi Geburt von Bethlehem zum Tempel gehend, Jesus zu opfern, einen Tag und zwei Nächte bei zwei alten Leuten mit Joseph verweilte. Diese Leute waren Essener, die Frau war mit Johanna Chusa verwandt. Sie kannten die Heilige Familie mit Jesus.

Diese Herberge war eine Stiftung für Arme; Jesus und die Jünger hatten oft ihre Zuflucht dort, und ich sah in seiner letzten Zeit, da Er in dem Tempel lehrte, öfters von Seraphia Speise dahinsenden. Es waren aber damals andere Hausleute daselbst. – Seraphia heiratete spät, ihr Mann Sirach, ein Nachkomme der keuschen Susanna, war in dem Tempelrat. Da er anfangs Jesus sehr abgeneigt war, hatte Seraphia wegen ihres innigen Zusammenhanges mit Jesus und den heiligen Frauen vieles von ihm zu leiden. Ja, er hat sie sogar mehreremal längere Zeit in einem Gewölbe eingesperrt. Durch Joseph von Arimathäa und Nikodemus bekehrt, ward er milder gesinnt und ließ es seiner Frau zu, Jesus zu folgen. In dem Gericht über Jesus bei Kaiphas gestern nacht und heute morgen erklärte er sich mit Nikodemus, Joseph von Arimathäa und allen Wohlgesinnten für unseren Herrn und schied mit diesen von dem Synedrium aus. Seraphia ist noch eine schöne, stattliche Frau, aber sie muss doch über fünfzig Jahre alt sein.

Bei dem triumphierenden Einzug Jesu in Jerusalem, den wir am Palmsonntag feiern, sah ich sie mit einem Kind auf dem Arm unter anderen Frauen ihren Schleier vom Haupt nehmen und ihn in freudiger Verehrung am Wege hinbreiten. Es war dasselbe Tuch, das sie jetzt in einem traurigen, aber siegreicheren Triumphzug dem Herrn entgegenbrachte, die Spuren seines Leidens damit zu sänftigen, derselbe Schleier, der seiner mitleidigen Besitzerin den neuen, triumphierenden Namen Veronika gab[29] und jetzt in der öffentlichen Verehrung der Kirche ist.

Die weinenden Töchter Jerusalems – Vierter und fünfter Fall Jesu unter dem Kreuz

Der Zug hatte noch eine gute Strecke bis zum Tor, der Weg ist etwas abhängig gegen dasselbe. Das Tor ist fest und lang. Man geht zuerst durch einen gewölbten Bogen, dann über eine Brücke, dann wieder durch einen Bogen. Das Tor steht in die Richtung von vier Uhr zwischen Mittag und Abend. Beim Austritt läuft die Stadtmauer eine Strecke, ungefähr so weit wie von meiner Wohnung bis zur Stadtkirche, was einige Minuten betragen mag, mittagwärts, wendet sich sodann eine gute Strecke gegen Abend und nimmt dann wieder die mittägliche Richtung um den Berg Sion herum. Rechts vom Tor läuft die Mauer mitternachtwärts bis zum Ecktor und wendet sich dann längs der Nordseite Jerusalems morgenwärts.

Als der Zug dem Tor nahte, trieben die Schergen heftiger. Dicht vor dem Tor war in dem unebenen und ausgefahrenen Weg eine große Lache; die grausamen Schergen zerrten Jesus vorwärts, man ging gedrängter, Simon von Cyrene suchte bequemer seitwärts zu treten, dadurch verschob sich die Richtung der Kreuzlast, und der arme Jesus, zum viertenmal unter dem Kreuz fallend, stürzte hart in die kotige Lache nieder, so dass Simon das Kreuz kaum halten konnte. Jesus jammerte mit hoher gebrochener und doch lauter Stimme: «Wehe, wehe, Jerusalem, wie habe ich dich geliebt, wie eine Henne, die ihre Küchlein unter ihren Flügeln versammelt, und du stößt mich so grausam zu deinem Tor hinaus!»

Der Herr war gar kläglich und betrübt, die Pharisäer aber wendeten sich zu ihm und schimpften: «Der Ruhestörer hat noch nicht genug, Er führt noch lose Reden» und dergleichen. Sie schlugen und stießen Jesus und schleiften ihn aufrichtend aus dem Loch. Da ward Simon von Cyrene ganz erbittert über die

Grausamkeit der Schergen und rief: «Wenn ihr eurer Büberei kein Ende macht, so werfe ich das Kreuz nieder, und wenn ihr mich auch töten wollt.»

Gleich vor dem Tor wendet sich aus der Landstraße rechts ein rauher, nicht breiter Weg einige Minuten mitternachtwärts, zum Kalvarienberg hinauf. Die Landstraße selbst teilt sich in einiger Entfernung in drei Richtungen, links zwischen Abend und Mittag durch das Tal Gihon nach Bethlehem zu, abendwärts gegen Emmaus und Joppe und rechts zwischen Abend und Mitternacht um den Kalvarienberg herum gegen das Ecktor, welches nach Bethsur führt. Man kann hier von dem Tor, durch welches Jesus ausgeführt wird, zwischen Mittag und Abend zur Linken blickend, das Bethlehemstor sehen. Diese beiden Tore liegen unter den Toren Jerusalems am nächsten zusammen.

Mitten in der Landstraße vor dem Tor, wo der Weg zum Kalvarienberge abläuft, stand an einem Pfahl eine Tafel aufgerichtet, worauf das Todesurteil unseres Heilands und der beiden Schächer mit erhabenen weißen, wie aufgeklebten Buchstaben geschrieben war. Unfern hiervon, an dem Winkel des ablaufenden Weges, stand eine Schar von vielen weinenden und wehklagenden Frauen. Es waren teils Jungfrauen und arme Weiber mit Kindern aus Jerusalem, die dem Zuge vorausgelaufen waren, teils von Bethlehem, Hebron und anderen umliegenden Orten, welche zum Fest gezogen kamen und sich an diese Frauen hier angeschlossen hatten.

Jesus sank hier zwar nicht ganz zu Boden, jedoch wie ohnmächtig zusammen, so dass Simon hinter dem gebeugten Herrn das Kreuz zur Erde senkte, ihm nahte und ihn unterstützte. Der Herr lehnte sich an Simon. Dies ist der fünfte Fall des kreuztragenden Jesus. Die Weiber und Jungfrauen erhoben aber bei seinem furchtbaren elenden Anblick ein großes Wehklagen und Jammergeschrei und streckten Jesus, nach jüdischer Weise des Mitleids, Tücher entgegen, Er möge sich den Schweiß abtrocknen. Da wendete sich Jesus zu ihnen und sagte: «Ihr Töchter von Jerusalem» – das heißt auch, ihr Leute aus den Tochterstädten von Jerusalem –, «weinet nicht über mich, weinet über euch selbst und eure Kinder, denn siehe, es wird eine Zeit kommen, in der man sagen wird: selig die Unfruchtbaren und die Leiber, die nicht geboren haben, und die Brüste, die nicht gesäugt haben! Dann werden sie zu sagen beginnen zu den Bergen: fallet über uns, und ihr Hügel bedeckt uns, denn wenn man das am grünen Holz tut, was wird man am dürren Holze tun?» Er sprach auch noch andere schöne Reden zu ihnen, die ich vergessen habe, es war darunter: Ihr Weinen solle ihnen belohnt werden, sie sollten von nun an andere Wege gehen, usw.

Es währte eine Pause, denn der Zug harrte eine Weile, das vortretende Gesindel mit dem Martergerät zog auf den Kalvarienberg, und es folgten hundert Mann römische Soldaten von der Schar des Pilatus, der den Zug in kleiner Entfernung bis hierher begleitet hatte und sich vom Tor aus wieder zur Stadt zurückwendete.

Jesus auf dem Berge Golgota – Sechster und siebenter Fall und Einkerkerung Jesu

Der Zug setzte sich wieder in Bewegung. Jesus ward mit dem Kreuz den rauhen beschwerlichen Weg zwischen der Stadtmauer und dem Kalvarienberg in mitternächtlicher Richtung unter Schlägen und Reißen an den Stricken hinaufgetrieben; dann wendet der Schlangenpfad sich wieder in der Höhe mittagwärts. Da fiel der arme Jesus zum sechsten Mal einen schweren verwundenden Fall unterm Kreuz. Nun aber schlugen und trieben sie heftiger als je, bis Jesus oben auf dem Gerichtsfelsen anlangte und mit dem Kreuz auf die Erde niederstürzte zum siebten Mal. Simon von Cyrene, selbst misshandelt und ermüdet, war ganz von Zorn und Mitleid zerrissen. Er wollte dem armen Jesus wieder aufhelfen, aber die Schergen trieben ihn mit Stößen und Schimpfen den Berg wieder hinab. Er ist bald darauf zu den Jüngern gekommen.

Auch alle die überflüssigen Buben und Handlanger, die mitgezogen waren, wurden zurückgetrieben. Die berittenen Pharisäer waren an der Abendseite des Kalvarienberges auf bequemen Serpentinenpfaden hinaufgeritten. Man konnte hier oben eben über die Stadtmauer sehen. Die obere Fläche, der Richtplatz, ist kreisförmig und wohl so groß, dass man ihn etwa auf dem Kirchhof hier vor der Pfarrkirche abzeichnen könnte. Er ist wie eine ziemliche Reitbahn groß und mit einem niederen Erdwall umgeben, welchen fünf Wege durchschneiden. Solche fünf Wege sind schier bei allen Anlagen hier im Lande, bei Badeplätzen, Taufplätzen und dem Teich Bethesda, auch sind an vielen Städten fünf Tore. Diese Anordnung findet sich bei allen Anlagen aus alter Zeit und auch bei neueren, die aus guter Gesinnung etwa noch gemacht werden. Es ist, wie bei allem im Heiligen Land, hiermit eine tiefe prophetische Vorbedeutung verbunden, welche heute durch die Eröffnung der fünf Wege allen Heiles in den heiligen fünf Wunden Jesu erfüllt wird.

Die reitenden Pharisäer hielten an der Abendseite vor dem Kreis, wo der Berg sanft abhängig ist; an der Seite gegen die Stadt, wo die Hinzurichtenden hinaufgeführt werden, ist er wüst und steil. Es waren etwa hundert römische Soldaten von der Schweizer Grenze, welche teils am Berg hier und da, teils um den Kreiswall des Richtplatzes aufgestellt waren. Einige standen bei den beiden Schächern, die man des Raumes halber nicht ganz heraufgeführt, sondern mit den an die Querhölzer gebundenen Armen etwas unterhalb des Richtplatzes, wo der Weg sich wieder gen Mittag wendet, an den Abhang auf den Rücken gelegt hatte. Sehr viel Volk, meistens gemeine Leute, Fremde, Knechte, Sklaven, Heiden und viele Frauen, solche Leute, die sich nicht vor Verunreinigung zu hüten hatten, standen teils um den Kreis, teils mehrten sie sich immer mehr auf den umliegenden Höhen durch Leute, die zur Stadt zogen. Gegen Abend, am Berge Gihon, stand ein ganzes Lager von Ostergästen, und viele schauten aus der Ferne und drangen abwechselnd näher.

Es war etwa viertel vor zwölf Uhr, als Jesus, mit dem Kreuz in den Richtkreis geschleppt, niederstürzte und Simon fortgetrieben wurde. Sie zerrten Jesus an den Stricken in die Höhe, schnürten die Kreuzhölzer auseinander, und legten sie aufs Geratewohl zusammen. Ach! wie elend, traurig, zerrissen, blutig, bleich, ein schreckliches Bild, stand der arme Jesus auf der Marterstelle. Da rissen sie ihn nieder unter Hohnreden, etwa wie: «Wir müssen dir deinen Thron anmessen, du König!» Aber Er legte sich selbst willig auf das Kreuz, und hätte Er es in seinem Elend schneller vermocht, sie hätten ihn nicht niederzureißen brauchen. Da streckten sie ihn auf dem Kreuz aus und machten sich die Zeichen seiner Länge an Händen und Füßen, und die Pharisäer umher höhnten.

Sie rissen ihn aber wieder auf und führten ihn gebunden etwa 70 Schritte mitternachtwärts den Kalvarienberg hinab zu einer in den Felsen gehauenen Grube, die wie ein Keller oder eine Zisterne war. Sie hoben die Tür auf und stießen ihn so unbarmherzig hinab, dass Er sich ohne ein Wunder die Knie auf dem harten Felsengrunde zerschmettert hätte. Ich hörte sein lautes helles Wehklagen. Sie schlossen die Tür über ihm und ließen Wachen dort zurück. Ich bin die siebzig Schritte mitgegangen, ich meine auch gesehen zu haben, im höheren Gesicht, wie Engel ihm halfen, dass seine Knie nicht zerschmetterten, aber Er klagte und wimmerte herzzerreißend. Der Stein ist unter seinen Knien erweicht.

Nun begannen die Schergen ihre Zurüstungen. Es befand sich in der Mitte des Richtkreises der höchste Punkt des Kalvarienfelsens, ein runder, etwa zwei Schuh hoher Hügel mit einigen Stufen. Sie meißelten auf diesem Hügel an den Löchern, in welchen die drei Kreuze aufgerichtet werden sollten, nachdem sie das Maß an dem unteren Ende der Stämme genommen hatten. Sie richteten die beiden Kreuzstämme für die Schächer links und rechts auf dieser Kuppe auf. Diese Stämme waren roh und niederer als Jesu Kreuz und oben schräg abgesägt; die Querhölzer, an welche ihnen jetzt noch die Hände angeknebelt waren, wurden nachher bei der Kreuzigung dicht unter dem oberen Ende der Kreuze befestigt.

Die Schergen legten nun das Kreuz Christi an den Ort der Annagelung, so dass sie es bequem auf den Standort in die Höhe ziehen und in das Loch hinein senken konnten. Sie zapften die beiden Armhölzer links und rechts ein, nagelten den Fußklotz auf, bohrten die Löcher der Nägel und für die Titeltafel des Pilatus, schlugen Keile unter die eingelassenen Arme, machten hie und da kleine Aushöhlungen in den Mittelstamm, Raum für die Dornenkrone und am Rücken, damit der Leib mehr stehe als hänge, größere Marter leide und die Hände nicht zerreißen sollten. Sie schlugen Pfähle und einen Balken quer darüber hinter dem Kreuzhügel in die Erde, um das Kreuz durch darübergelegte Stricke aufziehen zu können, und trafen mehrere ähnliche Vorbereitungen.

Maria und die Freundinnen ziehen nach Golgota

Nachdem die heilige Jungfrau dem kreuztragenden Jesus so schmerzlich begegnet und bewusstlos niedergesunken war, brachten Johanna Chusa, Susanna und Salome von Jerusalem und Johannes und der Neffe Josephs von Arimathäa sie in das Haus, von den Soldaten getrieben, zurück, und das Tor ward zwischen ihr und ihrem geliebten, belasteten, misshandelten Sohn geschlossen. Die Liebe, die Sehnsucht, bei ihrem Sohn zu sein und alles mit ihm zu leiden und ihn nicht zu lassen bis ans Ende, gaben ihr eine übernatürliche Stärke, und ihre Begleiterinnen eilten verschleiert mit ihr nach dem Hause des Lazarus in der Gegend des Ecktores, wo die anderen heiligen Frauen bei Magdalena und Martha in Tränen und Wehklagen sich versammelt hatten – es waren auch einige Kinder bei ihnen –, und von dort zogen sie nun zu siebzehn den Leidensweg Jesu.

Ich sah sie alle ernst und entschlossen, unbekümmert um den Hohn des Pöbels und durch die Trauer Ehrfurcht gebietend, in ehrbarer Verhüllung über das Forum kommen und auf der Stelle, wo Jesus das Kreuz aufgenommen, die Erde küssen.

Dann wandelten sie den ganzen Leidensweg Jesu und ehrten alle Stellen seiner Schmerzen, und Maria und die tiefer Erleuchteten suchten seine Fußstapfen wandelnd zu betreten, und die heilige Jungfrau, alles fühlend und innerlich schauend, leitete ihr Verweilen und ihr Fortschreiten auf diesem Kreuzweg, und alle Stellen drückten sich lebhaft in ihre Seele, ja sie zählte die Schritte und sagte ihren Begleiterinnen die heiligen Stellen. –

Auf diese Weise war die rührendste erste Andachtsweise der Kirche zuerst in das liebende Mutterherz Marias mit dem von Simeon prophezeiten Schwert eingeschrieben und kam von ihren heiligen Lippen zu ihren Leidensgenossen und von diesen bis zu uns.

Das ist die heilige Übergabe von Gott zum Herzen der Mutter, und von da von Herz zu Herz der Kinder; so pflanzt sich die Tradition der Kirche fort. Wenn man so sieht wie ich, erscheint solche Übergabe lebendiger und heiliger als jede andere. Es sind aber den Juden alle Orte, wo Heiliges und Geliebtes geschehen, von jeher sehr ehrwürdig, und sie vergessen keine Stelle höherer Ereignisse, richten Steine auf, wandern hin und beten. So entstand der heilige Kreuzweg nicht durch eine nachgeholte Absicht, sondern aus der Natur der Menschen und den Absichten Gottes mit seinem Volk, durch die treueste Mutterliebe, sozusagen unter den Füßen Jesu, der ihn zuerst gewandelt.

Es gelangte nun diese heilige Schar bis zum Hause der Veronika, und sie traten hinein, denn Pilatus kam mit seinen Reitern und zweihundert Soldaten vom Tor die Straße zurückgeritten. Hier sahen sie unter vielen Tränen und Wehklagen das Schweißtuch mit dem Angesicht Jesu an und priesen die Barmherzigkeit Jesu mit seiner treuen Freundin. Sie nahmen von hier das Gefäß mit dem gewürzten Wein mit, das Veronika nicht gegönnt wurde, Jesus zu reichen, und zogen nebst Veronika dem Tore zu bis auf Golgota hinan. Es waren noch mehrere gutgesinnte, auch unterwegs gerührte Leute, auch viele Männer zu dem Zug gekommen, der unbeschreiblich rührend und ordentlich durch die Straßen zog. Es war schier ein größerer Zug als der Zug Jesu, außer dem Volk, das jenem nachlief.

Die Leiden, die zerreißenden Schmerzen Marias auf diesem Weg, beim Anblick des Richtplatzes und beim Auftreten an der Höhe kann man nicht aussprechen, es waren die Schmerzen Jesu innerlich und das Gefühl des Zurückbleibens. Magdalena war ganz zerrissen und wie von Schmerzen trunken und wankend, wie geschleudert aus Pein in Pein. Sie fiel aus Stummheit in Jammern, aus Erstarrung in Händeringen, aus Klagen in Drohen, sie musste immer von den anderen gestützt, geschützt, ermahnt, verborgen werden. Sie stiegen an der Abendseite, am sanften Abhang den Hügel hinan und standen in drei Entfernungen von der Kreisumwallung hintereinander. Die Mutter Jesu, ihre Nichte Maria Cleophä und Salome und Johannes traten dicht an den Kreis, Martha, Maria Heli, Veronika, Johanna Chusa, Susanne, Maria Markus standen etwas entfernter um Magdalena her, welche sich nicht fassen konnte. Etwas weiter zurück standen noch etwa sieben andere und dazwischen meist gutgesinnte Leute, die eine Verbindung unter ihnen erhielten. Die reitenden Pharisäer standen auf verschiedenen Plätzen in Haufen um den Kreis, und an den fünf Eingängen römischen Soldaten.

Welcher Blick Marias auf den Marterplatz, auf den Kreuzhügel, das schreckliche Kreuz vor ihr ausgestreckt, die Hämmer, die Stricke, die furchtbaren Nägel zusammengetragen, zwischen allem diesem die halb nackten, scheußlichen, fluchenden, wie trunkenen Henker hin und her arbeitend! Die Kreuzpfähle der Schächer waren schon aufgerichtet und zum Aufsteigen einzelne Zapfen in dareingebohrte Löcher gesteckt.

Die Abwesenheit Jesu verlängerte die Marter der Mutter. Sie wusste Jesus noch lebend, sie verlangte ihn zu sehen, sie zitterte ihn zu sehen, sie sollte ihn sehen in unaussprechlicher Peinigung.

Wetter: Am Morgen bis gegen zehn Uhr, da das Urteil gesprochen wurde, war abwechselnd Hagelschauer, dann während der Ausführung heller Himmel und Sonnenschein, jetzt gegen zwölf Uhr entstand ein rötlicher trüber Schein vor der Sonne.

Jesus zur Kreuzigung entkleidet und mit Essig getränkt

Es gingen nun vier Schergen nördlich die siebzig Schritte zu der Kerkergrube hinab und rissen Jesus heraus, der da zu Gott um Stärkung gefleht und sich nochmals für die Sünden seiner Feinde aufgeopfert hatte. Sie schleppten ihn treibend, schlagend und höhnend diesen letzten Pfad seines Leidens. Das Volk schaute und höhnte, die Soldaten brüsteten sich kalt und ernst,

Ordnung haltend, die Schergen empfingen ihn grimmig und hereinreißend in den Kreis.

Als die heiligen Frauen Jesus herankommen sahen, gaben sie einem Mann Geld, das er den Schergen nebst dem Gefäß mit Gewürzwein bringen sollte, auf dass sie ihn erquicken möchten. Diese Schurken jedoch gaben ihm den Wein nicht, sondern tranken ihn nachher selbst. Sie hatten aber zwei braune Gefäße dastehen, in dem einen war Essig und Galle, in dem anderen eine Art Essigbärme; es sollte Wein sein mit Wermuth und Myrrhe, und sie hielten dem gebundenen Heiland von dem letzteren Getränk einen braunen Becher an die Lippen; Er versuchte und trank nicht. Es waren achtzehn Schergen in dem Richtkreis, die sechs Geißler, die vier Ausführer, die zwei Kreuzstrickhalter und sechs Kreuziger. Sie waren teils hier beschäftigt, teils waren sie bei den Schächern und arbeiteten und soffen abwechselnd. Es waren schmutzige, halbnackte, kleine, starke Menschen mit fremden Gesichtern, struppigem Haar, stoppligem Bart, greulich und viehisch. Sie dienten Römern und Juden um Geld.

Der Anblick von allem diesem ward mir dadurch noch schrecklicher, dass ich auch das den anderen unsichtbare Böse hier in seiner Gestalt sehen musste. Ich sah nämlich große furchtbare Teufelsgestalten zwischen allen diesen grausamen Menschen tätig, als reichten sie ihnen alles, als rieten und hülfen sie zu allem, und unzählige kleine grässliche Erscheinungen aller Gestalten von Kröten, Schlangen und Drachen mit vielen Klauen und aller Arten greulichen giftigen Ungeziefers sah ich um die Umgebung wie verfinsternd schwärmen. Sie schossen den Leuten ins Maul, in den Busen, saßen auf ihren Schultern, und es waren dies solche Leute, welche allerlei grimmige böse Gedanken hatten oder Worte des Fluchs und Hohns ausstießen. Über dem Herrn aber sah ich während der Kreuzigung oft große weinende Engelgestalten und Glorien erscheinen, in denen ich bloß kleine Angesichte erkannte. Solche Engel des Mitleids und Trostes sah ich auch über der heiligen Jungfrau und allen Wohlgesinnten stärkend und aufrichtend erscheinen.

Nun aber rissen die Schergen unserem Herrn den Mantel ab, der ihm um den Oberleib geschlungen war. Sie nahmen ihm den

Fesselgürtel ab und seinen eigenen Gürtel und rissen ihm das wollweiße Oberkleid über das Haupt, es hatte einen Brustschlitz, mit Riemen verbunden. Dann nahmen sie ihm die lange schmale Halsbahn von den Schultern, und da sie ihm den braunen ungenähten Rock, den ihm seine Mutter gewirkt hatte, nicht über die breite Dornkrone ziehen konnten, rissen sie ihm die Krone vom Haupt, alle dessen Wunden neu eröffnend, schürzten ihm dann den gewirkten Rock und zogen ihm denselben mit vermaledeitem Hohn über das blutende, wundenvolle Haupt aus.

Da stand der zitternde Sohn des Menschen, mit Blut, Schwielen, vertrockneten Wunden und fließenden Wunden, mit Striemen und Flecken bedeckt. Er hatte nur noch das kurze wollene Skapulier über dem Oberleib und die Hülle des Unterleibes an. Das Skapulier war mit der Wolle in seinen Wunden festgetrocknet und mit Blut in die neue tiefe Wunde verklebt, welche ihm die Kreuzeslast in die Schulter gedrückt hatte, woran Er unaussprechlich litt. Unbarmherzig rissen sie ihm das Skapulier von der Brust, und Er stand schrecklich zerrissen und verschwollen in seiner Nacktheit, die Schulter und Achsel war bis auf die Gebeine zerrissen, und die weiße Wolle des Skapuliers klebte hie und da auf den Wundrinden und im trockenen Blut seiner Brust. Nun rissen sie ihm den letzten Gürtel von den Hüften, Er stand nackt und krümmte sich schamhaft, und als Er ihnen unter den Händen umzusinken drohte, setzten sie ihn auf einen herbeigewälzten Stein, stießen ihm die Dornenkrone von neuem wieder auf das Haupt und boten ihm das andere Gefäß mit Essig und Galle zum Trinken dar, doch Er wendete schweigend das Haupt ab.

Jetzt aber, da die Schergen ihn an den Armen, mit denen Er seine Blöße bedeckte, anpackten und aufrichteten, um ihn auf das Kreuz zu werfen, erhob sich Ärger, lautes Murren und Wehklagen unter allen seinen Freunden über die schmähliche Entblößung. Seine Mutter betete heftig, sie war im Begriff, ihren Schleier abzureißen und, in den Kreis dringend, ihm denselben als Hülle zu reichen, aber Gott erhörte sie; denn in diesem Augenblick stürzte ein Mann, der vom Tor, quer durch alles Volk durch, außer dem Weg heraufgelaufen war, geschürzt und außer

Atem in den Kreis unter die Schergen und reichte Jesus ein Tuch, welcher dieser dankend annahm und so um die Mitte des Leibes wand, dass das längere Ende zwischen den Beinen hindurch rückwärts wieder durch den Bund geschlungen war.

Dieser von Gott durch das Gebet der heiligen Jungfrau erflehte Wohltäter seines Erlösers hatte in seinem Ungestüm etwas Gebieterisches, er drohte mit der Faust gegen die Schergen und sagte nichts als: «Und dass ihr den armen Menschen sich bedecken lasst!» Er sprach mit niemand sonst und eilte ebenso schnell, wie er herangekommen, wieder von dannen. Es war Jonadab, der Neffe des hl. Joseph, aus der Gegend von Bethlehem, der Sohn des Bruders, dem Joseph nach Christi Geburt den übrigen Esel verpfändet hatte. Er war kein entschiedener Freund Jesu, auch heute hatte er sich ferngehalten und überall herumgestanden. Schon als er von der Entblößung bei der Geißelung hörte, ergrimmte er, und da die Kreuzigung nahte, ergriff ihn eine ungemeine Angst im Tempel. Während die Mutter Jesu auf Golgota zu Gott schrie, ward Jonadab plötzlich von einem unwiderstehlichen Trieb ergriffen, er musste aus dem Tempel hinaus zum Kalvarienberg eilen, die Blöße des Herrn zu bedecken. Er fühlte mit Unwillen in seiner Seele die Schmach Chams, welcher der Blöße des mit Wein berauschten Noahs spottete, und musste eilen, wie ein neuer Sem die Scham des Keltertreters zu bedecken. Die Kreuziger aber waren Chamiten, und Jesus trat die blutige Kelter des neuen erlösenden Weines, als ihn Jonadab bedeckte. Diese Handlung war die Erfüllung eines Vorbildes und wurde belohnt, wie ich später sah und erzählen werde.

Jesus wird an das Kreuz geschlagen

Jesus, ein Bild des Jammers, wurde von den Schergen auf das Kreuz gestreckt. Er setzte sich selbst darauf, und sie stießen ihn nieder auf den Rücken und rissen seinen rechten Arm mit der Hand auf das rechte Nagelloch des rechten Kreuzarmes und schnürten den Arm fest, und es kniete einer auf seiner heiligen

Brust, und einer hielt die sich schließende Hand auf, und der andere setzte den langen dicken Nagel, der spitz zugefeilt war, in das dicke Teil seiner segnenden Rechten und schlug wütende Schläge mit dem eisernen Schlägel. Ein süßes, helles, gebrochenes Wehgeschrei tönte aus dem Munde des Herrn. Sein Blut spritzte auf die Arme der Schergen. Die Bänder der Hand wurden zerrissen und mit dem dreischneidigen Nagel in das engere Nagelloch hineingetrieben. Ich habe die Hammerschläge gezählt, aber in meinem Elend wieder vergessen. Die heilige Jungfrau wehklagte leise und schien äußerlich bewusstlos, Magdalena aber war ganz von Sinnen.

Die Bohrer waren ein großes Stück Eisen, wie ein lateinisches T, es war kein Holz daran. Auch die großen Hämmer waren mit den Stielen ganz von Eisen aus einem Stück und beinahe von der Form, wie bei uns die hölzernen Schlägel der Tischler, mit welchen sie auf die Meißel schlagen.

Die Nägel, bei deren Anblick Jesus so sehr geschaudert hatte, waren so lang, dass sie, in die Faust gefasst, oben und unten etwa einen Zoll hervorstanden. Sie hatten oben ein Plättchen mit einer Kuppe, welches im Umfang eines Kronentalers die Hand füllte. Die Nägel waren dreischneidig, oben so dick wie ein mäßiger Daumen, unten wie ein kleiner Finger und dann spitz zugefeilt. Eingeschlagen sah die Spitze an der hinteren Seite des Kreuzarmes ein wenig hervor.

Nach der Annagelung der rechten Hand unseres Herrn fanden die Kreuziger, dass seine linke Hand, die auch auf den Kreuzarm festgebunden war, nicht bis zu der Stelle des Nagelloches reichte, das sie wohl zwei Zoll vor den Fingerspitzen gebohrt hatten; sie banden daher die Stricke an seinen linken Arm allein und zogen, sich mit den Füßen gegen das Kreuz stemmend, so heftig an diesem Arm, bis die Hand die Nagelstelle erreichte. Jesus wehklagte ganz rührend. Sie rissen ihm die Arme ganz aus den Geweben, seine Achseln waren ausgedehnt und hohl, und an den Ellbogen sah man die Knochenabsätze. Seine Brust hob sich hoch empor, die Knie zogen sich gegen den Unterleib. Sie knieten ihm auf den Armen und der Brust, sie knebelten ihm die Arme fest und schlugen dann den zweiten grausamen Nagel durch die Linke des Herrn, das Blut spritzte empor, der süße, helle Wehruf Jesu tönte durch die Schläge des schweren Hammers. – Die Arme Jesu waren in gerader Linie so ausgespannt, dass sie nicht mehr die schräg aufsteigenden Kreuzarme deckten; man sah zwischen den Kreuzarmen und seinen Achselhöhlen durch.

Die heilige Jungfrau fühlte alle Peinigung mit Jesus. Sie ward bleich wie eine Leiche, und leise Schmerzenstöne erklangen von ihren Lippen. Die Pharisäer höhnten und schimpften nach der Seite des Walles hin, wo sie stand, und man führte sie darum etwas ferner von dem Kreise zu den anderen heiligen Frauen. Magdalena war wie wahnsinnig, sie zerriss sich das Angesicht, ihre Augen und Wangen waren blutig.

Es war aber an dem Kreuz, etwa an einem Drittel seiner Höhe von unten, ein hervorragender Klotz durch einen sehr großen Nagel befestigt, um die Füße Jesu darauf zu nageln, so dass Er mehr stehe als hänge; sonst wären die Hände zerrissen und hätten die Füße, ohne zu zerbrechen, auch nicht angenagelt werden können. In diesen Klotz war das Nagelloch gebohrt. Es war auch eine Stelle für die Fersen ausgehöhlt, wie denn überhaupt an dem Kreuzstamme einige Aushöhlungen angebracht waren, um das längere Hängen des Leidenden möglich zu machen und das Zerreißen der Hände und Herabstürzen des Körpers durch seine Schwere zu verhindern.

Der ganze Leib unseres Erlösers hatte sich durch die gewaltsame Ausspannung der Arme nach den zu weit auseinander gebohrten Annagelungsstellen in die Höhe gezogen, und seine Knie hatten sich aufgerichtet. Nun aber fielen die Schergen über diese her und banden sie, mit Strickschlingen ziehend, nieder, und es reichten durch die boshafte Stellung der Nagellöcher seine heiligen Füße bei weitem nicht bis zum Fußklotz hin. Da erhob sich unter den Schergen ein Fluchen und Höhnen, einige meinten, man müsse andere Löcher bohren an den Armen, denn den Klotz heraufzurücken war beschwerlich, andere höhnten schauderhaft: Er wolle sich nicht strecken, aber sie wollten ihm helfen; und sie banden ihm Stricke an das rechte Bein und zogen mit schrecklich marternder Gewalt den

Fuß auf den Standklotz und knebelten das Bein mit Stricken fest. Es war die Ausspannung des Körpers so entsetzlich, dass die Brust Jesu krachte und Er laut jammerte: «Gott! o Gott!» Sie hatten ihm die Brust und die Arme auch gebunden, damit die Hände nicht aus den Nägeln rissen. Sein Unterleib zog sich ganz hinweg, und es war, als brächen ihm die Rippen von dem Brustbeine. Es war ein schauderhaftes Leiden.

Sie knebelten nun den linken Fuß ebenso gewaltig mit Stricken über dem rechten Fuß nieder und durchbohrten ihn oben am Rist, weil er zum Annageln nicht fest genug über dem rechten Fuß ruhte, mit einem feineren, plattköpfigeren Stift als die Nägel der Hände waren; es war wie ein Vorbohren mit einem Pfriem. Nun aber ergriffen sie den schrecklichsten, viel längeren Nagel und trieben ihn mit großer Anstrengung durch den verwundeten Rist des linken und durch den des unten ruhenden rechten Fußes krachend hindurch, in das Loch des Standklotzes und durch diesen in den Kreuzesstamm hinein. Ich habe am Kreuz, von der Seite sehend, den einen Nagel durch beide Füße durchgehen sehen.

Das Annageln der Füße war grausamer als alles, durch die Ausdehnung des ganzen Leibes. Ich zählte an die 36 Hammerschläge unter dem Wehklagen des armen Erlösers, das mir so süß und hell und rein klang; die Stimmen des Hohns und Grimms umher klangen mir dumpf und trübe.

Die heilige Jungfrau aber war zum Gerichtskreis zurückgekehrt, und bei dem Zerren und Krachen und Wehklagen unter dem Annageln der Füße sank sie, von heftigem Mitleid zerrissen, von neuem in die Arme ihrer Begleiterinnen, und es entstand ein Getümmel. Da ritten Pharisäer herzu und schimpften sie, und die Freunde brachten sie wieder von dem Kreis zurück. Es erhob sich aber hie und da bei der Annagelung und darauffolgenden Kreuzaufrichtung, besonders unter den Frauen, ein Mitleidsgeschrei: «O, dass die Erde diese Buben nicht verschlingt, dass nicht Feuer vom Himmel sie verzehrt!» und Hohn und Spott antworteten auf diese Äußerungen der Liebe.

Die Wehklagen Jesu waren lauter Schmerzenstöne unter stetem Beten einzelner Psalmen und Prophetenstellen, deren

Weissagung Er jetzt erfüllte; auch auf dem Weg und bis zum Tod war Er in solchem Gebet und in dieser Erfüllung ununterbrochen begriffen. Ich habe alle diese Stellen gehört und mitgebetet, und auch sonst, wenn ich die Psalmen betete, fielen diese Stellen mir immer ein, jetzt aber bin ich so zermalmt von der Marter meines himmlischen Bräutigams, dass ich sie nicht mehr zusammenbringen kann.

Ich sah weinende Engel über Jesus während dieser schrecklichen Peinigung erscheinen.

Zu Beginn der Annagelung hatte der Führer der römischen Wache den Titel, den Pilatus geschrieben, schon auf seinem Pflock auf dem Kopf des Kreuzes anheften lassen. Die Pharisäer ärgerten sich darüber, denn die Römer lachten laut über den Titel «König der Juden», und es ritten einige Pharisäer, nachdem sie das Maß zu einem neuen Titel hatten nehmen lassen, zur Stadt, um nochmals Pilatus um eine andere Inschrift zu bitten.

Man meißelte noch während der Annagelung auf dem Kreuzhügel an dem Loch, worin das Kreuz aufgerichtet werden sollte, denn es war zu klein und der Fels sehr hart. Es hatten aber einige Schergen den gewürzten Wein der heiligen Frauen Jesus nicht gegeben, sondern selbst getrunken, und sie waren ganz rauschig davon und empfanden ein Brennen und Schneiden im Leib, so dass sie wie toll wurden. Sie schimpften Jesus einen Zauberer, waren wütend über seine Geduld und liefen mehrmals den Kalvarienberg hinab und soffen Eselsmilch. Es waren Weiber aus dem nahen Lager der Ostergäste mit melkenden Eselinnen in der Nähe, sie verkauften die Milch.

Nach dem Stand der Sonne war es ungefähr ein Viertel nach zwölf Uhr, als sie Jesus kreuzigten, und da sie das Kreuz aufrichteten, hallte ein großes Trompetengetön vom Tempel her. Das Osterlamm war geschlachtet.

Nach der Annagelung unseres Herrn zogen sie mit Stricken, die an Ringen hinten am Kreuz befestigt wurden, den oberen Teil des Kreuzes auf den erhöhten Standort und warfen dann diese Stricke über einen jenseits errichteten Querbalken oder Bock, und viele Schergen zogen vermittels dieser Stricke das Kreuz in die Höhe, andere steuerten mit Hakenstöcken an dem Stamm nach und richteten den Fuß in das Joch. Dann schoben sie den Gipfel des Kreuzes etwas vorwärts, dass es in senkrechte Richtung kam und seine ganze Last mit einem erschütternden Stoß in die Grube niederfuhr.

Das Kreuz erzitterte von dem Stoß, Jesus wehklagte laut, die ausgespannte Last des Leibes zog nieder, die Wunden wurden weiter, das Blut rann reichlicher, und die zerschundenen Gebeine stießen sich. Nun rüttelten sie das Kreuz noch fest und schlugen fünf Keile umher in das Loch, einen vorn, einen zur Rechten, einen zur Linken und zwei an die hintere, etwas runde Seite des Kreuzes. Es war ein erschreckender und zugleich rührender Eindruck, als unter Hohngeschrei der Schergen und Pharisäer und vieles entfernten Volkes, das ihn nun auch sehen konnte, das Kreuz emporschwankte und erschütternd niederstieß; aber auch fromme, wehklagende Stimmen erhoben sich zu ihm. Die heiligsten Stimmen der Erde, die jammernde Stimme der Mutter und der Freundinnen und des Freundes und aller, die reinen Herzens waren, begrüßten das am Kreuz erhöhte, ewige, Fleisch gewordene Wort mit rührender Wehklage, und alle Hände der Liebenden streckten sich bang empor, als wollten sie helfen, da der Heiligste der Heiligen, der Bräutigam aller Seelen, lebendig an das Kreuz genagelt, in den Händen der tobenden Sünder emporschwankte.

Als aber das Kreuz mit lautem Hall aufrecht in die Sandgrube hineinsank, trat ein kurzes Schweigen ein; alles schien von einem neuen, nie dagewesenen Gefühl überrascht. Selbst die Hölle fühlte den Stoß des sinkenden Kreuzes mit Schrecken und bäumte sich nochmals in ihren Werkzeugen mit Hohn und Fluch gegen dasselbe; bei den Armen Seelen aber und in der Vorhölle war eine bang harrende Freude. Sie horchten auf jenen Stoß mit sehnsüchtiger Hoffnung, er tönte ihnen wie das Pochen des nahenden Siegers an den Toren der Erlösung. Das heilige Kreuz stand zum ersten Mal inmitten der Erde aufgerichtet wie ein anderer Baum des Lebens im Paradies, und aus den erweiterten Wunden Jesu tropften vier heilige Ströme auf die Erde nieder, ihren Fluch zu sühnen und sie ihm, dem neuen Adam, zu einem Paradies zu befruchten.

Als unser Heiland an dem Kreuz aufgerichtet stand und das Hohngeschrei auf wenige Minuten durch ein schweigendes Staunen unterbrochen war, schallte der Ton vieler Trompeten und Posaunen vom Tempel herüber und kündete das begonnene Schlachten des Osterlammes, des Vorbildes, an, indem er das Hohn- und Wehgeschrei um das wahre geschlachtete Lamm Gottes mit ahnungsreicher Feierlichkeit unterbrach; und es ward manches harte Herz erschüttert und gedachte der Worte des Täufers: «Siehe das Lamm Gottes, welches die Sünden der Welt auf sich genommen hat.»

Der Standort des Kreuzes war etwas über zwei Schuh hoch. Als der Kreuzfuß an der Grube stand, waren die Füße Jesu mannshoch, und als es hineingesunken fest stand, konnten die Freunde die Füße umarmen und küssen. Es war ein schräger Aufweg zu diesem Hügel. Das Angesicht Jesu sah nach Nordwesten.

Kreuzigung der Schächer

Während der Annagelung des Herrn lagen die Schächer, noch mit den Händen an die Querhölzer über den Nacken gebunden, an der östlichen Seite des Kalvarienberges am Weg auf dem Rücken, und es stand eine Wache bei ihnen. Sie waren beide, der Ermordung einer jüdischen reisenden Frau und ihrer Kinder zwischen Jerusalem und Joppe verdächtig, auf einem Schloss jener Gegend, das Pilatus auch manchmal bei Kriegsübungen bewohnte und wo sie wie reiche Kaufleute erschienen, gefangengenommen worden. Sie hatten lange bis zum Beweis und der Verurteilung gesessen. Ich habe das Nähere vergessen. Der sogenannte linke Schächer war älter und ein großer Bösewicht, er war der Verführer und Meister des Bekehrten. Man nennt sie gewöhnlich Dismas und Gesmas, ich habe die richtigen Namen vergessen, ich will darum den Guten Dismas, den Bösen Gesmas nennen.

Sie waren beide von jenem Räuberhaufen an der ägyptischen Grenze, in dessen Herberge die Heilige Familie mit dem Kinde Jesus auf der Flucht nach Ägypten übernachtet hatte, und Dismas war jener aussätzige Knabe, der in dem Badewasser des Jesuskindes von seiner Mutter auf Anraten Marias gewaschen und augenblicklich heil geworden war. Die Barmherzigkeit und der Schutz, den seine Mutter der Heiligen Familie damals gegen ihre Gefährten angedeihen ließ, war durch jene vorbildliche Reinigung belohnt worden, die jetzt bei der Kreuzigung in Erfüllung trat, da er durch das Blut Jesu gereinigt ward.

Dismas war ganz verkommen, er kannte Jesus nicht, doch war er nicht bösartig, und die Geduld des Herrn hatte ihn gerührt. Er sprach hier liegend immer mit seinem Gesellen Gesmas von Jesus. Er sagte: «Sie gehen schrecklich mit dem Galiläer um; es muss wohl ein ärgeres Übel sein, was Er mit seinem neuen Gesetz getan, als unsere Tat, aber Er hat eine große Geduld und Macht über alle Menschen.» – Da erwiderte Gesmas: «Was für eine Macht hat Er denn? Ist Er so mächtig, wie sie sagen, so könnte Er uns allen helfen.»

So und dergleichen redeten sie, und als das Kreuz im Aufrichten war, kamen Schergen und schleppten sie heran mit den Worten, es sei nun die Reihe an ihnen, und man band sie von den Querhölzern und eilte sehr, denn die Sonne war trüb, und es war eine Bewegung in der Natur, als nahe ein Ungewitter.

Die Schergen stellten Leitern an die aufgerichteten Stämme und befestigten die gekrümmten Querhölzer halb eingelassen mit einem Pflock oben an die Stämme. Es wurden nun zwei Leiterstangen an jedes Schächerkreuz gestellt, worauf Henker standen. Unterdessen hatte man ihnen von dem Myrrhenessig zu trinken gegeben, ihnen die offenen, schlechten Wämser ausgetan und zog sie nun an den Armen mit Stricken, die über die Kreuzarme geworfen wurden, hinauf, indem sie unter Schlagen und Prügeln auf Pflöcken, die durch die Stämme in Löcher gesteckt waren, aufstiegen.

An den Querhölzern und dem Stamm waren schon Stricke, ich meine von gedrehtem Bast, angeknüpft. Ihre Arme wurden verdreht über die Querhölzer gebogen und über den Handgelenken und Ellbogen und ebenso über den Knien und Fußknöcheln von den Stricken umschlungen und durch Umdrehen eingesteckter Prügel so gewaltig angeknebelt, dass die Muskeln bluteten und die Knochen krachten. Sie stießen ein furchtbares Gebrüll aus, und der gute Schächer Dismas sagte beim Hinaufsteigen: «Wäret ihr mit uns umgegangen wie mit dem armen Galiläer, so bräuchtet ihr uns nicht mehr da hinaufzuziehen.»

Würfeln um die Kleider Jesu

An der Stelle, wo die Schächer außer dem Kreis gelegen, hatten unterdessen die Kreuziger die Kleider Jesu in mehreren Haufen zusammengelegt, um sie unter sich zu verlosen. Der Mantel war oben enger als unten und hatte mehrere Falten, an der Brust war er doppelt und bildete dadurch Taschen. Sie zerrissen ihn in langen Bahnen und teilten sie; auch den weißen langen Rock, der an der Brust offen war und dort durch Riemen geschlossen wurde, zerrissen sie in Bahnen und teilten ihn; sie teilten auch die Halsbahn, den Gürtel, das Brustskapulier und die Unterleibshülle, die alle von dem Blut des Herrn durchdrungen waren. Weil sie aber über seinen braunen gewirkten Rock uneins wurden, der ihnen durch Zerreißen unnütz geworden wäre, so nahmen sie ein Brett mit Zahlen und bohnenförmige Steine mit Zeichen, die sie bei sich hatten, und warfen mit denselben auf das Brett und verlosten den Rock. Da jedoch nun ein Bote von Leuten, die Nikodemus und Joseph von Arimathäa dazu bestellt hatten, zu ihnen heraufgelaufen kam und sagte, dass sich unten Käufer für die Kleider Jesu befänden, so rafften sie alle die Kleider zusammen, liefen hinab und verkauften sie, und so blieben diese Heiligtümer bei den Christen.

Der gekreuzigte Jesus und die Schächer

Nach dem heftigen Stoß des aufgerichteten Kreuzes vergoss das Haupt Jesu, das, mit der Dornenkrone beschwert, heftig erschüttert wurde, reiche Ströme von Blut, und auch von den Händen und Füßen Jesu tropften Ströme seines heiligen Blutes nieder. Die Schergen aber stiegen nun auf Leitern hinan und lösten die Stricke von dem heiligen Leib, mit welchen sie ihn an den Kreuzesstamm gebunden hatten, auf dass er bei dem Aufrichten nicht aus den Nägeln reiße. Nun drang der durch die ebene Lage und das Schnüren veränderte Blutlauf in der senkrechten Lage in neue Bewegung. Alle Schmerzen wurden neu und ganz betäubend, und Jesus senkte das Haupt auf die Brust und hing wohl sieben Minuten ohnmächtig wie tot.

Es war eine kurze Ruhe umher, die Kreuziger waren mit der Teilung der Kleider Jesu beschäftigt, das Posaunengetön vom Tempel verhallte in der Luft. Alle Anwesenden waren in Grimm und Schmerz erschöpft, und ich sah meinen Jesus, mein Heil, der Welt Heil, unbeweglich wie tot, in Schmerzen ohnmächtig, und schaute ihn an mit Ernst und Schrecken und Mitleid, auch ich war dem Tode nah und glaubte, eher zu sterben, als zu leben.

Mein Herz war voll Bitterkeit und Liebe und Leid, mein Haupt war wie wahnsinnig von einem Dornennest von Stacheln umgeben, meine Hände und Füße waren wie Glühöfen von Pein, es rissen und zuckten tausend Blitze unsäglicher Schmerzen durch all meine Adern und Nerven und begegneten sich in allen inneren und äußeren Gliedern meines Leibes und kämpften, wo sie sich begegneten, und wurden eine Quelle neuer Qualen, und alles dieses entsetzliche Leiden war doch lauter Liebe, und alles dieses zuckende Feuer der Schmerzen war doch eine Nacht, in welcher ich jetzt nichts sah als meinen und aller Seelen gekreuzigten Bräutigam, und ich schaute ihn an mit großem Jammer und Trost. Sein Angesicht mit der furchtbaren Krone, dem Blut, das die Augenhöhlen, die Haare, den Bart und den verschmachtend offenen Mund füllte, war zur Brust gesunken und vermochte auch später wegen dem Umfang der Krone sich nur mit unsäglicher Pein zu erheben. Seine Brust war weit zerspannt und gewaltsam hinaufgerissen, seine Achseln waren hohl und schrecklich ausgedehnt, seine Ellbogen und Handgelenke wie aus den Geweben gezogen, das Blut strömte an den Armen nieder von den weitgerissenen Handwunden.

Unter der hinaufgezogenen Brust war eine tiefe Höhle, sein ganzer Unterleib war hohl und schmal, wie hinweggeschwunden. Gleich den Armen waren die Lenden und Beine des Herrn auf eine entsetzliche Weise wie aus den Gelenken gezogen. Seine Glieder waren so gewaltsam ausgedehnt, alle Muskeln und die zerrissene Haut so jammervoll gespannt, dass man alle seine Gebeine zählen konnte, das Blut träufelte unter dem furchtbaren Nagel, der seine heiligen Füße durchbohrte, an dem Kreuzstamme nieder, sein ganzer heiliger Leib war mit Wunden, roten Schwielen, Striemen, braunen, blauen und gelben Flecken und Beulen und blutig geschundenen Stellen bedeckt.

Die verwundeten Stellen rissen von der heftigen Spannung und ergossen hie und da rotes Blut. Später ward das Blut bleich und wässrig und der heilige Leib immer weißer, die Rinden der Wunden fielen ab, und er glich ganz verblutetem Fleische. Trotz aller dieser gewaltiger Entstellung erschien der Leib unseres Herrn am Kreuz unaussprechlich edel und rührend, ja der Sohn Gottes, die ewige, sich in der Zeit opfernde Liebe war schön, rein und heilig in dem zertrümmerten, mit den Sünden aller Menschen beladenen Leib des sterbenden Gotteslammes. Die Hautfarbe der heiligen Jungfrau und so auch unseres Herrn war von Natur fein gelblich schimmernd, mit durchscheinendem Rot gemischt.

Durch die Anstrengungen und Reisen in den letzten Jahren waren seine Wangen unter den Augen und seine Nasenknorpel etwas röter gebräunt. Er hatte eine hohe und breite Brust, sie war rein und unbehaart, die Brust des Johannes des Täufers war ganz rot behaart, wie ein Fell.

Jesus hatte breite Schultern und starke Armmuskeln, seine Lenden waren auch mit starken, ausgezeichneten Muskeln, seine Knie waren kräftig und stark wie eines Menschen, der viel gewandert und viel kniend gebetet, seine Beine waren lang und mit starken Wadenmuskeln vom vielen Reisen und Bergsteigen. Seine Füße waren sehr schön und stark ausgearbeitet, sie hatten vom vielen barfüßigen Wandeln auf rauhen Wegen starke Schwielen unter den Sohlen. Seine Hände waren schön, mit langen und schönen Fingern, nicht weichlich, aber auch nicht wie eines schwer Handarbeitenden. Sein Hals war nicht kurz, aber stark und muskelig, sein Haupt in einem schönen Verhältnis und nicht zu groß, seine Stirne frei und hoch und das ganze Angesicht ein reines schönes Oval, seine Haare, nicht übermäßig dick, waren rötlich braun, schlicht gescheitelt hingen sie bis zum Nacken, sein Bart war nicht lang, sondern spitz und auf dem Kinn geteilt.

Jetzt war sein Haar größtenteils ausgerissen und das übrige mit Blut verklebt, sein Leib hatte Wunde an Wunde, seine Brust war wie zerbrochen, man sah hohl unter das Brustgewölbe, sein Leib war weggezogen, die Rippenbeine sahen hie und da durch die zerrissene Haut. Über den hervorstehenden Beckenknochen war sein Leib so dünn ausgespannt, dass er den Kreuzstamm nicht ganz deckte.

Das Kreuz war hinten etwas rundlich, vorn flach und an den nötigen Stellen ausgehauen, es war der Kreuzstamm ungefähr ebenso breit wie dick. Die einzelnen Stücke des Kreuzes waren von verschiedenen Holzfarben, teils braun, teils gelblich, und der Stamm dunkler, wie Holz, das lange im Wasser gelegen ist.

Die Kreuze der Schächer waren roher und standen links und rechts am Rande des Hügels, von Jesu Kreuz so weit entfernt, dass ein Mann durchschreiten konnte. Sie schauten sich etwas an und standen tiefer. Die Schächer beteten und höhnten zu Jesus hinauf, Er sprach zu Dismas etwas herab. Der Anblick der Schächer am Kreuz war schrecklich, besonders des linken, eines grimmigen berauschten Bösewichts voll Fluch und Hohn. Sie hingen ganz verdreht, zerbrochen, verschwollen und zerschnürt. Ihre Gesichter waren braun und blau, ihre Lippen braun vom

Getränk und aufdringenden Blut, ihre Augen geschwollen und rot hervordringend. Sie brüllten und schrien unter den Schnüren scheußlich, Gesmas fluchte und lästerte, die Nägel der angehefteten Querhölzer drückten ihre Köpfe vorwärts, sie zuckten und drehten sich im Schmerz, und trotz der harten Knebelung der Beine arbeitete sich der Fuß des einen in die Höhe, so dass das Knie vorstand.

Verspottung und erstes Wort Jesu am Kreuz

Nach der Kreuzigung der Schächer und der Teilung der Kleider des Herrn rafften die Schergen alle ihre Geräte zusammen, schimpften und höhnten Jesus und zogen von dannen.

Auch die übrigen anwesenden Pharisäer zu Pferd setzten sich in Bewegung, ritten um den Kreis vor das Angesicht Jesu, höhnten ihn mit vielen schmählichen Worten und ritten von dannen. Ebenso zogen die hundert römischen Soldaten mit ihren Führern vom Berg und aus der Gegend ab, denn es zogen fünfzig andere römische Soldaten herauf und besetzten die Posten. Der Hauptmann dieser neuen Schar war Abenadar, ein geborener Araber, der später Ktesiphon getauft ward, und der Unteroffizier hieß Cassius, er war eine Art Beiläufer des Pilatus und erhielt später den Namen Longinus[30].

Es ritten auch von neuem einige Älteste herauf, worunter jene wiederkehrten, die abermals vergeblich von Pilatus eine andere Inschrift für den Kreuztitel begehrt hatten. Er hatte sie gar nicht einmal vor sich gelassen. Sie waren um so erbitterter. Sie ritten um den Kreis und vertrieben die heilige Jungfrau, welche sie ein loses Weib nannten; sie ward von Johannes zu den zurückstehenden Frauen gebracht, Magdalena und Martha hatten sie in den Armen.

Wenn sie, das Kreuz umziehend, vor das Angesicht Jesu kamen, schüttelten sie verächtlich den Kopf und sagten: «Pfui über dich, Lügner! Wie zerbrichst du den Tempel und baust ihn wieder in drei Tagen?» – «Anderen hat Er immer helfen wollen und kann sich selbst nicht helfen, – bist du Gottes Sohn, so steige vom Kreuz herab», – «ist Er der König Israels, so steige Er vom Kreuz nieder, so wollen wir ihm glauben.» – «Er vertraute Gott, der helfe ihm nun». Auch die Soldaten spotteten und sagten: «Bist du der Judenkönig, so hilf dir nun.» Als Jesus noch in der Ohnmacht so elend hing, sagte Gesmas, der Schächer zur Linken: «Sein Teufel hat ihn nun verlassen.» – Ein Soldat aber steckte einen Schwamm mit Essig auf einen Stab und hielt ihn Jesus vor das Angesicht, und Er schien ein wenig zu saugen; das Höhnen währte fort. Der Soldat sagte: «Bist du der Judenkönig, so hilf dir selbst.»

Alles dieses geschah, während die frühere Schar durch den Haufen des Abenadar abgelöst wurde.

Jesus aber richtete sein Haupt etwas auf und sagte: «Vater! vergib ihnen, denn sie wissen nicht, was sie tun», und betete still weiter. – Da rief Gesmas: «Bist du Christus, so hilf dir und uns!» Das Höhnen währte fort, aber Dismas, der rechte Schächer, ward tief gerührt, als Jesus für seine Feinde betete, und da Maria ihres Kindes Stimme hörte, konnte ihre Umgebung sie nicht mehr zurückhalten, sie drang in den Kreis. Johannes, Salome und Maria Cleophä folgten ihr, und der Hauptmann vertrieb sie nicht.

Dismas, der rechte Schächer, erhielt durch das Gebet Jesu einen inneren Strahl der Erleuchtung, als die heilige Jungfrau herzutrat, und er erkannte innerlich, dass Jesus und seine Mutter ihm als Kind schon geholfen, und er erhob seine Stimme ganz mächtig und laut und sagte ungefähr folgendes: «Wie ist es möglich, ihr lästert ihn, und Er betet für euch, Er hat geschwiegen und geduldet und betet für euch, und ihr lästert, Er ist ein Prophet, Er ist unser König, Er ist Gottes Sohn!» Über diese unerwartete Strafrede aus dem Mund des elend hängenden Mörders entstand ein Tumult unter den Spöttern, und sie suchten Steine und wollten ihn am Kreuz steinigen. Der Hauptmann Abenadar aber wehrte ab, ließ sie auseinandertreiben und stellte Ordnung und Ruhe her.

Unterdessen fühlte sich die heilige Jungfrau ganz gestärkt durch Jesu Gebet, und Dismas sagte zu Gesmas, welcher zu Jesus hinschrie: «Wenn du Christus bist, so helfe dir und uns!»

– «Und auch du fürchtest dich nicht vor Gott und leidest doch gleiches Urteil; wir aber sind mit Recht in dieser Peinigung, denn wir empfangen den Lohn unserer Taten, dieser aber hat nichts Ungerechtes getan. Oh! bedenke deine Stunde und wende deine Seele um», usw. Er war aber ganz erleuchtet und gerührt und bekannte Jesus seine Schuld, sprechend: «Herr, wenn du mich verdammst, so geschieht mir recht, aber erbarme dich meiner.» Und Jesus sagte zu ihm: «Du sollst meine Barmherzigkeit erfahren.» Dismas erhielt nun die Gnade einer tiefen Reue eine Viertelstunde lang. Das zuletzt Erzählte geschah meistens alles zugleich und dicht hintereinander von zwölf bis halb ein Uhr nach der Sonne, ein paar Minuten gleich nach der Kreuzaufrichtung; aber es wendete sich schnell alles anders in der Seele der meisten Zuschauer, denn noch unter den Reden des reumütigen Schächers geschah ein großes Zeichen in der Natur und erfüllte alle mit Angst.

Verfinsterung der Sonne – Zweites und drittes Wort am Kreuz

Bis gegen zehn Uhr, da das Urteil durch Pilatus gesprochen ward, waren abwechselnd einzelne Hagelschauer gefallen, dann trat bis zwölf Uhr heller Himmel und Sonnenschein ein, und nun kam ein trüber, roter Nebel vor die Sonne. Um die sechste Stunde aber nach der Sonne, wie ich sah um halb eins etwa, denn die jüdische Zeit zählte anders und weicht ab von der Sonne, da entstand eine ganz wunderbare Verfinsterung der Sonne. Es wurde mir der Hergang sehr ausführlich gezeigt, aber leider konnte ich es nicht behalten und habe keine Ausdrücke, es wieder zu sagen. Ich war anfangs wie außer der Erde, als ich es ankommen sah; ich sah allerlei Himmelsringe und Sternbahnen wunderbar durcheinander kreisend. Ich sah den Mond an einer anderen Seite der Erde und sah ihn einen schnellen Lauf oder Sprung tun, wie eine schwebende Feuerkugel; dann war ich wieder in Jerusalem und sah den Mond über dem Ölberg hervorschießen, voll und bleich, die Sonne war umnebelt, und er zog sehr schnell von der Morgenseite vor die Sonne heran. Anfangs sah ich an der Ostseite der Sonne wie eine dunkle Bank, diese wurde wie ein Berg und bedeckte sie bald ganz, der Kern des Bildes erschien fahl, ein roter Schein wie ein glühender Ring war umher, der Himmel wurde ganz dunkel, die Sterne traten rotschimmernd hervor.

Es kam ein ungemeines Erschrecken über Menschen und Tiere, das Vieh brüllte und lief von dannen, die Vögel suchten sich Schlupfwinkel und fielen scharenweise auf die Hügel um den Kalvarienberg nieder, man konnte sie mit Händen greifen. Die Spötter begannen zu schweigen, die Pharisäer versuchten noch, alles natürlich zu erklären, es gelang ihnen aber schlecht, und auch sie wurden von einer inneren Angst befallen. Alle Menschen schauten zum Himmel empor. Viele schlugen an die Brust und rangen die Hände und schrien: «Sein Blut komme auf seine Mörder!» Manche in der Ferne und Nähe warfen sich auf die Knie und baten Jesus um Verzeihung, und Jesus wendete in seinen Schmerzen die Augen zu ihnen.

Während die Finsternis immer zunahm und alles zum Himmel schaute und das Kreuz, außer von Jesu Mutter und nächsten Freunden, verlassen stand, richtete Dismas, der in tiefer Reue versunken gewesen war, in demütiger Hoffnung sein Haupt auf zu Jesus und sprach: «Herr! lasse mich an einen Ort kommen, wo du mich erlösen magst, gedenke meiner, wenn du in dein Reich kommst!» Da sprach Jesus zu ihm: «Wahrlich, ich sage dir, heute noch wirst du mit mir im Paradiese sein.»

Die Mutter Jesu, Magdalena, Maria Cleophä, Maria Magdalena und Johannes standen aber zwischen den Kreuzen der Schächer um Jesu Kreuz und schauten den Herrn an, und die heilige Jungfrau, ganz von Mutterliebe überwältigt, flehte innerlich sehr inbrünstig, Jesus möge sie doch mit ihm sterben lassen. Da blickte der Herr seine liebe Mutter gar ernst und mitleidig an und wendete seine Augen zu Johannes und sagte zu ihr: «Frau, sieh, das ist dein Sohn; Er wird noch mehr dein Sohn sein, als wenn du ihn geboren hättest.» Er lobte auch noch Johannes und sagte: «Er ist immer arglos glaubend gewesen und hat sich nicht geärgert, außer damals, da seine Mutter ihn wollte erhöht haben.» Zu Johannes aber sagte Er: «Sieh! das ist deine Mutter!», und Johannes umarmte die Mutter Jesu, die nun auch seine Mutter geworden war, ehrerbietig wie ein frommer Sohn unter dem Kreuz des sterbenden Erlösers.

Die heilige Jungfrau aber war nach diesem feierlichen Vermächtnis ihres sterbenden Sohnes so von Schmerz und Ernst erschüttert, dass sie in den Armen der heiligen Frauen das äußere Bewusstsein verlor und, von ihnen umgeben, dem Kreuz gegenüber eine Weile auf den Erdwall niedergesetzt und sodann aus dem Kreise des Richtplatzes zu ihren Freundinnen gebracht wurde.

Ich weiß nicht, ob Jesus alle diese Worte laut mit seinen heiligen Lippen aussprach, aber ich ward sie inne, als Er seine heilige Mutter dem Johannes als Mutter und diesen ihr als Sohn vor seinem Tod übergab. In solchen Betrachtungen wird vieles vernommen, was nicht geschrieben steht, und man kann nur das wenigste mit den gewöhnlichen Worten wiedererzählen. Was dort so klar ist, dass man glaubt, es verstehe sich von selbst, das weiß man hier nicht mit Worten verständlich zu machen. So verwundert man sich dort gar nicht, dass Jesus, die heilige Jungfrau anredend, nicht «Mutter» spricht, sondern «Frau»; denn man fühlt sie in ihrer Würde als das Weib, welches der Schlange das Haupt zertreten sollte in dieser Stunde, da durch den Opfertod des Menschensohnes, ihres Sohnes, jene Verheißung wahr geworden ist.

Man wundert sich dort nicht, dass Er ihr, die der Engel gegrüßt: «Du bist voll der Gnade!», den Johannes zum Sohn gibt, weil man sieht, dass dessen Name ein Name der Gnade ist, denn dort sind alle das, was sie heißen, und Johannes war ein Kind Gottes geworden, und Christus lebte in ihm. Man fühlt dort, dass Jesus mit jenen Worten Maria allen zur Mutter gegeben, welche, ihn wie Johannes aufnehmend und an seinen Namen glaubend, Kinder Gottes werden und nicht aus Blut, nicht aus dem Willen des Fleisches, nicht aus dem Willen des Mannes, sondern aus Gott geboren sind.

Man fühlt dort, dass die Reinste, Demütigste, Gehorsamste, welche, zu dem Engel sprechend: «Siehe die Magd des Herrn, mir geschehe nach deinem Worte», die Mutter des ewigen fleischgewordenen Wortes geworden war, jetzt, da sie von ihrem sterbenden Sohne vernimmt, dass sie nun auch eine geistliche Mutter eines anderen Sohnes sein solle, mitten in den zerreißenden Schmerzen des Abschieds wieder demütig gehorsam in ihrem Herzen gesprochen hat: «Siehe die Magd des Herrn, mir geschehe nach deinem Worte», und dass sie alle Kinder Gottes, alle Brüder Jesu als ihre Kinder aufnahm.

Alles dieses erscheint aber dort so einfach und hier so mannigfaltig, dass es mehr durch die Gnade Gottes zu fühlen als mit Worten auszusprechen ist. Ich muss bei sollen Dingen gedenken, wie mir mein himmlischer Bräutigam einst sagte: «In den glaubenden, hoffenden, liebenden Kindern der Kirche steht alles geschrieben.»[31]

Zustand der Stadt und des Tempels während der Finsternis

Es war nun ungefähr halb zwei Uhr, und ich wurde in die Stadt geführt zu sehen, wie es dort hergehe. Ich fand eine allgemeine Angst und Bestürzung. Nebel und Nacht lag in den Straßen, die Menschen tappten verirrt umher, viele lagen in Winkeln mit verhülltem Haupt und schlugen an die Brust, viele schauten nach dem Himmel und standen auf den Dächern und wehklagten. Die Tiere brüllten und verbargen sich, die Vögel flogen niedrig und fielen nieder. Ich sah, dass Pilatus den Herodes besucht hatte, und dass sie in großer Bestürzung nach dem Himmel schauten, auf derselben Terrasse, von welcher Herodes am Morgen die Verspottung Jesu mitangesehen hatte. Dies sei nicht natürlich, sagten sie, Jesus sei gewiss zuviel geschehen.

Ich sah hierauf Herodes mit Pilatus nach dessen Palast über das Forum gehen. Sie waren beide sehr geängstigt und gingen mit starken Schritten, von Wachen umgeben. Pilatus schaute nicht nach dem Richterstuhl Gabbatha hin, wo er Jesus verurteilt hatte. Das Forum war öde, die Leute eilten hie und da in die Häuser, andere liefen wehklagend umher. Es sammelten sich auch einige Haufen auf den öffentlichen Plätzen. Pilatus in seinem Palast ließ die Ältesten aus den Juden berufen und fragte sie, was ihnen diese Finsternis bedeute, er halte sie für ein drohendes Zeichen, ihr Gott scheine über sie zu zürnen, dass sie den Galiläer mit Gewalt zum Tode begehrt, der gewiss ihr Prophet und König gewesen sei, er habe seine Hände gewaschen, usw. Sie aber blieben hartnäckig, legten alles als eine gewöhnliche Naturerscheinung aus und bekehrten sich nicht. Jedoch hie und da bekehrten sich viele Leute, und zwar auch alle jene Soldaten, die gestern bei der Gefangennehmung Jesu am Ölberg gefallen und wieder aufgestanden waren.

Es sammelte sich unterdessen viel Volk vor dem Schloss des Pilatus, und wo sie morgens geschrien: «Kreuzige ihn, hinweg mit ihm!» schrien sie jetzt: «Ungerechter Richter! Sein Blut komme auf seine Mörder!»

Pilatus musste sich mit Soldaten umgeben, und jener Zadoch, der am Morgen, als Jesus ins Richthaus ging, seine Unschuld laut ausgerufen, schrie und lärmte dermaßen vor dem Palast, dass Pilatus ihn beinahe festnehmen ließ. Pilatus, der elende Mensch ohne Seele, machte den Juden die größten Vorwürfe: er habe keinen Teil daran, es sei ihr König, ihr Prophet, ihr Heiliger gewesen, den sie zum Tode gebracht, und nicht der seine, ihn gehe er nichts an, sie hätten seinen Tod gewollt.

Im Tempel herrschte Angst und Schrecken im höchsten Grade. Sie waren im Schlachten des Osterlammes begriffen, als plötzlich die Nacht einfiel, alles war verwirrt, und hie und da brach bange Wehklage aus. Die Hohenpriester taten alles, um die Ruhe und Ordnung zu erhalten; man steckte alle Lampen beim hellen Tage an, aber die Verwirrung ward nur noch größer. Ich sah Annas in peinliche Angst geraten, er lief aus einem Winkel in den anderen, um sich zu verbergen. Als ich wieder zur Stadt hinausging, bebten die Schirme und Gitter vor den Fenstern der Häuser, und es war doch kein Sturm. Die Dunkelheit ward immer größer. Ich sah auch im äußeren Teil der Stadt an der West-/Nordgegend, gegen die Stadtmauer zu, wo viele Gärten und Gräber sind, einzelne Grabeingänge einsinken, als wanke der Boden.

Auf Golgota machte die Finsternis einen wunderbar fürchterlichen Eindruck. Das greuliche Toben und Martern, das Geschrei und die fluchende Tätigkeit bei der Kreuzaufrichtung, die Ankebelung und das Gebrüll der beiden Schächer, das Höhnen und Umherreiten der Pharisäer, der Wechsel der Soldaten, das lärmende Abziehen der berauschten Henker hatte im Anfange der Verfinsterung den Eindruck zerstreut, und dann folgte die Strafrede des reumütigen Dismas und die Wut der Pharisäer gegen ihn. Nun aber wuchs die Finsternis, die Zuschauer wurden ernster und vom Kreuz abgewendeter.

Da empfahl Jesus seine Mutter dem Johannes, und sie ward hierauf aus dem Kreise hinausgebracht. Es trat jetzt eine dumpfe Pause ein, das Volk ward bange bei der zunehmenden Finsternis, die meisten schauten zum Himmel, in vielen regte sich das Gewissen, manche wendeten die Augen reumütig zum Kreuz, viele schlugen an die Brust und bereuten, die Gleichgesinnten zogen sich nach und nach zusammen, die Pharisäer, heimlich bang, erklärten alles noch natürlich, aber ihre Reden wurden immer kleinlauter und verstummten endlich fast ganz. Hie und da stießen sie wohl noch ein freches Wort aus, aber es machte sich sehr gezwungen. Der Kern der Sonne war fahldunkel wie Berge im Mondschein, ein roter Ring umgab sie, die Sterne traten mit rötlichem Lichte hervor, die Vögel fielen aus der Luft auf dem Kalvarienberg und in den nahen Weinbergen zwischen die Menschen nieder und ließen sich mit Händen greifen, die Tiere umher brüllten und zitterten, die Pferde und Esel der berittenen Pharisäer drängten sich zusammen und hängten die Köpfe. Dampf und Nebel umgab alles.

Um das Kreuz war es stille, alles war abgewendet, viele Leute flohen zur Stadt. Der gekreuzigte Heiland war mit dem Gefühl der tiefsten Verlassenheit in seiner unendlichen Marter, seine Feinde liebend und für sie betend, zu seinem himmlischen Vater gewendet. Er betete, wie während seines ganzen Leidens, stets in Psalmenstellen, die nun an ihm in Erfüllung traten. Ich sah Engelsgestalten um ihn. Als die Dunkelheit aber zunahm und die

Angst drückend auf allen Gewissen und eine dumpfe Stille über allem Volk lag, sah ich Jesus ganz einsam und trostlos hängen. Er litt alles, was ein armer, gepeinigter, zermalmter Mensch in der größten Verlassenheit, ohne menschlichen und göttlichen Trost leidet, wenn der Glaube, die Hoffnung, die Liebe ganz einsam, ohne Erwiderung und Genuss, ohne alles Licht, nackt ausgeleert in der Wüste der Prüfung stehen und mit unendlicher Marter allein von sich selbst leben. Er ist nicht auszusprechen, dieser Schmerz.

In diesem Leid errang uns der liebende Jesus die Kraft, in dem äußersten Elende der Verlassenheit, wenn alle Bande und Beziehungen mit jenem Dasein und Leben, jener Welt und Natur aufhören, in denen wir hienieden stehen, und wenn also auch jene Aussichten sich schließen, welche dieses Leben aus sich selbst zu einem anderen Dasein eröffnet, durch die Vereinigung unserer Verlassenheit mit den Verdiensten seiner Verlassenheit am Kreuz siegreich zu bestehen. Er errang uns die Verdienste des Bestehens im äußersten Kampf gänzlicher Verlassenheit und opferte sein Elend, seine Armut, seine Verlassenheit für uns elende Sünder auf, so dass der mit Jesus im Leibe der Kirche vereinigte Mensch nicht mehr verzweifeln darf in der äußersten Stunde, wenn sich alles verfinstert und alles Licht scheidet und aller Trost. In diese Wüste der inneren Nacht brauchen wir nicht mehr einsam und gefährdet hinabzusteigen! Jesus hat in den Abgrund des bitteren Meeres dieser Verlassenheit seine innere und äußere Verlassenheit am Kreuze hinabgesenkt, und so hat Er den Christen in der Verlassenheit des Todes, in der Verfinsterung allen Trostes nicht mehr einsam gelassen. Es gibt keine Wüste, keine Einsamkeit, keine Verlassenheit, keine Verzweiflung in letzter Todesnot mehr für den Christen, denn Jesus, der das Licht, der Weg und die Wahrheit ist, ist auch diesen finsteren Weg segnend und alle Schrecken bändigend gewandelt und hat sein Kreuz in dieser Wüste aufgerichtet.

Jesus, ganz verlassen, ganz arm, ganz hilflos, gab, wie die Liebe tut, sich selbst hin, ja Er machte seine Verlassenheit selbst zu einem reichsten Schatz, denn Er opferte sich und all sein Leben, Arbeiten, Lieben und Leiden und das bittere Gefühl unseres

Undankes seinem himmlischen Vater für unsere Schwachheit und Armut auf. Er machte vor Gott sein Testament und gab all sein Verdienst der Kirche und den Sündern. Er gedachte aller, Er war in seiner Verlassenheit bei allen, bis ans Ende der Zeit, und so betete Er auch für jene Irrgläubigen, welche meinen, Er habe als Gott sein Leiden nicht gefühlt und habe nicht oder nur weniger gelitten als ein Mensch, der in solchen Leiden stehen würde.

Indem ich aber seines Gebets teilhaftig und mitfühlend wurde, vernahm ich, als sage Er, man solle doch ja lehren, dass Er dieses Leiden der Verlassenheit bitterer, als ein Mensch es vermag, gelitten habe, weil Er ganz mit der Gottheit vereint, weil Er ganz Gott und Mensch war und nun im Gefühl der von Gott verlassenen Menschheit als Gottmensch das Leiden der Verlassenheit vollkommen in seinem ganzen Maß fühlend erschöpfte.

Und so rief Er in seinem Leiden das Zeugnis seiner Verlassenheit aus und eröffnete damit allen äußerst Bedrängten, welche Gott als ihren Vater erkennen, die Freiheit zu vertrauter kindlicher Klage. – Jesus rief gegen drei Uhr mit lauter Stimme: «Eli, Eli Lama Sabachtani!» Das heißt: «Mein Gott! Mein Gott! Warum hast du mich verlassen?»

Als dieser Ruf unseres Herrn die bange Stille umher unterbrach, wendeten sich die Spötter wieder zum Kreuz, und einer sprach: «Er ruft den Elias», ein anderer: «Wir wollen sehen, ob Elias kommt und ihm herunterhilft.» Die Mutter aber, da sie die Stimme ihres Sohnes hörte, konnte nichts mehr zurückhalten, sie drang wieder zu dem Kreuz hin, und Johannes, Maria Cleophä, Magdalena und Salome folgten ihr.

Es war, während das Volk umherzagte und wehklagte, ein Zug von etwa dreißig reitenden vornehmen Männern, aus Judäa und der Gegend von Joppe zum Feste ziehend, angekommen, und da sie das schreckliche Verfahren mit Jesus und die drohenden Erscheinungen in der Natur sahen, sprachen sie ihr Entsetzen laut aus und riefen: «Wehe! Man sollte diese greuliche Stadt, wäre der Tempel Gottes nicht in ihr, niederbrennen, solche Schuld hat sie auf sich geladen!»

Diese Äußerung der vornehmen Fremden ward dem Volk eine Stütze. Murren und Wehklagen brach nun überall aus, und die Gleichgesinnten zogen sich zusammen. Alle Anwesenden zerfielen in zwei Parteien, der eine Teil wehklagte und murrte, die anderen schimpften und tobten dagegen, die Pharisäer aber wurden immer kleinlauter, und weil sie einen Aufstand des Volkes fürchteten, da auch in Jerusalem eine große Bestürzung herrschte, so besprachen sie sich mit dem Hauptmann Abenadar, worauf man zum nahen Tor sendete und es schließen ließ, um die Verbindung mit der Stadt zu unterbrechen, und durch einen Boten fünfhundert Mann von Pilatus' und Herodes' Leibwache begehrte, um einem Aufstand vorzubeugen. – Einstweilen schaffte der Hauptmann Abenadar durch seinen Ernst Ordnung und Ruhe und untersagte den Hohn, um das Volk nicht zu reizen.

Bald nach drei Uhr ward es heller, der Mond begann von der Sonne zu weichen, und zwar nach entgegengesetzter Richtung. Die Sonne erschien strahllos, umnebelt und rot, und der Mond sank schnell nach der entgegengesetzten Seite, als wenn er falle. Es kehrten auch die Sonnenstrahlen nach und nach zurück, und die Sterne verschwanden, doch war es noch immer trübe. Mit dem nahenden Licht wurden die Spötter wieder kühner und triumphierten, und da geschah es, dass sie sagten: «Er ruft den Elias.» Abenadar aber gebot Ruhe und Ordnung.

Tod Jesu – Fünftes bis siebentes Wort Jesu am Kreuz

Als es heller ward, erschien der Leib des Herrn am Kreuz bleich, schwach, wie ganz verschmachtet und weißer als vorher, so sehr war Er verblutet. Er sagte auch, ich weiß nicht, ob betend und mir allein vernehmlich oder ob halblaut: «Ich bin gepresst wie der Wein, der hier zuerst gekeltert worden, all mein Blut muss ich geben, bis das Wasser kommt und die Hülsen weiß werden, es soll aber kein Wein mehr hier gekeltert werden.» Ich sah später in bezug auf diese Worte ein Bild, wie Japhet hier auf dieser Stelle den Wein gekeltert hat, das ich später erzählen will.

Jesus war ganz verschmachtet und sprach mit vertrockneter Zunge: «Mich dürstet» – und da die Seinigen ihn traurig ansahen, sagte Er: «Konntet ihr mir nicht einen Trunk Wasser geben?» Er meinte, während der Finsternis hätte sie wohl niemand gehindert. Johannes sagte betrübt: «O Herr! Wir haben es vergessen», und Jesus sagte noch soviel wie: «Auch die Nächsten mussten mich vergessen und mir keinen Trunk reichen, auf dass die Schrift erfüllt würde.» – Es hatte ihm aber dieses Vergessen bitter weh getan.

Auf seine Klage baten sie die Soldaten und boten ihnen Geld an, ihm einen Trunk Wasser zu reichen, sie taten es aber nicht, sondern einer tauchte einen birnförmigen Schwamm in Essig, der in einem Tönnchen von Bast dastand, und goss auch Galle hinein. Aber der Hauptmann Abenadar war von Jesus gerührt, er nahm dem Soldaten den Schwamm, drückte ihn aus und füllte ihn mit reinem Essig. Er steckte hierauf das eine Ende des Schwammes in ein kurzes Stück Ysoprohr, welches wie ein Mundstück zum Saugen diente, und hob diese auf der Spitze seiner Lanze befestigte Vorrichtung so zu dem Antlitz Jesu empor, dass das Rohrstück zu dem Mund Jesu gelangte und dieser durch dasselbe den Essig aus dem Schwamm saugen konnte.

Von einigen Worten, welche ich den Herrn noch zur Ermahnung des Volkes sprechen hörte, erinnere ich mich allein, dass Er sagte: «Und wenn ich keine Stimme mehr habe, wird der Mund der Toten sprechen»; worauf einige ausriefen: «Er lästert noch!» Abenadar aber gebot Ruhe.

Da nun die Stunde des Herrn gekommen war, rang Er mit dem Tode, und ein kalter Schweiß drang aus seinen Gliedern. Johannes stand am Kreuz und trocknete Jesu Füße mit seinem Schweißtuch. Magdalena lehnte, ganz von Schmerz zermalmt, an der Rückseite des Kreuzes. Die heilige Jungfrau stand zwischen Jesus und des guten Schächers Kreuz, von den Armen der Maria Cleophä und der Salome unterstützt, und sah zu ihrem sterbenden Sohn hinauf. Da sprach Jesus: «Es ist vollbracht!» und richtete das Haupt empor und rief mit lauter Stimme: «Vater, in deine Hände befehle ich meinen Geist!» Es war ein süßer lauter Schrei, der Himmel und Erde durchdrang; dann senkte Er sein Haupt und gab seinen Geist auf, und ich sah seine Seele wie einen leuchtenden Schatten bei dem Kreuz zur Erde hinab in den

Kreis der Vorhölle fahren. – Johannes und die heiligen Frauen sanken zur Erde auf ihr Antlitz nieder.

Abenadar, der Hauptmann, von Geburt ein Araber, als Jünger nachmals Ktesiphon getauft, hielt, seit er Jesus mit dem Essig tränkte, auf seinem Pferd dicht am Kreuzhügel, so dass der Vorderteil des Tieres erhöht stand. Er schaute lange tieferschüttert, ernst, unabgewandt ins dornengekrönte Antlitz unseres Herrn. Des Rosses Haupt war bang und krank gesenkt, und Abenadar, dessen Stolz sich beugte, zog auch den Zügel nicht an. Da sprach der Herr die letzten Worte laut und kräftig und starb mit Erde, Höll' und Himmel laut durchdringendem Geschrei. Die Erde bebte, und der Fels zerbarst weit klaffend zwischen Jesus und des linken Schächers Kreuz. Das Zeugnis Gottes ging mit Schreck und Schauder mahnend tief durch die trauernde Natur. Es war vollbracht – die Seele unseres Herrn verließ den Leib, und bei dem Todesschrei des sterbenden Erlösers erbebten alle, die es hörten, mit der Erde, die wallend ihren Heiland anerkannte, doch die verwandten Herzen nur durchfuhr ein scharfes Schwert des Schmerzes.

Da war es, dass die Gnade über Abenadar kam, da zitterte sein Ross und wankte seine Leidenschaft und brach sein stolzer, harter Sinn gleich dem Kalvarienfels. Er warf den Speer von sich und schlug mit starker Faust gewaltig an sein Herz, laut schreiend mit der Stimme eines neuen Menschen: «Gelobt sei Gott, der Allmächtige, der Gott Abrahams und Jakobs, dieser war ein gerechter Mann, wahrhaftig Er ist Gottes Sohn!», und viele der Soldaten, von des Hauptmanns Wort erschüttert, taten ebenso wie er. Es wollte aber Abenadar, der nun ein neuer, ein erlöster Mensch war, nachdem er öffentlich dem Sohne Gottes huldigte, nicht länger mehr im Dienst seiner Feinde stehen. Er wendete sein Pferd zu Cassius, dem Unteroffizier, den man Longinus nennt, stieg ab, hob seine Lanze auf und gab sie ihm, sprach einiges zu den Soldaten und zu Cassius, der nun das Pferd bestieg und hier befehligte; denn Abenadar eilte vom Kalvarienberg und durch das Tal Gihon zu den Höhlen des Tales Hinnom; er kündigte den dort verborgenen Jüngern den Tod des Herrn an und wollte weiter zu Pilatus in die Stadt.

Es kam ein tiefes Erschrecken über alle Anwesenden mit dem Todesschrei Jesu, als die Erde bebte und der Kreuzhügel zersprang, es war ein Schrecken, der durch die ganze Natur ging, denn da zerriss auch der Vorhang des Tempels, da stiegen viele Tote aus den Gräbern, da sanken Wände im Tempel, stürzten Berge und Gebäude in vielen Weltgegenden ein.

Abenadar rief sein Zeugnis aus, viele Soldaten zeugten mit ihm, viele aus dem anwesenden Volk und den zuletzt gekommenen Pharisäern bekehrten sich. Viele schlugen an die Brust, wehklagten und irrten vom Berg durch das Tal nach Hause. Andere zerrissen ihre Kleider und streuten Staub auf ihr Haupt. Alles war voll Furcht und Schrecken. Johannes richtete sich auf, mehrere der heiligen Frauen, die bisher entfernt gestanden, drangen in den Kreis, sie erhoben die Mutter Jesu und die Freundinnen und führten sie aus dem Kreis hinaus, um sie zu erquicken.

Da der liebende Herr alles Lebens die martervolle Schuld des Todes für die Sünder zahlte, als Mensch seine Seele seinem Gott und Vater empfahl und seinen Leib dahingab in den Tod, überzog dieses heilige zerschmetterte Gefäß die bleiche kalte Farbe des Todes. Sein Leib erzitterte in Schmerzen und ward weiß, und die Ströme des an den Wundstellen niedergeronnenen Blutes erschienen dunkler und deutlicher. Sein Angesicht ward länger, seine Wangen sanken ganz ein, seine Nase ward schmaler und spitzer, seine Kinnlade sank nieder, seine geschlossenen, blutvollen Augen öffneten sich halbgebrochen, Er hob das dornengekrönte Haupt zum letztenmal wenige Augenblicke und ließ es sinken auf die Brust unter der Last der Schmerzen, seine Lippen, blau und gespannt, zeigten in dem offenen Mund die blutige Zunge. Seine Hände, früher um die Nägelköpfe gekrümmt, öffneten sich und sanken mehr hervor, indem die Arme sich ganz streckten, sein Rücken gegen das Kreuz sich anschloss und die ganze Last des heiligen Leibes auf die Füße niedersank. Da sanken seine Knie zusammen, nach einer Seite sich wendend, und es drehten sich seine Füße etwas um den Nagel, der sie durchbohrte.

Da erstarrten die Hände seiner Mutter, ihre Augen verdunkelten sich, Todesbleiche bedeckte sie, ihre Ohren hörten nicht mehr, ihre Füße wankten, sie sank zur Erde, und auch Magdalena, Johannes und die anderen sanken mit verhülltem Angesicht, dem Schmerz hingegeben, nieder.

Und als die liebendste, traurigste Mutter aufgerichtet ward von den Freunden und die Augen emporrichtete, sah sie den vom Heiligen Geist rein empfangenen Leib ihres Sohnes, das Fleisch von ihrem Fleisch, das Gebein von ihrem Gebein, das Herz von ihrem Herzen, das heilige Gefäß, aus ihrem Schoß in göttlicher Überschattung gebildet, nun aller Zier, aller Gestalt und seiner heiligsten Seele beraubt, hingegen den Gesetzen der Natur, die Er geschaffen und die der Mensch in Sünde missbraucht und entstellt hat, von den Händen derjenigen, die herzustellen und zu beleben Er gekommen war ins Fleisch, zertrümmert, misshandelt, entstellt, getötet. Ach! ausgestoßen, verachtet, verhöhnt hing einem Aussätzigen gleich das ausgeleerte Gefäß aller Schönheit, Wahrheit und Liebe zerrissen am Kreuz zwischen Mördern. – Wer fasst den Schmerz der Mutter Jesu, der Königin aller Märtyrer!

Das Licht der Sonne war noch trüb und neblig, es war schwül und drückende Luft bei dem Beben der Erde, nachher aber folgte eine empfindliche Kühle.

Die Gestalt von unseres Herrn Leichnam am Kreuz war ungemein ehrbar und rührend. Die Schächer hingen in schrecklicher Verdrehung wie betrunken da, sie schwiegen zuletzt beide, Dismas betete.

Es war bald nach drei Uhr, da Jesus verschied. Als der erste Schrecken des Erdstoßes vorüber war, wurden mehrere der Pharisäer frecher. Sie nahten dem Riss des Kalvarienberges, warfen Steine hinab, banden Stricke zusammen und ließen sie hinab, als sie aber den Grund nicht erreichen konnten, wurden sie etwas bedenklicher, auch ergriff sie das Wehklagen und das Brustschlagen des Volkes, und sie ritten von dannen. Mehrere waren ganz verwandelt in ihrem Innern. Auch das Volk verlor sich bald nach der Stadt und durch das Tal in Schrecken und Angst. Viele hatten sich bekehrt. Ein Teil der anwesenden fünfzig römischen Soldaten verstärkte die Wache am Tor, bis die verlangten 500 anderen ankamen. Das Tor war geschlossen worden, einige der

Soldaten hatten andere Posten umher besetzt, um Zulauf und Verwirrung zu verhüten. Cassius (Longinus) und etwa fünf Soldaten blieben in dem Kreis, sie lagen an der Umwallung umher. Die Verwandten Jesu umgaben das Kreuz und saßen ihm gegenüber und wehklagten und trauerten. Mehrere der heiligen Frauen waren zur Stadt gekehrt.

Es war einsam, still und traurig. Aus der Ferne im Tal und auf entlegenen Höhen erschien hie und da scheu einer der Jünger und schaute furchtsam und neugierig nach dem Kreuz und zog sich bei jeder Annäherung von Menschen wieder zurück.

Erdbeben – Erscheinung der Toten in Jerusalem

Als Jesus mit lautem Ruf seinen Geist in die Hände seines himmlischen Vaters aufgab, sah ich seine Seele, eine Lichtgestalt, bei dem Kreuz zur Erde niederfahren und mit ihr eine leuchtende Schar von Engeln, darunter auch Gabriel; ich sah durch diese Engel eine große Menge von bösen Geistern von der Erde in den Abgrund niedertreiben. Jesus aber sendete viele Seelen aus der Vorhölle hinauf in ihre Leiber, die Unbußfertigen zu schrecken und zu mahnen und ein Zeugnis von ihm zu geben.

Mit dem Erdstoß bei Jesu Tod, da der Kalvarienfels zersprang, stürzte und sank vieles in der Welt, besonders in Palästina und Jerusalem. Sie hatten sich in der Stadt und dem Tempel kaum etwas bei der weichenden Finsternis beruhigt, als das Beben des Grundes, das Getöse des Einstürzens an vielen Orten einen noch allgemeineren Schrecken verbreitete. Den fliehenden und wehklagend durcheinander eilenden Menschen aber traten zum äußersten Entsetzen hie und da die erstandenen, wandelnden, mit hohler Stimme mahnenden Leichen entgegen.

Im Tempel hatten die Hohenpriester das Schlachten, welches durch den Schrecken der Finsternis etwas gestört worden, eben wieder in Gang gebracht und triumphierten über das rückkehrende Licht, als plötzlich der Grund bebte, ein dumpfes Getöse gehört wurde und das Krachen einstürzender Mauern, von dem zischenden Reißen des Vorhangs begleitet, einen Augenblick der stummen Angst in der ungeheuren Menge erweckte, der bald hie und da von Wehgeschrei unterbrochen ward. Aber die Menge war so geordnet, das ungeheure Gebäude des Tempels so erfüllt und das Heran- und Zurückschreiten der großen Scharen der schlachtenden Menschen so regelmäßig bestimmt, und die Handlung des Schlachtens, Blutauslassens und Sprengens des Blutes am Altar durch die langen Reihen unzähliger Priester, von lautem Gesang und Posaunenschall umtönt, war so zusammenhängend und verkettet, dass der Schrecken nicht gleich in allgemeine Verwirrung und Auflösung überging. So setzte sich denn in dem ungeheuren Gebäude, den vielen Räumen und Gängen die Opfertätigkeit in einzelnen Gegenden noch ruhig fort, während Schrecken und Entsetzen an anderen Orten ausbrach und am dritten durch die Priester wieder gestillt wurde, bis endlich durch die Erscheinung der Toten hie und da im Tempel sich alles auflöste und das Opfer, als sei der Tempel verunreinigt, unterbrochen wurde.

Doch auch dieses Ereignis kam nicht so plötzlich über die Menge, dass sie sich erdrückend, fliehend die vielen Tempelstufen herabgestürzt hätte, sondern sie löste sich nach und nach, in Massen niedereilend, auf, während andere Teile hie und da wieder durch die Priester und durch die Absonderungen zusammengehalten wurden. Doch war die Angst, der Schrecken in verschiedenen Graden im ganzen unbeschreiblich.

Man kann sich ein Bild der Ordnung und Störung, die hier herrschte, machen, wenn man sich einen großen Ameisenhaufen in voller geordneter Tätigkeit vorstellt, in welchen Steine geworfen oder der hie und da mit einem Stab zerwühlt wird; während hier sich alles verwirrt, geht dort die Tätigkeit noch den ungestörten Gang und wird an erwählten Orten auch gleich wieder gedeckt und hergestellt. Der Hohepriester Kaiphas und sein Anhang aber verlor mit verzweifelter Frechheit den Kopf nicht, und gleich der klugen Obrigkeit einer aufrührerischen Stadt brach er durch Drohung, Trennung der Parteien, Zureden und allerlei Vorspiegelungen die Gefahr und erreichte besonders durch seine teuflische Hartnäckigkeit und scheinbare Ruhe so viel, dass nicht eine allgemeine verderbliche Verwirrung ausbrach und dass die Meinung des ganzen Volkes diese schrecklichen Mahnungen nicht als ein Zeugnis für den unschuldigen Tod Jesu auslegte. Auch die römische Besatzung der Burg Antonia tat alles, die Ordnung zu erhalten, und so war zwar der Schrecken und die Verwirrung groß und erfolgte die Auflösung des Festes, aber ohne Aufstand, und die Flamme ward zu einer glimmenden Angst, welche das Volk, nach und nach zerstreut, mit nach Hause nahm und die dort bei den meisten durch die Tätigkeit der Pharisäer wieder unterdrückt wurde. So war es im allgemeinen.

Die einzelnen Ereignisse, deren ich mich entsinne, waren folgende: Die beiden großen Säulen des Einganges in das Sanktum des Tempels, zwischen welchen ein prächtiger Vorhang niederhing, wichen oben auseinander, die linke nach Süden, die rechte nach Norden; die Schwelle, die sie trugen, sank, und der große Vorhang zerriss zischend von oben nach unten der Länge nach, so dass er, sich öffnend, nach beiden Seiten niederfiel. Dieser Vorhang war rot, blau, weiß und gelb. Es waren viele Himmelskreise darauf abgebildet, auch Figuren, wie die eherne Schlange. Man konnte nun in das Sanktum hineinsehen. An Simeons Betzelle neben dem Sanktum in den nördlichen Mauern stürzte ein großer Stein heraus, und das Gewölbe der Zelle stürzte ein. In einigen Hallen sank hie und da der Boden, Schwellen verrückten sich und Säulen wichen.

Im Sanktum erschien der zwischen Tempel und Altar erschlagene Hohepriester Zacharias und sprach drohende Worte aus. Auch sprach er von dem Tod des anderen Zacharias[32] und des Johannes, wie überhaupt vom Morde der Propheten. Er kam von der Öffnung her, welche der bei Simeons Betzelle ausgefallene Stein gebildet hatte, und redete die Priester im Sanktum an.

Zwei frühverstorbene Söhne des frommen Hohenpriesters Simon Justus, der ein Ältervater des alten, bei Jesu Opferung im Tempel weissagenden Priesters Simeon gewesen ist, erschienen wie Geister in größerer Gestalt auf dem Lehrstuhl und sprachen drohende Worte vom Mord der Propheten und dem Opfer, das nun zu Ende gehe, und ermahnten alle, sich zu der Lehre des Gekreuzigten zu wenden.

Am Altar erschien Jeremias und sprach drohende Worte, das Opfer sei zu Ende, und es beginne ein neues Opfer. Diese Reden und Erscheinungen an Orten, wo Kaiphas oder die Priester sie allein vernommen hatten, wurden verleugnet und verheimlicht und unter schwerem Bann verboten, davon zu sprechen.

Aber es entstand noch ein großes Geräusch, die Türen des Heiligtumes sprangen auf, und es ertönte eine Stimme: «Lasst uns von dannen ziehen!» Ich sah Engel aus dem Tempel weichen. Der Altar des Rauchopfers bebte, und ein Rauchgefäß stürzte um, der Behälter der Schriftrollen fiel ein, und alle Rollen stürzten durcheinander, die Verwirrung wuchs, man wusste die Zeit nicht mehr. Nikodemus, Joseph von Arimathäa und viele andere trennten sich vom Tempel und gingen hinweg. Es lagen hie und da tote Leiber, andere wandelten durch das Volk in einzelne Hallen und sprachen drohende Worte; mit der Stimme der vom Tempel scheidenden Engel kehrten sie zu den Gräbern zurück.

Der Lehrstuhl stürzte in der Vorhalle zusammen. Viele der zuletzt zum Kalvarienberg gerittenen 32 Pharisäer waren unter dieser Verwirrung zum Tempel zurückgekehrt, und da sie sich unter dem Kreuz bekehrt hatten, erschütterten sie alle diese Zeichen um so mehr, so dass sie Annas und Kaiphas heftige Vorwürfe machten und sich vom Tempel zurückzogen.

Annas, eigentlich der heimliche Hauptfeind Jesu, der seit langem alle versteckten Ränke gegen ihn und die Jünger geleitet und auch die Ankläger unterrichtet hatte, war wie unsinnig vor Angst und floh von einem Winkel in den anderen in den verborgenen Gemächern des Tempels. Ich sah ihn wie in Krämpfen unter Winseln und Geschrei ganz verkrümmt in einen versteckten Raum gebracht werden und von mehreren seiner Anhänger umgeben. Kaiphas hatte ihn einmal fest umarmt, um seinen Mut aufzurichten, aber vergebens; die Erscheinung der Toten hatte ihn ganz in Verzweiflung gebracht.

Kaiphas, wiewohl in tiefer Angst, hatte einen so stolzen und hartnäckigen Teufel in sich, dass er sich sein Entsetzen nicht merken ließ. Er bot allen Trotz und setzte den drohenden Zeichen Gottes und seiner verborgenen Angst seinen Grimm und

Stolz mit frecher Stirne entgegen. – Als er aber den Fortgang der heiligen Handlungen nicht mehr erhalten konnte, verbarg er und gebot er alle Ereignisse und Erscheinungen zu verbergen, die nicht der ganzen Menge bekanntgeworden. Er selbst sprach und ließ andere Priester sprechen, diese Erscheinungen des Zornes Gottes seien durch die Anhänger des gekreuzigten Galiläers veranlasst, welche verunreinigt zum Tempel gekommen wären; nur die Feinde des heiligen Gesetzes, das auch Jesus habe umstoßen wollen, hätten diesen Schrecken herbeigeführt, und vieles sei der Zauberei des Galiläers zuzuschreiben, der auch im Tode, wie im Leben, die Ruhe des Tempels gestört habe. So gelang es ihm, viele zu beschwichtigen und anderen durch Drohungen Furcht einzujagen, viele jedoch waren tief erschüttert und verbargen ihre Gesinnung. Das Fest ward bis zur Reinigung des Tempels aufgeschoben. Viele Lämmer waren nicht geschlachtet, das Volk zerstreute sich nach und nach.

Das Grab des Zacharias unter der Tempelmauer war unten eingesunken und zerstürzt und dadurch Steine aus den Mauern gefallen. Zacharias ist heraus, aber nicht hier wieder hineingegangen, ich weiß nicht, wo er seine Hülle wieder abgelegt hat. Die erstandenen Söhne Simon Justi legten ihre Leiber wieder in die Gruft, als der Leib Jesu zu Grabe bereitet wurde.

Während alles dieses im Tempel vorging, herrschte an vielen Orten von Jerusalem ein gleicher Schrecken. Gleich nach drei Uhr stürzten viele Gräber, besonders in der nordwestlichen Gartengegend, innerhalb der Stadt ein. Ich sah hie und da die eingehüllten Toten darin liegen, in anderen lagen vermoderte Lumpen und Gerippe, aus manchen drang ein unleidlicher Gestank.

Es stürzten in des Kaiphas Richthaus die Stufen ein, worauf Jesus verspottet gestanden, auch ein Teil der Feuerstelle in der Vorhalle daselbst, wo die Verleugnung des Petrus begonnen. Es ward eine solche Zerstörung, dass man einen neuen Eingang nehmen musste. Hier erschien die Leiche des Hohenpriesters Simon Justus, aus dessen Geschlecht Simeon war, der bei Jesu Opferung im Tempel weissagte. Diese Erscheinung sprach einige drohende Worte über das ungerechte Urteil, das hier gefällt worden, aus. Es waren mehrere vom Synedrium versammelt. Die Leute, welche gestern nacht dem Petrus und Johannes Eingang verschafft hatten, bekehrten sich und flohen in die Höhlen zu den Jüngern. Bei dem Palast des Pilatus zerbrach der Stein und sank die Stelle, worauf Jesus von Pilatus dem Volk dargestellt worden war. Alles wankte und bebte, und in dem Hof des nahen Richthauses sank die ganze Stelle ein, wo die Leiber der unschuldigen Kinder verscharrt waren, die Herodes hatte ermorden lassen. Noch an mehreren Stellen der Stadt stürzten Wände ein und zerspalteten sich Mauern; doch ward kein ganzes Gebäude zertrümmert.

Der verwirrte, abergläubige Pilatus war in großen Schrecken und zu aller Regierung unfähig. Das Erdbeben erschütterte einen Palast, es rollte und schwankte unter ihm, er floh von einem Raum zum anderen. Die Toten schrien ihm aus dem Vorhof sein falsches Gericht und widersprechendes Urteil entgegen. Er glaubte, dieses seien die Götter des Propheten Jesus, und sperrte sich in dem heimlichen Winkel seines Schlosses ein, wo er seinen Göttern räucherte und opferte, und er tat ihnen Gelübde, auf dass sie ihm die Götter des Galiläers unschädlich machen möchten. Herodes war in seinem Palast wie unsinnig vor Angst und ließ alles zusperren.

Es waren wohl an hundert Verstorbene aus aller Zeit, welche in Jerusalem und in der Umgegend mit ihren Leibern sich aus den eingestürzten Gräbern erhoben und meistens paarweise zu einzelnen Stellen der Stadt wanderten, dem hin- und herfliehenden Volk entgegentraten und mit kurzen Strafworten von Jesus zeugten. Die meisten Gräber lagen einsam draußen in den Tälern, aber es waren auch viele in den neuangelegten Teilen der Stadt, besonders in der Gartengegend gegen Nordwest, zwischen dem Ecktor und Kreuzigungstor, und auch um und unter dem Tempel waren viele vergessene, heimliche Gräber.

Nicht alle die Leichname, die beim Einsturz der Gräber sichtbar wurden, standen auf; manche wurden bloß sichtbar, weil die Gräber gemeinschaftlich waren. Viele aber, deren Seelen Jesus aus der Vorhölle emporgesendet, richteten sich auf, erhoben die Gesichtsklappen ihrer Leichenverhüllung und schritten wie schwebend durch die Straßen zu den Ihrigen hin. – Sie traten in die Häuser ihrer Nachkommen mit drohenden Strafreden über die Teilnahme am Mord Jesu.

Ich sah die einzelnen Gestalten, wie sie befreundet waren, zusammenkommen und paarweise durch die Straßen der Stadt ziehen. Ich sah die Bewegung ihrer Füße unter der langen Totenkleidung nicht, sie strichen wie schwebend leicht über den Boden hin, ihre Hände waren teils verschlungen in breiten Binden, teils hingen die weiten, um die Arme gebundenen Ärmel lang über die Hände nieder. Die Gesichtsdecken waren aufgeschlagen über das Haupt, die bleichen, gelben Gesichter sahen trocken und verdorrt aus den langen Bärten hervor; die Stimmen klangen fremd und ungewohnt, und diese Stimmen und das Hinstreichen von Ort zu Ort, unaufhaltsam und unbekümmert um alles umher, war ihre einzige Äußerung, ja sie schienen nichts als Stimmen. Sie waren nach den Sitten ihrer Sterbezeit, nach Stand und Alter etwas verschieden gekleidet. An den Scheidewegen, wo die Todesstrafe Jesu vor dem Zug nach Golgota ausposaunt worden war, standen sie still und riefen Jesu Ruhm aus und Wehe den Mördern.

Die Menschen standen fern, hörten und zitterten und flohen, wenn sie vorwärtsschritten. Auf dem Forum vor Pilatus' Palast hörte ich sie drohende Worte ausrufen, ich erinnere mich des Wortes: «Blutiger Richter.»

Alles Volk floh in die äußersten Winkel der Häuser und versteckte sich, es war eine große Angst in der Stadt; um vier Uhr ungefähr kehrten die Leichen zu den Gräbern zurück.

Nach Christi Auferstehung erschienen aber hie und da noch viele Geister. Das Opfer war unterbrochen und alles in Verwirrung, nur ein kleiner Teil des Volkes aß das Osterlamm am Abend. Ich sah auch an anderen Orten des Gelobten Landes und in fernen Ländern allerlei Erscheinungen und Zeichen in dieser Stunde, die ich später erzählen will.

Kaum war nach allen diesen schrecklichen Ereignissen wieder einige Ruhe in Jerusalem eingetreten, als auch der bestürzte Pilatus von allen Seiten mit Berichten über das Vorgefallene bestürmt ward und nun auch der Hohe Rat der Juden, was schon am Morgen von ihm beschlossen war, zu ihm sendete, er möge den Gekreuzigten die Beine zerschmettern und sie, wenn sie tot wären, vom Kreuz abnehmen lassen, damit sie nicht über den Sabbat da hingen. Pilatus ließ also die Schergen zu diesem Zwecke hinaus zur Richtstätte senden.

Gleich hierauf sah ich Joseph von Arimathäa, den Ratsherrn, zu Pilatus kommen. Er hatte den Tod Jesu schon erfahren und mit Nikodemus beschlossen, den Leib des Herrn in seinem neuen Felsengrabe im Garten, nicht sehr weit vom Kalvarienberg, zu begraben. Ich meine, ihn auch schon draußen vor dem Tor gesehen zu haben, wie er alles auskundschaftete, es waren wenigstens schon Leute von ihm in seinem Grabgarten und reinigten und vollendeten noch einiges im Innern des Grabes. Nikodemus ging bereits an einige Orte, um Tücher und Spezereien zur Leichenbereitung zu kaufen, und erwartete den Joseph.

Joseph fand Pilatus sehr geängstigt und verwirrt. Er bat ihn ganz offen und unerschrocken, er möge ihm erlauben, den Leib Jesu, des Königs der Juden, vom Kreuz abzunehmen, denn er wolle ihn in seinem Grab begraben. Pilatus ward noch mehr erschüttert, da ein angesehener Mann so dringend bat, den Leib Jesu, den er so schmählich hatte kreuzigen lassen, ehren zu dürfen; es mahnte ihn die Unschuld Jesu noch ängstlicher, aber er verstellte sich und sagte: «Ist Er denn schon tot?» denn er hatte ja erst vor einigen Minuten die Schergen hinausgesendet, die Gekreuzigten durch das Beinbrechen zu töten. Er ließ darum den Hauptmann Abenadar rufen, der von den Höhlen zurückgekommen war, wo er mit einigen der Jünger gesprochen hatte, und fragte ihn, ob der König der Juden schon gestorben sei. Da erzählte ihm Abenadar den Tod des Herrn um drei Uhr, seine letzten Worte und seinen lauten Schrei, das Beben der Erde und Bersten des Felsens, und Pilatus schien äußerlich sich bloß zu wundern, dass Er so früh gestorben, weil die Gekreuzigten sonst wohl länger lebten, aber innerlich war er geängstigt und bestürzt über das Zusammentreffen der Zeichen mit seinem Tode.

Er wollte vielleicht seine Grausamkeit einigermaßen beschönigen, indem er dem Joseph von Arimathäa sogleich einen Befehl ausfertigte, dass er ihm den Leib des Königs der Juden schenke und dieser ihm daher zur Abnahme vom Kreuz und zur Beerdigung zu überlassen sei. Er freute sich, hierdurch den Hohenpriestern einen Possen zu tun, welche Jesus gern mit den beiden Mördern ehrlos eingescharrt gewusst hätten. – Er sendete auch hinaus, wahrscheinlich den Abenadar selbst, denn ich sah diesen bei der Abnahme Jesu vom Kreuz.

Joseph von Arimathäa verließ hierauf den Pilatus und ging zu Nikodemus, der ihn bei einer wohlgesinnten Frau erwartete, deren Haus an der breiten Straße, dicht neben jener Straße lag, in welcher unserem Herrn gleich bei dem Antritt seines bitteren Kreuzweges so viel Schmach angetan worden war. Nikodemus hatte viele Kräuter und Gewürze zur Einbalsamierung teils hier selbst gekauft, denn diese Frau war eine Würzhändlerin, teils hatte sie ihm manche Spezerei, die sie nicht selbst besaß, wie auch mancherlei Tücher und Binden zur Leichenbereitung anderwärts gekauft und zusammengetragen, welche Gegenstände sie ihnen alle bequem zum Tragen zusammenrollte und packte. Joseph von Arimathäa ging aber auch noch anderwärts und kaufte ein sehr schönes, feines baumwollenes Tuch, sechs Ellen lang und mehrere Ellen breit, und ihre Diener holten aus einem Schuppen neben dem Hause des Nikodemus Leitern, Hämmer, Bolzen, Wasserschläuche, Gefäße, Schwämme und alles Nötige zu ihrem Vorhaben, und sie packten die kleineren Gegenstände in eine leichte Tragbare, ungefähr wie jene, worin die Jünger den Leib Johannes des Täufers von Machärus, dem festen Schloss des Herodes, entführten[33].

Unterdessen war es still und traurig draußen auf Golgota. Alles Volk hatte sich furchtsam zerstreut und verborgen; die Mutter Jesu und Johannes, Magdalena, Maria Cleophä und Salome standen und saßen mit verhüllten Häuptern dem Kreuz gegenüber und trauerten.

Einige Soldaten saßen an dem Erdwall und hatten ihre Spieße neben sich gesteckt. Cassius ritt hin und wider, die Soldaten sprachen von dem Kalvarienfels hinab mit anderen, die entfernter standen. Der Himmel war trübe und eine große Trauer über der ganzen Natur. Da zogen sechs Schergen heran, sie hatten Leitern, Schaufeln und Stricke bei sich und schwere dreieckige Eisenkolben zum Zerschmettern der Gebeine.

Als die Schergen in den Gesichtskreis einzogen, traten die Angehörigen Jesu etwas zurück, und die heilige Jungfrau war in neuer zerreißender Angst, die Schergen möchten den Leib Jesu am Kreuz noch misshandeln, denn sie stiegen am Kreuze hinauf und stießen den heiligen Leib Jesu an und behaupteten, Er stelle sich nur tot. Da sie ihn aber ganz kalt und erstarrt fühlten und Johannes auf Bitten der heiligen Frauen sich an die Soldaten wendete, ließen sie einstweilen von dem Leib des Herrn ab, schienen jedoch nicht überzeugt, dass Er tot sei. Sie stiegen nun auf Leitern an den Kreuzen der Schächer hinan, zwei zerschmetterten jedem mit ihren schneidenden Keulen die Knochenröhren der Arme ober und unter den Ellbogen, und ein dritter tat dieses ober den Knien und auf den Schienbeinen unter einem furchtbaren Gebrülle des Gesmas, dem sie mit dem Kolben durch drei Stöße noch die Brust einstießen.

Dismas wimmerte und starb unter der Marter und war der erste Sterbliche, der seinen Erlöser wiedersah. Hierauf knebelten sie die Bande los und ließen die Leiber auf die Erde niederstürzen, die sie dann an Stricken in das Tal zwischen dem Hügel und der Stadtmauer hinabschleiften und daselbst verscharrten.

Sie schienen noch an dem Tod des Herrn zu zweifeln, und die Angehörigen Jesu waren durch das grässliche Verfahren bei dem Beinbrechen noch mehr geängstigt, sie möchten zurückkehren.

Aber Cassius, nachher Longinus genannt, der Unteroffizier, ein etwas voreiliger, dienstbeflissener Mensch von fünfundzwanzig Jahren, dessen sich wichtig machende Geschäftigkeit bei blöden, schielenden Augen unter seinen Untergebenen öfters Gespött erregte, wurde plötzlich von einem wunderbaren Eifer ergriffen.

Die Grausamkeit und niederträchtige Wut der Schergen, die Angst der heiligen Frauen und die Gnade eines plötzlichen heiligen Eifers machten ihn zum Erfüller einer Prophezeiung. Er schob seine Lanze, die verkürzt ineinander steckte, verlängernd auseinander, steckte die Spitze derselben auf, wendete sein Pferd und trieb es heftig den engen Kreuzhügel hinan, auf dem es sich kaum wenden konnte, und ich sah, wie er es vor dem Riss des zerborstenen Felsens wahrte. So zwischen dem Kreuz des guten Schächers und Jesu Kreuz, zur Rechten von dem Leibe unseres Heilands, haltend, fasste er die Lanze mit beiden Händen und stieß sie mit einer solchen Heftigkeit aufwärts in die hohle, gespannte rechte Seite des heiligen Leibes durch die Eingeweide und das Herz, dass ihre Spitze an der linken Brust eine kleine Wunde öffnete, und indem er die heilige Lanze mit Ungestüm zurückriss, stürzte aus der weiten Wunde der rechten Seite Jesu ein reicher Strom von Blut und Wasser nieder und überströmte sein aufwärts gerichtetes Angesicht mit Heil und Gnade. Er sprang vom Pferd, fiel auf die Knie, schlug an seine Brust und bekannte Jesus laut vor allen Anwesenden.

Die heilige Jungfrau und die anderen, deren Blicke stets zu Jesus emporgerichtet waren, sahen die plötzliche Handlung dieses Mannes mit Angst an und begleiteten den Stoß seiner Lanze mit einem Wehgeschrei, indem sie zu dem Kreuz hinstürzten. Maria, als habe der Stoß ihr eigenes Herz durchbohrt, fühlte das schneidende Eisen durch und durch und sank in die Arme ihrer Freundinnen nieder, während Cassius, laut den Herrn bekennend, auf den Knien lag und freudig Gott lobte, denn er glaubte und war erleuchtet und sah nun hell und klar. Die Augen seines Leibes wie jene seiner Seele waren geheilt und geöffnet. – Sogleich aber ergriff sie alle die ehrerbietigste Rührung vor dem Blut des Erlösers, das, schäumend, mit Wasser gemischt, sich in eine Vertiefung des Felsbodens unter dem Kreuz gesammelt hatte, und Cassius, Maria, die heiligen Frauen und Johannes schöpften das Blut und Wasser mit Trinkschalen, die sie bei sich hatten, in Flaschen und trockneten es mit Tüchern auf[34].

Cassius war wie verwandelt, er hatte sein volles Gesicht erhalten und war tief bewegt und gedemütigt; die anwesenden Soldaten, gerührt von dem Wunder, das an ihm geschehen war, warfen sich auf die Knie nieder, schlugen an die Brust und bekannten Jesus. Das Blut mit Wasser strömte aus der weit eröffneten rechten Seite des Herrn reichlich auf einen reinen Stein und stand schäumend darauf. Sie schöpften es mit ungemeiner Rührung rein auf, und die Tränen Marias und Magdalenas mischten sich mit demselben. Die Schergen, welche indessen den Befehl von Pilatus erhalten hatten, den Leib Jesu nicht zu berühren, den er Joseph von Arimathäa zur Beerdigung geschenkt, kehrten nicht wieder.

Die Lanze des Cassius bestand aus mehreren Teilen, die man aufeinander befestigte, und schien nur ein mäßig langer starker Stab, wenn sie nicht auseinandergezogen war. Das verwundende Eisen hatte einen platten, birnförmigen Körper, an dem man oben eine Spitze aufsteckte, unten zwei bewegliche schneidende gekrümmte Eisen herauszog, wenn man die Lanze gebrauchte.

Alles dieses geschah am Kreuz Jesu bald nach vier Uhr, während Joseph von Arimathäa und Nikodemus mit dem Anschaffen der Bedürfnisse zur Beerdigung Christi beschäftigt waren. Da aber den Freunden Jesu auf Golgota von Joseph von Arimathäas Dienern, die zur Reinigung seines Grabes gegangen, berichtet wurde, dass er mit Erlaubnis des Pilatus den Leib Jesu abnehmen und in sein Grab legen werde, begab sich Johannes mit den heiligen Frauen sogleich nach der Stadt auf den Berg Sion, damit sich die heilige Jungfrau ein wenig erquicken könne und um noch einige zur Grablegung nötige Gerätschaften dort zu holen. Sie hatte eine kleine Wohnung in den Nebengebäuden des Coenaculums. Sie gingen nicht durch das nahe Tor, sondern südlicher durch das Tor, das nach Bethlehem führt, denn das nahe Tor war geschlossen und inwendig von den Soldaten besetzt, welche die Pharisäer bei der Aufregung des Volkes begehrt hatten.

(Die Betrachtende beschrieb öfters manche Ortslagen nach Wendung und Richtung so ins einzelne, dass die Auffassung durch das große Detail selbst schier unmöglich ward, denn während sie auf ihrem Krankenlager festlag, wendete sie sich im Geiste, die Gegenstände anschauend, hin und her und konnte daher erzählend und mit den Händen deutend die Richtungen links und rechts sehr leicht verwechseln. Mehrere solche Ortsangaben, die sie verschiedene Male mit geringen Abweichungen während der Mitteilung ihrer Betrachtung erwähnte, stellen wir hier zusammen und lassen auch ihre Beschreibungen des Grabes und Gartens Josephs von Arimathäa folgen, um die Erzählung der Grablegung unseres Herrn nicht zu sehr dadurch zu unterbrechen.)

An der Morgenseite von Jerusalem ist das erste Tor mittäglich von der Südostecke des Tempels jenes, das in den Stadtteil Ophel führt, das Tor aber, welches der Nordostecke des Tempels mitternächtlich zunächst liegt, ist das Schaftor. Zwischen diesen beiden Toren ist jedoch vor nicht gar langer Zeit noch ein Tor entstanden, das zu einigen Straßen führt, die übereinander an der Ostseite des Tempelberges hinlaufen und meist von Steinmetzen und anderen Arbeitern bewohnt werden. Diese Wohnungen lehnen an den Grundmauern des Tempels. Alle diese Häuser dieser beiden Straßen sind meistens Eigentum des Nikodemus, der sie hat bauen lassen.

Die darin wohnenden Steinmetze zahlen ihm Miete oder arbeiten dafür, denn sie stehen mit ihm und seinem Freund Joseph von Arimathäa in stetem Verkehr, welch letzterer große Steinbrüche in seiner Heimat besitzt und Handel damit treibt. Nikodemus hat aber in der letzten Zeit ein schönes neues Tor zu diesen Straßen gebaut. Sie nennen es jetzt das Tor Moriah. Als es fertig war, ist Jesus zuerst am Palmsonntag hindurchgezogen. Er zog also durch das neue Tor des Nikodemus, durch welches vor ihm niemand gezogen, und ward in das neue Grab des Joseph von

Arimathäa begraben, in welchem vor ihm noch niemand geruht hatte. Dieses Tor ist in späteren Zeiten vermauert worden, und es entstand die Sage, da sollten die Christen einstens wieder einziehen. Noch heutzutage ist ein vermauertes Tor in dortiger Gegend, welches die Türken das Goldene Tor nennen.

Der gerade Weg vom Schaftor gegen Abend, wenn man durch alle Mauern durch könnte, trifft ungefähr zwischen dem nordwestlichen Ende des Berges Sion und zwischen Golgota mitten durch. Von diesem Tor bis nach Golgota in gerader Linie ist wohl Dreiviertelstunde Wegs, vom Palast des Pilatus aber bis Golgota in gerader Linie etwa Fünfachtelstunde. Die Burg Antonia liegt an der Nordwestecke des Tempelberges auf einem hervorspringenden Felsen. Wenn man sich vom Palast des Pilatus abendwärts links durch den Bogen wendet, hat man diese Burg zur Linken. Es ist auf einer Mauer dieser Burg ein hochgelegener offener Platz, der das Forum überschaut. Von dort verkündet Pilatus mancherlei dem Volke, z.B. neue Gesetze.

Auf dem Kreuzweg innerhalb der Stadt hatte Jesus den Kalvarienberg öfter zu seiner Rechten liegen. (Es muss also der Weg Jesu teils südwestlich gegangen sein.) Jesu Weg führte durch das Tor einer inneren Stadtmauer, die gegen Sion zuläuft, welcher Stadtteil sehr hoch liegt. Außerhalb dieser Mauer liegt abendwärts ein Teil der Stadt, der mehr Gärten als Häuser enthält; auch sind gegen die äußerste Stadtmauer hin schöne Gräber mit gemauerten und ausgehauenen Kunsteingängen und oben darauf oft artige Gärtchen. In dieser Gegend liegt das Haus des Lazarus in Jerusalem und hat gegen das Ecktor, wo sich die abendliche, äußere Stadtmauer nach Mittag herumwendet, schöne Gärten bis an die Mauer; es führt, wie ich meine, neben dem großen Stadttor ein eigenes Pförtchen durch die Stadtmauer in diese Gärten. Jesus und die Seinigen sind öfter mit Zulassung des Lazarus da aus- und eingegangen.

Jenes Tor an der Nordwestecke führt in der Richtung von Betsur, welches nördlicher als Emmaus und Joppe liegt. Nördlich von der äußersten Stadtmauer liegen mehrere Gräber von Königen. Dieser abendliche, noch nicht so angebaute Teil der Stadt ist der niedrigste Teil; er fällt gegen die Stadtmauer zu ab und steigt dann wieder in der Nähe derselben etwas, auf welcher Anschwellung schöne Gärten und auch Weinberge liegen; hinter diesen läuft ein breiter gemauerter Weg innerhalb der Mauern, der hie und da fahrbar ist und Aufwege zu den Mauern und Türmen hat, die nicht wie unsere Türme die Aufgänge im Innern haben.

Jenseits der Mauer außerhalb der Stadt ist noch ein Abhang gegen das Tal, so dass also die Mauer um diesen niederen Teil der Stadt wie auf einem erhöhten Wall hinläuft. Auf dem äußeren Abhang vor der Stadtmauer sind noch Gärten und Weinberge. Der Kreuzweg Jesu ging nicht durch die Gartengegend der Stadt selbst, diese Gegend lag dem Ende seines Weges nördlich zur Rechten. Simon von Cyrene aber kam aus dieser Gegend in den Weg Jesu eingetreten. Das Tor, durch das Jesus ausgeführt wurde, sieht nicht gerade abendwärts, sondern in der Richtung von vier Uhr nachmittags.

Die Stadtmauer zur Linken, wenn man zum Tor hinaustritt, läuft eine kurze Strecke südlich und macht dann einen starken Ausbug gegen Abend und zieht sich dann wieder südlich um den Berg Sion herum. Nach dieser linken Seite der Mauer, wenn man hinausgeht, gegen Sion zu, liegt ein sehr mächtiger Turm wie eine Festung. An dieser Seite liegt dem Ausführungstor ein anderes sehr nah, es sind diese beiden wohl die sich nächsten Tore der Stadt und sind wohl nicht ferner voneinander als das Burgtor vom Lüdinghauser Tor hier in Dülmen. Dieses Tor führt gegen Abend ins Tal, und der Weg wendet sich von ihm aus links etwas im Mittag nach Bethlehem zu.

Bald vor dem Tor der Ausführung Christi wendet der Weg sich nördlich rechts nach dem Kalvarienberg, der, an seiner Morgenseite der Stadt zugewendet, steil abhängig, an der Abendseite aber sanft abhängig ist. Jenseits, gegen Abend, sieht man eine Strecke in den Weg nach Emmaus; es ist da eine Wiese am Weg, wo ich Lukas Pflanzen sammeln sah, als er mit Cleophas nach der Auferstehung nach Emmaus ging und ihnen Jesus begegnete. Jesus sah, am Kreuz aufgerichtet, in die Richtung zwischen Abend und Mitternacht gegen zehn Uhr. Wenn Jesus sein Haupt am Kreuz rechts wendete, konnte er etwas vom Tempel und der

Burg Antonia sehen. Es liefen an der Stadtmauer östlich und nördlich vom Kalvarienberg auch Gärten, Gräber und Weinberge hinan. Nördlich am Fuße des Kalvarienberges wurde das Kreuz eingescharrt. Jenseits des Kreuzauffindungsortes nordöstlich sind auch schöne Rebenterrassen. Wenn man vom Kreuzstand südlich schaut, sieht man auf des Kaiphas Haus, unter der Burg Davids hinweg.

Garten und Grab Josephs von Arimathäa

Dieser Garten[35] liegt, vom Kalvarienberg wenigstens sieben Minuten entfernt, nahe am Bethlehemstore an der Anhöhe, welche zur Stadtmauer hinanläuft. Es ist ein schöner Garten mit großen Bäumen, Sitzen und Schattenplätzen, und die eine Seite desselben zieht sich bis zur Stadtmauer an der Höhe hinauf. Wenn man von der Mitternachtsseite im Tal oben hereintritt, steigt der Grund des Gartens links an der Stadtmauer hinan. Rechts am Ende des Gartens liegt ein getrennter Fels, worin das Grab ist. Man wendet sich vom Eingangsweg des Gartens rechts zu dem Eingang der Grabhöhle, die gegen Morgen auf den ansteigenden Garten und zur Stadtmauer hinschaut. In der Südwest- und Nordwestseite desselben Felsens sind noch zwei kleinere neue Grabhöhlen mit niedrigem Eingang. An der Abendseite des Felsens läuft noch ein schmaler Weg herum. Der Boden vor dem Eingang in die Grabhöhle liegt höher als dieser Eingang, der Felsen liegt etwas tiefer, und man steigt zur Tür auf Stufen hinab wie in einen kleinen Graben vor der Ostseite des Felsens. Dieser äußere Zugang ist mit Flechtwerk geschlossen.

Der Raum des Felsenkellers ist so groß, dass vier Menschen zur Rechten und vier zur Linken an den Wänden stehen können und die Leiche noch bequem von anderen zwischen ihnen durchgetragen werden kann. Dieser Raum rundet sich an der Abendseite, gerade der Tür gegenüber, zu einer breiten und nicht sehr hohen Nische, indem sich dort die Felswand über dem etwa zwei Fuß hohen Grablager herüberwölbt.

In der Fläche des Grablagers ist der Raum für eine gewickelte Leiche ausgehoben. Dieses Grablager hängt wie ein Altar nur an der Hinterseite mit dem Felsen zusammen, zu Häupten und zu Füßen kann noch ein Mensch stehen, und auch vor dem Grablager kann man noch stehen, wenn auch die Tür der Grabnische verschlossen wird. Diese Tür ist von Kupfer oder anderem Metall und öffnet sich gebrochen nach beiden Seiten, wo sie Anlage an den Seitenwänden hat; sie steht nicht senkrecht, sondern liegt etwas schräg vor der Nische und reicht so weit vom Boden nieder, dass ein vor sie niedergelegter Stein das Öffnen verhindern kann.

Der hierzu bestimmte Stein liegt jetzt noch vor dem Eingang des Grabgewölbes und wird erst nach der Bestattung des Herrn hereingeschafft und vor die geschlossenen Grabtüren gelegt. Er ist groß und gegen die Grabtüren zu etwas abgerundet, weil die Wand neben den Grabtüren auch nicht winkelrecht ist. Um diese Türen wieder zu öffnen, braucht man diesen großen Stein nicht erst aus dem Gewölbe herauswälzen, was wegen der Beengtheit des Raumes höchst beschwerlich sein würde, sondern man befestigt eine von der Decke niedergelassene Kette in einige Ringe, die hierzu an dem Stein angebracht sind, und rückt ihn durch Aufziehen der Kette, jedoch immer mit großer Anstrengung mehrerer Männer, an die Seite der Höhle von der Grabtür hinweg.

Dem Eingang der Höhle gegenüber ist ein Steinsitz im Garten. Oben auf dem mit Rasen bewachsenen Grabfelsen kann man gehen und eben noch über der Stadtmauer die Höhe von Sion und einzelne Türme sehen; auch sieht man von hier das Bethlehemstor, eine Wasserleitung und den Brunnen Gihon. Der Fels war inwendig weiß mit roten und braunen Adern. Die Höhle ist ganz sauber ausgearbeitet.

Während das Kreuz, nur von einigen Wachen umgeben, einsam stand, sah ich einmal etwa fünf Männer, die von Bethanien durch die Täler hergekommen waren, sich dem Richtplatz nahen, zu dem Kreuz emporschauen und wieder hinwegschleichen; ich meine, es müssen Jünger gewesen sein. Zwei Männer aber, den Joseph von Arimathäa und den Nikodemus, sah ich heute dreimal in der Gegend wie forschend und überlegend. Einmal waren sie während der Kreuzigung in der Nähe. (Vielleicht als sie den Kriegsknechten die Kleider abkaufen ließen.) Später waren sie da, um zu sehen, ob das Volk weg sei, und gingen dann zum Grab, um etwas zu bereiten; von dem Grab gingen sie wieder zum Kreuz selbst und sahen dann hinauf und ringsumher, als besähen sie sich die Gelegenheit. Sie machten den Plan zur Abnahme und kehrten in die Stadt zurück.

Nun begannen sie, die Bedürfnisse zum Balsamieren zusammenzutragen, und ihre Knechte nahmen nebst anderem Werkzeug zur Abnahme des heiligen Leibes vom Kreuz zwei Leitern aus einer Scheune bei dem großen Haus des Nikodemus mit. Jede dieser Leitern bestand nur aus einem Pfahl, in den Bohlenstücke als Stufen eingefalzt waren. Es waren Haken an den Leitern, die man höher und niederer hängen konnte, um die Leiter selbst irgendwo zu befestigen oder irgendeinen Bedarf beim Arbeiten daran zu hängen.

Die gute Frau, bei welcher sie die Spezereien zur Einbalsamierung empfingen, hatte ihnen alles bequem zusammengepackt. Nikodemus hatte hundert Pfund Würze gekauft, welches nach unserem Gewicht 37 Pfund ausmachte, wie mir mehrmals deutlich eröffnet wurde. Sie trugen diese Spezereien teils in kleinen Basttönnchen vom Hals auf die Brust hängend. In einem der Tönnchen war ein Staub. Kräuterbüschchen trugen sie in Beuteln von Pergament oder Leder.

Joseph trug auch eine Salbenbüchse, ich weiß nicht, von welcher Substanz; sie war rot und hatte oben und unten einen blauen Reif. Die Knechte hatten, wie früher erwähnt ward, in einer Tragbahre auch Gefäße, Schläuche, Schwämme und Werkzeuge hinauszutragen. Brennendes Feuer nahmen sie in einer verschlossenen Leuchte mit.

Diese Diener gingen vor ihrem Herrn zu einem anderen Tor, ich glaube zu dem Bethlehemstor, hinaus auf den Kalvarienberg. Auf ihrem Weg durch die Stadt kamen sie an dem Haus vorüber, wohin sich die heilige Jungfrau mit den anderen Frauen und Johannes begeben hatten, um einiges zur Leichenbereitung des Herrn zu holen, und es schlossen sich Johannes und die heiligen Frauen in kleiner Entfernung an den Weg der Diener an. Es waren etwa fünf Frauen, von welchen einzelne große Bündel Tücher unter ihren Mänteln trugen. Die Frauen pflegten, wenn sie gegen Abend oder zu irgendeinem geheimen Religionszweck ausgingen, sich mit einem langen, eine starke Elle breiten Tuch ganz künstlich zu umwickeln. Sie fingen an einem Arm an, und das Tuch umwand sie so eng, dass sie keine großen Schritte machen konnten. Ich habe sie sich ganz einwickeln sehen, sie kamen ganz bequem mit dem Tuch aus bis auf den anderen Arm, auch das Haupt verhüllte dieses Tuch. – Heute hatte es mir etwas Auffallendes, es war Trauerkleidung.

Joseph und Nikodemus trugen auch Trauerkleider, schwarze Vorärmel und Manipel und breite Gürtel, und ihre Mäntel, welche sie über den Kopf gezogen hatten, waren weit und lang und von schmutziggrauer Farbe. Alles, was sie selbst trugen, verdeckten sie mit diesen weiten Mänteln. Sie gingen beide gegen das Ausführtor.

Auf den Straßen war es still und öde, der allgemeine Schrecken hielt alles in den Häusern versperrt. Viele Leute lagen in Buße, nur sehr wenige hielten die Ordnung des Festes. Als Joseph und Nikodemus zu dem Tor kamen, fanden sie es geschlossen und die Wege umher und die Mauer mit vielen Soldaten besetzt; es waren jene, welche die Pharisäer nach zwei Uhr begehrt hatten, als sie einen Aufruhr fürchteten; sie waren noch nicht zurückgerufen. Joseph zeigte ihnen einen schriftlichen Befehl des Pilatus vor, ihn durchzulassen. Sie fanden sich bereitwillig, erklärten ihm jedoch, dass sie bereits vergebens versucht hätten, das Tor zu öffnen, das sich wahrscheinlich bei dem Erdbeben durch irgendeine Bewegung verklemmt hatte; darum hatten auch die beinbrechenden Schergen wieder zu dem Ecktor herein gemusst. Als aber Joseph und Nikodemus die Riegel ergriffen, öffnete sich das Tor zur Verwunderung aller ganz leicht.

Es war noch trüb, düster und neblig, als sie auf den Kalvarienberg kamen, wo sie bereits ihre vorausgesendeten Diener und heiligen Frauen fanden, welche weinend dem Kreuz gegenüber saßen. Cassius und mehrere Soldaten, die sich bekehrt hatten, standen wie verwandelt scheu und ehrerbietig in einiger Entfernung. Joseph und Nikodemus sprachen mit der heiligen Jungfrau und Johannes von allem, was sie getan, um Jesus vom schmählichen Tod zu retten, und hörten von diesen, wie sie nur mit Mühe das Zerschmettern der Beine Jesu abgewendet und wieso die Prophezeiung erfüllt worden sei. Auch von dem Lanzenstich des Cassius sprachen sie. Als nun auch der Hauptmann Abenadar herangekommen war, begannen sie in großer Trauer und Ehrerbietung das heiligste Liebeswerk der Kreuzabnahme und Leichenbereitung an dem heiligen Leibe ihres Herrn und Meisters und Erlösers.

Die heilige Jungfrau und Magdalena sahen am Kreuzhügel zur Rechten zwischen dem Kreuz des Dismas und Jesu; die anderen Frauen waren beschäftigt, die Spezereien und Tücher, das Wasser, die Schwämme und Gefäße zu ordnen. Cassius nahte sich auch, da er Abenadar angekommen sah; er teilte ihm das Wunder seiner Augenheilung mit. Alle waren sehr gerührt, feierlich ernst, betrübt und voll Liebe, ohne viel Worte. Manchmal, wo es die Eile und Aufmerksamkeit bei dem heiligen Geschäft erlaubte, ertönte hie und da ein leises Wehklagen oder Seufzen. Magdalena vor allem war ganz ihrem Schmerz überlassen, in heftiger Bewegung, und wusste von keinem Menschen, von keiner Rücksicht.

Nikodemus und Joseph stellten die Leitern hinten an das Kreuz und stiegen mit einem großen Tuch, an welchem drei breite Riemen befestigt waren, empor und banden den Leib Jesu unter den Armen und den Knien an den Stamm des Kreuzes und die Arme des Herrn mit Tüchern unter den Händen an die Kreuzarme fest; dann schlugen sie, mit hinten auf die Nägelspitzen gesetzten Stiften, die Nägel heraus. Die Hände Jesu wurden durch diese Schläge nicht sehr erschüttert, und die Nägel fielen leicht aus den Wunden nieder, denn diese waren durch das Gewicht des Leibes weit gerissen, und der durch die Tücher hinaufgezogene Körper ruhte mit seiner Last nicht mehr auf den Nägeln. Der Unterleib Jesu, der im Tod in die Knie gesunken war, ruhte nun in sitzender Stellung auf einem Tuch, das über die Kreuzarme in die Höhe gebunden war. Während nun Joseph den linken Nagel losschlug und den linken Arm leise in den Binden an den Leib niedersinken ließ, band Nikodemus den rechten Arm Jesu ebenso an dem Kreuzarm und auch das dornengekrönte Haupt Jesu, das auf die rechte Schulter gesunken war, in seiner Lage fest, schlug den rechten Nagel los und ließ den rechten Arm in den Binden zu dem Leib nieder. An den Füßen hatte indessen Abenadar, der Hauptmann, den großen Nagel mit Anstrengung herausgeschlagen.

Cassius hob die ausgefallenen Nägel ehrerbietig auf und legte sie neben der heiligen Jungfrau zusammen nieder. Nun aber stellten sie die Leitern an die Vorderseite des Kreuzes dicht neben den heiligen Leib, banden den oberen Riemen vom Kreuzstamm los und hängten ihn in einen der Haken an den Leitern. So taten sie mit den beiden anderen Riemen auch, und indem sie die Riemen, niedersteigend, immer in tieferstehende Haken hängten, sank der heilige Leib nieder, dem Hauptmann Abenadar entgegen, der auf eine Stufenbank getreten, ihn unter den Knien in den Armen gefasst hatte und mit ihm herniederstieg, während Nikodemus und Joseph, den Oberleib Jesu zwischen sich in den Armen haltend, leise und behutsam, als trügen sie einen schwerverwundeten geliebten Freund, Stufe für Stufe von den Leitern herabschritten. So gelangte die heilige misshandelte Leiche des Erlösers vom Kreuz zur Erde nieder.

Die Abnahme Jesu vom Kreuz war unbeschreiblich rührend, sie taten alles so vorsichtig und schonend, als fürchteten sie, dem Herrn Schmerzen zu verursachen. Sie waren von all der Liebe und Ehrerbietung gegen den heiligen Leib durchdrungen, welche sie gegen den Heiligen der Heiligen in seinem Leben gefühlt hatten. Alle Anwesenden sahen mit unverwandten Blicken zu dem Leib des Herrn empor und begleiteten jede Bewegung desselben mit teilnehmender Emporhebung der Arme, mit Tränen und allen Gebärden des Schmerzes und der Sorge. Aber alle waren still, und es sprachen die arbeitenden Männer aus unwillkürlicher Ehrerbietung, als seien sie in einer heiligen Handlung begriffen, nur wenig und halblaut einander zu, mancherlei Hilfe anweisend.

Als die Hammerschläge erklangen, durch welche die Nägel herausgetrieben wurden, war Maria und Magdalena, waren alle, welche der Kreuzigung beigewohnt, von neuem Schmerz durchrissen, denn der Klang dieser Schläge erinnerte an die grausame Annagelung Jesu, und alle zitterten, das helle Wehegeschrei Jesu wiederzuhören, und trauerten um seinen Tod bei dem Schweigen des heiligen Mundes.

Herabgenommen aber, hüllten die Männer sogleich den Unterleib des Herrn von den Knien bis zu den Hüften ein und legten den Leib auf dem Tuch in die Arme seiner Mutter, die sie ihm mit Schmerz und Sehnsucht entgegenstreckte.

Der Leib Jesu wird zum Begräbnis bereitet

Die heilige Jungfrau saß auf einer ausgebreiteten Decke. Ihr rechtes Knie, etwas erhöht, und auch ihr Rücken lehnte gegen einen Wulst, vielleicht von zusammengerollten Mänteln, um der von Schmerz und Anstrengung ermüdeten Mutter die traurige Liebesarbeit an dem Leichnam ihres ermordeten Sohnes zu erleichtern, welchen die Männer auf einem Tuch ihr in den Schoß legten. Das heilige Haupt Jesu war gegen ihr etwas erhobenes Knie gelehnt, und der Körper lag auf dem Tuch ausgestreckt. Der Schmerz und die Liebe der heiligen Mutter waren gleich groß, sie hatte den Leib ihres geliebten Sohnes wieder in den Armen, dem sie unter so langer Marter keine Liebe hatte erweisen können, und sie sah die schrecklichen Misshandlungen dieses heiligsten Leibes, in seine Wunden schauend, dicht unter ihren Augen. Sie küsste seine blutigen Wangen, und Magdalena lag mit dem Angesicht auf seinen Füßen.

Die Männer zogen sich nun nach einer südwestlich am Kalvarienberg tiefer liegenden Bucht zurück, wo sie die Leichenherrichtung vollenden wollten, und stellten dort alles mögliche in Ordnung. Cassius stand mit einer Anzahl Soldaten, welche sich zu dem Herrn bekehrt hatten, in ehrerbietiger Entfernung. Die Übelgesinnten waren alle zur Stadt gezogen, und die noch Anwesenden dienten nun der letzten Ehre, welche Jesus erwiesen wurde, zu einer Schutzwache, auf dass kein Störer nahen möge. Einzelne halfen gerührt und demütig hie und da mit Handreichungen, wenn sie aufgefordert wurden.

Alle die heiligen Frauen halfen mit Darreichung von Wassergefäßen, Schwämmen, Tüchern, Salben und Spezereien, wo es nötig war, und standen dann wieder aufmerkend in einiger Entfernung. Unter diesen befanden sich Maria Cleophä, Salome und Veronika. Magdalena war immer bei dem heiligen Leib beschäftigt; Maria Heli aber, die ältere Schwester der heiligen Jungfrau, eine bereits bejahrte Matrone, saß still zuschauend in einiger Entfernung auf dem Erdwall des Kreises. Johannes war immer der heiligen Jungfrau zur Hilfe, er war der Bote zwischen den Frauen und Männern, er half hier bei den Frauen und diente nachher auch den Männern bei der eigentlichen Leichenherrichtung auf alle Weise. Es war für alles gesorgt. Die Frauen hatten lederne Wasserschläuche, die man öffnen und platt zusammenlegen konnte, und auch ein Gefäß voll Wasser auf einer Kohlenglut bei sich stehen. Sie reichten Maria und Magdalena abwechselnd andere Schalen mit reinem Wasser und andere Schwämme und drückten die gebrauchten in die ledernen Gefäße aus. Ich meine nämlich, dass die runden Bäuschchen, die ich sie ausdrücken sah, Schwämme waren.

Die heilige Jungfrau aber war bei unaussprechlichem Leid mit einem starken Mut beseelt[36], ihre Trauer konnte den heiligen Leib nicht in Schmach- und Martergestalt lassen, und so begann sie gleich in ununterbrochener Tätigkeit, den heiligen Leib zu pflegen und zu reinigen. – Sie nahm die Dornenkrone, indem sie dieselbe hinten öffnete, mit großer Behutsamkeit und Beihilfe der anderen vom Haupt Jesu; damit die in das Haupt gedrungenen Dornen bei der Bewegung die Wunden nicht erweiterten, mussten einzelne Dornen von der Krone abgeschnitten werden. Sie legten die Krone nebenhin zu den Nägeln, und nun zog Maria einzelne lange Dornspitzen und Splitter, welche in dem Haupt des Herrn steckten, mit einer runden gelben, federnden Zange[37] aus den Wunden des Hauptes und zeigte sie den Bemitleidenden traurig umher. Die Dornen wurden teils zu der Krone gelegt, es mögen aber auch mehrere zum Andenken bewahrt worden sein.

Man konnte das Antlitz des Herrn kaum mehr erkennen, so war es durch Blut und Wunden entstellt. Die zerrauften Haupt- und Barthaare waren ganz mit Blut verklebt. Maria wusch das elende Haupt und Angesicht Jesu und weichte das vertrocknete Blut mit den nassen Schwämmen aus den Haaren, und immer ward unter dem Waschen die grausame Misshandlung Jesu sichtbarer, und es folgte ein Mitleiden, ein Sorgen und Pflegen dem anderen von Wunde zu Wunde. Sie wusch ihm das Blut mit einem Schwamm und über die Finger der rechten Hand gespannten Tüchlein aus den Wunden des Hauptes, aus den gebrochenen Augen, aus den Nasenlöchern und Ohren; sie reinigte mit dem Tüchlein über dem Zeigefinger den halboffenen Mund und die Zunge des Herrn und die Zähne und Lippen. Sie scheitelte aber das wenige noch übrige Haupthaar des Herrn in drei Teile[38], einen Teil an jede Seite und einen Teil an das Hinterhaupt, und strich die rein gescheitelten Seitenhaare glatt hinter den Ohren zurück. Als das Haupt gereinigt war, küsste die heilige Jungfrau seine Wange und verhüllte es.

Ihre Pflege wendete sich nun zu dem Hals, den Schultern, der Brust und dem Rücken des heiligen Leibes und auch auf die Arme und die blutvollen zerrissenen Hände. Ach! da zeigte sich die schreckliche Zerrüttung erst recht schauderhaft, alle Gebeine der Brust, alle Gewebe wären zerdehnt und verrenkt und dadurch unbiegsam geworden; die Schulter, worauf Er das schwere Kreuz getragen, war von einer großen Wunde zerfleischt und der ganze Oberleib voll Schwielen und Geißelwunden; an der linken Brust hatte Er eine kleine Wunde, wo die Lanzenspitze des Cassius wieder hervorgedrungen, und in der rechten Seite öffnete sich die weite große Lanzenwunde, die sein Herz von einer Seite zur anderen durchspaltete. Maria wusch und reinigte alle diese Wunden, und Magdalena, auf den Knien liegend, war ihr manchmal helfend gegenüber, meist aber zu den Füßen Jesu, welche sie zum letzten Mal mehr mit ihren Tränen als mit Wasser abwusch und mit ihren Haaren trocknete.

Als nun das Haupt, der Oberleib und die Füße des Herrn von Blut und Unrat gereinigt waren und der heilige Leib, bläulich weiß, wie verblutetes Fleisch glänzend, hie und da mit braunen Flecken von geronnenen Blutmalen und mit roten, von Haut entblößten Stellen, im Schoße Mariens lag, verhüllte diese die gereinigten Glieder und begann abermals vom Haupte an alle Wunden zu salben. Die heiligen Frauen knieten abwechselnd ihr gegenüber und reichten ihr eine Büchse dar, aus welcher sie mit dem Zeigefinger und dem Daumen der rechten Hand etwas wie Salbe oder sonst Köstliches herausnahm, womit sie alle die Wunden ausfüllte und bestrich.

Auch das Haar begoss sie mit Salbe, und ich sah, wie sie die Hände Jesu in ihrer Linken hielt, ehrerbietig küsste und dann die weiten Nagelwunden mit jener Salbe oder Spezerei füllte, von welcher sie auch in die Öffnung der Ohren, der Nase und in die Seitenwunden des Herrn tat. Magdalena war meistens mit den Füßen Jesu beschäftigt, bald sie zu trocknen und zu salben, bald sie von neuem mit ihren Tränen zu benetzen, sie ruhte oft lange mit ihrem Angesicht darauf.

Ich sah das gebrauchte Wasser nicht wegschütten, sondern in den ledernen Schläuchen sammeln, in welchen sie die Schwämme ausdrückten. Mehrmals sah ich frisches Wasser in Schläuchen und Krügen, welche die Frauen mitgebracht hatten, von einzelnen Männern, Cassius oder anderen Soldaten aus dem Brunnen Gihon holen, der so nahe lag, dass man ihn von dem Grabgarten her sehen konnte.

Als die heilige Jungfrau alle Wunden gesalbt hatte, wickelte sie das Haupt mit Binden ein; die Gesichtsdecke an dieser Kopfhülle zog sie aber noch nicht nieder. Sie drückte die halbgebrochenen Augen Jesu zu und ließ ihre Hand etwas auf denselben ruhen und schloss den Mund des Herrn und umarmte den heiligen Leib ihres Sohnes und ließ weinend das Antlitz auf das seinige sinken. Magdalenas Angesicht berührte aus Ehrerbietung das Antlitz Jesu nicht, es ruhte nur auf seinen Füßen.

Schon standen Joseph und Nikodemus eine Weile harrend in der Gegend, als Johannes der heiligen Jungfrau mit der Bitte nahte, sich von dem Leibe Jesu zu trennen, auf dass sie ihn zum Grab bereiten konnten, weil der Sabbath nahe. Maria umarmte Jesu Leib nochmals inniger und nahm mit rührenden Worten Abschied von ihm. Nun hoben die Männer den heiligen Leib Jesu auf dem Tuch, worauf Er lag, aus dem Schoß seiner Mutter und trugen ihn hinab zur Stelle der Leichenbereitung. Maria, von neuem ihrem Schmerz, der in der liebenden Pflege einigen Trost gefunden, ganz hingegeben, ruhte mit verhülltem Haupt in den Armen der Frauen; Magdalena aber, als wolle man ihren Geliebten rauben, eilte mit ausgestreckten Händen einige Schritte nach und wendete sich dann zu der heiligen Jungfrau zurück.

Sie trugen aber den heiligen Leib eine Strecke von der Höhe Golgotas hinab, wo in einer Bucht der Anhöhe ein schöner flacher Fels war. Hier hatten die Männer sich die Stelle zur Balsamierung bereitet. Ich sah zuerst ein netzartiges durchbrochenes Tuch, wie von Spitzen, gebreitet, es war der Art wie bei uns das große sogenannte Hungertuch[39], das in der Kirche aufgehängt wird. Ich meinte als Kind immer, wenn ich dieses Tuch hängen sah, es sei jenes, das ich bei der Leichenherrichtung des Herrn gesehen. Wahrscheinlich war es netzartig, um das Wasser beim Waschen abfließen zu lassen. Ich sah aber noch ein anderes großes Tuch ausgebreitet.

Sie legten den Leib des Herrn auf das durchbrochene Tuch, und einige hielten das andere Tuch über ihn. Nikodemus und Joseph knieten nieder und lösten unter dieser Decke das Tuch von dem Unterleib des Herrn, welches sie von den Knien bis zur Hüfte bei der Kreuzabnahme um ihn geschlungen hatten, und nahmen dann die Gürtelbinde von dem heiligen Leib Jesu, welche ihm Jonadab, der Neffe seines Nährvaters Joseph, vor der Kreuzigung gebracht hatte. So wuschen sie den Unterleib des Herrn mit Schwämmen züchtig unter der übergehaltenen Decke, durch welche er ihren Augen verborgen war, und dann ward der heilige Leib auf Quertüchern unter dem Oberleib und den Knien, noch immer mit dem oberen Tuche bedeckt, emporgehoben und auf der Rückseite, ohne ihn umzuwenden, gewaschen. Sie wuschen ihn aber so lange, bis das aus den Schwämmen ausgedrückte Wasser klar und hell niederfloss.

Sie wuschen ihn nachher noch mit Myrrhenwasser, und ich sah, dass sie den heiligen Leib niederlegten und ehrerbietig mit ihren Händen gerade streckten, denn die Mitte desselben und die Knie waren noch etwas gekrümmt und so erstarrt, wie Er sterbend am Kreuz zusammengesunken war.

Sie legten sodann ein ellenbreites, etwa drei Ellen langes Tuch unter seine Lenden, füllten seinen Schoß ganz mit Kräuterbüschchen, wie ich sie manchmal auf himmlischen Tafeln[40] grün auf goldenen Tellerchen mit blauen Rändern stehen sehe, und mit feinen krausen Pflanzenfäden, wie Safran, und streuten noch über alles ein Pulver aus, welches Nikodemus in einer Büchse mitgebracht hatte. Dann wickelten sie über alle diese Spezerei den Unterleib mit der untergelegten Tuchbahn ein, zogen das Ende zwischen den Beinen herauf und steckten es über dem Unterleib, wo die Binde anschließend gürtete, einschlagend fest. Nach dieser Verhüllung salbten sie alle Wunden der Lenden, bestreuten sie mit Spezerei und legten Kräuterbüschchen zwischen den Beinen bis zu den Füßen herab und wickelten die Beine von unten herauf ein in diese Gewürze.

Nun führte Johannes die heilige Jungfrau und die anderen heiligen Frauen wieder heran. Maria kniete bei dem Haupt nieder, sie legte ein feines Tuch, das sie von Claudia Procle, der Frau des Pilatus, empfangen und das sie um den Hals unter ihren Mantel hängen hatte, unter das Haupt Jesu, und sie und die anderen heiligen Frauen füllten nun den Raum zwischen den Schultern und dem Kopf um den ganzen Hals bis zu den Wangen Jesu mit Kräuterbüschchen, solchen feinen Fäden und jenem feinen Pulver aus, worauf die heilige Jungfrau alles mit jenem Tuch um Kopf und Schultern festband. Magdalena goss noch ein ganzes Fläschchen Wohlgeruch in die Seitenwunde Jesu, und die heiligen Frauen legten ihm noch Gewürze in die Hände und um und unter die Füße. Dann füllten die Männer noch die Achselhöhlen mit Spezerei aus, belegten die Herzgrube damit und füllten allen

Raum um den Körper damit aus, kreuzten seine erstarrten Arme über dem Schoß und schlugen den Leib mit den Gewürzen in das große weiße Tuch bis an die Brust fest ein, wie man ein Kind einschlägt. Nun aber klemmten sie unter die angeschlossene Achsel des einen Arms das eine Ende einer breiten Binde ein und wickelten diese, den heiligen Leib auf den Händen aufhebend, um das Haupt und den ganzen Leib nieder, der so die Gestalt einer eingehüllten Puppe erhielt. Hierauf legten sie den Leib des Herrn auf das große, sechs Ellen lange Tuch, das Joseph von Arimathäa gekauft hatte, und schlugen ihn darin ein. Er lag quer darauf, eine Ecke ward von den Füßen zur Brust herauf, die andere über den Kopf und die Schultern niedergeschlagen, und die Seiten wurden um den Leib herumgewickelt.

Als sie nun alle den Leib des Herrn weinend umgaben und abschiednehmend um ihn her knieten, zeigte sich ein rührendes Wunder vor ihren Augen. Die ganze Gestalt des heiligen Leibes Jesu mit allen seinen Wunden erschien auf der Oberfläche des Tuches, das ihn bedeckte, braunrötlich abgebildet, als wolle Er ihre liebende Pflege und ihre Trauer dankbar belohnen und ihnen sein Bild durch alle Verhüllung hindurch zurücklassen. Weinend und wehklagend umarmten sie den heiligen Leib und küssten verehrend das wunderbare Abbild; ihr Staunen war so groß, dass sie das Tuch nochmals öffneten, und es war noch größer, da sie alle die Binden des heiligen Leibes weiß wie vorher und nur das obere Tuch mit der Gestalt des Herrn bezeichnet fanden.

Die Seite des Tuches, worauf der Leib lag, enthielt das Abbild des ganzen Rückens des Herrn, die Seite, die ihn bedeckte, seine vordere Gestalt, diese aber musste zusammengelegt werden, weil das Tuch hier mit verschiedenen Ecken über ihn zusammengeschlagen war. Es war dies kein Abdruck von etwa blutenden Wunden, denn der ganze Körper war in Spezereien mit vielen Binden dicht eingewickelt, es war ein Wunderbild, ein Zeugnis der schaffenden, bildenden Gottheit im Leibe Jesu.

Ich habe auch vieles von der nachherigen Geschichte dieses heiligen Tuches gesehen, was ich aber nicht mehr in bestimmte Ordnung bringen kann. Es war nach der Auferstehung mit den anderen Tüchern im Besitz der Freunde Jesu. Ich sah es einmal einem, der es unter dem Arme trug, hinwegreißen, ich sah es zweimal in den Händen der Juden, ich sah es auch lange in Verehrung der Christen an verschiedenen Orten. Einmal war ein Streit darüber, und es wurde zur Beilegung desselben in ein Feuer geworfen, flog aber wunderbar über der Flamme empor in die Hande eines Christen.

Es sind drei Abdrücke von demselben durch Auflegung unter Gebet von heiligen Männern gemacht worden, und zwar von dem ganzen zusammengelegten Bilde der vorderen Seite. Diese Abdrücke sind durch Berührung in der feierlichen Intention der Kirche geweiht und haben von je große Wunder getan. Das Original habe ich einmal mit einiger Beschädigung, einigen Rissen, in Asien bei nichtkatholischen Christen in Verehrung gesehen. Ich habe den Namen der Stadt vergessen, sie liegt in einem großen, der Heimat der Heiligen Drei Könige nahen Land. Ich habe in diesen Gesichten auch etwas von Turin und Frankreich und dem Papst Clemens I. gehabt und vom Kaiser Tiberius, der fünf Jahre nach Christi Tod gestorben, habe es aber vergessen.

Die Grablegung

Die Männer legten nun den heiligen Leib auf die lederne Tragbahre, bedeckten sie mit einer braunen Decke und schoben zwei Stangen an der Seite durch. Ich ward dadurch recht an die Bundeslade erinnert. Nikodemus und Joseph trugen die vorderen Stangenenden auf den Achseln, hinten trugen Abenadar und Johannes. Hierauf folgten die heilige Jungfrau, Maria Heli, ihre ältere Schwester, Magdalena und Maria Cleophä, dann die Schar Frauen, die entfernter gesessen, Veronika, Johanna Chusa, Maria Markus, Salome Zebedäus, Maria Salome, Salome von Jerusalem, Susanna und Anna, eine in Jerusalem erzogene Brudertochter des hl. Joseph. Den Zug aber beschlossen Cassius und die Soldaten. Die anderen Frauen, z.B. die Maroni von Naim, Dina, die Samaritin, und Mara, die Suphanitin, waren jetzt in Betanien bei Martha und Lazarus.

Es schritten ein paar Soldaten mit gedrehten Fackeln voraus, denn man musste Licht in der Grabhöhle haben. So zogen sie etwa sieben Minuten weit in leisem, wehmütigem Ton, Psalmen singend, durch das Tal nach dem Grabgarten hin, und ich sah jenseits auf der Höhe Jakobus den Älteren, den Bruder des Johannes, dem Zuge zuschauen und dann zurückkehren, es den anderen Jüngern in den Höhlen zu verkünden.

Der unregelmäßige Garten vor dem Grabfelsen, der, mit Rasen bedeckt, an seinem Ende liegt, hat einen lebendigen Zaun und innerhalb desselben beim Eingang noch eine Umschränkung von Querstangen, die mit eisernen Zapfen an Pfählen befestigt sind. Vor dem Eingange des Gartens und des rechts in demselben liegenden Grabfelsens stehen einige Palmbäume. Die meisten anderen Gewächse des Gartens sind Gebüsche, Blumen und Gewürzstauden.

Ich sah den Zug am Eingang des Gartens anhalten und denselben durch Aushebung einiger Stangen öffnen, deren sie sich später als Hebel bedienten, den Schlussstein der Grabtür in die Höhle zu wälzen. Vor dem Grabfelsen angekommen, öffneten sie die Leichentrage und hoben den heiligen Leib auf einem schmalen Brett heraus, unter welchem ein Tuch quer übergebreitet ward. Nikodemus und Joseph trugen an den Enden des Brettes und die beiden anderen an dem Quertuch. Die Grabhöhle, die noch neu war, war von den Dienern des Nikodemus gereinigt und ausgeräuchert worden, sie war ganz zierlich und hatte inwendig oben einen schönen Leist ausgehauen. Das Totenlager war am Kopf etwas breiter als an den Füßen, und es war die Gestalt eines eingehüllten Leibes darin ausgetieft, am Kopfe und den Füßen mit einer kleinen Erhöhung.

Die heiligen Frauen setzten sich dem Eingang der Grabhöhle gegenüber auf einen Sitz. Die vier Männer trugen den Leib des Herrn in die Grabhöhle hinab, setzten ihn nieder, füllten noch einen Teil des ausgetieften Totenlagers mit Spezereien aus, breiteten dann ein Tuch darüber und legten den heiligen Leib darauf. Das untergelegte Tuch hing noch über das Traglager herab. Nun erwiesen sie dem heiligen Leib mit Tränen und Umarmungen noch ihre Liebe und traten aus der Höhle.

Es ging aber nun die heilige Jungfrau in die Höhle, und ich sah, dass sie sich zu Häupten auf das Grablager, das etwa zwei Schuh hoch von dem Grunde war, niedersetzte und sich weinend über den Leichnam ihres Kindes niederbeugte, und als sie die Höhle verließ, eilte Magdalena in dieselbe; sie hatte in dem Garten Zweige und Blumen gebrochen, die sie über den heiligen Leib ausstreute. Sie rang die Hände und umarmte weinend und wehklagend die Füße Jesu. Da aber die Männer draußen zum Schluss ermahnten, begab sie sich zurück nach dem Sitz der Frauen. Die Männer deckten nun die herabhängende Decke über den heiligen Leib und die braune Decke über das ganze Lager und schlossen die braunen, wahrscheinlich kupfernen oder erzenen Türen; es kam eine quere und senkrechte Stange davor, es sah wie ein Kreuz aus.

(Sie bestimmte nicht, ob diese Stangen vorgelegt wurden oder ob es bloß erhabene Leisten der Tür waren, die sich so bildeten.)

Der große Stein zum Verschluss der Grabtüren, der noch vor der Höhle lag, war ungefähr von der Gestalt eines Koffers[41] oder Grabmonuments, es konnte wohl ein Mensch ausgestreckt darauf liegen. Er war sehr schwer und ward nun von den Männern vermittelst jener am Garteneingang ausgehobenen Stangen in die Vorhalle des Grabes vor die verschlossenen Grabtüren gewälzt. Der äußere Eingang der Vorhalle ward mit einer leichten Tür von Flechtwerk zugesetzt.

Alle Verrichtungen innerhalb der Höhle waren bei Fackelschein geschehen, weil es düster in derselben war. Ich habe während der Grablegung mehrere Männer in der Nähe des Gartens und Kalvarienberges gesehen, welche schüchtern und traurig hin- und herwandelten; ich glaube, es waren Jünger, die auf Abenadars Erzählung durch das Tal aus den Höhlen herbeigekommen waren und wieder zurückkehrten.

Es war nun die Zeit, da der Sabbat eintrat, und Nikodemus und Joseph begaben sich durch ein kleines Pförtchen, das in der Nähe des Gartens durch die Stadtmauer führte und, wie ich meine, eine Privatvergünstigung war, nach der Stadt. Sie sagten zu der heiligen Jungfrau, zu Magdalena, Johannes und einigen Frauen, die nochmals zum Kalvarienberg wollten, um zu beten und einiges Zurückgelassene mitzunehmen, dass ihnen diese Pforte und ebenso auch das Tor zum Coenaculum auf ihr Anpochen geöffnet werden würde. Die bejahrte Schwester der heiligen Jungfrau, Maria Heli, ward von Maria Markus und anderen Frauen zur Stadt geführt. Die Diener des Nikodemus und Joseph gingen zum Kalvarienberg, die zurückgelassenen Gerätschaften zu holen.

Die Soldaten zogen zu jenen, welche am Ausführtor standen, und Cassius ritt mit der Lanze zu Pilatus, dem er alles berichtete, was ihm begegnet war, und welchem er von allem Weiteren genaue Kundschaft zu bringen versprach, wenn er ihn der Grabwache beiordnen wolle, welche die Juden, wie ihm schon zugetragen, gewiss von ihm begehren würden. Pilatus hörte alle seine Reden mit einem geheimen Grauen an, behandelte ihn aber als einen Schwärmer und befahl ihm aus Ekel und Aberglauben, seine Lanze, die er bei ihm abgestellt hatte, vor die Tür zu setzen.

Als die heilige Jungfrau und ihre Begleitung vom Kalvarienberg, wo sie noch geweint und gebetet hatten, mit ihrem Geräte zurückkehrten, sahen sie einen Trupp Soldaten mit einer Fackel entgegenkommen und zogen sich auf dem Weg nach zwei Seiten zurück, bis die Schar vorüber war. Diese zogen zum Kalvarienberg, wahrscheinlich um die Kreuze vor dem Sabbat hinwegzunehmen und zu verscharren. Als sie vorüber waren, setzten die heiligen Frauen ihren Weg zu dem Einlasspförtchen fort.

Dem Joseph und Nikodemus begegneten in der Stadt Petrus, Jakobus der Ältere und Jakobus der Jüngere. Sie weinten alle, Petrus war ganz besonders betrübt und heftig, er umarmte sie unter Tränen, klagte sich an, jammerte, nicht bei dem Tod des Herrn gewesen zu sein, und dankte ihnen für das Grab des

Herrn. Sie waren alle ganz außer sich vor Schmerz. Sie bestellten, auf ihr Anpochen im Coenaculum eingelassen zu werden, und schieden dann, noch andere Zerstreute aufzusuchen.

Ich sah später die heilige Jungfrau und ihre Begleitung am Coenaculum pochen und eingelassen werden, auch Abenadar wurde eingelassen und nach und nach die meisten Apostel und mehrere Jünger. Die heiligen Frauen begaben sich abgesondert in die Wohnung der heiligen Jungfrau. Man nahm etwas Erquickung und brachte noch einige Minuten mit Trauer und Angst und mancherlei Erzählung zu.

Die Männer legten nun andere Kleider an, und ich sah sie, unter der Lampe stehend, den Sabbat halten. Dann aßen sie noch an verschiedenen Tischen im Coenaculum umher Lämmer, aber ohne Zeremonien. Es war das Osterlamm nicht. Dieses hatten sie schon gestern gegessen. Es war große Verwirrung und Trauer in allen. Auch die heiligen Frauen beteten mit Maria unter einer Lampe. Später, als es ganz dunkel war, wurden noch Lazarus, Martha, die Witwe Maroni von Naim, Dina, die Samaritin und Maria Suphanitis[42] eingelassen, die nach dem Sabbat von Betanien kamen, und der Schmerz erneuerte sich in der Erzählung.

Josephs von Arimathäa Gefangennehmung

Spät ging Joseph von Arimathäa nebst einigen Jüngern und Frauen aus dem Coenaculum nach Hause. Sie gingen scheu und traurig durch die Straßen von Sion, und plötzlich trat aus einem Hinterhalte in der Nähe des Richthauses des Kaiphas ein Trupp Bewaffneter hervor und ergriff den Joseph von Arimathäa, während die anderen mit Angstgeschrei entflohen. Ich sah, dass sie den guten Joseph nicht sehr weit von dem Richthaus in einen Turm der Stadtmauer einkerkerten. Kaiphas hatte diese Gefangennehmung durch heidnische Soldaten veranlasst, welche keinen Sabbat hielten, und man hatte im Sinn, Joseph etwa verhungern zu lassen und gar nichts von seinem Verschwinden zu melden.

Hiermit schließen sich die Mitteilungen von dem Leidenstag Jesu; es folgen noch einige zu ihm gehörige Nachträge und sodann die Betrachtungen des stillen Samstags, der Höllenfahrt, Auferstehung und einiger Erscheinungen des Herrn.

Nachträge zum Leidensweg Jesu – Jonadabs Erbarmen mit dem Herrn wird belohnt

Jonadab, der aus dem Tempel von einer inneren Angst getrieben wurde, sein Schweißtuch Jesus zur Bedeckung seiner Blöße vor der Kreuzigung zu geben, war ein Bruderssohn des hl. Joseph, des Nährvaters Jesu, aus der Gegend von Bethlehem. Er eilte von Golgota nach dem Tempel zurück, als aber dort das Schlachten des Osterlammes durch die Finsternis, das Erdbeben und die Erscheinung der Toten gestört ward, kehrte er eilends in seine Heimat zurück, denn seine Mutter und seine Frau waren krank, und er hatte unerwachsene Kinder. Ich sah den guten Mann in seinem Herzen verwandelt nach Hause eilen, denn früher war er sehr wenig anteilnehmend an Jesu Lehre und Wandel gewesen, weil auch sein Vater, ich meine ein Stiefbruder des hl. Joseph, keine besondere Neigung zu dem Herrn hatte. Es war jener Bruder, dem Joseph in Bethlehem, als er ihn in der Krippenhöhle etwas spät besuchte, den überzähligen Esel gegen Geld verpfändete, um einiges zur Bewirtung der Heiligen Drei Könige anzuschaffen, deren Ankunft die heilige Jungfrau ihm vorausverkündet hatte.

Ich sah aber, wie dem Jonadab zu seinem großen Erstaunen seine Mutter, Frau und Kinder frisch und gesund auf der Mitte seines Weges entgegenkamen. Er traute seinen Augen kaum, er hatte sie sehr krank verlassen. Ich sah, wie sie ihn umarmten und ihm erzählten, dass ihnen auf eine wunderbare Weise Heil widerfahren sei. Bald nach Mittag sei eine mäjestätische Frau in ihre Wohnung vor ihr Lager getreten und habe gesprochen: «Steht auf und eilet Jonadab entgegen, er hat die Blöße eines Nackten bedeckt!» Da seien sie mit Wohlbefinden ganz durchdrungen gewesen und seien gesund aufgestanden, dieser wunderbaren Frau zu danken und Ehre zu erweisen. Als sie ihr aber eine Erquickung an Speise und Trank vorsetzen wollten, sei sie verschwunden, habe das ganze Haus mit Wohlgeruch erfüllt und sie ganz ersättigt zurückgelassen. Nun seien sie nach den Worten jener Frau aufgebrochen und ihm entgegengezogen. Er solle ihnen nun auch erzählen, welchen Nackten er bekleidet habe.

Jonadab erzählte ihnen nun unter Tränen und Wehklagen von Jesu Kreuzigung, und dass Jesus, der Sohn Josephs und Marias, der Prophet, der Christus, der Heilige aus Israel sei. Da trauerten sie alle und zerrissen ihre Kleider und weinten, lobten aber dennoch Gott und die große Wohltat für ein so einfaches Werk der Liebe und sprachen von den schrecklichen Zeichen am Himmel und auf Erden an diesem Tag und gingen erschüttert nach Hause.

Während aber die Frau dem Mann das Geschehene erzählte, habe ich jene Erscheinung in ihrem Haus in einem Bild selbst gesehen. Wer jene Erscheinung war, kann ich nicht mehr gewiss sagen; es ist mir dunkel, als sei es ein Bild der heiligen Jungfrau gewesen. Ich habe auch gesehen, dass Jonadab später, nachdem er seine Verhältnisse geordnet hatte, zu der Gemeinde des Herrn gekommen ist.

Als die heilige Jungfrau in großer Angst heftig zu Gott flehte, Er möge das Ärgernis der Entblößung Jesu am Kreuz abwenden, sah ich die Erhörung ihres Gebetes, indem mein Blick auf ihren Neffen Jonadab im Tempel gewendet wurde, den ich, von gleicher Angst überwältigt, aus dem Tempel durch die Stadt nach Golgota laufen und Hilfe bringen sah. Als nun die heilige Jungfrau, in tiefem Dankgefühl für die Barmherzigkeit Jonadabs, den Segen Gottes über ihn und sein Haus herabflehte, ward mir abermals die Erhörung ihres Gebetes gezeigt, indem ich Jonadab von dem Glauben an unseren Herrn erleuchtet und seiner kranken Familie jene wunderbare Hilfe durch eine Erscheinung zukommen sah.

Solche Gnaden durch Erhörung unseres und fremden Gebetes geschehen sehr viele an uns selbst; weil wir aber den Hergang nicht augenscheinlich sehen, so erscheinen sie uns gar nicht oder doch nicht so wunderbar. Manchmal sieht man solche Gebetswirkungen und Gnaden durch die heiligen Engel vollziehen, und daher erzählen zuweilen beschauliche Menschen, welche das Leben Jesu und Marias betrachten:

«Die heilige Jungfrau hatte soundsoviele Engel zu ihren Diensten, zu ihrem Schutz; sie sendete Engel da und dort hin, zu diesem und jenem Geschäft» usw. Diese Äußerungen befremden nur jene, welche nicht auf solchem beschaulichen Weg geführt werden; den Betrachtenden aber scheint es ebenso natürlich, die Königin des Himmels von dienenden Engeln als die Großen der Erde von Dienern und Wachen umgeben zu sehen. Wenn man Gott kindlich für seinen Vater hält, so wundert man sich nicht, die Diener des himmlischen Vaters zu sehen, und hat auch den vertrauensvollen Mut, sie in Aufträgen, die zur Ehre des Herrn sind, zu senden. Es geschieht mir gar oft, dass ich, für andere betend, meinen Schutzengel dringend bitte, aus Liebe zu Jesus Christus, zu dem Engel einer anderen Person zu gehen und ihr dieses und jenes zu sagen. Mir ist nicht anders dabei, als sende ich einen vertrauten Freund oder Diener in ernsten Geschäften aus, und ich sehe ihn auch gehen und den Auftrag vollziehen. Ich habe in meiner Jugend geglaubt, so täten alle Christen. Als ich aber erfuhr, dass die meisten das nicht so alles sähen, dachte ich darum doch nicht, dieses Sehen sei ein Vorzug von mir, denn ich wusste wohl: «Selig sind die, die nicht sehen und doch glauben.»

Nach den verborgenen Absichten Gottes und nach dem Gnadenzustand des Menschen gelangen die Gebetsanregungen auf verschiedene Weise zu dem, an den sie gesendet sind. Jonadab wurde von einer inneren Angst und einem plötzlich erwachenden Mitleid mit Jesus zum Kalvarienberg hingetrieben. Andere von Gottes Gnade Berührte sehen sich zu irgendeiner Handlung von einem Engel ermahnt; und wenn es durch Gottes Fügung in dem Zustand Jonadabs gelegen hätte, würde Jonadab durch eine Erscheinung der heiligen Jungfrau angefleht worden sein: «Eile und bedecke die Blöße meines Sohnes», so wie sie dessen Familie in der Erhörung ihres Dankes für seine Tat erschien.

Auf gleiche Weise sah ich einst die heilige Jungfrau dem Apostel Jakobus dem Älteren, da er in Bedrängnis vor Saragossa um ihr Gebet flehte, auf einer Säule stehend[43] erscheinen, während ich dieselbe zugleich in Ephesus in ihrer Kammer, im Gebet entzückt, für Jakobus betend und geistig zu ihm eilend sah. Dass sie ihm aber auf einem Pfeiler erschien, ist, weil er sie als eine Stütze, als eine Säule der Kirche auf Erden, um Fürbitte anrief und sie als solche vor sein inneres Auge bewegt wurde, denn eine Säule ist eine Säule und erscheint als eine Säule.

Der Name Schädelstätte

Als ich über die Namen des Kreuzigungsfelsens Golgota, Kalvaria, Schädelstätte, nachdachte, kam ich in eine sehr umfassende Betrachtung über diesen Ort, und zwar von Adam an bis auf Christus. Wessen ich mich noch entsinne, ist folgendes:

Ich sah Adam in der Höhle, wo Jesus am Ölberg Blut geschwitzt, nach seiner Verstoßung aus dem Paradies trauern; ich sah, dass Seth der Eva in der Krippenhöhle zu Bethlehem verheißen und dort auch von ihr geboren ward; ich sah Eva auch in den Höhlen, wo nachher das Essener-Kloster Maspha bei Hebron war, sich aufhalten.

Ich sah später die Gegend von Jerusalem ganz anders nach der Sintflut. Ich sah sie als eine verwirrte schwarze Felsengegend, und ganz tief unter dem Kalvariefelsen (es war in der Sintflut ein Felsen darübergewälzt) ward mir das Grab Adams und Evas gezeigt. Es fehlte ein Kopf und die eine Seite eines Gerippes, und der eine noch übrige Kopf lag in dem Gerippe, zu dem er nicht gehörte, tief unter der Erde.

Ich habe oft schon gesehen, dass die Gebeine Adams und Evas nicht alle in ihrem Grabe geblieben waren. Noah hatte einige davon in der Arche, und diese kamen von Geschlecht zu Geschlecht der Altväter. Ich sah, dass Noah und auch Abraham bei dem Opfer immer mehrere Gebeine Adams auf dem Altar aufstellten und Gott dabei an die gegebene Verheißung erinnerten. Als Jakob dem Joseph den bunten Rock schenkte, sah ich, dass er ihm auch Gebeine von Adam als ein Heiligtum gab. Joseph hat sie immer auf der Brust getragen, sie sind mit seinen eigenen Gebeinen in die erste Heiligtumslade gekommen, welche die Kinder Israels aus Ägypten mitführten. Ich sah vieles von solchen Sachen, was ich teils wieder vergessen, teils jetzt nicht Zeit habe zu erzählen.

Von der Entstehung des Namens Schädelstätte wurde mir folgendes gezeigt: Ich sah den Kalvarienberg zu den Zeiten des Propheten Elisäus. Er war damals nicht wie zu Jesu Zeit, er war ein Hügel voll Mauern und Höhlen gleich Gräbern. Ich sah den Propheten Elisäus sich dort in die Tiefe begeben, ich weiß nicht, ob er es leiblich oder in einem Gesicht getan. Ich sah ihn aus einem Steintrog, worin Gebeine lagen, einen Schädel ergreifen. Ich sah aber einen bei ihm stehen, ich glaube die Erscheinung eines Engels, der zu ihm sprach: «Dies ist der Schädel Adams.»

Der Prophet wollte den Schädel mit herausnehmen, jener aber, der bei ihm war, erlaubte es nicht. Ich sah auf diesem Schädel hie und da dünne gelbe Haare. Ich erfuhr auch, dass durch die Erzählung dieses Propheten der Ort den Namen Schädelstätte erhalten. Ich sah, dass das Kreuz Jesu senkrecht über dem Schädel Adams stand, und wurde unterrichtet, dass diese Stelle die Mitte der Erde sei, wobei mir Maße und Zahlen nach allen Weltgegenden gesagt wurden, die ich jedoch wie vieles einzelne und den Zusammenhang des Ganzen wieder vergessen habe. Ich habe jedoch jene Mitte, wie von oben herab, selbst gesehen; da sieht man viel deutlicher als auf der Landkarte, man sieht Länder, Berge, Wüsten, Meere, Flüsse, Städte und kleine Orte, die nahen wie die fernsten gleich deutlich.

Kreuz und Kelter

Als ich über jene Worte oder Betrachtungen Jesu am Kreuze: «Ich bin gepresst wie der Wein, der hier zuerst gekeltert worden, all mein Blut muss ich geben, bis das Wasser kommt und die Hülsen weiß werden, es soll aber kein Wein mehr hier gekeltert werden!» nachdachte, wurde mir zur Erklärung ein anderes Bild vom Kalvarienberg gezeigt.

Ich sah in einer späten Zeit nach der Sintflut die Felsengegend hier nicht mehr so öde und wild. Es waren Weinberge und Weiden hier herum, und ich sah hier gegen Abend hinaus den Erzvater Japhet, einen alten, großen bräunlichen Mann, mit vielen Herden und Nachkommen lagern; sie hatten Hütten in der Erde und Dächer darüber mit Rasen gedeckt, worauf Kräuter und Blumen wuchsen. Es wuchsen viele Weinreben hier herum, und auf dem Kalvarienberg wurde gekeltert auf eine neue Art, wobei Japhet gegenwärtig war.

Ich sah auch die früheren Arten, den Wein zu genießen und zu bereiten und überhaupt vieles vom Wein, wovon mir nur noch folgendes erinnerlich ist: Zuerst aßen sie bloß die Weinbeeren, später pressten sie dieselben in Steinen mit Klötzen aus, dann in großen hölzernen Gossen mit Stempeln. Jetzt aber sah ich hier eine neue Kelter erfunden, die dem heiligen Kreuz sehr ähnlich war. Es war ein hohler dicker Stamm aufgerichtet. Ein Sack voll Trauben, welcher die Brühe durchlaufen ließ, war oben hineingehängt und angenagelt, auf ihn nieder drückte ein Stempel, auf dem ein Klotz lag, und an beiden Seiten des Stammes waren Arme durch Löcher gegen den Sack hineingerichtet, die, auf- und niederbewegt, die Trauben in dem Sack zerquetschten. Der ausgepresste Saft floss durch fünf Löcher unten aus dem Stamm in eine Felsenkufe und von dieser durch eine aus zwei halben Baumringen bestehende, mit dünnen Holzstäben belegte und mit Harzpflastern verbundene Rinne nieder in den nämlichen Felsenkeller, in den vor der Kreuzigung der Herr Jesus gestoßen wurde. Es war dieses damals eine reine Zisterne. Jene Rinne sah ich ganz mit Rasen und Steinen bedeckt, um nicht beschädigt zu werden. Am Fuße der Kelter in der Steinkufe lagen Haardecken vor der Öffnung der Rinne, um die Treber zurückzuhalten, die immer auf eine Seite gelegt wurden.

Als sie mit der Zurüstung der Kelter fertig waren, füllten sie die Trauben, welche bis dahin unten in der Zisterne lagen, in den Sack, hängten diesen in den hohlen Kelterstamm, nagelten ihn fest, setzten den mit dem Klotz beschwerten Stempel in die offene Mündung des Sackes und begannen an den durch den Stamm gegen den Sack drückenden Hebelarmen zu zerren und zu arbeiten, bis der Wein alle herausfloss. Ich sah auch einen oben auf dem Klotz beschäftigt, welcher niederdrückte, damit der Inhalt des Sackes sich nicht oben herausdrängte.

Alles erinnerte wegen der Ähnlichkeit der Kelter mit dem Kreuz lebhaft an das Kreuzigen. Sie hatten auch ein langes Rohr mit einem stacheligen Kopf gleich einem Igel, vielleicht einem großen Distelkopf, und sie fuhren damit durch die Rinne und den Stamm, wenn er sich etwa verstopfte. Es erinnerte dies an die Lanze und den Schwamm. Ich sah Schläuche und Gefäße von Bast und Harz bestrichen umher. Ich sah viele Jünglinge und Knaben nackt, nur mit einer Leibbinde, wie sie Jesus hatte, hier arbeiten.

Japhet war sehr alt, mit langem Bart und mit Fellen bedeckt, und sah das neue Keltern mit Freude an. Es war ein Fest, und auf einem Steinaltar wurden Tiere geopfert, die im Weinberg gingen, junge Esel, Ziegen und Schafe. Abraham sah ich den Isaak nicht auf dieser Stelle opfern; sie sind von Morgen angekommen, vielleicht geschah es auf Moriah.

Viele Belehrungen von allem, was sich auf Wein bezieht, z.B. vom Essig, von den Trebern, von gewissen Absonderungen zur rechten oder linken Seite habe ich leider vergessen, denn auch das Geringste hatte eine tief geheimnisvolle Bedeutung. So Gott will, dass ich diese Dinge sage, wird Er mir sie wieder zeigen.

Nachtrag aus früherer Betrachtung

(In einer Betrachtung des letzten Lebensmonates Jesu sah sie am 3. März drei Chaldäer aus einem Ort, dessen Name wie Sicdor klinge und der eine Priesterschule dieser Heiden sei, den Herrn bei Lazarus in Betanien um Belehrung bitten. Sie hatte schon am vorhergehenden 17. Dezember bei anderer Veranlassung von der Religion und dem Tempel dieser Leute folgendes erzählt:)

Sie hatten eine gestufte Pyramide mit Galerien auf einer Höhe in der Nähe, worauf sie die Sterne eifrig beobachteten. Sie weissagten aus dem Lauf der Tiere und deuteten Träume. Sie opferten Tiere, hatten aber Abscheu vor dem Blut, das sie immer in die Erde laufen ließen. Sie hatten ein heiliges Feuer und Wasser, einen heiligen Saft von einer Pflanze und kleine geweihte Brote in ihren Religionsgebräuchen. Ihr eirund gebauter Tempel war voll sehr zierlich gearbeiteter Metallbilder. Sie hatten viele Ahnung von einer Mutter Gottes.

Der Hauptgegenstand im Tempel war eine dreieckige Spitzsäule. An der einen Seite war ein Bild mit vielen Tierfüßen und Armen, in den Händen hatte es unter anderem eine Kugel, einen Reif, ein Büschchen Kräuter, einen großen gerippten Apfel, am Stiel gefasst, sein Angesicht war wie eine Sonne mit Strahlen, es hatte viele Brüste und bezog sich auf natürliche Erzeugung und Erhaltung, sein Name klang wie Miter oder Mitras.

Auf der anderen Seite der Säule stand ein Tierbild mit einem Horn, es war ein Einhorn und hieß etwa wie Asphas oder Aspax. Es kämpfte mit seinem Horn gegen ein anderes böses Tier, das auf der dritten Seite stand. Dieses hatte einen Kopf wie eine Eule mit krummem Schnabel, vier Beine mit Krallen, zwei Flügel und einen Schweif, der wie ein Skorpionschweif endigte. Ich habe seinen Namen vergessen, wie ich denn überhaupt so fremde Namen nicht leicht behalte, leicht verwechsle und nur sagen kann, dass sie etwa so klangen. Über den beiden kämpfenden Tieren stand an der Ecke der Säule ein Bild, welches die Mutter aller Götter vorstellen sollte. Der Name klang wie Frau Aloa oder Aloas. Sie nannten sie auch eine Kornscheune. Es wuchs dem Bilde ein Busch dicker Weizenähren aus dem Leib; sein Kopf war zwischen den Schultern gedrängt vorwärts gebeugt, denn er trug ein Gefäß auf dem Nacken, worin Wein war oder in welches erst Wein hinein sollte.

Sie hatten eine Lehre wie: Das Korn solle ein Brot, die Traube ein Wein werden, alle zu erquicken. Über dem Bild war eine Art Krone und an der Säule zwei Buchstaben, die mir wie O und W vorkamen. (Vielleicht Alpha und Omega.) Vor allem aber verwunderte mich in dem Tempel auf einem Altartisch von Erz ein rundes, mit Gold übergittertes Gärtchen, darüber ein Jungfrauenbild. In der Mitte des Gärtchens stand ein Brunnen von mehreren versiegelten Brunnenbecken übereinander und vor diesem eine Weinrebe, grün mit einer schönen roten Traube, welche in eine dunkelfarbige Kelter hineinhing, deren Gestalt mich lebhaft an das heilige Kreuz erinnerte, aber es war eine Kelter. In einem hohlen Stamm war oben ein weiter Trichter eingesetzt, an dessen engerem Ende ein Sack hing; gegen diesen Sack drückten zwei bewegliche Arme als Hebel, die von beiden Seiten in den hohlen Stamm reichten, und pressten die darin befindlichen Trauben aus, so dass der Saft an dem Stamm aus tiefer angebrachten Öffnungen hervorlief. Das runde Gärtchen, von fünf bis sechs Schuhen im Durchmesser, war voll feiner grüner Sträucher, Blumen und Früchte, die alle wie die Rebe sehr natürlich gebildet und alle von tiefer Bedeutung waren.

Die prophetische Vorstellung künftigen Heiles war schon vor Jahrhunderten von den Priestern dieses Volkes nach Gesichten, die sie beim Anblick der Sterne hatten, gemacht worden. Sie hatten dieses Bild auch auf der Leiter Jakobs gesehen, wie ich mich entsinne[44]. Sie hatten auch noch mehrere andere Ahnungen und prophetische Vorbilder von der Mutter Gottes, welche aber teils mit Fremden vermischt, teils missverstanden waren. Sie waren jedoch erst vor kurzer Zeit von der Bedeutung des verschlossenen Gartens und versiegelten Brunnens auf die heiligste Weise unterrichtet worden, und dass Jesus der Weinstock, dessen Blut die Welt erquicken solle, und das Weizenkörnlein sei, das in die Erde gelegt und wieder auferstehen müsse. Es war ihnen zur Erkenntnis gekommen, dass sie viele Andeutungen der Wahrheit hätten, welche aber alle mit Formen des Satans getrübt und vermischt seien, usw. Sie waren an die Heiligen Drei Könige zu näherem Unterrichte gewiesen worden, die seit ihrer Rückkehr von Bethlehem mit ihren Stämmen näher als sonst am Gelobten Land, im glücklichen Arabien, ein paar Tagreisen vom Ort dieser Leute, wohnten.

Ich sah Jesus diese drei Chaldäer nur kurz im Vorübergehen sprechen. Er wies sie nach Kafarnaum zu dem Hauptmann Zorobabel, dessen Knecht Er geheilt; dieser sei gleich ihnen ein Heide gewesen und werde sie belehren. Ich sah sie auch hingehen. Es waren ungemein große, schlanke junge Männer, sehr fein und behende, sie waren anders gestaltet als die Juden, sie hatten so schmale Hände und Füße usw.

(Hierher gehört auch noch ihre Erklärung: «Wenn ich die Parabeln vom Weinberg bildlich sehe oder wenn mir im Gebet für Bistümer und Pfarreien diese unter der Gestalt von Weinbergen von der verschiedensten Beschaffenheit vorgestellt werden, in welchen ich allerlei mühselige Winzerarbeiten im Traum verrichten muss, so sehe ich dann in diesen Weinbergen die Kelter immer in der dem Kreuz so ähnlichen Gestalt, nur dass sie in einer tiefen Kufe oder Grube steht. Es können die beweglichen Arme der Kelter auch durch Darauftreten mit den Füßen bewegt werden.»)

Fernere Erscheinungen bei Jesu Tod[45]

Unter den vielen auferstandenen Toten, deren in und um Jerusalem wohl an hundert waren, befanden sich keine Verwandten Jesu. Die Gräber in dem nordwestlichen Teil von Jerusalem sind sonst außerhalb gewesen, aber durch die Erweiterung der Stadt mit hineingekommen. Ich hatte auch einen Blick auf verschiedene Tote, die hie und da an anderen Orten des Heiligen Landes auferstanden, den Ihrigen erschienen und Zeugnis von der Sendung Jesu Christi gaben.

So sah ich Zadoch, einen sehr frommen Mann, der all das Seine den Armen und dem Tempel gegeben und eine Essenerversammlung bei Hebron gegründet hatte, einen der letzten Propheten vor Christus, der sehr eifrig auf die Erscheinung des Messias geharrt und viele Offenbarungen darüber gehabt hatte und in Berührung mit den Voreltern der Heiligen Familie gewesen war. Diesen Zadoch, der etwa hundert Jahre vor Jesus gelebt, sah ich auferstehen und in der Gegend von Hebron mehreren Leuten erscheinen. Ich sah früher einmal, als sei seine Seele unter den ersten gewesen, die zu ihrem Leibe kehrten und dann mit Jesus wandelten, als sie ihren Leib wieder niedergelegt hatten. Ich sah auch verschiedene Tote bei den versteckten Jüngern des Herrn erscheinen und sie ermahnen.

Die Finsternis und das Erdbeben sah ich nicht nur in und um Jerusalem, sondern auch in anderen Gegenden des Landes, ja selbst in weit entfernten Orten Schrecken und Verwüstung verbreiten. Ich entsinne mich jetzt noch des folgenden: In Thirza stürzten die Türme des Gefängnisses, aus dem Jesus einst Gefangene ausgelöst, und noch andere Gebäude ein. Im Lande Chabul sah ich sehr viele Orte großen Schaden leiden. In ganz Galiläa, wo Jesus am meisten gewandelt war, sah ich an vielen Orten einzelne Gebäude und besonders viele Häuser der Pharisäer, die den Herrn am heftigsten verfolgt hatten und jetzt alle auf dem Fest waren, über Weib und Kind zusammenstürzen.

Die Zerstörungen um den galiläischen See waren sehr bedeutend. In Kafarnaum stürzten sehr viele Gebäude ein; der Sklavenort zwischen Tiberias und den Gärten Zorobabels, des Hauptmanns von Kafarnaum, wurde schier ganz zertrümmert. Der ganze Felsenvorsprung von des Hauptmanns schönen Gärten bei Kafarnaum riss hinweg. Der See drang in das Tal und kam nahe gen Kafarnaum, das früher wohl eine halbe Stunde davon lag. Petrus' Haus und die Wohnung der heiligen Jungfrau vor Kafarnaum gegen den See zu blieben stehen. Der galiläische See war in großer Bewegung, seine Ufer stürzten hie und da ein und traten anderwärts aus, er veränderte seine Gestalt bedeutend, näherte sich seiner heutigen Gestalt und ist überhaupt in seinen näheren Umgebungen nicht mehr gut zu erkennen. Besonders groß war die Veränderung am südwestlichen Ende des Sees gleich unterhalb Tarichäa, wo ein langer schwarzer Steindamm, auf dem man fahren kann, eine Art Sumpf vom See trennt und der Ausströmung des Jordans eine feste Richtung gibt, denn hier sank dieser ganze Steindamm ein und geschah eine große Verwüstung.

An der Ostseite des Sees, wo die Schweine der Gergeser in den Sumpf gestürzt sind, versank vieles, und ebenso in Gergesa, Gerasa und im ganzen Distrikt Chorazin. Auch der Berg der zweiten Brotvermehrung erlitt große Erschütterungen, und der Stein, auf dem das Brot vermehrt worden, sprang mitten entzwei. Auch in und um Paneas stürzte vieles zusammen. In Dekapolis versanken ganze halbe Städte, und viele Orte in Asien litten großen Schaden, z.B. Nicäa, hauptsächlich aber viele Orte östlich und nordöstlich von Paneas. Auch in Obergaliläa sah ich große Verwüstung, und die meisten Pharisäer fanden bei ihrer Rückkunft vom Fest großes Unglück zu Hause. Vielen kam die Nachricht nach Jerusalem, und dadurch waren die Feinde Jesu auch bis nach Pfingsten hin so kleinlaut und wagten es nicht, der Gemeinde des Herrn irgend etwas Bedeutendes in den Weg zu legen.

Auf dem Berg Garizim sah ich vieles vom Tempel eingestürzt. Es stand da ein Götzenbild über einem Brunnen unter einem kleinen Tempel, dessen Dach samt dem Bild in den Brunnen stürzte. In Nazaret stürzte die Hälfte der Synagoge ein, aus welcher sie Jesus hinausgestoßen hatten; auch die Stelle des Berges, wo sie ihn hinabstoßen wollten, stürzte nieder.

Manche Berge, Täler und Städte litten große Verwüstung; auch wurden mehrere Veränderungen im Bett des Jordans veranlasst, denn durch die Erschütterungen der Ufer des Sees und der kleinen hineinströmenden Wasser entstanden Hindernisse und ein veränderter Andrang der Flut, so dass der Lauf des Jordans an manchen Stellen seitdem bedeutend abweicht. In Machärus und den anderen Städten des Herodes blieb alles ruhig. Diese Gegend lag außer dem Kreise der Buße und Drohung, gleich jenen Männern, die im Garten am Ölberge nicht gefallen und auch nicht wieder aufgestanden sind.

Ich sah in manchen Gegenden, wo sich viele böse Geister aufhielten, diese mit den zertrümmerten Gebäuden und Bergen oft in großen Scharen hinabsinken, und die Erschütterungen der Erde erinnerten dann auch an die Zuckungen der Besessenen, wenn der Feind fühlt, dass er weichen muss. Als bei Gergesa ein Teil des Berges, von welchem einst die Teufel mit der Schweineherde in den Sumpf am Seeufer stürzten, nun selbst in diesen Sumpf hinabrollte, sah ich eine große Menge böser Geister wie eine grimmige Wolke mit zum Abgrund fahren.

Ich meine, es war in Nicäa, wo ich eine Begebenheit sah, deren ich mich jedoch nur unvollkommen nach dem ganzen Verlauf erinnere. Ich sah dort einen Hafen mit vielen Schiffen, und am Hafen auf einem Haus, woran ein großer Turm war, sah ich einen Mann, einen Heiden, er war Aufseher über die Schiffe. Er musste oft den Turm besteigen und auf das Meer schauen, ob Schiffe kämen und was irgend vorfalle. Ich sah, wie er, ein großes Getöse über den Schiffen des Hafens vernehmend, besorgte, es sei ein Feind in der Nähe, weswegen er schnell auf den Wachturm eilte und auf die Schiffe herabschaute, über welchen er viele dunkle Gestalten schweben sah, die ihm wehklagend zuriefen: «Wenn du die Schiffe erhalten willst, so führe sie hinweg, denn wir müssen in den Abgrund, der große Pan ist gestorben.»

Dies ist, was ich mich deutlicher aus den Worten dieser Erscheinungen erinnere; aber sie sprachen noch mehreres zu ihm und gaben ihm viele Aufträge, wo und wie er bei einer bevorstehenden Seereise, was sie ihm gesagt, bekanntmachen solle, auch ermahnten sie ihn, wenn Boten kommen und die Lehre von dem Tod des jetzt Gestorbenen verkündigen würden, so solle er sie gut aufnehmen.

Die bösen Geister waren durch die Macht des Herrn gezwungen, diesen guten Mann zu warnen und zum Boten ihrer eigenen Schmach zu machen. Er ließ auch, da sich ein heftiger Sturm erhob, die Schiffe sichern, ich sah aber dabei die Teufel brüllend in das Meer stürzen und die halbe Stadt im Erdbeben versinken. Sein Haus blieb stehen. Er ist aber bald darauf mit seinem Schiff lange herumgefahren und hat die Aufträge ausgerichtet und den Tod des großen Pan, oder wie sie den Herrn genannt, verkündet und ist erst spät nach Rom gekommen, wo man sich sehr über seine Aussagen gewundert. Ich habe noch vieles von dem Mann gesehen und vergessen, unter anderem auch, wie einer seine Reisegeschichten durch Nacherzählen mit dem, was ich gesehen, vermischt und sehr bekannt ward, weiß es aber nicht mehr recht im Zusammenhang. Ich meine, sein Name klang wie Thamus oder Tramus.

In der Nacht zum Freitag auf den Sonnabend sah ich, wie Kaiphas und die jüdischen Oberen sich über alles berieten, was sie bei den wunderbaren Ereignissen und der Stimmung des Volkes zu tun hätten, worauf sie noch in der Nacht zu Pilatus gingen und zu ihm sagten, sie hätten sich erinnert, dass jener Verführer in seinem Leben vorgegeben habe, Er werde am dritten Tage wieder auferstehen. Pilatus möge also das Grab bis zum dritten Tage bewachen lassen, damit die Jünger Jesu den Leib nicht etwa stehlen und hernach aussprengen möchten, Er sei von den Toten auferstanden, wobei dann der zweite Betrug ärger als der erste werden dürfte.

Pilatus wollte sich jedoch nicht weiter mit der Sache einlassen und sagte zu ihnen: «Ihr habt ja eine Wache, geht und bewacht sein Grab, wie ihr könnt.» Er gab ihnen aber den Cassius zu der Wache hinzu, der alles beobachten und ihm berichten sollte. Ich sah sie hierauf zu zwölft vor Sonnenaufgang hinausgehen, die sie begleitenden Soldaten waren nicht römisch gekleidet, sie waren Tempelsoldaten und schienen mir eine Art Trabanten. Sie nahmen Feuerkörbe auf Stangen mit hinaus, um bei der Nacht alles bemerken zu können und Licht in der düsteren Grabhöhle zu haben.

Als sie bei ihrer Ankunft sich von der Anwesenheit des Leichnams überzeugt hatten, zogen sie ein Band quer vor die Türe des Grablagers und von diesem Band wieder ein zweites zu dem vorliegenden Stein nieder und versiegelten diese Bänder mit einem halbmondförmigen Siegel. Nun kehrten sie zur Stadt, und die Wache setzte sich der äußeren Grabtür gegenüber. Es waren abwechselnd fünf bis sechs Mann da, indem einzelne dann und wann Nahrungsmittel aus der Stadt holten. Cassius aber verließ seinen Posten nicht, er stand oder saß meistens in dem Graben vor dem Eingang der Höhle in der Richtung, dass er gegen die Seite des verschlossenen Grablagers sehen konnte, auf der die Füße des Herrn lagen. Er hatte große innere Gnaden empfangen und ward vieler geistiger Anschauungen von Geheimnissen teilhaftig, so dass er, solche Zustände ganz ungewohnt, die meiste

Zeit in wunderbar innerer Erleuchtung, gleichsam berauscht und aller äußeren Dinge bewusstlos, zubrachte. Er wurde hier erst ganz verwandelt und ein neuer Mensch; er brachte den Tag in Reue, in Dank und Anbetung zu.

Die Freunde Jesu am Karsamstag

Ich sah gestern abend die Männer im Coenaculum, wie gesagt, da sie alle zusammen waren, ungefähr zwanzig an der Zahl, in langen weißen Kleidern mit Gürteln unter einer Lampe den Sabbat feiern und dann essen. Sie trennten sich hierauf, um zu schlafen, mehrere gingen nach anderen Wohnungen. Auch heute sah ich sie meistens still in dem Haus versammelt, abwechselnd zum Gebet und Lesen zusammengetreten und dann und wann einige Hinzukommende einlassen.

In dem Haus, wo die heilige Jungfrau sich aufhielt, war ein großer Saal und mehrere kleine Winkel darin durch Teppiche und Stellwände zu einzelnen Schlafzellen abgesondert. Als die heiligen Frauen, vom Grabe zurückgekehrt, alles Gerät wieder an seine Stelle geordnet hatten, zündete eine vor ihnen die in der Mitte des Saales hängende Lampe an, und sie traten unter derselben um die heilige Jungfrau zusammen und beteten wechselseitig in großer Betrübnis und Andacht. Hierauf nahmen sie einige Erquickung zu sich, und es traten Martha, Maroni, Dina und Mara zu ihnen ein, welche nach dem Sabbat von Bethlehem mit Lazarus gekommen waren, der ins Coenaculum zu den Männern ging.

Als sie unter gegenseitigen Tränen den Neuangekommenen den Tod und die Bestattung des Herrn mitgeteilt hatten und es spät geworden war, ließen einige der Männer, darunter Joseph von Arimathäa, diejenigen der Frauen abrufen, welche nach ihren Wohnungen in der Stadt zurückgehen wollten, und sie schieden voneinander. Auf dem Heimweg dieser Schar ward Joseph, wie ich schon erzählt habe, bei dem Richthaus des Kaiphas aus ihrer Mitte gerissen und in einem Turm gefangengesetzt.

Die versammelt gebliebenen Frauen sonderten sich nun in die rings in dem Saal abgeschirmten Schlafzellen ab, hängten lange Tücher über den Kopf und saßen noch eine Weile, gegen die an den Wänden aufgerollten Schlafdecken gelehnt, in stiller Trauer auf der Erde. Hierauf erhoben sie sich, rollten die Schlafdecken auf, legten ihre Sohlen und Gürtel und einiges ihrer Kleidung ab, verhüllten sich dann über das Haupt bis zu den Füßen herab, wie sie gewöhnlich zu schlafen pflegten, und legten sich auf die ausgebreiteten Lager zu kurzem Schlaf nieder, denn nach Mitternacht erhoben sie sich schon wieder, rüsteten ihre Kleidung, rollten ihre Lager zusammen und beteten wechselseitig.

Als die Mutter Jesu und die anderen dieser nächtlichen Gebetspflicht, welche ich, seit gebetet wird, häufig von getreuen Kindern Gottes und heiligen Menschen, teils durch persönliche Gnade, teils durch göttliche und kirchliche Anordnung angeregt, beobachtet sah, selbst nach so großen Leiden genuggetan hatten, pochte Johannes mit einigen Jüngern, nachdem auch die Männer im Coenaculum unter der Lampe gebetet hatten, an dem Saal der Frauen an, welche sich sogleich in ihre Mäntel verhüllten und ihnen mit der heiligen Jungfrau zum Tempel folgten.

Um die nämliche Zeit ungefähr, als das Grab versiegelt wurde, etwa gegen drei Uhr morgens, sah ich die heilige Jungfrau mit den anderen heiligen Frauen, Johannes und mehreren Jüngern zum Tempel kommen.

Es pflegten viele Juden am Morgen nach dem Essen des Osterlammes bei Anbruch des Tages zum Tempel zu gehen, der dann um Mitternacht schon geöffnet wurde, weil die Opfer an diesem Morgen sehr früh anfingen. Heute aber war durch die Störung des Festes und die Verunreinigung des Tempels alles vernachlässigt, und es schien mir, als wolle die heilige Jungfrau mit den Ihrigen nur Abschied nehmen von dem Tempel, in dem sie, das Heiligtum anbetend, erzogen worden war, bis sie selbst das Heiligtum in ihrem Schoß trug, welches gestern als das wahre Osterlamm so grausam geopfert wurde. Der Tempel war nach der Gewohnheit dieses Tages offen und von Lampen erhellt, und selbst der Vorhof der Priester, wie an diesem Morgen gebräuchlich, dem Volke zugänglich. Aber der Tempel war außer einigen

Wächtern und Dienern fast ganz leer von Menschen. Alles lag meist noch wüst und unordentlich durch die furchtbaren Störungen des gestrigen Tages. Durch die Toten war der Tempel verunreinigt, und ich musste immer bei dem Anblick denken: Wie werden sie nun das wieder gutmachen?

Simeons Söhne und die Neffen Josephs von Arimathäa, welche durch die Nachricht von der Verhaftung ihres Oheims sehr traurig waren, trafen mit der heiligen Jungfrau und ihrer Begleitung zusammen und führten sie überall umher, denn sie hatten die Aufsicht im Tempel. Sie sahen mit Schrecken und Anbetung der Zeugnisse Gottes schweigend alle Zerstörungen an, nur hie und da erzählten die Begleiter mit wenigen Worten die Ereignisse des gestrigen Tages.

Ich sah mancherlei Verwüstung von gestern noch ohne alle Herstellung. Auf der Stelle, wo die Vorhalle und das Heilige des Tempels sich vereinigen, waren die Mauern so auseinandergewichen, dass man wohl durchschlüpfen konnte, ja die Mauern drohten noch nachzustürzen. Die Schwelle über dem zerrissenen Vorhang vor dem Heiligen war gesunken, die Säulen, welche die Schwelle trugen, waren oben auseinandergewichen, und der Vorhang hing von oben nach unten, in zwei Teile zerspalten, zu den Seiten nieder. Durch den aus der nördlichen Seite des Tempels bei Simeons eingestürzter Betstelle herausgefallenen großen Stein war an der Stelle, wo Zacharias erschienen, in der Vorhalle eine so große Öffnung entstanden, dass die heiligen Frauen ungehindert hindurchgehen und hier bei dem großen Lehrstuhl, wo Jesus als Knabe gelehrt, durch den zerrissenen Vorhang ins Sanktum sehen konnten, was sie sonst nicht durften. Außerdem waren hie und da Wände geborsten, Stellen im Boden versunken, Schwellen verrückt und Säulen aus ihrer Richtung gekommen.

Die heilige Jungfrau ging mit ihrer Begleitung an alle Stellen, die ihr durch Jesus heilig waren. Sie küsste, sich niederwerfend, die heiligen Orte und sprach ihr Andenken unter Tränen mit wenigen rührenden Worten aus. Auch ihre Begleiterinnen taten so.

Die Juden haben eine ungemeine Verehrung vor allen Orten, an denen etwas geschehen, das ihnen heilig ist; sie berühren und küssen diese Orte und werfen sich mit dem Angesicht darauf nieder. Ich habe mich nie darüber wundern können. Wenn man weiß und glaubt und fühlt, dass der Gott Abrahams, Isaaks und Jakobs ein lebendiger Gott ist und unter seinem Volk wohnte im Tempel, einem Haus zu Jerusalem, so müsste man sich eher wundern, wenn sie es nicht täten. Wer an einen lebendigen Gott glaubt, an einen Vater und Erlöser und Heiliger der Menschen, seine Kinder, wundert sich nicht, dass Er lebendig aus Liebe bei den Lebendigen ist und dass diese ihm und allem, was sich auf ihn bezieht, mehr Liebe, Ehre und Anbetung erweisen als ihren irdischen Eltern, Freunden, Lehrern, Obern und Fürsten. Es war bei den Juden im Tempel und an heiligen Orten wie bei uns Christen vor dem Allerheiligsten Sakrament.

Aber auch bei den Juden hat es Blinde und Aufgeklärte gegeben, wie es deren bei uns gibt, welche den lebendig gegenwärtigen Gott nicht anbeten, den Götzen der Welt aber im abergläubigsten Dienst verfallen sind. Sie denken der Worte Jesu nicht: «Wer mich verleugnet vor den Menschen, den will ich auch vor meinem himmlischen Vater verleugnen.» Solche Menschen, welche dem Geist und der Unwahrheit der Welt mit Gedanken, Worten und Werken ohne Unterbrechung dienen, alle äußerliche Gottesverehrung aber verwerfen, sagen wohl, wenn sie etwa Gott selbst noch nicht verworfen haben: «Wir beten Gott an im Geiste und der Wahrheit», aber sie wissen nicht, dass dies heißt, im Heiligen Geiste und im Sohne, der Fleisch angenommen hat aus Maria der Jungfrau und der Wahrheit ein Zeugnis gegeben und unter uns gelebt hat und für uns gestorben ist auf Erden und bei seiner Kirche im Heiligen Sakrament gegenwärtig sein will bis ans Ende der Tage.

Die heilige Jungfrau wandelte in solcher Verehrung mit ihren Begleiterinnen an viele Stellen des Tempels. Sie zeigte ihnen, wo sie als kleines Mägdlein den Tempel zuerst betreten und wo sie, an der südlichen Seite des Tempels, bis zu ihrer Vermählung erzogen worden. Sie zeigte, wo sie dem hl. Joseph vermählt worden, wo sie Jesus geopfert und wo Simeon und Anna die Prophezeiung ausgesprochen. Da weinte sie bitterlich, die Prophezeiung war erfüllt, das Schwert war durch ihre Seele gegangen. Sie zeigte, wo sie Jesus als Knaben lehrend im Tempel gefunden, und küsste den Lehrstuhl ehrerbietig. Auch bei dem Schatzkasten waren sie, in welchen die Witwe ihr Scherflein geworfen, und an der Stelle, wo der Herr der Ehebrecherin vergeben, und nachdem sie so alle durch Jesus merkwürdigen Orte mit Erinnerung, Berührung, Tränen und Gebet gefeiert hatten, kehrten sie nach Sion zurück.

Die heilige Jungfrau trennte sich unter vielen stillen Tränen in tiefem Ernst von dem Tempel, dessen Störung und Öde an einem sonst so heiligen Tag ein Zeugnis von der Sünde ihres Volkes gab. Sie gedachte, wie Jesus über den Tempel geweint und wie Er prophezeit: «Brecht diesen Tempel ab, und in drei Tagen will ich ihn wieder aufrichten», und sie gedachte, wie die Feinde Jesu den Tempel seines Leibes zertrümmert, und sehnte sich nach dem dritten Tag, auf dass sich das Wort der ewigen Wahrheit erfülle.

Mit Anbruch des Tages wieder auf Sion am Coenaculum angekommen, begab sich die heilige Jungfrau mit ihren Begleiterinnen in ihre rechts am Hof abgesondert liegende Wohnung. Am Eingang trennten sich Johannes und die Jünger von ihnen und gingen zu den übrigen Männern in das Coenaculum, welche wohl zu zwanzig heute den ganzen Sabbat in dem Abendmahlsaal in Trauer und Geber unter der Lampe abwechselnd versammelt waren. Ich sah sie auch dann und wann Neuhinzukommende mit Schüchternheit einlassen und sich mit ihnen unter Tränen besprechen. Alle hatten sie eine innige Ehrfurcht und eine Art Beschämung vor Johannes, der bei dem Tode des Herrn zugegen gewesen war. Johannes aber war voll Teilnahme und Liebe gegen sie, und befangen wie ein Kind trat er vor jedem zurück.

Ich habe sie auch einmal essen sehen. Sie waren übrigens sehr still versammelt, und das Haus war verschlossen. Man konnte sie auch hier nicht anfechten, denn das Haus gehörte dem Nikodemus, und sie hatten es zum Ostermahl gemietet.

Ich sah nun wieder die heiligen Frauen bis zum Abend bei verschlossenen Türen und verdeckten Fenstern in dem dunkeln Saal, der nur vom Licht der Lampe erhellt war, versammelt. Bald ordneten sie sich unter der Lampe um die heilige Jungfrau zum Gebet, bald zogen sie sich einzeln in getrennte Abschläge zurück, verhüllten das Haupt mit Trauerdecken und setzten sich entweder in flachen, mit Asche bestreuten Kästen zur Trauer nieder oder beteten mit zur Wand gekehrtem Angesicht. Sooft sie unter der Lampe zum Gebet zusammentraten, legten sie erst ihre Trauerhüllen in den abgesonderten Kämmerchen ab. Ich sah auch, dass die Schwächeren aus ihnen etwas Speise zu sich nahmen, die anderen aber fasteten.

Mehrmals wendete sich mein Blick hierher, und immer sah ich alle auf die Weise, wie ich es beschrieben habe, im dunklen Saal betend oder trauernd, und indem sich meine Betrachtung dem Andenken der heiligen Jungfrau an unseren Heiland anschloss, sah ich einigemal das heilige Grab und etwa sieben Wachen, welche dem Eingang gegenüber saßen oder standen. Dicht an der Tür des Felsengewölbes, in dem davor befindlichen Graben, stand Cassius ununterbrochen, ganz still und innerlich. Ich sah die Türen vor dem Grablager geschlossen und den Stein davor liegen. Durch die Türen hindurch aber sah ich den Leib des Herrn noch, wie Er hingelegt worden war, von Licht und Glanz umgeben, zwischen zwei anbetenden Engeln ruhen. Als ich jetzt meine Betrachtung zu der heiligen Seele unseres Erlösers hinwendete, ward mir ein so großes und mannigfaltiges Bild der Höllenfahrt gezeigt, dass ich nur einen sehr kleinen Teil davon habe behalten können, den ich so gut erzählen will, wie ich es vermag.

Einiges von der Höllenfahrt

Als Jesus mit einem lauten Schrei seine allerheiligste Seele aufgab, sah ich diese als eine Lichtgestalt mit vielen Engeln, unter denen auch Gabriel war, am Fuße des heiligen Kreuzes in die Erde hinabfahren. Seine Gottheit aber sah ich sowohl mit dieser seiner Seele als mit seinem am Kreuze hängenden Leibe vereinigt bleiben. Ich vermag die Weise, wie dieses geschah, nicht auszusprechen. Ich sah den Ort, wo die Seele Jesu hinging, in drei Teilen, wie drei Welten, und hatte die Empfindung, dass sie rund seien und dass jeden dieser Orte eine Umgebung, eine Sphäre von dem anderen scheide.

Vor der Vorhölle war ein heller und sozusagen grüner heiterer Raum. Es war dies jener Raum, in welchen ich immer die vom Fegfeuer erlösten Seelen eintreten sehe, ehe sie zum Himmel geführt werden. Die Vorhölle, in welcher jene sich befanden, die der Erlösung harrten, war mit einer grauen, nebeligen Sphäre umgeben und in verschiedene Kreise geteilt. Der Heiland, leuchtend und von den Engeln wie im Triumph geführt, drang zwischen zweien dieser Kreise hindurch, deren linker die Altväter bis auf Abraham, deren rechter die Seelen von Abraham bis auf Johannes den Täufer umfasste. Jesus drang zwischen beiden hindurch, und sie kannten ihn noch nicht, aber alles erfüllte sich mit Freude und Sehnsucht, und es war, als erweiterten sich diese bangen, bedrängten Räume der Sehnsucht. Es drang wie Luft, wie Licht, wie Tau der Erlösung erquickend durch sie hin, und all dies war schnell wie das Wehen eines Windes.

Der Herr aber drang zuerst zwischen diesen beiden Kreisen in einen nebeligen Raum, wo sich Adam und Eva, die ersten Eltern, befanden. Er redete zu ihnen, und sie beteten ihn mit unaussprechlichem Entzücken an. Der Zug des Herrn drang nun, von dem ersten Menschenpaar begleitet, links zu der Vorhölle der Altväter, welche vor Abraham gelebt. Es war dies eine Art Fegfeuer, denn es waren hie und da böse Geister zwischen ihnen, welche einzelne aus diesen Seelen mannigfach bedrängten und ängstigten. Die Engel pochten an und befahlen zu öffnen, denn hier war ein Eingang, weil ein Eindringen, ein Tor, weil ein Abschluss, ein Pochen, weil ein Ankünden des Kommens, und es war mir, als riefen die Engel: «Tut auf die Pforten, öffnet die Tore!», und Jesus zog ein im Triumph, und die bösen Geister wichen zurück und schrien: «Was hast du mit uns, was willst du hier, willst du uns nun auch kreuzigen?» Die Engel aber banden sie und trieben sie vor sich her.

Diese Seelen aber kannten Jesus nur wenig und wussten nur dunkel von ihm, und Er verkündete sich ihnen, und sie lobsangen ihm. Nun wendete sich die Seele des Herrn zu dem

Raum der Rechten, zu der eigentlichen Vorhölle, und vor dieser begegnete ihm die Seele des guten Schächers, von Engeln begleitet in Abrahams Schoß eingehend, und der böse Schächer, der, von bösen Geistern umgeben, zur Hölle fuhr. Die Seele Jesu redete sie an und zog sodann, von der Schar der Engel und Erlösten und der vertriebenen bösen Geister begleitet, in den Schoß Abrahams ein.

Dieser Raum schien mir höher zu liegen, es war, als gehe man unter dem Kirchhof und steige dann aus der Erde in die Kirche empor. Die gebundenen bösen Geister sträubten sich und wollten nicht hier durch, aber sie wurden von den Engeln mit Gewalt hindurchgeführt. Hier waren alle heiligen Israeliten, links die Patriarchen, dann Moses, die Richter, die Könige; rechts die Propheten und alle Vorfahren Jesu und ihre Verwandten, bis auf Joachim, Anna, Joseph, Zacharias, Elisabeth und Johannes.

Hier in diesem Raum waren keine bösen Geister und keine Qual als die Sehnsucht nach der Verheißung, und diese war jetzt erfüllt. Eine unaussprechliche Wonne und Seligkeit durchdrang alle die Seelen, welche den Erlöser begrüßten und anbeteten; die gefesselten bösen Geister aber mussten gezwungen ihre Schmach vor ihnen bekennen. Viele der Seelen wurden emporgesendet, ihre Leiber aus den Gräbern zu erheben und, in diesen sichtbar, Zeugnis von dem Herrn zu geben. Dies war die Zeit, als so viele Tote aus ihren Gräbern in Jerusalem hervorgingen. Sie erschienen mir wie wandelnde Leichen und legten ihre Leiber wieder zur Erde, wie ein Gerichtsbote seinen Amtsmantel ablegt, wenn er die Befehle seiner Obrigkeit vollzogen hat.

Ich sah nun den Triumphzug des Heilandes wieder in eine tiefere Sphäre eindringen, wo sich fromme Heiden, welche die Wahrheit geahnt und sich nach ihr gesehnt, in einer Art von Reinigungsort befanden. Es waren böse Geister unter ihnen, denn sie hatten Götzenbilder; ich sah die bösen Geister gezwungen, ihren Trug zu bekennen, und sah die Seelen mit rührender Freude dem Heiland huldigen. Es wurden aber auch hier die Teufel gefesselt und weitergetrieben.

So sah ich den Triumph des Erlösers, mancherlei Seelenbehälter befreiend, in großer Schnelligkeit durchziehen und noch unendlich vieles tun, ich vermag es aber in meinem elenden Zustand nicht auszusprechen.

Endlich sah ich ihn mit großem Ernst zum Kern des Abgrundes, zur Hölle nahen. Sie erschien mir in Form eines unübersehbar großen, schrecklichen, schwarzen, metallglänzenden Felsenbaues, dessen Eingang ungeheure, furchtbare schwarze Tore mit Riegeln und Schlössern bildeten, die Grausen erregten. Ein Gebrüll und Geschrei des Entsetzens wurde vernommen, die Tore wurden aufgestoßen, und es erschien eine greuliche finstere Welt.

So wie ich die Wohnungen der Seligen in Gestalt des himmlischen Jerusalem als eine Stadt und, nach unzähligen Bedingungen der Seligkeit, als verschiedenartige Schlösser und Gärten voll wunderbarer Früchte und Blumen mancher bestimmter Arten zu sehen pflegte, sah ich auch hier alles in Form einer zusammenhängenden Welt, in Gestalt von mannigfachen Gebäuden, Räumen und Gefilden. Aber alles ging aus dem Gegensatz der Seligkeit, aus Pein und Qual hervor. Wie im Aufenthalt der Seligen alles nach den Gründen und Verhältnissen des unendlichen Friedens, der ewigen Harmonie und Genugtuung geformt erscheint, so hier alles in den Missverhältnissen des ewigen Zornes, der Uneinigkeit und der Verzweiflung. Wie im Himmel unaussprechlich schöne, durchsichtige, mannigfache Gebäude der Freude und der Anbetung, so hier ebenso unzählig mannigfaltige finstere Kerker und Höhlen der Qual, des Fluches, der Verzweiflung; wie dort die wunderbarsten Gärten voll Früchten der göttlichen Erquickung, so hier die grässlichsten Wüsten und Sümpfe voll Qual und Pein und allem, was Greuel und Ekel und Entsetzen erregen kann. Ich sah Tempel, Altäre, Schlösser, Throne, Gärten, Seen, Ströme des Fluches, des Hasses, des Greuels, der Verzweiflung, der Verwirrung, Pein und Marter, wie im Himmel des Segens, der Liebe, der Eintracht, Freude und Seligkeit.

Hier die zerreißende ewige Uneinigkeit der Verdammten wie dort die selige Gemeinschaft der Heiligen. Alle Wurzeln der Verkehrtheit und Unwahrheit waren hier in unzähligen Erscheinungen und Werken der Qual und Pein ausgebildet, und nichts war recht hier, kein Gedanke beruhigend als der ernste Gedanke an die göttliche Gerechtigkeit, dass jeden Verdammten die Qual und Pein ergriff, welche seine Schuld für ihn gepflanzt hatte; denn alles Schreckliche, was hier erschien und geschah, war das Wesen und die Gestalt und der Ingrimm der entlarvten Sünde, der Schlange, welche sich gegen jene wendet, die sie in ihrem Busen genährt. Ich sah da einen ganz schauderhaften Säulenbau mit Verhältnissen ebenso zu Schreck und Angst eingerichtet wie im Reiche Gottes zu Frieden und Ruh. Es ist dieses alles wohl zu verstehen, aber im einzelnen unaussprechlich!

Als die Tore von den Engeln aufgestoßen worden, sah man in ein Gewühl von Widersetzen, Fluchen, Schimpfen, Heulen und Wehklagen. Ich sah, dass Jesus die Seele des Judas anredete. Einzelne Engel warfen ganze Scharen von bösen Geistern nieder. Alle mussten Jesus erkennen und anbeten, und dies war ihnen die furchtbarste Qual. Eine große Menge wurde in einen Kreis um andere herum gefesselt, welche dadurch gebunden wurden. In der Mitte war ein Abgrund von Nacht. Luzifer ward gefesselt in diesen geworfen, und es brodelte schwarz um ihn. Es geschah alles dieses nach bestimmten Gesetzen. Ich hörte, dass Luzifer, wo ich nicht irre, 50 oder 60 Jahre vor dem Jahre 2000 nach Christus wieder auf eine Zeitlang solle freigelassen werden. Viele andere Zahlenbestimmungen weiß ich nicht mehr. Einige andere sollten früher zur Strafe und Versuchung freigelassen werden. In unsere Zeit, meine ich, traf die Loslassung einiger, und anderer kurz nach unserer Zeit.

Es ist mir unmöglich, alles zu sagen, was mir gezeigt wurde. Es ist zu viel, und ich kann es nicht in Ordnung und in die Reihe bringen, auch bin ich so schrecklich krank, und wenn ich davon spreche, kommt mir alles wieder vor die Augen, und man könnte sterben bei dem Anblick.

Ich sah aber noch, wie die erlösten Seelen in unendlichen Scharen aus den Reinigungsorten und der Vorhölle die Seele des Herrn nach einem freudigen Ort unter dem himmlischen Jerusalem emporbegleiteten. Es ist dort, wo ich vor einiger Zeit auch einen seligen Freund von mir gesehen habe. Hierhin kam nun auch die Seele des frommen Schächers und sah den Herrn nach seiner Verheißung im Paradiese wieder. Ich sah, dass hier den

Seelen Freude und Erquickung an solchen himmlischen Tafeln bereitet war, wie sie mir öfters in Trostbildern erscheinen.

Ich kann von allem diesem keine Zeit und keine Dauer bestimmen, auch vermag ich nicht alles zu erzählen, was ich gesehen und gehört habe, weil ich es jetzt teils selbst nicht mehr recht verstehe und weil es teils missverstanden werden könnte. Ich habe aber den Herrn an sehr verschiedenen Orten, sogar im Meer, gesehen; es war, als heilige und befreie Er alle Kreatur, überall flohen vor ihm die bösen Geister zum Abgrund. Ich sah dann auch die Seele des Herrn an vielen Orten in der Erde. Ich sah sie innerhalb des Grabes von Adam unter Golgota erscheinen, und die Seelen von Adam und Eva kamen dort wieder zu ihm, und Er sprach mit ihnen, und ich sah ihn unter der Erde mit ihnen in vielen Richtungen von Grab zu Grab vieler Propheten hinziehend, deren Seelen sich bei ihren Gebeinen zu ihm gesellten und denen Er vieles erklärte. Dann sah ich ihn mit dieser auserwählten Schar, worunter auch David war, an vielen Orten seines Lebens und Leidens erscheinen und ihnen das Vorbildliche, das ihnen dort geschehen war, erklären und ihnen alle seine Erfüllung desselben mit unaussprechlicher Liebe zueignen.

So sah ich ihn unter anderem auch den Seelen an seiner Taufstelle, wo viel Vorbildliches geschehen war, alles erklären, und ich betrachtete mit tiefer Rührung über die unendliche Barmherzigkeit Jesu, als lasse Er ihnen die Gnade seiner heiligen Taufe zugutekommen.

Es ist unaussprechlich rührend, die Seele des Herrn, von diesen seligen getrösteten Geistern umgeben, leuchtend durch die dunkle Erde, durch Felsen, durch Wasser und Luft und über der Erde ruhig hinschweben zu sehen.

Dies ist das wenige, dessen ich mich noch aus meiner reichen Betrachtung der Höllenfahrt des Herrn und seiner Erlösung der gerechten Seelen der Altväter nach seinem Tode erinnere. Aber ich sah auch außer diesem zeitlichen Bilde ein ewiges Bild seiner Barmherzigkeit mit den Armen Seelen an diesem Tag. Ich sah, wie Er bei der jährlichen Feier dieses Tages durch die Kirche einen rettenden Blick in das Fegefeuer wirft, ich sah, wie Er noch heute, am Karsamstag, da ich diese Betrachtung hatte, einzelne Seelen, die sich bei seiner Kreuzigung versündigt hatten, aus dem Reinigungsort erlöste. Ich sah heute die Erlösung vieler mir unbekannter und auch bekannter Seelen, aber ich nenne sie nicht.

(Die Erzählende sprach noch heute in ekstatischem Zustand so viel wie:)

Das erste Absteigen Jesu zur Vorhölle ist die Erfüllung früherer Vorbilder und selbst wieder ein Vorbild, dessen Erfüllung das heutige Erlösen ist. Die Höllenfahrt, die ich sah, ist ein Bild aus einer verflossenen Zeit, aber das heutige Erlösen ist eine fortdauernde Wahrheit; denn die Höllenfahrt Jesu ist das Pflanzen eines Gnadenbaumes seiner Verdienste für die Armen Seelen, und das fortwährende und auch heutige Erlösen der Armen Seelen ist das Fruchtbringen dieses Gnadenbaumes im geistlichen Garten des Kirchenjahres.

Die Streitende Kirche aber muss den Baum pflegen und die Früchte sammeln und der Leidenden Kirche zukommen lassen, weil diese selbst nichts für sich wirken kann. So ist es mit allen Verdiensten des Herrn, wir müssen mitwirken, um ihrer teilhaftig zu werden. Im Schweiße unseres Angesichtes sollen wir unser Brot essen. Alles, was Jesus in der Zeit für uns getan, bringt ewige Früchte, aber wir müssen sie in der Zeit pflegen und brechen, sonst können wir sie nicht in der Ewigkeit genießen.

Die Kirche ist ein vollkommener Hausvater, ihr Jahr ist der vollkommenste Garten aller ewigen Früchte in der Zeit, es ist in einem Jahr genug von allem für alle. Wehe allen faulen und treulosen Pflegern des Gartens, so irgendeine Gnade verkommen würde, die einen Kranken hätte heilen, einen Schwachen hätte stärken, einen Hungernden hätte sättigen können. Sie werden am Tage des Gerichtes dem Hausvater auch das letzte Hälmlein verrechnen müssen!

Am Schluss des Sabbats trat Johannes zu den heiligen Frauen ein, trauerte mit ihnen und tröstete sie. Da er sie nach kurzem Verweilen verlassen hatte, kamen Petrus und Jakobus der Ältere zum gleichen Zweck zu ihnen und entfernten sich auch bald wieder. Hierauf setzten sich die heiligen Frauen nochmals getrennt in die mit Asche ausgestreuten Kästen und trauerten eine Zeitlang, in die Trauermäntel eingehüllt. Während nun die heilige Jungfrau voll Sehnsucht nach Jesus in innigem Gebet saß, sah ich einen Engel zu ihr hintreten, der ihr sagte, sie solle hinausgehen zu dem Pförtchen des Nikodemus, es nahe der Herr.

Da ward das Herz Marias von Freude durchdrungen, sie hüllte sich in ihren Mantel ein und verließ die heiligen Frauen, ohne irgendeiner etwas von ihrem Weg zu sagen. Ich sah sie allein zu jenem Pförtchen an der Stadtmauer hineilen, durch welches sie von dem Grabgarten hereingegangen waren.

Es mochte gegen neun Uhr abends sein, als ich die heilige Jungfrau in der Nähe dieses Pförtchens an einsamer Stelle auf ihrem heiligen Weg plötzlich stille stehen sah. Sie schaute wie entzückt mit freudiger Begierde gegen die hohe Stadtmauer hin, und ich sah die Seele Jesu leuchtend und ohne Wundmale, von einer großen Schar von Seelen der Altväter begleitet, zu Maria heranschweben. Er sprach aber, sich zu den Altvätern wendend und auf die heilige Jungfrau hindeutend, die Worte: «Maria, meine Mutter», und es war, als umarme Er sie; dann verschwand Er. Die heilige Jungfrau aber sank auf die Knie und küsste die Erde, wo Er gestanden. Ihre Knie und Füße blieben im Stein abgedrückt, und sie eilte mit unaussprechlichem Trost zu den Frauen zurück, die sie mit Zubereitung von Salben und Spezereien an einer Tafel beschäftigt fand. Sie sagte ihnen nicht, was ihr geschehen, aber sie war sehr gestärkt, tröstete alle und stärkte sie im Glauben.

Die heiligen Frauen sah ich, als Maria zurückkehrte, an einer langen Tafel stehen, die auf einem Untergestell mit gekreuzten Füßen gleich einem Anrichttisch lag und mit einer Decke bis zum Boden überhängt war. Ich sah einzelne an diesem Tische allerlei Kräuterbüsche auslesen, mischen und ordnen, auch hatten sie kleine Flaschen mit Salbe und Nardenwasser dabei und mehrere lebendige Blumen, worunter ich mich einer gestreiften Lilie erinnere. Sie packten alles in Tücher. In Marias Abwesenheit waren Magdalena, Maria Cleophä, Salome, Chusa und Maria Salome zur Stadt gegangen, alles dieses zu kaufen. Sie wollten morgen früh den eingehüllten Leichnam des Herrn damit bestreuen und begießen. Einen Teil davon sah ich von den Jüngern bei der Krämerin holen und im Hause abgeben, ohne dass sie zu den Frauen hereintraten.

Befreiung des Joseph von Arimathäa

Bald nachdem die heilige Jungfrau die Seele des Herrn gesehen hatte und zu den heiligen Frauen zurückgekehrt war, sah ich Joseph von Arimathäa in seinem Kerker betend. Plötzlich sah ich seinen Kerker mit Licht erfüllt und hörte ihn bei seinem Namen rufen. Ich sah aber oben an einer Steinfügung die Decke, wie sie von der Mauer aufgehoben, und eine leuchtende Gestalt, welche ein Tuch herabließ, das mich an das Grabtuch erinnerte, in das er Jesus gehüllt hatte, und ihm befahl, daran heraufzusteigen. Ich sah nun, wie Joseph das Tuch mit beiden Händen ergriff und, sich mit den Füßen an hervorstehende Steine der Mauer stemmend, wohl zwei Mannshöhen zu der Öffnung emporstieg, die sich hinter ihm wieder schloss. Als er oben war, sah ich die Erscheinung verschwinden. Ich selbst weiß nicht, war es der Herr oder ein Engel, der ihn befreite.

Ich sah ihn nun unbemerkt eine Strecke auf der Stadtmauer bis in die Nähe des Coenaculum hinlaufen, welches der mittäglichen Mauer von Sion nahe lag. Hier stieg er herab und pochte am Coenaculum. Die versammelten Jünger hatten die Türen verschlossen und waren schon sehr traurig über das Verschwinden Josephs gewesen; sie glaubten auf die Nachricht davon, man habe ihn in eine Kloake geworfen. Als man ihm öffnete und er unter sie eintrat, war ihre Freude ebenso groß wie nachmals, da

Petrus, aus dem Kerker befreit, zu ihnen kam. Er erzählte die Erscheinung, die er gehabt, und sie waren darüber erfreut und getröstet, gaben ihm Speise und dankten Gott. Er ist aber noch in der Nacht aus Jerusalem nach seiner Vaterstadt entflohen, ist jedoch nach wenigen Tagen, auf die Nachricht, dass keine Gefahr mehr für ihn sei, wieder nach Jerusalem zurückgekehrt.

Ich sah auch am Ende des Sabbats Kaiphas und andere Hohepriester im Hause des Nikodemus mit diesem sich unterhalten und ihn um manches, scheinbar ganz wohlgesinnt, fragen; ich weiß nicht mehr, was es war. Er blieb aber streng und treu in seiner Verteidigung des Herrn, und sie schieden.

Nacht vor der Auferstehung

Bald hierauf sah ich auf das Grab des Herrn. Es war alles still und ruhig dort. Etwa sieben Wächter saßen und standen dem Hügel gegenüber und umher. Cassius hatte den ganzen Tag seine Stelle in dem Graben vor dem Eingang der Höhle selten auf wenige Augenblicke verlassen. Er stand jetzt wieder unten in mancherlei Betrachtung und Erwartung, denn er war großer Gnaden und Erleuchtung teilhaftig geworden und hatte viele innere Anschauungen und Rührungen. Es war Nacht, und die Feuerkörbe vor der Grabhöhle warfen einen grellen Schein umher. Da nahte sich meine Betrachtung anbetend zu dem heiligen Leib, der, unverändert eingehüllt, von Lichtglanz umgeben, zwischen zwei Engeln ruhte, welche ich fortwährend seit der Grablegung in stiller Anbetung zu Häupten und Füßen des heiligen Leibes gesehen habe.

Diese Engel erschienen durchaus in priesterlicher Gestalt und erinnerten ganz durch ihre Stellung, mit auf der Brust gekreuzten Armen, an die Cherubim auf der Bundeslade, außer dass ich keine Flügel an ihnen sah. Überhaupt mahnte mich das ganze Begräbnis und das Grablager des Herrn öfter sehr lebhaft an die Bundeslade in verschiedenen Zeiten ihrer Geschichte. Es mag dieses Licht und die Gegenwart der Engel dem Cassius einigermaßen sichtbar geworden und er deswegen in so stetem Hinschauen nach dem verschlossenen Grabe gestanden sein, gleich einem, der das Heilige Sakrament anbetet.

Ich betrachtete aber unter der Anbetung des heiligen Leibes, als trete die Seele des Herrn mit den erlösten Geistern der Altväter durch den Felsen zu dem Grablager hin und lasse sie die ganze Misshandlung seines heiligen Marterleibes erkennen. In demselben Augenblick schien es, als seien die Hüllen alle wie abgestreift, und ich sah den heiligen Leib ganz voll Wunden, und es war, als ob die beiwohnende Gottheit den heiligen Leib in seiner ganzen Zerreißung und Marter auf eine geheimnisvolle Weise vor den Seelen zeige. Er erschien mir ganz durchsichtig und bis ins Innerste enthüllt. Seine Verwundung und Kränkung und seine Schmerzen konnten bis in die innersten Teile erkannt werden. Die Seelen waren in unaussprechlicher Ehrfurcht und schienen von Mitleid zu beben und zu weinen.

Nun ging ich in eine Betrachtung über, deren Geheimnis ich seinem ganzen Inhalt nach nicht deutlich zu erzählen vermag. Ich sah ein Bild, als würde die Seele Jesu zwar ohne Lebensherstellung durch vollkommene Vereinigung mit dem heiligen Leibe doch in und mit demselben dem Grab entrückt; es schien mir, als trügen die beiden anbetenden Engel den heiligen Marterleib empor, nackt und elend und voll Wunden, zwar aufrecht, aber doch in der Gliederlage, wie er sich im Grab befand.

Ich sah sie mit einer Erschütterung oben durch den Felsen zum Himmel emporschweben, und ich hatte eine Betrachtung, als stelle Jesus seinen martervollen Leib vor dem Thron seines himmlischen Vaters zwischen unzähligen Chören anbetender Engel eben auf die Weise dar, wie die Leiber mancher Propheten nach dem Tode Jesu von den Seelen derselben angenommen und in den Tempel geführt worden waren, ohne dass sie doch wirklich lebten und wieder hätten sterben müssen, denn sie wurden ohne gewaltsame Trennung von den Seelen wieder abgelegt. Ich sah in dieser Betrachtung die Seelen der Altväter den Leib des Herrn begleiten. Es ist mir auch jetzt nicht gegenwärtig, wo sie sich befanden, bis ich sie wieder mit der Seele des Herrn zusammen sah.

Ich bemerkte bei dieser Betrachtung eine Erschütterung des Grabfelsens. Vier von den Wächtern waren zur Stadt gegangen, etwas zu holen, die drei anwesenden wurden wie ohnmächtig. Sie schrieben dies einem Erdbeben zu und bemerkten nichts von der Veranlassung. Cassius aber war sehr bewegt und erschüttert, denn er hatte einige helle Blicke von dem, was geschah, ohne dass es ihm doch deutlich geworden wäre. Aber er hielt auf seiner Stelle aus und erwartete mit großer Andacht, was folgen würde. Die anwesenden Soldaten kehrten indessen zurück.

Meine Betrachtung wendete sich hierauf wieder zu den heiligen Frauen, und ich sah dieselben, nachdem sie die Zubereitung der Spezereien vollendet und sie, zum Wegtragen in Tücher verpackt, zurechtgelegt hatten, wieder in ihre Winkel zurückgezogen, aber nicht ganz zum Schlafen ausgestreckt, sondern nur an die aufgerollten Lager zum Ruhen gelehnt, weil sie vor Tage zum Grabe Jesu gehen wollten. Sie hatten mehrmals ihre Sorge wegen dieses Vorhabens ausgesprochen, denn sie waren voll Furcht, die Feinde Jesu möchten ihnen nachstellen, wenn sie hinausgingen. Die heilige Jungfrau aber, seit der Erscheinung Jesu von neuem Mut durchdrungen, tröstete sie, sie möchten nach einiger Ruhe mutig zum Grabe gehen, es werde ihnen nichts Übles widerfahren. So ruhten sie nun.

Es war aber etwa elf Uhr in der Nacht, als die heilige Jungfrau, von Liebe und Sehnsucht bewegt, nicht mehr bleiben konnte. Sie erhob sich, hüllte sich ganz in einen grauen Mantel ein und verließ allein das Haus. Ich dachte noch: ach, wie kann man die so geängstete, erschütterte heilige Mutter unter solchen Umständen so allein gehen lassen. Ich sah sie aber bis zum Hause des Kaiphas und dann zum Palast des Pilatus trauernd gehen, welches ein weiter Weg in die Stadt zurück war, und so ging sie den ganzen Kreuzweg Jesu einsam durch die öden Straßen und verweilte an allen Stellen, wo dem Herrn irgendein Leid, eine Misshandlung geschehen war. Es war, als suche sie etwas, was sie verloren. Oft warf sie sich zur Erde nieder und fühlte auf den Steinen umher mit der Hand und berührte dann ihren Mund mit derselben, als habe sie Heiligtum, das Blut des Herrn, berührt und küsse es verehrend. Sie war aber in einem erhöhten liebenden Zustand und sah alles Heilige um sich hell und leuchtend und war ganz in Liebe und Anbetung versunken. Ich begleitete sie auf dem ganzen Weg und fühlte und tat alles nach meinen schwachen Kräften mit, was sie empfand und tat.

Sie vollendete ihren Weg bis zum Kalvarienberg, und als sie diesem nahte, blieb sie stehen, und ich betrachtete, als trete die Erscheinung Jesu mit seinem heiligen Marterleib vor die heilige Jungfrau. Ein Engel zog vor dem Bilde her, die zwei anbetenden Engel des Grabes waren an seiner Seite, und es folgte ihm eine große Schar erlöster Seelen. Er bewegte sich nicht, Er war wie eine wandelnde Leiche, von Licht umgeben; aber ich hörte eine Stimme von ihm ausgehen, die seiner Mutter verkündete, was Er in der Vorhölle getan und wie Er nun mit verklärtem Leibe lebend auferstehen und zu ihr kommen werde, sie solle ihn an dem Stein bei dem Kalvarienberg erwarten, wo Er gefallen sei. Ich sah nun diese Erscheinung zur Stadt ziehen und die heilige Jungfrau betend eingehüllt an jener Stelle niederknien, wo der Herr sie hinbeschieden hatte. Es mochte nun wohl zwölf Uhr vorüber sein, denn Maria hatte eine geraume Zeit auf dem Kreuzweg zugebracht.

Ich sah aber den Zug des Herrn den ganzen Kreuzweg wandeln, und es wurde den Seelen die ganze Marter und alle Misshandlungen Jesu gezeigt, und die Engel sammelten auf eine geheimnisvolle Weise alle die heilige Substanz auf, welche ihm in seinem Leiden entrissen worden war, und ich sah, dass ihnen auch die Annagelung ans Kreuz, die Aufrichtung, Seiteneröffnung, Abnahme und Leichenherrichtung gezeigt wurde, und die heilige Jungfrau betrachtete dies alles im Geiste und liebte und betete an.

Ich betrachtete nun, als ruhe der Leib des Herrn wieder in dem heiligen Grab und sei mit allem, was ihm in der Marter entrissen worden war, von den Engeln auf eine geheimnisvolle Weise ergänzt. Ich sah ihn wie früher in seiner Leichenverhüllung, von Glanz umgeben und die beiden anbetenden Engel zu Häupten und Füßen des Grablagers. Ich vermag nicht auszusprechen, wie ich alles dies sah, es ist so vieles, so Mannigfaltiges und ganz Unaussprechliches dabei, was unser Verstand nach der gewöhnlichen Ordnung der Dinge nie verstehen kann. Dort aber ist mir alles ganz klar und verständlich, was sich mir hier so trübt, dass ich es nicht auszusprechen vermag.

Als sich nun der Morgenhimmel mit einem weißen Lichtstreifen erhellte, sah ich, dass Magdalena, Maria Cleophä, Johanna Chusa und Salome, in Mäntel ganz eingehüllt, die Wohnung am Coenaculum verließen. Sie trugen die in Tücher verpackten Spezereien und eine von ihnen auch eine brennende Leuchte, alles unter ihren Mänteln verborgen. Die Spezereien bestanden aus lebendigen Blumen zum Aufstreuen und aus ausgepressten Säften, Essenzen und Ölen zum Übergießen. Ich sah die heiligen Frauen mit großer Bangigkeit zu dem Pförtchen des Nikodemus gehen.

Auferstehung des Herrn

Ich sah die Erscheinung der Seele Jesu, wie einen großen Glanz zwischen zwei kriegerischen Engeln (die früheren erschienen in priesterlicher Form), von vielen Lichtgestalten umgeben, von oben durch den Grabfelsen auf seinen heiligen Leichnam niederschweben, und es war, als beuge sie sich über denselben und zerschmelze mit ihm, und nun sah ich die Glieder sich in der Einhüllung bewegen und sah den leuchtenden lebenden Leib des Herrn, mit der Seele und Gottheit durchdrungen, wie aus der Seite der Leichenverhüllung hervorgehen, als steige Er aus der Seitenwunde hervor. Der Anblick erinnerte an Eva, die aus Adams Seite stieg. Alles war voll Licht und Glanz.

In einer Betrachtung sah ich nun, als winde sich die Erscheinung eines Ungeheuers aus der Tiefe, wie unter dem Grablager empor. Es bäumte seinen Schlangenschweif und wendete sein Drachenhaupt grimmig gegen den Herrn. Es hatte außerdem, wie ich mich erinnere, auch noch ein Menschenhaupt. Ich sah aber in der Hand des erstehenden Erlösers einen feinen weißen Stab und oben ein wehendes Fähnchen daran, und der Herr trat auf das Drachenhaupt und stieß dreimal mit dem Stab auf den

Schweif der Schlange, und ich sah sie jedesmal sich enger zusammenziehen und endlich verschwinden, bis zuletzt das Drachenhaupt ganz in den Grund getreten war und das Menschenhaupt allein emporschaute. Ich habe dieses Bild schon öfter bei der Auferstehung und auch schon eine ähnliche Schlange bei Christi Empfängnis lauern sehen. Das Wesen dieser Schlange erinnerte mich immer an die Schlange im Paradies, nur war sie noch scheußlicher. Ich meine, es bezieht sich dieses Bild auf die Verheißung: «Der Same des Weibes soll der Schlange das Haupt zertreten.» Es schien das Ganze nur ein Sinnbild vom Besiegen des Todes für mich zu sein, denn während ich das Zertreten des Drachenhauptes sah, sah ich das Grab des Herrn nicht mehr.

Nun aber sah ich den Herrn leuchtend durch den Felsen schweben. Die Erde bebte, und es fuhr ein Engel in kriegerischer Gestalt wie ein Blitz vom Himmel zu dem Grab nieder, legte den Stein zur rechten Seite und saß darauf. Es war eine solche Erschütterung, dass die Feuerkörbe schwankten und die Flammen umherfuhren. Die Wächter, als sie dies gesehen, fielen wie betäubt umher und lagen erstarrt wie tot in verdrehter Lage. Cassius sah alles voll Glanz, aber sich schnell sammelnd, trat er zum Grablager und fühlte, die Tür etwas öffnend, auf die leeren Tücher und ging weg, um dem Pilatus zu berichten, was geschehen. Aber er verweilte noch umher, ob er kein neues Ereignis sehe; denn er hatte nur das Erdbeben, das Wegheben des Steins durch den Engel, das augenblickliche Sitzen desselben auf dem Stein und das leere Grab, aber nicht Jesus gesehen. Teils er, teils die Wächter erzählten alle diese ersten Ereignisse den Jüngern.

In dem Augenblick aber, da der Engel zu dem Grab niederfuhr und die Erde dort bebte, sah ich den auferstandenen Herrn seiner Mutter am Kalvarienberg erscheinen. Er war ungemein schön und ernst leuchtend, sein Gewand, wie ein weiter Mantel um die Glieder geschlagen, wehte ihm, wenn Er ging, mit einem Ende in der Luft spielend, nach und schimmerte blauweiß wie Rauch im Sonnenschein. Seine Wunden waren sehr groß und glänzten, man konnte an den Händen wohl einen Finger hineinlegen. Die Wundlippen hatten die Linien von drei gleichen Dreiecken, die in dem Mittelpunkt eines Zirkels zusammentreffen. Es liefen von der Mitte der Hand Strahlen gegen die Finger zu. Die Seelen der Altväter beugten sich vor der Mutter Jesu, zu welcher der Herr etwas von Wiedersehen sprach, was ich vergessen habe. Er zeigte ihr seine Wunden, und als sie niedersank, seine Füße zu küssen, fasste Er sie bei der Hand, erhob sie und entschwand.

Ich sah in der Ferne die Feuerkörbe am Grab schimmern und gen Morgen am Himmel über Jerusalem eine weiße Lichtbank.

Die heiligen Frauen am Grabe – Erscheinungen Jesu

Die heiligen Frauen waren in der Nähe des Pförtchens des Nikodemus, als der Herr vom Tode erstand. Sie bemerkten nichts von den Zeichen, die dabei geschahen, und wussten auch nichts von der Wache am Grab, denn gestern, am Sabbat, war niemand am Grab gewesen und sie selbst eingeschlossen und in Trauer. Sie sprachen besorgt untereinander: «Wer wird uns nur den Stein von der Tür wegwälzen?», denn sie hatten in ihrer Begierde, dem Leib des Herrn Ehre zu erweisen, gar nicht an diesen Stein gedacht. Ihre Absicht war gewesen, den Leib des Herrn mit dem Nardenwasser und der Salbe zu übergießen und die Kräuter und Blumen über ihn auszustreuen, denn sie hatten zu den Spezereien der vorgestrigen Leichenherrichtung, welche allein von Nikodemus herrührten, nichts beigetragen und wollten nun auch das Köstlichste, was sie haben konnten, dem Leib ihres Herrn und Meisters opfern. Salome aber hatte am meisten davon gekauft. Es war dieses nicht die Mutter des Johannes, sondern eine andere Salome, eine reiche Frau von Jerusalem, mit dem hl. Joseph verwandt. Sie fassten aber nun den Entschluss, die Spezereien vor das Grablager auf den Stein zu setzen und zu trauern, bis etwa einer der Jünger käme, der ihnen die Öffnung des Grabes besorge, und so wanderten sie gegen den Garten.

Ich sah die Wächter in verdrehten Stellungen wie betäubt hie und da liegen. Der Stein war in der Vorhalle an die rechte Seite gerückt, so dass man die Tür, welche jetzt nur noch angelehnt war, öffnen konnte. Ich sah aber durch die Tür hindurch die Tücher, in die der Leib Jesu eingehüllt gewesen war, folgendermaßen auf dem Grablager liegen: Das große Tuch, in welches der Leib eingeschlagen gewesen, lag ganz unverändert, nur hohl und zusammengesunken und nichts enthaltend als die Kräuter; die Binde, mit welcher dieses Tuch umwunden gewesen, lag noch in gewickelter Lage, wie abgesteift, der Länge lang am vorderen Rand des Grablagers; das Tuch aber, womit Maria sein Haupt verhüllt hatte, lag abgesondert rechts zu Häupten, ganz wie der Kopf darin gelegen, jedoch mit aufgedeckter Gesichtsdecke.

Ich sah nun die Frauen dem Garten nahen. Da sie die Leuchten der Wache und die umherliegenden Soldaten erblickten, wurden sie schüchtern und gingen an dem Garten etwas vorüber gegen Golgota zu. Aber Magdalena vergaß alle Gefahr und eilte in den Garten, und Salome folgte ihr in einiger Entfernung. Diese beiden hatten hauptsächlich die Salben besorgt. Die beiden anderen Frauen waren furchtsamer und verweilten vor dem Garten.

Ich sah Magdalena, als sie den Wächtern nahte, erschrocken etwas gegen Salome zurückeilen, dann aber gingen beide vereint scheu zwischen den umherliegenden Wächtern durch in die Grabhöhle hinein. Sie sahen den Stein hinweggewälzt, die Türen aber waren angelegt, was wahrscheinlich Cassius getan. Da öffnete Magdalena in großer Angst den einen Anschlag der Tür und starrte auf das Grablager hin und sah die Tücher leer und gesondert liegen. Alles war voll Glanz, und es saß ein Engel zur Rechten auf dem Lager. Magdalena aber war bestürzt, und ich weiß nicht, ob sie irgend welche Worte des Engels hörte; ich sah sie gleich mit heftiger Eile aus dem Garten durch das Pförtchen des Nikodemus in die Stadt zu den versammelten Aposteln laufen. Auch von Maria Salome, welche nicht weiter als in die Vorhalle getreten war, weiß ich nicht, ob sie jetzt irgendeine Rede des Engels vernommen; ich sah sie gleich nach Magdalena aus dem Grab und Garten in großen Schmerzen fliehen und die vor dem Garten zurückgebliebenen Frauen aufsuchen, um ihnen zu melden, was geschehen war.

Alles das geschah mit großer Eile und mit einem Erschrecken wie vor Geistern. Die anderen Frauen, von Maria Salome unterrichtet, waren entsetzt und erfreut zugleich und zagten eine Zeitlang, in den Garten zu gehen. Cassius aber, der in der Gegend, nachdem er das Grab verlassen, noch einige Zeit geharrt und geforscht hatte, ob er Jesus nicht sehe und besonders, ob dieser sich nicht vielleicht den herannahenden Frauen zeigen würde, eilte nun dem Ausgangstor zu, um Pilatus die Nachricht zu bringen, und sagte den heiligen Frauen im Vorübereilen mit wenigen allgemeinen Worten, was er gesehen, und forderte sie auf, sich selbst überzeugen. Nun fassten sie Mut und gingen vereint in den Garten, und da sie mit großer Angst in die Vorhalle getreten waren, standen die zwei Engel des Grabes in weißem leuchtendem Priestergewand vor ihnen.

Die Frauen aber waren sehr erschrocken und drängten sich zusammen und neigten das Gesicht mit vorgehaltenen Händen furchtsam zur Erde. Es redete aber einer der Engel zu ihnen und sagte ungefähr so viel wie: Sie sollten sich nicht fürchten, sie sollten den Gekreuzigten hier nicht suchen, Er sei lebendig, Er sei auferstanden und nicht mehr in den Gräbern der Toten. Er zeigte ihnen auch die leere Stätte und befahl ihnen, den Jüngern zu sagen, was sie gesehen und gehört; Jesus werde ihnen voraus nach Galiläa ziehen. Sie sollten sich erinnern, wie Er in Galiläa gesagt hatte: «Des Menschen Sohn muss in die Hände der Sünder überliefert und gekreuzigt werden und am dritten Tage wieder auferstehen.» – Da verschwanden die Engel, und die heiligen Frauen, zitternd und zagend und doch voll Freude, besahen das Grablager und die Tücher und weinten und gingen von dannen nach dem Ausgangstor. Aber sie waren noch sehr erschrocken, eilten nicht und standen hie und da in einiger Ferne und schauten umher, ob sie nicht den Herrn vielleicht sähen oder ob Magdalena nicht zurückkehre.

Während alledem sah ich Magdalena am Coenaculum angekommen. Sie war wie außer sich und pochte heftig. Mehrere lagen noch an den Wänden umher schlafend, einige standen und sprachen, Petrus und Johannes öffneten. Magdalena sagte nur die Worte hinein: «Sie haben den Herrn aus dem Grab genommen, wir wissen nicht, wohin»; und nach diesen Worten eilte sie wieder mit großer Eile hinaus zum Grabgarten. Petrus und Johannes traten in das Haus zurück und sprachen mit den anderen Jüngern und folgten ihr dann mit Eile, jedoch Johannes schneller als Petrus.

Magdalena aber sah ich wieder in den Garten und zu dem Grab hineilen, sie war vom Laufen und von Trauer ganz wie von Sinnen. Sie war vom Tau ganz durchnässt, ihr Mantel war ihr vom Kopf auf die Schultern gesunken, und ihre langen Haare waren aufgelöst herabgefallen. Weil sie allein war, scheute sie sich, gleich in die Felsenhöhle hineinzutreten, und sie verweilte auf dem Rand der Vertiefung vor dem Eingang der Vorhalle. Hier beugte sie sich nieder, um durch die tieferliegende Tür in die Vorhalle gegen das Grablager zu schauen, und indem sie ihre vorfallenden langen Haare, mit den Händen fassend, zurückhielt, sah sie zwei Engel in weißen Priesterkleidern zu Häupten und Füßen des Grablagers sitzen und hörte zugleich die Stimme von einem derselben: «Weib, was weinst du?» Sie rief in ihrem Jammer aus (denn sie wusste und dachte an nichts, als dass der Leib des Herrn nicht mehr da sei): «Sie haben meinen Herrn weggnommen, und ich weiß nicht, wo sie ihn hingeglegt haben.»

Dies sagend und nichts als die Tücher sehend, wendete sie sich sogleich wie eine Suchende um; sie meinte, sie müsse ihn überall finden; sie war in einem dunklen Gefühl seiner Nähe, und selbst die Erscheinung der Engel konnte sie nicht irre machen. Es war, als denke sie gar nicht, dass dies Engel seien; sie konnte an nichts denken als an Jesus, nichts als: Jesus ist nicht hier, als: Wo ist Jesus? Und ich sah sie einige Schritte vor dem Grab hin und wider irren wie eine ganz verwirrte suchende Person. Ihre langen Haare hingen ihr links und rechts über die Schultern herab, sie strich einmal die Haare auf der rechten Schulter durch beide Hände, dann hatte sie die beiden Haarstränge in beiden Händen und schlug sie zurück und schaute umher. Da sah sie etwa zehn Schritte von dem Grabfelsen gegen Morgen, wo der Garten gegen die Stadt aufsteigt, zwischen dem Gebüsch hinter einem Palmbaum eine lange, weißgekleidete Gestalt in der Dämmerung und hörte, darauf zustürzend, abermals die Worte: «Weib, was weinst du? Wen suchst du?» Sie hielt die Gestalt aber für den Gärtner, und ich sah sie auch mit einer Schaufel in der Hand und einem flachen Hut, der einem Stück gegen die Sonne vorgebundener Baumrinde glich, gerade wie ich den Gärtner in der Parabel sah, die Jesus den Frauen kurz vor seinem Leiden in Betanien erzählte, und seine Erscheinung war nicht leuchtend, sondern gleich der eines Menschen in der Dämmerung in langem, weißem Gewand.

Auf die Worte: «Wen suchst du?» erwiderte sie sogleich: «Herr, hast du ihn weggetragen, so sage mir, wohin, ich will ihn holen!» und zugleich schaute sie wieder umher, ob Er ihn nicht in der Nähe habe. Da sagte Jesus zu ihr mit gewohnter Stimme: «Maria!», und die Stimme erkennend und Kreuzigung, Tod und Begräbnis vergessend, als lebe Er, sagte sie, sich augenblicklich wendend, wie sonst: «Rabbuni (Meister)!» und fiel vor ihm auf die Knie und streckte die Arme nach seinen Füßen aus.

Jesus aber hob die Hand abwehrend gegen sie und sprach: «Rühre mich nicht an; denn ich bin noch nicht aufgefahren zu meinem Vater; gehe aber zu meinen Brüdern und sage es ihnen: Ich fahre auf zu meinem Vater und eurem Vater, zu meinem Gott und eurem Gott.» Da verschwand der Herr. Ich hatte auch eine Erklärung, warum Jesus sagte: «Rühr mich nicht an!» Ich bin mir aber derselben nicht mehr ganz bewusst. Ich meine, Er sprach dies, weil sie so ungestüm war und ganz in dem Gefühl, als lebe Er wie sonst, und alles sei wie sonst. Über die Worte Jesu, Er sei noch nicht aufgefahren zu seinem Vater, hatte ich die Erklärung, Er habe sich noch nicht nach seiner Auferstehung seinem himmlischen Vater dargestellt und ihm noch nicht für seinen Sieg über den Tod und für die Erlösung gedankt.

Es war, als sage Er ihr hierdurch, die Erstlinge der Freude gehörten Gott, sie solle sich erst besinnen und Gott danken für das vollendete Geheimnis der Erlösung und des Sieges über den Tod; denn sie hatte seine Füße wie sonst umarmen wollen. Sie hatte an nichts gedacht als an ihren geliebten Meister und das ganze Wunder in der Heftigkeit ihrer Liebe vergessen.

Ich sah aber, wie Magdalena nach dem Verschwinden des Herrn sich aufraffte und, als sei sie im Traum gewesen, nochmals dicht an das Grab hinlief. Da sah sie die beiden Engel auf dem Grabe sitzen, hörte, was die Frauen gehört von der Auferstehung, sah die Tücher liegen und eilte nun, des Wunders und ihres Gesichtes ganz gewiss, hinaus, ihre Begleiterinnen zu suchen, auf den Weg gegen Golgota, denn diese wanderten dort noch zagend umher, teils Magdalenas Rückkehr erwartend, teils in Begierde, den Herrn irgendwo zu sehen.

Alles, was mit Magdalena geschah, währte nur ein paar Minuten. Es mochte etwa halb drei Uhr sein, da ihr der Herr erschien, und als sie kaum aus dem Garten gelaufen war, eilte Johannes in denselben hinein und Petrus dicht hinter ihm her. Johannes stand auf dem Rand vor dem Eingang und bückte sich durch die Tür der Vorhalle, nach der halboffenen Grabtür schauend, und sah die Tücher liegen. Nun kam Petrus und ging hinab in die Höhle und vor das Grablager und sah die Grabtücher in der Mitte des Lagers von beiden Seiten gegen die Mitte zusammengerollt. Es waren die Gewürze hineingewickelt, und die Binde war darum geschlungen, so wie Frauen dergleichen Tücher zum Aufbewahren zusammenzurollen pflegen, das Angesichtstuch aber lag rechts davon gegen die Wand und war auch geordnet. Hierauf folgte Johannes dem Petrus auch an das Grablager, sah dasselbe und glaubte an die Auferstehung, denn es ward ihnen nun klar, was der Herr gesagt und was in der Schrift stand; sie hatten das vorher nur so obenhin genommen. Petrus aber nahm die Tücher unter seinen Mantel, und sie eilten nach Hause durch das Pförtchen des Nikodemus. Johannes aber lief dem Petrus wieder voraus.

Ich habe mit ihnen das Grab gesehen und auch mit der Magdalena, und ich sah beide Male die beiden Engel zu Häupten und Füßen sitzen wie immer und auch wie die ganze Zeit, während der Leib Jesu im Grabe lag. Es schien mir aber, als habe Petrus sie nicht gesehen. Johannes hörte ich nachher zu den Jüngern von Emmaus sagen, dass er, von der Vorhöhle schauend, einen Engel gesehen habe. Vielleicht ließ er, dadurch erschreckt, den Petrus voraus und meldete es nicht im Evangelium aus Demut, um nicht mehr gesehen zu haben als Petrus.

Ich sah aber nun erst die herumliegenden Wächter sich erholen und aufraffen. Sie nahmen ihre Spieße und Feuerkessel, welche an der Tür des Einganges auf Stangen gebrannt und einen Schein hineingeworfen hatten, und ich sah sie scheu und verstört aus dem Garten eilen und gegen das Ausgangstor hin zur Stadt ziehen.

Magdalena hatte indessen die heiligen Frauen aufgefunden und ihnen erzählt, dass sie es Petrus gesagt und jetzt den Herrn im Garten und dann die Engel gesehen habe, und die Frauen erwiderten ihr, dass auch sie die Engel gesehen. Nun eilte Magdalena zur Stadt durch das nahe Ausgangstor, die Frauen aber gingen wieder gegen den Garten, vielleicht um die beiden Apostel dort noch zu finden, und ich sah die Wächter an ihnen vorüberziehen und einige Worte zu ihnen sprechen.

In der Nähe des Grabgartens trat den heiligen Frauen die Erscheinung Jesu in einem weiten, weißen Gewand, das selbst über die Hände niederging, entgegen und sprach: «Seid gegrüßt!» Da bebten sie und sanken ihm zu Füßen, und es war, als wollten sie seine Füße umfassen, was ich mich jedoch nicht deutlich erinnere, gesehen zu haben. Ich sah aber, dass der Herr einige Worte zu ihnen sprach, mit der Hand nach einer Gegend deutete und verschwand, vorauf die heiligen Frauen durch das Bethlehemstor auf Sion eilten, den Jüngern im Coenaculum zu sagen, dass sie den Herrn gesehen und was Er zu ihnen gesprochen. Diese aber wollten anfangs weder ihren noch Magdalenas Aussagen irgend Glauben schenken und hielten bis zur Rückkehr des Petrus und Johannes alles für Einbildung der Frauen.

Johannes und Petrus, der vor Staunen ganz tiefsinnig geworden war, trafen auf ihrem Rückweg Jakobus den Jüngeren und Thaddäus an, welche ihnen zum Grabe hatten folgen wollen. Auch diese beiden waren sehr erschüttert, denn der Herr war ihnen nahe bei dem Coenaculum erschienen. Ich sah aber, dass Jesus an Petrus und Johannes vorübergegangen war, und Petrus schien mir ihn gesehen zu haben, denn diesen sah ich plötzlich in großer Erschütterung. Ob auch Johannes ihn erkannt, weiß ich nicht.

Ich sehe jetzt in diesen Bildern in Jerusalem und anderen Orten den Herrn und andere Erscheinungen öfter hie und da in Gegenwart anderer Menschen ganz deutlich, ohne zu bemerken, dass diese ihn auch sehen. Manchmal sehe ich einzelne plötzlich erschüttert und staunend, während die anderen ganz gleichgültig sind. Es ist, als sähe ich den Herrn immer, bemerke aber zugleich, dass die Leute ihn damals nur dann und wann gesehen haben.

Ebenso sah ich die beiden priesterlichen Engel im Innern des Grabes von der Grablegung des Herrn an immer, sah aber auch, dass die heiligen Frauen diese Engel manchmal nicht und manchmal nur einen derselben und dann wieder beide erblickten. Die Engel, welche die Frauen anredeten, waren die priesterlich erscheinenden Grabengel. Es redete nur einer derselben, und nur einer wurde, als die Tür nicht ganz offen war, von ihnen gesehen. Der Engel, der wie ein Blitz vom Himmel niederfuhr, den Stein vom Grab rückte und sich auf ihn setzte, erschien in der Gestalt eines Kriegers. Cassius und die Wächter sahen ihn anfangs auf dem Stein sitzen. Die nachher sprechenden Engel waren die beiden oder einer der Engel des Grabes. Warum dies alles so geschah, ist mir nicht mehr erinnerlich; als ich es sah, wunderte es mich nicht, dann ist alles, wie es ist, ganz recht, und nichts erscheint seltsam.

Aussagen der Grabwache

Während alles dessen war Cassius, etwa eine Stunde nach der Auferstehung, zu Pilatus gekommen. Ich sah den Landpfleger noch auf seinem Lager liegen und Cassius vor dasselbe treten. Er sagte ihm mit großer Gemütsbewegung, wie der Felsen erbebt und ein Engel herabgefahren und den Stein weggerückt und die Tücher leer im Grab lagen. Jesus sei gewiss der Messias und Gottes Sohn, Er sei auferstanden und nicht mehr da, und er erzählte noch mehreres, was er gesehen.

Pilatus hörte alles mit heimlichem Grauen an, ließ sich aber nichts anmerken und sprach zu Cassius: «Du bist ein Schwärmer, du hast sehr unweise getan, dich ins Grab des Galiläers zu stellen, da haben nun seine Götter Gewalt über dich erhalten und dir allerlei Zauberbilder vorgegaukelt. Ich rate dir, diese Dinge den Hohenpriestern zu verschweigen, sonst wirst du dir schlimme Händel zuziehen.» Er stellte sich auch, als glaube er, Jesus sei von den Jüngern gestohlen, und die Wache sage nur zu ihrer Entschuldigung anderes aus, weil sie es zugelassen oder die Bewachung vernachlässigt habe, vielleicht auch, weil sie bezaubert worden sei. Nach manchen solchen schwankenden Äußerungen des Landpflegers verließ ihn Cassius, und Pilatus ließ wieder seinen Göttern opfern.

Es kamen nun noch vier von den zurückgekehrten Soldaten mit derselben Aussage zu Pilatus, der sich nicht darüber gegen sie ausließ und sie zu Kaiphas sandte. Ich sah einen Teil der Wache gleich in einen großen Hof in der Nähe des Tempels gehen, wo viele alte Juden versammelt waren. Ich sah, dass man sich beriet und sie allein nahm und mit Geld und Drohungen bestach, auszusagen, die Jünger hätten, während sie geschlafen, den Leib Jesu gestohlen. Als die Wachen aber einwendeten, ihre Gesellen, welche dem Pilatus den Hergang berichtet, würden ihnen widersprechen, versprachen die Pharisäer, dies bei Pilatus schon wieder auszugleichen.

Es langten indessen jene vier von Pilatus gesendeten Wachen an und blieben bei dem, was sie vor dem Landpfleger ausgesagt. Es hatte aber schon verlautet, dass Joseph von Arimathäa bei verschlossenen Türen auf unklärbare Weise aus dem Kerker gekommen sei, und als die Pharisäer die bei der Wahrheit verharrenden Soldaten verdächtigen wollten, als hätten sie im Einverständnis mit den Jüngern zur Entführung des Leibes Jesu beigetragen und sie heftig bedrohten, so sie ihn nicht wieder herbeischafften, erwiderten diese Männer, dass sie das ebensowenig könnten wie die Wächter am Gefängnis des Joseph von Arimathäa diesen, der auch verschwunden, wieder herbeischaffen könnten.

Sie wehrten sich tapfer in ihrer Rede und waren durch keine Bestechung zum Schweigen zu bewegen, ja sie sprachen frei und laut von dem greulichen Gericht am Freitag und wie das Paschah darum nicht zustandegekommen sei, worauf man sie gefangennahm und einsperrte. Die anderen aber verbreiteten das

Gerücht, Jesus sei von den Jüngern gestohlen, und die Pharisäer, Sadduzäer und Herodianer ließen diese Lüge nachher auch überall aussprengen und in allen Synagogen der Juden durch die ganze Welt, mit Schmähungen über Jesus vermehrt, bekanntmachen.

Jedoch nützte ihnen diese Lüge wenig, denn es erschienen nach Jesu Auferstehung noch viele Seelen verstorbener heiliger Juden hie und da vielen Leuten aus ihren Nachkommen, die noch einer Gnade und Rührung fähig waren, und erschütterten ihr Herz zur Bekehrung. Auch zu vielen Jüngern, welche, im Glauben erschüttert, sich mutlos im Lande zerstreut hatten, sah ich solche Erscheinungen kommen, die sie trösteten und im Glauben befestigten.

Das Auferstehen der toten Leiber aus ihren Gräbern nach Jesu Tod hatte keine Ähnlichkeit mit der Auferstehung des Herrn, denn Jesus stand mit seinem nun erneuten, verklärten Auferstehungsleibe auf, wandelte lebend am Tag auf Erden und fuhr mit diesem seinem Leibe vor den Augen seiner Freunde zum Himmel, und es war dieser sein Leib nicht mehr dem Tod und dem Grab unterworfen. Jene auferstandenen Leiber aber waren nur wandelnde, bewegungslose Leichen, den Seelen zur Hülle gegeben, und wurden von diesen wieder in den Schoß der Erde abgelegt, wo sie die Auferstehung am Jüngsten Tage mit uns allen erwarten. Ja, sie waren weniger vom Tod auferstanden als Lazarus, der wirklich lebte und später zum zweiten Male starb, denn sie wurden als ein Kleid der Seele wieder abgelegt in die Gräber, da der Leib Jesu auch zu Grabe gebracht wurde.

Schluss der Fastenbetrachung

Ich sah auch, ich meine am folgenden Sonntag[48], wie die Juden den Tempel zu reinigen, zu waschen und zu scheuern begannen. Sie streuten Kräuter und Asche von toten Gebeinen und opferten Sühnopfer, sie räumten auf und verdeckten das Eingestürzte mit Brettern und Teppichen und holten hierauf das vom Paschahfest nach, was an dem Tag selbst nicht vollendet worden war.

Sie unterdrückten aber alles Gerede und Murren, indem sie die Störung des Festes und die Beschädigung des Tempels als Folge des Erdbebens und der Anwesenheit von Unreinen beim Opfer erklärten, wobei sie etwas von einem Gesicht des Ezechiel über auferstandene Tote, ich weiß nicht mehr, in welcher Anwendung, vorbrachten. Übrigens drohten sie mit Strafen und Bann. So brachten sie zwar alles zum Schweigen, denn sehr viele hatten Anteil an der Schuld; eigentlich aber gelang es ihnen nur, den großen verstockten verlorenen Haufen des Volkes zu beruhigen, denn alle Besseren bekehrten sich stillschweigend jetzt und laut am Pfingstfest und später in ihrer Heimat durch die Lehre der Apostel. Die Hohenpriester wurden daher immer kleinlauter, und zwar so, dass bereits zur Zeit des Diakonats des Stephanus ganz Ophel und der östliche Teil von Sion die Menge der Gemeinde Jesu Christi nicht mehr fassen konnten und die Christen ihre Hütten und Zelte von der Stadt über das Tal Kidron bis an Betanien hin erbauten.

Ich sah in diesen Tagen den Annas wie besessen. Man sperrte ihn ein, er kam nicht mehr zutage. Kaiphas aber war ganz wie rasend von geheimem Grimm.

Am Donnerstag nach Ostern sagte sie: Heute sah ich, dass Pilatus seine Frau vergeblich suchen ließ. Ich sah hierauf, dass sie heimlich im Haus des Lazarus in Jerusalem versteckt ist. Sie wird dort nicht vermutet, denn es sind jetzt gar keine Frauen dort, und nur Stephanus, der Jüngling, der als Jünger noch nicht sehr bekannt ist, geht manchmal aus und ein und bringt ihr Nahrung und Nachrichten und bereitet sie zur Erkenntnis vor. Stephanus ist mit Paulus verwandt; er ist ein Bruderssohn des Vaters von Paulus. Simon von Cyrene kam nach dem Sabbat zu den Aposteln, Aufnahme und Taufe begehrend.

(Hiermit schloss ich die Mitteilungen dieser Betrachtungen, welche vom 18. Februar bis zur Woche nach Ostern, 6. April 1823, gedauert haben.)

EINZELNE BETRACHTUNGEN ZUR ERLÄUTERUNG

Über das Coenaculum

Da die Erzählende in den vorhergehenden Betrachtungen mehrmals das Coenaculum erwähnte, so scheint es bequem, hier als Beilage einige Notizen über dieses Gebäude aus ihren Betrachtungen des letzten Paschahs und der Einsetzung des Heiligen Sakramentes des Altars beizufügen.

An der Südseite des Berges Sion, nicht weit von der nun auch verödeten Burg Davids und dem vor der Morgenseite zu dieser Burg aufsteigenden Markt, liegt ein starkes altes Gebäude zwischen Reihen oben zusammengezogener schattiger Bäume in einem geräumigen Hof, der von starken Mauern umgeben ist.

Zur rechten und linken Seite des Eintritts sind in diesem Hof noch andere Gebäude und Wohnungen an der Mauer angebaut, und zwar rechts die Wohnung des Speisemeisters und nahe dabei die Wohnung, in der sich die heilige Jungfrau und die heiligen Frauen nach Jesu Tod öfters aufhielten. Das sonst weitläufigere Coenaculum war einst das Haus, wo die Helden, die tapferen Heerführer Davids, wohnten und sich in allerlei Waffenkünsten übten; auch hat vor der Erbauung des Tempels die Bundeslade eine Zeitlang hier gestanden, und es sind noch die Spuren ihres Standortes an einem unterirdischen Ort daselbst. Ich habe auch einst den Propheten Malachias in diesen Gewölben verborgen gesehen, wo er Prophezeiungen vom Heiligen Sakrament und dem Opfer des Neuen Bundes schrieb.

Auch Salomo hielt dieses Haus in Ehren und hatte etwas Vorbildliches damit zu schaffen, was ich vergessen habe. Als ein großer Teil von Jerusalem durch die Babylonier zerstört wurde, blieb dieses Haus verschont. – Ich habe vieles davon gesehen und bis auf dieses wenige vergessen.

In einem verwüsteten Zustand war dieses Gebäude in den Besitz von Nikodemus und Joseph von Arimathäa gekommen. Sie hatten das Hauptgebäude zu einem Festhaus für Ostergäste bequem eingerichtet und pflegten es auf Ostern zu vermieten, wie sie auch bei dem letzten Paschah des Herrn getan. Außerdem diente ihnen die ganze Örtlichkeit das Jahr hindurch zur Niederlage vieler Bau- und Grabsteine und zur Steinhauerwerkstätte; denn Joseph von Arimathäa hatte Steinbrüche von guter Art in seiner Heimat und handelte mit Grabsteinen und allerlei ausgehauenen Gesimsen und Säulen, welche hier unter seiner Aufsicht bearbeitet wurden. Nikodemus hatte auch viel mit Bauwerk zu tun und trieb zu seiner Erholung selbst Steinhauerei; er arbeitete hier außer der Festzeit oft an Steinverzierungen im Saal oder unter demselben in einem Gewölbe. Er war durch diese Kunst mit Joseph von Arimathäa so in Freundschaft gekommen, dass sie mancherlei zusammen unternahmen.

Ich sah heute am Morgen des letzten Paschahtages unseres Herrn, während Petrus und Johannes, durch Jesus von Betanien gesendet, mit dem Hausvater sprachen, der das Coenaculum dieses Jahr gemietet hatte, den Nikodemus an dem Nebengebäude links im Hof herumwandern, wo man viele Steine aus der Nähe des Speisesaales hingeräumt hatte. Schon vor etwa acht Tagen habe ich viele Leute beschäftigt gesehen, die vielen Steine beiseitezubringen, den Hof zu reinigen und den Speisesaal zum Osterfest zuzubereiten, und ich meine, es waren sogar Jünger, vielleicht Aram und Themeni, die Vettern Josephs von Arimathäa, dabei.

Das Hauptgebäude, das eigentliche Coenaculum, liegt in der Mitte des Hofes, doch mehr am hinteren Ende. Es ist ein längliches Viereck, rings mit einem niedrigen Säulengang umgeben, welcher bei geöffneten Eingängen sich mit dem inneren hohen Saal zu einem Ganzen vereinigen lässt, denn das ganze Gebäude ist eigentlich durchsichtig auf Säulen oder Pfeiler ruhend, nur sind alle Öffnungen gewöhnlich mit Stellwänden zugesetzt. Das Licht fällt durch Öffnungen oben an der Mauer herein. Es hat an der vorderen schmalen Seite ein Vorgemach, zu dem drei Eingänge (sie sagt Bogen) führen, dann tritt man in den inneren, hohen, schön geplatteten Saal, von dessen Decke mehrere Lampen niederhängen. Er ist zum Fest an den Wänden in halber Höhe mit schönen Matten oder Teppichen bekleidet, und in der Decke ist eine Luke geöffnet und wie mit einem durchsichtigen blauschimmernden Flor überzogen.

Das hintere Ende dieses Saales ist durch einen ähnlichen Vorhang zu einem eigenen Raum abgesondert, und die Einrichtung hat durch die Abteilung in drei Räume eine Ähnlichkeit mit dem Tempel. Das Coenaculum hat eine Vorhalle, ein Heiliges und ein Allerheiligstes.

Dieser letzte abgeschiedene Raum dient links und rechts zur Niederlage der Kleider und allerlei Gerätes, und in der Mitte enthält er eine Art Altar. Aus der Wand springt über drei Aufgangsstufen ein Steintisch von der Gestalt eines rechtwinkeligen Dreiecks hervor, dessen spitze Ecke in der Mitte der beiden Seitenflächen abgestumpft ist. Es muss dies die obere Seite des Osterlamm-Bratofens sein, denn es waren sogar die Stufen umher ganz warm. An der Seite dieses Raumes ist ein Ausgang hinaus in die Halle hinter diesen Vorsprung, und da geht man zu der Feuerungsstelle hinab; auch sind dort andere Gewölbe und Keller unter dem Saal. In jenem Vorsprung oder Altar im Saal sind mancherlei Einrichtungen, gleich Kästen oder Schubladen, die man herausziehen kann. Es sind auch Öffnungen wie ein Rost oben und eine Stelle zum Feuermachen und eine, es zu löschen. Ich kann das Ganze nicht mehr vollkommen beschreiben. Es steht eine Art Herd für Osterbrote und anderes Backwerk, oder um Räucherungen zu machen und beim Fest gewisse Überbleibsel zu verbrennen. Das Ganze scheint eine Osterküche. Über diesem Herd oder Altar ist an der Wand eine sich vorbeugende Nische von Sparrwerk und oben eine Öffnung mit beweglicher Klappe, wahrscheinlich um den Rauch hinaus zu lassen.

Vor dieser Nische, oder über ihr herabhängend, sah ich das Bild eines Osterlammes. Es stak ihm ein Messer in der Kehle, und es war, als tröpfle sein Blut auf den Altar. Ich weiß nicht mehr ganz genau, wie es gemacht ist. In der Nische an der Wand sind drei bunte Schränke, die man wie unsere Tabernakel dreht, um sie zu öffnen oder zu schließen. Hier sah ich allerlei Ostergefäße und muldenförmige Schalen stehen und später das Heilige Sakrament.

In den Seitenhallen des Coenaculums sind hie und da schräge Lager aufgemauert, worauf zusammengerollte dicke Decken liegen. Es sind dies Schlafstellen. Unter dem ganzen Gebäude sind schöne Keller, in welchen ich manchmal den Nikodemus Steine aushauen gesehen habe. Der Standort der Bundeslade ist einst hinten gewesen, wo nun der Osterherd darüber errichtet worden ist. Es sind unter dem Haus fünf Abflüsse, die alle Unreinlichkeit und Ausgüsse den Berg hinab führen, denn das Haus liegt hoch.

Nikodemus und Joseph haben das alte wüste Gebäude so schön eingerichtet, die Mauern und Säulen sind sehr dick und fest. Ich habe Jesus hier auch schon früher heilen und lehren sehen. Auch herbergten manchmal Jünger in den Seitenhallen.

Fragment über Joseph von Arimathäa

(Angeregt durch eine Reliquie, erzählte sie am 17. März 1821 morgens folgende Bruchstücke aus einer Betrachtung der verflossenen Nacht:)

Ich sah, dass Joseph aus einem Ort war, der etwa sechs römische Meilen, das ist ein paar Stunden, von Jerusalem abendlich des Wegs nach Nazaret lag. Ich meine, es war eine Art Graben oder oft trocken liegendes Flussbett in der Nähe. Es waren steile Berge da, und es wurden weiße Steine gebrochen. Dieser Steinbruch gehörte Joseph. Er hatte sich von seinen zwei Brüdern, die noch dort wohnten, losgemacht und war im Anfang der Lehrjahre des Herrn ganz ansässig in Jerusalem geworden. Er war ein stiller, kluger und doch einfältiger Mann, der alles so hin tat, was man bei uns einen halbsinnigen Mann nennt. Er war unverheiratet und wohnte nicht weit von Johann Markus in einem kleinen Haus. Es waren aber Gewölbe und ummauerte Räume in der Nähe, worin sehr viele weiße Steine aus seinem Steinbruch lagen. Er handelte damit, arbeitete selbst allerlei aus diesen Steinen oder ließ sie von Steinmetzen bearbeiten, z.B. große Tröge,

Mulden, schifförmige Gefäße, auch große Platten, worin die Figur eines liegenden Menschen lebensgroß ausgetieft war. Das waren wohl Totenlager.

Er war sehr gut Freund mit Nikodemus, der auch manches in Stein arbeitete. Sie hatten allerlei Unternehmungen zusammen. Ich sah neulich einmal, als Jünger zu Nikodemus kamen, dass er in einem Keller bei einer Lampe Stein bearbeitete. Ich sah ihn die Gestalt eines Wickelkindes mit rundem Antlitz, wie man die Sonne abbildet, aus einer Steinplatte herausarbeiten; vielleicht war es das Grablager eines Kindes. Ich habe sie auch zusammen das Grab ausarbeiten sehen, worin nachher der heilige Leib des Herrn begraben ward. – Nikodemus war ein Witwer und hatte zwei Kinder. Joseph hatte keine Hauswirtschaft, er aß abwechselnd bei seinen Freunden, meistens bei Nikodemus, oft auch bei dem Mann der Veronika.

Das ist, was mir aus vielem heute Gesehenen von Joseph noch erinnerlich ist. Er ist, glaube ich, bei der Verfolgung nach Jesu Tod zugleich mit Lazarus und dessen Familie aus dem Gelobten Land vertrieben worden und nicht wiedergekehrt. Sieben gingen damals fort, und nur zwei kamen wieder. Ich weiß die Namen jetzt nicht.

Fragment über Longinus

(Am Morgen des 15. März 1821 teilte die Erzählende nach und nach folgende zerstreute Bruchstücke einer nächtlichen Betrachtung über Longinus mit, von welchem sie nicht wusste, dass heute sein Fest sei:)

Von Longinus, ich weiß jedoch nicht, ob dieses sein rechter Name ist, habe ich heute nacht vieles gesehen. Ich werde aber nur weniges davon zusammenbringen können. Longinus war weder ganz allein Soldat noch ganz allein Hofdiener, er war wie beides bei Pilatus. Er lief hin und wieder, tat dies und das, beobachtete alles, brachte allerlei Nachrichten und forschte allerlei aus. Er war ein geschäftiger Mensch der Art wie N. aus

B., nur etwas größer; als dieser bei mir war, machte er mir ganz denselben Eindruck. Longinus war von großer Herzensgüte und Dienstfertigkeit, aber vor seiner Bekehrung ohne rechten Ernst und festen Charakter. Er tat alles mit Hast und vordringlicher Wichtigkeit, und weil er blöde Augen hatte, wurde er oft den anderen zum Gespött. Ich sah ihn viel heute nacht und durch ihn die ganze Passion und wusste heute morgen nicht gleich, wie ich dazu gekommen war, bis ich mich an ihn als Veranlassung erinnerte.

Als Soldat war er ein unterer Offizier, aber als eine Art Beiläufer bei Pilatus war er an allen Ecken, wo etwas vorging, mit dabei und brachte dem Landpfleger Nachricht. Ich sah, dass er in der Nacht, als Jesus in das Richthaus des Kaiphas geführt wurde, in dem Atrium unter den Soldaten in der Menge hin und wider ging. Er war bald an dieser, bald an jener Stelle; einmal sah ich ihn in der Nähe unseres Herrn auf den Stufen, wo dieser vor Gericht stand, und dass Jesus ihn rührte; dann ging er hinab und trieb sich wieder im Atrium herum, und als Petrus am Feuer und im Vorhof von den Reden der Mägde bedrängt wurde, sah ich, dass er es einmal war, der zu Petrus sagte: «Du bist auch einer von seinen Anhängern» und dergleichen.

Ich sah, dass er bei der Ausführung Jesu nach Golgota als ein Bote des Pilatus neben dem Zug herging, und dass er durch einen Blick des Herrn gerührt ward. Ich sah ihn nachher auch auf Golgota unter den Soldaten, da war er zu Pferd und hatte einen Speer. Ich sah ihn auch nach Jesu Tod bei Pilatus, und dass er gerührt mit diesem sprach, man möge Jesus die Beine nicht brechen[47]. Ich sah ihn dann schnell wieder nach Golgota reiten. Seine Lanze war wie zusammengeschoben, sie konnte durch Herausziehen dreimal verlängert werden. Sie hatte Knöpfe an den Absätzen, die Spitze wurde obenauf gesteckt. Ich sah, dass er die Lanze so rüstete, ehe er plötzlich die Seite unseres Herrn mit ihr eröffnete. Ich sah ihn auch bei der Grablegung unseres Herrn, er wollte sich von allem unterrichten. Er bekehrte sich gleich auf Golgota und bekannte den Herrn, und als ich ihn nachher bei Pilatus sah, dem er über alles berichtete, sprach er auch vor diesem seine Überzeugung aus, dass Jesus der Sohn Gottes sei.

Pilatus behandelte ihn als einen Schwärmer, und als er die Lanze bei Pilatus abstellte, befahl dieser ihm, sie vor die Tür zu setzen, aus Ekel und Aberglauben.

Bald hierauf sprach Longinus mit Nikodemus, welcher sich bei Pilatus um die Lanze bemühte und sie von dem Landpfleger empfing. Ich sah, wie Nikodemus die heilige Lanze in ihre einzelnen Teile zerlegte, um sie leichter bewahren zu können. Anfangs hätte er sie in einer ledernen Scheide bewahrt, später sah ich sie in einem Steintrog. Ich sah vieles von der Geschichte der heiligen Lanze.

Als Longinus bei der Grabwache die Wunder des Herrn erkannte und dem Pilatus alles berichtete, lieferte er seine Waffen ab und gab den Dienst auf. Auch er hatte den Herrn nach seiner Auferstehung gesehen. Er hielt sich ganz zu den Jüngern. Er war mit zwei anderen Soldaten, die sich auch bei der Kreuzigung bekehrt hatten, unter den ersten, die nach dem Pfingstfest getauft wurden.

Ich sah Longinus und diese hierauf lange weiße Kleider anlegen und in ihre Heimat reisen, wo sie, angekommen, in einer unfruchtbaren Gegend auf dem Lande lebten. Es war Sumpf dort und auch steinig. Es war in der Nähe einer kleinen Stadt. Es war das Land, wo die vierzig heiligen Märtyrer gestorben sind. Ich sah, dass er kein Priester war, aber dass er als Diakon mannigfach herumzog, Christus verkündete und als Augenzeuge sein Leiden und seine Auferstehung erzählte. Er hatte viele Menschen bekehrt und durch Berührung mit einem Teil der heiligen Lanze, den er in einem kurzen Stab bewahrt bei sich trug, viele Kranke geheilt. Er hatte auch von dem unter dem Kreuz aufgetrockneten heiligen Blut bei sich.

Ich sah, dass die Juden sehr über ihn und seine zwei Gefährten erbittert waren, weil er die Wahrheit der Auferstehung des Herrn überall bekannt machte und ihre Grausamkeit, Lügen und Bestechungen der Zeugen aufdeckte, und ich sah, dass auf ihr Betreiben römische Soldaten mit dem Befehl in die Heimat des Longinus kamen, ihn als einen, der den Kriegsdienst ohne Abschied verlassen und nun Unruhe stifte, zu fangen und zu richten. Ich sah ihn, als die Soldaten vorüberzogen, auf seinem

Acker. Er lud sie in sein Haus ein und bewirtete sie. Sie kannten ihn nicht, und da sie ihm ihren Auftrag mitteilten, ließ er seine zwei Kameraden rufen, welche nicht in seinem Hause, aber doch in der Nähe in einer Art abgesonderter Einsiedler-Gemeinschaft mit ihm lebten.

Als sie bei ihm angekommen waren, eröffnete er den Soldaten, dass er und diese es seien, gegen welche sie ausgesendet wären. Es war ganz derselbe Fall wie bei dem heiligen Gärtner Phokas. – Seine Aussage betrübte die Soldaten sehr, denn sie hatten ihn liebgewonnen. Ich sah nun, dass er und seine beiden Gesellen in das naheliegende Städtchen gefangen geführt und dort verhört wurden. Sie wurden nicht eingesperrt. Ich sah sie ein paar Tage wie freiwillige Gefangene frei umhergehen, sie waren jedoch an der Schulter mit einem Zeichen bezeichnet.

Ich sah sie nachher auf einem Hügel zwischen dem Städtchen und des Longinus Wohnung alle drei enthauptet werden. Sie wurden auch dort begraben. Ich meine, dass dieser Hügel ihm gehörte und dass er verlangt hatte, dort gerichtet und begraben zu werden. Ich sah, dass die Soldaten das Haupt des Longinus, auf einen Spieß gesteckt, nach Jerusalem als Zeichen ihres verrichteten Auftrags zurückbrachten. Ich erinnere mich dunkel, als sei dies nur wenige Jahre nach dem Tod unseres Herrn geschehen.

Ich hatte dann noch ein Bild aus späterer Zeit, wie eine blinde Frau aus der Heimat des hl. Longinus mit ihrem Sohn nach Jerusalem wallfahrte in der Hoffnung, in der heiligen Stadt, wo Longinus an seinen Augen geheilt wurden, auch Hilfe zu erlangen. Sie ließ sich von dem Knaben herumführen, aber er starb ihr, und nun war sie ganz verlassen und untröstlich. Ich sah hierauf, dass sie eine Erscheinung des hl. Longinus hatte, welcher ihr sagte, sie solle das Gesicht wieder erhalten, wenn sie sein Haupt aus einer Kloake ziehen werde, in welche es die Juden geworfen hatten. Es war eine gemauerte Grube, in welche viele Kanäle Unrat abführten.

Ich sah mehrere Menschen die unglückliche Frau hinführen, und wie sie bis an den Hals in den greulichen Morast ging und das heilige Haupt hervorzog. Ich sah, dass sie wieder sehend ward, dass ihre Begleiter das heilige Haupt bewahrten, und dass man sie in ihre Heimat zurückfahren ließ. Das ist alles, wessen ich mich entsinne.

Fragment über den Centurio Abenadar

(Am 1. April 1823 sagte die Betrachtende, durch eine Reliquie angeregt, dass heute das Fest des hl. Ktesiphon, des Hauptmanns bei der Kreuzigung unseres Herrn, sei, sie habe die ganze Nacht sehr viele Betrachtungen aus seinem Leben gehabt. Durch Krankheit und äußerliche Störung habe sie aber das meiste vergessen und teilte nur noch folgende Fragmente mit:)

Abenadar, der nachher Ktesiphon hieß, ist in einem Land zu Hause, das zwischen Babylon und Ägypten liegt, aus dem glückseligen Arabien, rechts von dem letzten Wohnsitz Hiobs. Es liegen da auf einem nicht steilen Gebirge viereckige zusammenhängende Häuser, da ist er zu Hause. Die Leute laufen auf den Dächern herum, die ganz flach sind. Es sind viele kleine Bäume dort; es war nebelig, als ich dort war. Sie sammeln Weihrauch von den Bäumen und haben auch Balsamstauden an Spalieren.

Ich war in seinem Haus, einem seltsamen Gebäude, gleich lauter viereckigen, zusammenhängenden, oben flachen Kästen, groß und weitläufig, wie das Haus eines wohlhabenden Mannes seiner Gegend, aber niedrig gebaut. Sie bauen wohl so niedrig, weil viel Wind dort ist; es liegt hoch. Abenadar war als Freiwilliger bei der Besatzung der Burg Antonia in Jerusalem eingetreten. Er hatte Dienst bei den Römern genommen, um sich in allerlei freien Künsten zu üben, denn er war gelehrt. Er war von gelbbrauner Farbe, von gedrängter Gestalt, ein fester, entschlossener Mann. Er hatte etwas von dem Kupferschmied M. in seinem Aussehen.

Er ward durch einen der ersten Lehrvorträge, und ich weiß nicht mehr durch welches Wunder Jesu, gerührt; und überzeugt, das Heil sei bei den Juden, nahm er das mosaische Gesetz an, ward aber noch kein Jünger des Herrn, doch war er nie böse und bübisch gegen Jesus gesonnen, er hatte Mitleid und eine geheime Ehrfurcht vor ihm. Er war sehr ernst, und als er mit seiner Schar die Wache auf Golgota ablöste, hielt er Ordnung und Ruhe aufrecht, bis die Wahrheit ihn überwältigte und er ihr vor allem Volk bei dem Tode Jesu Zeugnis gab.

Weil er reich und ein Freiwilliger war, konnte er seine Stelle gleich aufgeben, was er auch tat. Er war gleich so hilfreich und treu bei der Kreuzabnahme und Grablegung des Herrn, dass er innig mit den Freunden Jesu vertraut und nach dem Pfingstfest einer der ersten Getauften am Teich Bethesda ward, wo er den Namen Ktesiphon erhielt. Ein Bruder von ihm war noch in Arabien. Ktesiphon berichtete ihm alle Wunder, die er erlebt hatte, und forderte ihn zum Heile auf; da eilte dieser auch nach Jerusalem mit seinem Vermögen, ward Coecilius getauft und ward mit Ktesiphon ein Helfer der Diakone bei der neuen Gemeinde Jesu.

Über Ktesiphon, Hiscius, Coecilius usw.

Ktesiphon begleitete mit mehreren anderen den Apostel Jakobus den Älteren nach Spanien und auch wieder zurück. Später ward er von den Aposteln nochmals nach Spanien gesendet und brachte den Leib Jakobus des Älteren dahin, der in Jerusalem den Märtyrertod gestorben war. Er war dort Bischof und hatte seinen Hauptsitz in einer Art Insel oder Halbinsel, nicht sehr weit von Frankreich, wo er auch gewesen ist und Jünger und vielen Zulauf hatte. Der Name seines Ortes klang wie Wergi oder Vergi. Es ist die Gegend nachher zugrundegegangen, vom Wasser zerspalten oder verschwemmt worden. Ich meine nicht, dass er gemartert wurde, es wäre mir wohl nicht entfallen. Er hat mehreres geschrieben, worin auch einiges vom Leiden Christi vorkommt. Es wurden aber falsche Bücher mit seinem Namen oder Bücher von ihm mit falschem Namen überschrieben, und es ist daher einiges, was wirklich von ihm herrührte, mit dem anderen später in Rom verworfen worden.

Einer der Wächter des Grabes Christi, der sich nicht bestechen ließ, war sein Landsmann und ihm besonders lieb. Sein Name klang wie Sulei oder Suleji. Er ward gefangen und lebte, wieder freigelassen, sieben Jahre in einer Höhle am Berg Sinai verborgen, wo ihn fortwährend die Freunde Ktesiphons unterstützten. Dieser Mann empfing große Gnaden und schrieb ein Buch mit tiefen Betrachtungen, nach der Art der Schriften des Dionysius Areopagita. Ein anderer Schreiber hat etwas aus seiner Schrift benutzt, was bis auf unsere Zeit gekommen ist. Ich selbst habe einmal im Kloster etwas gelesen, wovon ich jetzt erkannt habe, dass es zuerst von ihm herrührte. Ich wusste dies alles ganz klar und auch den Namen des Buches, aber ich habe es durch Kummer und Mangel an Ruhe vergessen. Dieser Landsmann Ktesiphons hat ihn später in Spanien besucht. Unter den Gefährten Ktesiphons in Spanien war sein Bruder Coecilius, auch ein Intalesius, ein Hesicius und Euphrasius. Es bekehrte sich auch in der ersten Zeit ein Araber Sulima, ich weiß die Umstände nicht mehr, und später, zur Zeit der Diakone, ein Landsmann Ktesiphons, dessen Name wie Sulensis klang.

(Im Sommer 1832, neun Jahre nach dieser Mitteilung und acht Jahre nach dem Tod der Erzählerin, las der Schreiber im dritten Band der Viaje literario a las Iglesias de Espana de D.J.L. Villanueva, 10 tomos, Madrid 1803 – 23, folgende hier zusammengedrängte Notiz:

Um das Jahr 1595 wurden in Granada Reliquien, Handschriften und Bleiplatten ausgegraben, welche den Namen Ktesiphon und Hiscius, Jünger des hl. Jakobus des Älteren usw., enthielten. Dieser Fund wurde von mehreren Seiten und besonders von J. B. Perez, Bischof von Segovia, als absichtlicher Betrug erklärt, um das Grab dieser beiden Jünger neben dem des Coecilius in Granada zu besitzen. Perez sagt, der Betrüger sei durch die damals bekannt gewordene falsche, dem Fl. L. Dexter unterschobene Chronik auf seine Erfindung gekommen, da diese den Ktesiphon, Hiscius und Coecilius als Jünger Jakobus des Älteren zusammenstelle. Eine alte gotische Pergamentschrift nenne folgende Verbreiter des Christentums als in Cadix gelandet und von dort ausgegangen: Torquatus sei in Acci (Cadiz) geblieben, Hesychius (Hiscius) sei nach Carzesa (Garzorla), Intalesius sei nach Ursi (Almeria oder Orce bei Galera), Secundus sei nach Abula (Avila), Coecilius sei nach Eliberri (Sierra Elvira bei Granada), Euphrasius sei nach Iliturgi (Andujar), Ktesiphon sei nach Berge gekommen, welches einige für Verja in Aragonien, andere für Verga in Granada und andere für Vera am Seeufer zwischen Cartagena und Capo di Gata hielten.

An diesen Orten hätten sie gelehrt, seien sie gestorben und würden ihre Reliquien verehrt. Diese Jünger aber seien von den Aposteln aus Rom gesendet, und nur eine für falsch erkannte, dem Papst Calixtus II. unterschobene Schrift von der Übertragung des Leibes des Apostels Jakobus des Älteren nach Spanien nenne sie dessen Jünger. Es seien aber die Jünger dieses Apostels nach des Pelagius, Bischofs von Oviedo, Geschichte von Spanien, Caloserus, Basilius, Chrysogonus, Theodorus, Archanasius und Maximus gewesen.

Als Hauptbeweis für den Betrug führt Bischof Perez an, diese Bleiplatten gäben an, Ktesiphon habe vor seiner Bekehrung Abenadar geheißen, alle die sieben anderen hätten lateinische oder griechische Namen; wie man unter diese einen Araber bringen wolle? Es seien damals noch keine Araber in Spanien gewesen, und warum er dann seinen arabischen Namen aufgegeben? usw. Auch gäben diese falschen Urkunden an, Ktesiphon habe ein Buch arabisch mit Salomonischen Buchstaben geschrieben. Warum dieses? da damals kein Araber in Spanien gewesen usw.; dann belächelte Bischof Perez die sogenannten Salomonischen Buchstaben und fragte: warum arabisch in Salomonischen Lettern? usw.

Jetzt, im Mai 1833, während dieser Bogen dem Druck übergeben ward, fand der Schreiber in Mariana de rebus Hispanicis, dass die Sage den obenerwähnten Jüngern noch einen Athanasius und einen Theodorus zufüge, welche Wächter des Grabes Christi gewesen sein sollten.

Und am folgenden Tag fand er in Actis Sanctorum tom. III. am 1. Februar einen Kommentar über den hl. Coecilius und seine Gefährten in Spanien, worin außer vielem über jenen betrüglichen Fund auch die sehr strenge Verwerfungsurkunde des Papstes Urban VIII. gegen die bei Granada ausgegrabenen Schriften und Bleiplatten, als angeblich von Coecilius und dessen Gefährten, angeführt wird, wie auch ein Verzeichnis dieser verworfenen Schriften aus Possevini apparatu sacro und ein abweichendes aus des Bivarius Kommentar zu seiner Ausgabe der angeblichen Chronik des Dexter.

In diesen Verzeichnissen finden sich unter anderem die Überschriften: Von der Barmherzigkeit, Von der Gerechtigkeit, Von allem, was der weltschaffende Gott gemacht, Von der Schöpfung der Engel, Von den Herrlichkeiten und Wundern Christi des Herrn und seiner Mutter seit der Inkarnation des Wortes bis zur Himmelfahrt usw., – Titel, welche wohl an die oben erwähnten Betrachtungen auf Art des Dionysius Areopagita, von Sulei, dem Freunde Ktesiphons am Berg Sinai, usw. erinnern können; wie denn überhaupt so vieles in dieser Note an das oben mitgeteilte Fragment der Erzählerin anklingt, so dass wir es dem Leser überlassen, ob er unsere eigene Überraschung zu teilen geneigt ist.

Sollten wohl Schriften jener arabischen Jünger existiert haben und zu sektischen Absichten, gleich den Apostelgeschichten des Abdias und den Werken des Dionysius Areopagita, verfälscht worden sein? Die Erzählende hat mehrmals von Verfälschungen der Schriften dieser letzteren gesprochen und auch erwähnt, es sei mit Schriften Ktesiphons Fälschung getrieben und einzelnes von ihm verworfen worden. Leider ist ihre Mitteilung so lückenhaft geblieben, dass uns nur zu ahnen vergönnt ist.)

WIDMUNG

Von Clemens Brentano

Den beiden deutschen Erneuerern der Schriften der Heiligen Henricus Suso, Johannes a Cruce und Theresia a Jesu weihet diese Blätter dankbar für ihre Herberge, Muße und Trost ein Pilger, der in Sankt Erhardi Haus zwischen zweier Hirten Grab ruhte aus und vor Sankt Wolfgangi Haus neu ergriff den Pilgerstab, rufend aus:

Segen über diesen Ort!
Wo so treu der Weinberg wird gebauet,
Gott vergelt's! sein letztes Wort,
Wenn er nach dem Dom zurück noch schauet,
Der im Morgenlicht entbrannt,
Ein Altar voll früher Opferkerzen,
Mahnend oft genüber stand
Seinem müden Auge, lauten Herzen,
Und, von Blumen fromm umkniet,
Wo des Herren Bild am Ölberg ringet,
Mit ihm sang das Morgenlied,
Wenn der Blütengarten Weihrauch schwinget,
Dom! der in Gewitternacht
Bald der Arche gleich umdroht von Wogen,
Bald in stiller Opferpracht
Sich erhebt, umspannt vom Friedensbogen,
Und, vom Sonnenblick geküsst
Und von weißer Tauben Flug umschwebet,
Jetzt gedenket, jetzt vergisst,
Wie sich Schweres leicht zu heben strebet.
Dom! der heut' im jungen Tag
Über treuer Hirten Asche glühte,
Als der Pilger scheidend sprach:

Nachbar Dom! leb wohl, Gott dich behüte!
Sorgt ihr Freundes Herzen nicht,
Wo ein müdes Haupt sich niederlege,
Bess're Herberg gibt es nicht,
Als beim Kreuze draußen an dem Wege.
Gastfrei ist der Herbergsmann,
Denn der Dom, sein Knecht, hält an den Pfaden
Gern des Pilgers Mantel an,
Dringend ihn zur Einkehr einzuladen;
Und der Wirt ist auch nicht stolz,
Draußen, ganz von Wunden überhagelt,
Harrt er, am gekreuzten Holz
Fest mit Hand' und Füßen angenagelt,
Welcher Wirt hat so Geduld?
Wisst, er ist allein in diesen Qualen,
Aller armen Gäste Schuld,
Die zum Kreuze eingehn, zu bezahlen;
Und sein Haupt, gekrönt mit Dorn,
Grüßt den Gast, der bei ihm übernachtet,
Und sein Herz, ein blut'ger Born,
Labt den Gast, der dürstend nach ihm schmachtet,
Und sein Leib ist selbst das Haus,
Und die Pforten sind fünf offne Wunden,
Keinen treibt er je hinaus,
Der da einmal Ruhe hat gefunden,
Und sein Blut ist selbst der Trank,
Und sein Fleisch ist wahrlich selbst die Speise.
Da wird alles heil, was krank,
Da ist Brot und Wein zur letzten Reise.
Hier ist willkomm' jeder Gast,
Wer mühselig ist und schwer beladen,
Findet Raum für seine Last,
Er hat alle selbst ja eingeladen.
Wahrlich, er allein ist gut!
Er, der keinen Stein gehabt auf Erden,
Wo sein müdes Haupt geruht,
Wollte allen Haus und Speise werden;

Und wie er dies Haus gebaut
Und zuletzt den Strauß darauf gesetzet,
Hat betrachtet seine Braut,
Und für euch der Pilger aufgesetzet.
In der Hand den Wanderstab,
Legt er scheidend nieder euch die Gabe
Zwischen zweier Hirten Grab,
Dass man seiner ein Gedenken habe.
Herr, bei dir allein ist Ruh,
Wie die Jünger einst zu dir auf Erden
Sagten, sprichst zum Pilger du:
Bleib bei mir, denn es will Abend werden!

ANMERKUNGEN

1 Es bezieht sich diese Äußerung auf eine große symbolische Parabel von der Herstellung des Menschengeschlechtes von Anbeginn, die sie leider nicht ganz erzählte und dann vergaß. Selbst den hier erwähnten brennenden Dornbusch erwähnte sie in dem Fragment noch nicht; doch hatte der brennende Dornbusch Moses in anderen Gesichten auch die birnförmige Figur des Kelchbechers.

2 Es ist unbestimmt, ob sie hier sagen wollte, er sei durchsichtig gewesen, oder sie habe ihn mit ihrem Geiste durchschaut.

3 Sie erklärte hier noch einiges, wie die Familien sich in gewisser Zahl vereinigten, was aber dem Schreiber entfallen ist.

4 Die geistige Gegenwart der heiligen Jungfrau sah sie ein andermal so lebhaft, dass sie davon sprach wie von der körperlich stattfindenden.

5 In der Reihenfolge war sie zu verschiedenen Malen, wo sie das Bild sah, nicht ganz sicher; einmal kam es ihr vor, als habe Johannes das Heilige Sakrament zuletzt empfangen.

6 Merkwürdig war es dem Schreiber, einige Jahre nach dieser Mitteilung in dem lateinischen Abdruck des Catechismus Romanus (Mainz bei Müller) bei Gelegenheit des Heiligen Sakramentes der Firmung zu lesen, dass nach der Überlieferung des hl. Papstes Fabian (236-250) zu lehren sei, Jesus habe bei der Einsetzung des heiligen Abendmahles die Apostel in der Bereitung des Chrisams unterrichtet. Es sagt nämlich jener Papst im 54. Kap. seiner zweiten Epistel an die Bischöfe des Orients: «Wie unsre Vorgänger von den heiligen Aposteln empfangen und uns zurückgelassen haben, hat der Herr Jesus Christus an jenem Tage, nachdem Er mit seinen Jüngern das Abendmahl gehalten und ihnen die Füße gewaschen, sie das Chrisam zu bereiten gelehrt.»

7 Sie sah nach Pfingsten auch von Johannes die Hände auflegen; daher scheint das erstere am glaublichsten.

8 Am 5. Juli 1821 sagt sie: «Es geschah in einem Tale nicht weit von dem Traubenthal, das sich gen Gaza zu zieht.» Merkwürdig ist bei dieser verschiedenen Angabe, dass Bachiene, Hammelsveld und andere ein Tal in dieser Gegend für das Tal Josaphat halten, weil Josaphats Feinde durch ein Gericht Gottes sich hier selbst aufrieben (2 Chr 20.) und Josaphat so viel heißt als: Gott wird richten. Das Tal aber, wo Josaphat für den Sieg dankte, war Lobetal oder vallis benedictionis genannt. – Als sie am 13. Oktober des dritten Lehrjahres Jesu mehrere Reisewege des Herrn bestimmte, sagte sie: «Er wird auch vorüberkommen, wo Melchisedek Brot und Wein geopfert; es steht an der Stelle noch heutzutage eine von rohen Steinen erbaute, ganz verschimmelte Kapelle; ich meine, es ist auch wohl manchmal noch Gottesdienst da.» Der damalige Weg des Herrn berührte aber jene Gegend von Gaza.

9 Über das Wort: Es sprach der Herr zu meinem Herrn: Setze dich zu meiner Rechten, äußerte sie: Die rechte Seite hat eine große geheimnisvolle Bedeutung. Wenn mir die ewige Geburt des Sohnes aus dem Vater in Bildern von der Allerheiligsten Dreifaltigkeit in förmlich unaussprechlicher Weise in Figuren gezeigt wird, sehe ich den Sohn in der Rechten des Vaters; ich sehe dann

die Figur, die Moses im brennenden Dornbusch sah; ich sehe diese in einem Lichtumfang, der dreieckig ist, wie man das Auge Gottes abbildet; und den Heiligen Geist sehe ich im oberen Winkel dieses Dreiecks. Man kann dieses nicht ausdrücken, aber sobald es sich figürlich zur Anschauung des armen Menschen herablässt, erscheint es in der Rechten. Eva sah ich aus der Rechten Adams genommen; die Menschen würden ohne den Sündenfall aus der Rechten hervorgegangen sein. In der Rechten sehe ich Altväter den Segen der Verheißung tragen. Sie stellten die Kinder, die sie segneten, zur Rechten. Die rechte Seite Christi wurde mit der Lanze geöffnet. In Gesichten sieht man die Kirche aus dieser Wunde der rechten Seite hervorwachsen, und in diese Kirche eingehend, geht man durch des Erlösers Rechte ein, um durch ihn und in ihm zum Vater zu gelangen.

10 Abendmahlshaus

11 In ihren Betrachtungen des täglichen Lehrwandels Jesu sah sie Mittwoch, den 11. Dezember 1822, ihrer Angabe nach ungefähr am 22. Casleu des zweiten Lehrjahres Jesu, wie der Herr den Teufeln aus den besessenen Gergesenern in eine Herde Schweine zu fahren zulässt. Sie sah aber dabei den besonderen Umstand, dass diese Besessenen vorher eine große schwere Kelterkufe voll berauschendem Gebräu, welches die Gergesener in jenem Orte stehen hatten, umstürzten.

12 Diese Äußerung gründet sich darauf, dass sie in ihren den Lehrwandel Jesu vor Tag begleitenden Betrachtungen Dienstag, den 28. Januar 1823, ihrer Angabe nach ungefähr den 11. Schebath des zweiten Lehrjahres, den Herrn 27 gefangene Schuldner aus einem Gefängnis, welches römische Besatzung hatte, zu Thirza loskaufen sah, wie dieses die Tagebücher ihrer Betrachtungen ausführlich enthalten.

13 Nun beschrieb die Erzählende nach Gestalt und Farbe den Stein, auf den sich Jesus in jener anderen Höhle gelehnt, mit vielen Einzelheiten, sie erwähnte Ritzen und Stellen an demselben, die wie herabgeflossene gefrorene Flüssigkeit erschienen usw.

14 Dieses geschah am 23. Thebet des dritten Lehrjahres Jesu Christi nach der Anschauung der Betrachtenden vom Montag, dem 13. Januar 1823.

15 So heißt der Wohnort der verstorbenen Erzählerin im Bistum Münster.

16 Wahrscheinlich Siloe oder Rogel.

17 Die Erzählende bediente sich hier einer Distanzangabe ihres Wohnortes, sie sagte: «Etwa so weit als von meiner Wohnung bis zum Hause des H. K. Rath M . . . n», welche Entfernung hier aus der Erinnerung höchstens auf 300 Schritte angeschlagen ist.

18 Diese hündische Augendienerei ist vielleicht die vergessene Bedeutung, als die Anwesenden in Besitz nehmend, angeführten Satansbilder.

19 Die hier erwähnte Heilung Manahems sah sie in ihren Betrachtungen am 11. Oktober 1822 freitags, also ungefähr am 20. Tisri des zweiten Lehrjahres, in einem eineinhalb Stunden südöstlich unterhalb Silohs liegenden Städtchen geschehen, wo Jesus Sabbat hielt.

20 Die Erzählende beschrieb noch die Gestalt dieses Baumes sehr detailliert, aber sie war so krank und schwach, dass es nicht aufgefasst werden konnte.

21 Wahrscheinlich dicht an der Burg Antonia, von welcher sie oft erwähnte, dass sie hier liege.

22 Vielleicht ein Graben der Burg Antonia.

23 Mit Reflexionen dieser Art waren oft die Mitteilungen der Erzählenden durchwebt, und das Obige geht so einfach aus ihrer Erwähnung der verfallenen Burg Davids hervor, dass wir es als Bild ihrer Anschauungsweise hier aufzeichnen.

24 Sie vergaß zu erwähnen, dass alle diese Frauen zusammengetroffen, und ob Maria, wie sie sagt, zum Schaftor herein vom Ölberg zurückkehrend, dem Zuge mit Jesus begegnete. Jedoch erinnert sich der Schreiber aus früheren Mitteilungen, als sei sie, zu Herodes Palast gehend, Jesus begegnet und hierher gefolgt.

25 Die Veranlassung der Feindschaft des Pilatus und Herodes war nach den Betrachtungen der Erzählenden folgende:
Pilatus hatte an der Südostecke des Tempelberges, über die Schlucht, in welche der Teich Bethesda sich ausleert, eine große Wasserleitung und Unratableitung am Tempel zu bauen unternommen; Herodes hatte ihm durch Vermittlung eines schlauen Herodianers, der im Synedrium war, Baumaterial und 18 Baumeister, welche auch Herodianer waren, dazu überlassen. Es war die Absicht des Herodes, den römischen Landpfleger durch Verunglücken des Baues mit den Juden noch mehr zu entzweien. Die Baumeister bauten auf Umsturz, und als das kühne Werk seiner Vollendung nah und noch sehr viele Bauleute aus Ophel damit beschäftigt waren, die Gerüste unter den Bogenstellungen wegzubrechen, harrten die 18 Architekten auf einem Turm der nahen Gegend Siloah des Erfolges.
Das Gebäude stürzte ein, aber auch ein Teil ihres Standortes, 93 Arbeiter kamen um, aber auch die 18 Baumeister. Der Einsturz geschah einige Tage vor dem 8. Januar = 20. Thebet des zweiten Lehrjahres Jesu, an welchem Tage Johannes der Täufer in dem Schloss Mächerunt enthauptet wurde und die Feier von Herodes' Geburtstagsfest dort begann; es begab sich wegen jenem Einsturz kein römischer Offizier auf dieses Fest, obschon selbst Pilatus heuchlerisch eingeladen war. – Die Kunde von dem Einsturz sah die Erzählende an demselben 8. Januar = 20. Thebet, nach Thimnath-Serah in Samarien durch Jünger bringen, wo Jesus lehrte.
Als Jesus von dort nach Hebron zog, um die Verwandten des Täufers zu trösten, sah sie ihn am 13. Januar = 23. Thebet vor Jerusalem in Ophel viele bei diesem Einsturz verwundete Arbeiter heilen, deren Dankbarkeit in diesem Buch erwähnt ist.
Die Verfeindung des Pilatus und Herodes ward aber durch die Rache, die der erstere teils wegen dieses verräterischen Baues an den Anhängern des Herodes nahm, noch vermehrt. – Es mögen hier einige Notizen aus den Betrachtungen der Erzählenden hierauf deuten. Am 25. März = 7. Nisan des zweiten Lehrjahres warnt Lazarus am Badesee bei Bethulien den Herrn und die Seinigen vor diesem Opferfest, es drohe ein Aufruhr des Judas Gaulonita gegen Pilatus. – Am 28. März = 10. Nisan verkündet Pilatus in Jerusalem eine Tempelsteuer, teils um die Kosten der eingestürzten Wasserleitung zu decken, und es entstand ein Tumult unter den galiläischen Anhängern des Freiheitseiferers Judas aus Gauion, der mit seinem ganzen Anhang, ohne es zu wissen, ein Werkzeug der Herodianer war.
Die Herodianer aber hatten eine Gemeinschaft, wie heutzutage die Freimaurer, «ich sehe sie oft als ganz dasselbe». – Am 30. März = 12. Nisan ist Jesus mit

den Aposteln und 30 Jüngern zu Jerusalem im Tempel, Er lehrt im braunen galiläischen Gewand morgens um zehn Uhr. An diesem Tage entsteht der Aufruhr des Judas Gaulonita gegen Pilatus, die Meuterer befreien 50 ihrer vorgestern gefangenen Anhänger, es werden mehrere Römer getötet. – Am 6. April =19. Nisan lässt Pilatus die opfernden Galiläer durch verkleidete, im Tempel verteilte Römer überfallen und ermorden. Judas Gaulonita kommt dabei um. Pilatus rächt sich so an Herodes in dessen Untertanen und Anhängern wegen der eingestürzten Wasserleitung. Ihre Feindschaft aber nimmt heute ein heuchlerisches Ende. Pilatus sendet dem Herodes den Galiläer Jesus als dessen Untertan zum Gericht, um wieder gutzumachen, dass er eine große Anzahl seiner Untertanen im vorigen Jahr im Tempel erschlagen ließ.

26 Maria Heli ist schon früher in diesen Blättern erwähnt. Nach den sehr ins einzelne gehenden Betrachtungen der Erzählerin über die Verwandten der Heiligen Familie sieht sie diese Tochter Joachims und Annas, an zwanzig Jahre vor der heiligen Jungfrau geboren. Sie war das Kind der Verheißung nicht, und wird zur Unterscheidung von anderen Marien in ihren Betrachtungen Maria Heli genannt, was soviel heißen soll, als Maria Joachims oder Heliachims Tochter. Ihr Mann hieß Cleophas und ihre Tochter Maria Cleophä, und so ist Maria Cleophä die Nichte der heiligen Jungfrau, und mehrere Jahre älter als diese. Der erste Ehemann der Maria Cleophä hieß Alphäus, ihre Söhne mit diesem waren die Apostel Simon, Jakobus der Jüngere und Judas Thaddäus. Mit ihrem zweiten Mann Sabas erzeugte sie Joses Barsabas, und in der dritten Ehe mit einem Mann Jonas den Simeon, der Bischof von Jerusalem ward.

27 Wahrscheinlich hat sie hier unter anderem mancherlei Bezüge auf den heutigen freudigen Sonntag Lätare vergessen, welcher auch der Rosensonntag heißt, weil der Heilige Vater heute, die Freude dieses Tages zu bezeichnen, der zwischen den Dornen der Fastenzeit, wie eine Rose hervorbricht, eine goldene Rose weiht und sie in der Hand tragend durch Rom zieht. Dahin kann ihre Erwähnung der Rosen deuten, ebenso wie der Weizenacker auf den Namen «Sonntag der Erquickung», oder «Brotsonntag», weil heute das Evangelium der fünftausend von Jesus mit fünf Broten und zwei Fischen Gespeisten gelesen wird. Dieser Tag heißt daher auch Dominica rosata, de panibus, refectionis.

28 Diese Betrachtung bewegte während dieser Nacht die Begnadete zu solchem Mitleiden, dass sie mit ihrem Heiland zu dürsten begehrte. Sie fiel hierauf in ein heftiges Fieber, und erlitt einen so brennenden Durst, dass sie am Morgen nicht mehr zu sprechen vermochte. Ihre Zunge war blau, starr und trocken in den Schlund zurückgezogen, ihre Lippen dürr und gespannt. Der Schreiber fand sie in diesem Zustand am Morgen wie eine Verschmachtete, bleich und ohnmächtig, sie schien dem Tode nahe. Nachdem man ihr mühsam etwas Wasser eingeflößt hatte, vermochte sie nach längerer Ruhe nur mit Anstrengung das Obige mitzuteilen. Die Person, welche bei ihr gewacht hatte, erklärte, dass sie während der Nacht oft wimmernd auf ihrem Lager herumgekrochen sei.

29 Da die Begnadete hier so manches ihrer Erkenntnis von Veronika oder Seraphia mitteilt, fügen wir noch einiges hinzu, was sie, angeregt durch die Berührung einiger Reliquien, aus ihren Betrachtungen am 2. August 1821 in Bezug auf diese Heilige erzählte: «Ich sah ein Bild, das ich mich nicht erinnere, jemals früher gesehen zu haben. Im dritten Jahre nach Christi Himmelfahrt

sandte der römische Kaiser einen seiner Leute nach Jerusalem, Zeugnisse über alle Gerüchte über Jesu Tod und Auferstehung zu sammeln. Dieser Mann brachte den Nikodemus, die Seraphia und einen Vewandten der Johanna Chusa, den Jünger Epaphras, mit nach Rom. Dieser letzte war ein ganz einfältiger Diener der Jünger, der früher ein Diener und Bote der Priester am Tempel gewesen. Er hatte Jesus gleich nach der Auferstehung in den ersten Tagen bei den Aposteln im Coenaculum und sonst noch oft gesehen. – Ich sah Veronika bei dem Kaiser, er war krank, sein Lager war auf ein paar Stufen erhöht, es hing ein großer Vorhang nieder, die Stube war viereckig, nicht sehr groß, ich sah kleine Fenster, aber von der Decke des Zimmers kam Licht herab, und es hingen Schnüre nieder, durch welche man Klappen öffnen und schließen konnte. Der Kaiser war allein, seine Leute waren in der Vorstube. Ich sah, dass Veronika außer dem Schweißtuch noch ein anderes Tuch von den Grabtüchern Jesu bei sich hatte, und dass sie das Schweißtuch vor dem Kaiser ausbreitete. Es war eine lange, schmale Zeugbahn, welche sie ehedem als Schleier um Kopf und Hals getragen. Der Abdruck von Jesu Gesicht befand sich an dem einen Ende, und da sie es dem Kaiser vorhielt, fasste sie die längere Seite des Tuches, welche niederhing, mit der einen Hand zusammen. Das Antlitz Jesu war nicht wie ein reines Gemälde, sondern mit Blut darin abgedrückt, es war auch breiter als ein Gemälde, denn es hatte um das Antlitz herum gelegen. Auf dem anderen Tuch, das Veronika bei sich hatte, sah ich den Abdruck des zergeißelten Leibes Jesu, ich glaube, dass es eines der Tücher war, worauf Er vor der Grablegung gewaschen worden ist. Ich sah nicht, dass der Kaiser mit diesen Tüchern berührt ward oder sie anrührte. Er ist aber durch ihren Anblick gesund geworden. Er wollte Veronika in Rom behalten und ihr zum Lohn ein Haus und Güter und gute Dienstleute geben, aber sie verlangte nichts, als wieder nach Jerusalem zurückzukehren und zu sterben, wo Jesus gestorben. Ich sah auch, dass sie mit ihren Gefährten dahin zurückkehrte, und dass sie in der Verfolgung der Christen in Jerusalem, als Lazarus mit seinen Schwestern ins Elend vertrieben war, mit einigen anderen Frauen entfloh, aber eingeholt in einen Kerker gesperrt ward, in welchem sie als eine Märtyrerin der Wahrheit, für Jesus, den sie oft mit irdischem Brote, und der sie mit seinem Fleisch und Blut zum ewigen Leben gespeist hatte, den Hungertod starb. Ich erinnere mich im allgemeinen einmal gelesen zu haben, wie das Schweißtuch der Veronika nach ihrem Tode bei den heiligen Frauen blieb, wie der Jünger Thaddäus es mit nach Edessa nahm, und dort und anderwärts viele Wunder damit tat, wie es auch in Konstantinopel war, und durch die Apostel an die Kirche gekommen ist; einmal meinte ich, als sei es in Turin, wo das Grabtuch Christi ist, aber ich habe damals die Geschichte aller heiligen Tücher gesehen, und sie haben sich mir in der Erinnerung vermengt. Auch heute habe ich noch vieles von Seraphia oder Veronika gesehen, was ich aber nicht erzähle, weil es mir nicht mehr ganz deutlich ist.»

30 Über beide später einige Notizen aus ihren Betrachtungen, so es der Raum erlaubt.

31 Diese Äußerung der Erzählenden bezieht sich auf eine Betrachtung, welche sie am 3. November des dritten Lehrjahres Jesu, 28 Tage nach der Erweckung des Lazarus von den Toten und fünf Monate vor dem Tode des Herrn mitteilte. Sie sah den Herrn an der äußersten Ostgrenze des Gelobten Landes, nachdem Er

das Land der Amoriter (Gilead) durchwandert hatte, in einem Städtchen nördlich eines größeren äußersten Grenzortes, den sie Kedar nannte, mehrere Tage bei Gelegenheit einer Vermählung über die Bedeutung und Heiligkeit der Ehe lehren. Die Erzählende sagte damals:
«Ich war in dieser Betrachtung wie ein gegenwärtiger Zuhörer und wandelte mit den anderen hin und zurück. Die Lehren des Herrn erschienen mir aber so heilig und so dringend wichtig für unsere elende Zeit, dass ich mit großer Heftigkeit in meinem Herzen aufschrie: 'Ach warum wird dies nicht aufgeschrieben, warum ist denn kein Jünger da, dies aufzuschreiben, auf dass es die ganze arme Welt erfahre?' Bei diesem meinem heftigen Verlangen wendete sich mein himmlischer Bräutigam plötzlich zu mir um und sprach: 'Ich wirke die Liebe und baue den Weinberg, wo es Früchte trägt; wäre dies aufgeschrieben, es wäre wie vieles Geschriebene vernichtet, oder unbefolgt oder bequem gedeutet. Dieses und unendlich vieles, das nicht geschrieben wurde, ist fruchtbringender geworden, als das Geschriebene. Nicht das geschriebene Gesetz ist das befolgte. In den glaubenden, hoffenden, liebenden Kindern der Kirche steht alles geschrieben'», usw.

32 Hierher bezieht sich folgendes aus den Betrachtungen vom Leben Jesu. 1821 betrachtete sie das erste Lehrjahr Jesu und erzählte Mitte September vieles von dem Umgang des Herrn mit einem alten Essener Eluid, einem Neffen Zacharias', des Vaters des Täufers. Er wohnte vor Nazaret, wo Jesu damals vor seiner Taufe einige Tage verweilte. Aus den Gesprächen Eluids mit Jesus erzählte die Betrachtende vieles, was sich auf die früheste Geschichte der Heiligen Familie bezieht, unter anderem: am 18. September, zehn Tage vor Jesu Taufe:
«Heute hörte ich auch unter anderem: etwa im sechsten Jahre Johannes des Täufers kam Elisabeth, seine Mutter, zu ihm in die Wüste. Sie konnte es vor Trauer nicht mehr zu Hause aushalten, denn Herodes hatte ihren Mann Zacharias, der von Hebron zum Tempeldienst reiste, auffangen und in Jerusalem zuerst grausam peinigen und dann umbringen lassen, weil er den Aufenthalt seines Sohnes nicht bekennen wollte. Seine Freunde begruben nachher seinen Leib nahe bei dem Tempel. Dieser ist aber nicht jener Zacharias, der zwischen Tempel und Altar erschlagen wurde, welchen ich bei der Auferstehung vieler Toten bei Jesu Tod aus der Tempelmauer neben dem Betkämmerchen des alten Simeon habe heraus und im Tempel umhergehen sehen, und dessen Grab aus der Mauer herausstürzte. Es sanken damals noch mehrere heimliche Gräber im Tempel ein.»

33 Sie beschrieb die hier erwähnte Tragbahre als einen langen ledernen Behälter, der durch Einschiebung von drei handbreiten starken und doch leichten Stäben die Gestalt eines geschlossenen Sarges erhielt, den man vermittels der hervorragenden Stäbe auf den Schultern tragen konnte. Die Entführung des Leichnams Johannes des Täufers von Machärus erzählt sie in ihren Betrachtungen als in der Nacht vom Dienstag auf Mittwoch, 4. bis 5. Sebat = 21.- 22. Januar des zweiten Lehrjahres, ungefähr 14 Tage nach seiner Enthauptung, geschehen. Sie erwähnte als dabei tätig die beiden Johannesjünger Jakob, Eliachim und Zadoch, Söhne des Cleophas und der Maria Heli und Brüder der Maria Cleophä, außerdem Saturnin, Judas Barsabas und die Neffen des Joseph von Arimathäa, Aram und Themeni, dann einen Sohn der Johanna Chusa, einen Sohn der Veronika, einen Sohn des Simeon und einen Vetter des Johannes von

Hebron. Der Leib des Täufers, ohne sein Haupt, das erst später erlangt wurde, ward nach Juta in sein Familiengrab gebracht.

34 Sie sagte auch: «Cassius, Longinus getauft, predigte später als Diakon Christus und führte immer von diesem heiligen Blut bei sich. Es war vertrocknet, und man fand davon in seinem Grab in Italien in einer Stadt, nicht weit von dem Ort, wo die hl. Klara gelebt. Es ist ein grüner See mit einer Insel bei dieser Stadt. Sein Leib muss wohl dorthin gebracht worden sein.»
Die Erzählende scheint Mantua mit jener Stadt zu meinen, wo eine solche Tradition ist. Welche hl. Klara in der Nähe gelebt, ist dem Schreiber unbekannt.

35 Es scheint hier nötig zu erwähnen, dass die Erzählende in den vier Jahren, während welcher ihre Betrachtungen aufgezeichnet wurden, viele Schicksale der heiligen Orte in Jerusalem von den ersten Zeiten an mitteilte. Sie hat diese Orte in abwechselnder Verwüstung und Herstellung, immer aber in heimlicher oder öffentlicher Verehrung gesehen und selbst in ihren Betrachtungen verehrt. Sie sah auch mehrere Steine und Felsenteile, die Zeugen des Leidens und der Auferstehung des Herrn gewesen, nach der Entdeckung der Stellen durch die hl. Helena in der durch sie erbauten heiligen Grabkirche in einem engeren Raum einander näher gerückt und in den Schutz der Stadt gebracht. Sie verehrte in Betrachtung dieser Kirche den Kreuzstand, das Grablager und mehrere Teile der Grabhöhle unseres Herrn, welche dort mit Kapellen überbaut worden sind; manchmal aber, wenn sie nicht sowohl das Totenlager unseres Herrn als vielmehr die Stelle der Erde, wo das Grab gestanden, verehrte, schien sie im Geiste diese Stelle zwar in der näheren Umgebung, aber doch entfernter von dem Standort des Kreuzes heimsuchen zu müssen.

36 Als die Erzählende in der jährlichen Passionsbetrachtung am Karfreitag, dem 30. März 1820, gegen Abend die Kreuzabnahme betrachtete, fiel sie in Gegenwart des Schreibers plötzlich in eine todesähnliche Ohnmacht. Wieder zu sich gekommen, erklärte sie sich hierüber unter fortwährenden Schmerzen: «Als ich den Leib Jesu der heiligen Jungfrau in den Schoß legen sah, dachte ich: Sieh! Wie stark sie ist, sie wird nicht einmal ohnmächtig! Diesen Gedanken, der mehr verwundernd als mitleidend war, verwies mir mein Führer augenblicklich und sagte: 'So empfinde dann, was sie empfand!' und in demselben Augenblick fuhr ein schneidendes Weh wie ein Schwert quer durch mein Inneres, so dass ich wie sterbend ward, und ich fühle es noch fortwährend.» Diesen Schmerz trug sie lange, und er ging in eine schwere Krankheit bis zur Todesnähe über.

37 Die Erzählende sagte: «Diese Zange erinnerte mich durch ihre Gestalt an die Schere, durch welche Samson seiner Haare beraubt wurde.» Diese hatte sie aber früher folgendermaßen beschrieben: «Dalila hatte eine seltsame Schere in der Hand, von runder Gestalt, so groß wie der Abschnitt eines großen Apfels. Zusammengedrückt, öffnete sie sich wieder von selbst und glich einer Art Kneif- oder Klemmzange von einem breiten, dünnen, rundgebogenen Stück Metall, dessen scharfe Enden zusammengedrückt sich schneidend streiften und losgelassen sich wieder trennten.» In ihren Betrachtungen des dritten Lehrjahres Jesu, Samstag, den 21. Sivan = 7. Juni, sah sie Jesus den Sabbat in der Levitenstadt Misael im Stamme Asser halten und betrachtete, veranlasst durch einen Teil der Sabbatlektion aus dem Buch der Richter, das Leben Samsons.

38 Hier drängt sich folgende Beobachtung auf. – Die Betrachtende pflegte bei den geschichtlich wichtigsten Personen meistens zu erwähnen, in wie viele Teile sie das Haupthaar scheitelten, und sie schien eine gewisse Bedeutsamkeit in die Worte zu legen: «Eva scheitelte die Haare in zwei Teile, Maria scheitelte die Haare in drei Teile.» Es fand sich keine Gelegenheit, den Grund dieser Bedeutsamkeit zu erfahren, welcher wahrscheinlich auch den Bezug der Haare auf Opfer, Gelübde, Trauer, Weihungen usw. beleuchtet haben würde. – So sagte sie z.B. von Samson: «Er trug seine dichten langen gelben Haare in sieben Flechten wie eine Helmkappe um das Haupt gewunden; über der Stirne und an den beiden Schläfen hatte er Wülste dieser Flechten in einer Art von Beuteln. Seine Stärke war nicht sowohl in seinen Haaren als solchen, sondern als Zeugen seiner heiligen Gelübde, zu denen er sich mit diesen Haarknoten verbunden hatte; die Kräfte, die auf den sieben Flechten oder Locken ruhten, waren die sieben Gaben des Heiligen Geistes. Er musste seine Gelübde schon weit gebrochen und viele Gnaden verloren haben, als er sich das Zeichen seines Nasiräats abscheren ließ. Ich sah jedoch nicht, dass Dalila ihm alle Haare abschnitt, ich meine, es blieb ihm der Busch über der Stirn. Es ist ihm auch die Gnade der Reue und Buße geblieben, die er schwer geübt, und er erhielt die Kraft, seine Feinde zu vernichten. Samsons Leben ist ein prophetisches vorbildliches Leben.»

39 Hungertuch nennt man im Bistum Münster ein großes weißes, leinenes Tuch, welches während der Fastenzeit senkrecht an Schnüren von der Kirchendecke herab zwischen Chor und Kirche oder vor dem Hochaltar aufgehängt wird. Es pflegt dieses Tuch mit durchbrochenen Stellen von Spitzengrund durchweht zu sein, welche die heiligen fünf Wunden oder die Leidenswerkzeuge o. dgl. vorstellen. Es macht dieses Tuch einen ernsten, großartigen, an Zucht, Abtötung, Nüchternheit und Betrachtung mahnenden Eindruck auf empfängliche Gemüter.

40 In einer gewissen Art von inneren bildlichen Tröstungen und Erquickungen fühlte sich die Erzählende öfters wie zu himmlischen Festmahlzeiten entrückt und beschrieb mit kindlicher Freude die wundervolle zierliche Anordnung der Gerichte und den Glanz der Gefäße. Sie beschrieb öfters die aufgetragenen Kräuter nach Art und Gestalt bis in die Staubfäden ihrer Blüten und die Zahl ihrer Blätter, öfters erwähnte sie, als ihr selbst dort vorgesetzt, in goldenen Tellern mit blauem Rande dicht nebeneinander aufrechtstehende feine Kräuter, sie sagte manchmal, wie bittere Kresse, oder wie Myrrhen, und oft mancherlei Früchte, durch deren Genuss sie sich in großen körperlichen und Seelen-Leiden gestärkt fühlte. Es fand sich durch häufige Beobachtung, dass sie in diesen bildlichen Tröstungen diesseitige Überwindungen, Entsagungen und Selbstbesiegungen unter der Gestalt von Kräutern und Früchten, welche nach Form und Wesen diese Abtötungen bedeuteten, jenseits als Erquickung und Lohn empfing.

Auch Form, Stoff und Farbe der Gefäße hatte seine Bedeutung. «Das Genießen dieser Speisen», sagte sie, «ist kein Essen wie im gewöhnlichen Leben und doch in weit höherem Grad eine Nahrung und Sättigung, die ganze Gnade und Kraft Gottes, deren Buchstabe und vollkommener Ausdruck die Vorgesetzte Frucht ist, geht in einen über.» – An solche Kräuter erinnerte sich die Erzählende bei dem Anblick der Spezereien bei Jesu Leichenherrichtung.

41 Wahrscheinlich meinte die Erzählende hiermit die Gestalt jener eigentümlichen großen Truhen oder Kisten, worin die Landleute ihrer Heimat die Kleidungsstücke bewahren. Ihr Boden ist kleiner als der Deckel, und so erhalten sie eine Ähnlichkeit mit einer Tumba, wodurch sie wohl auf den Vergleich mit einem Grabmonument geführt wird. Sie selbst hatte einen solchen Behälter in ihrer Nähe, den sie ihren Koffer nannte. In dieser Weise beschrieb sie öfter jenen Stein, dessen Gestalt dennoch nicht ganz klar wird.

42 Nach den Betrachtungen der Erzählenden wohnten die hier genannten drei Frauen seit einiger Zeit in Betanien in einer Vereinigung, welche von Martha zum Unterhalt und zur Pflege vieler Jünger Herbergen auf den Wegen des Herrn und zur Ausstattung des Almosenschatzes errichtet war. – Maroni hieß die Witwe von Naim, deren Sohn Martialis die Betrachtende durch Jesus im zweiten Lehrjahr montags, am 28. Marcheswan = 18. November, von den Toten erwecken sah. Es wurde ihr erklärt und sie erzählte bei verschiedenen Gelegenheiten, Maroni sei die Tochter von Petrus' Vaters-Bruder. Ihr erster Mann sei der Sohn der Rhode, einer Schwester der Elisabeth, gewesen, welche beide die Töchter einer Schwester der Mutter der hl. Anna waren. Als dieser erste Mann Maronis kinderlos gestorben, habe sie sich mit Eluid, einem nahen Verwandten der hl. Anna, vermählt und sei von Chasaluth am Tabor, wo Rhodes Familie gewohnt, ihrem Mann Eluid in das nahe Naim gefolgt, wo auch dieser gestorben, usw.

Die hier erwähnte Dina Samaritis ist das samaritische Weib, deren Unterredung mit Jesus am Brunnen Jakobs die Erzählende Mittwoch, den 7. Ab = 31. Juli des zweiten Lehrjahres, betrachtete und erzählte. Sie war von halb jüdischen, halb heidnischen Eltern auf einem Landsitz nahe bei Damaskus geboren. Früh elternlos, empfing sie durch eine ausschweifende Amme böse Leidenschaften. Ihre früheren Männer wurden durch andere Buhler hinweggeschafft, und der, mit dem sie zuletzt in Sichar lebte, war ein Verwandter der frühem. Sie war ihm hierher gefolgt und hatte ihren eigentlichen Namen Dina mit Salome vertauscht. Sie hatte aus ihren früheren Verbindungen drei schon erwachsene Töchter und zwei Söhne, welche später zu den Jüngern kamen. Sie waren alle nicht bei ihr in Sichar, sondern bei den Verwandten ihrer Väter bei Damaskus. Merkwürdig erscheint die Äußerung der Erzählenden: «Das Leben des samaritanischen Weibes war ein prophetisches Leben; der Herr sprach mit der ganzen samaritanischen Sekte, als Er mit ihr am Brunnen Jakobs sprach, in dieser Sekte waren ebensoviele Verbindungen mit der Unwahrheit als in ihrem Leben Ehebrüche» usw. In der Fülle der Zeit hatten alle Personen, welche in Jesus dem Weg und der Wahrheit begegneten, eine solche Würde.

Die erwähnte Mara Suphanitis war eine Moabitin aus der Gegend von Suphan; sie stammte von Orpha, der Witwe Chelions, des Sohnes der Noemi, ab; denn Orpha hatte in Moab wieder geheiratet. Mara hatte durch Orpha, die Schwägerin der Ruth, eine Berührung mit der Abstammung Jesu aus David. Die Erzählerin sah diese Mara von Suphan in einer Betrachtung des zweiten Lehrjahres Jesu Montag, den 17. Elul = 9. September, zu Ainon durch Jesus von vier Teufeln befreit und ihr ihre Sünden vergeben. Sie lebte dort von ihrem Mann, einem reichen Juden, verstoßen, der seine rechtmäßigen Kinder bei sich behalten, sie aber hatte drei Kinder bei sich, welche sie im Ehebruch empfangen. «Ich sah, wie bei ihrer Bekehrung und Aussöhnung dieser abgeirrte Strom aus Davids Stamm, der in ihr bis zu solcher Sünde getrübt worden, durch Jesu Gnade auch mit ihr wieder zur Reinheit kam und in die Kirche einging. Es ist unmöglich auszusprechen, wie ich das so wunderbar mit Millionen sich durchkreuzenden feinen Fäden und Wurzeln sich verschlingen und wieder zu Tage kommen sehe.»

43 Dies bezieht sich augenscheinlich auf den Ursprung des berühmten Gnadenbildes Virgen del Pilar zu Saragossa.

44 Die beiden obigen Vorbilder sind augenscheinlich der verschlossene Garten und versiegelte Brunnen des Hohen Liedes, Kap. 4, Vers 12, unter welchen Bildern die Kirche immer die heilige Jungfrau gefeiert hat. Die Erwähnung, sie hätte dieses Bild auch auf der Leiter Jakobs gesehen, beruht darauf, dass sie in der Leiter Jakobs, welche von der Erde zum Himmel reichte, auf welcher die Engel auf und niederstiegen und auf deren Gipfel Gott der Herr dem Jakob die Verheißung gab, aus ihm solle das Heil der Welt kommen, ein prophetisches Bild der Menschwerdung Gottes sah, auf dessen Stufen in verschiedenen Bildern die Annäherung oder die Bedingung dieses Heiles ausgesprochen waren. Sie sah aber, dass nicht allein das auserwählte Volk, sondern auch andere an solchen Erkenntnissen in gewissem Grade teilnahmen, wie das Beispiel von Balaam und den Heiligen Drei Königen zeigt, über deren Erkenntnis durch Beobachtung der Gestirne die Erzählende mancherlei Betrachtungen mitgeteilt. So sah sie nun, dass diese Chaldäer auch ein prophetisches Bild, gleich der Leiter Jakobs, gehabt und jenen verschlossenen Garten usw. darauf gesehen; aber es war zwischen ihnen und dem Volke Gottes der Unterschied, welchen der Herr Mk 4,11-12. ausspricht: «Euch ist's gegeben, das Geheimnis des Reiches Gottes zu kennen; denen aber, die draußen sind, geschieht alles in Gleichnissen, damit sie es mit Augen sehen und doch nicht erkennen, mit Ohren hören und doch nicht verstehen.»

45 Weil ein Teil der Erscheinungen bei dem Tod unseres Herrn, die sie gesehen, die Erzählung der Passion zu sehr unterbrochen haben würde, werden sie hier bruchstückhaft und teils unbestimmt aufgeführt, wie die höchst schwache, von Krankheit und Mitleiden ganz zermalmte Erzählerin sie mitteilte.

46 Sie erzählte dies etwas später, und es ist darum unbestimmt, ob sie den Auferstehungstag selbst oder den Sonntag nach Ostersonntag meint.

47 Hier scheint es, als sei Cassius (Longinus) nach dem Tode des Herrn einmal von Golgota in die Stadt zu Pilatus geritten, was die Erzählende entweder in der Mitteilung der Passion vergessen oder mit dem Worten «Cassius ritt hin und wider» nicht bestimmt genug gesagt hat.